比较哲学翻译与研究丛书
编委会

丛书主编　吴根友　万百安

编　　委　安乐哲　万百安　黄　勇

　　　　　姚新中　刘纪璐　温海明

　　　　　许苏民　陈少明　储昭华

　　　　　吴根友　张世英　李　勇

　　　　　李雪涛　倪培民　信广来

比较哲学翻译与研究丛书

丛书主编简介：

吴根友，现为浙江大学马一浮书院暨哲学学院教授，博士生导师；曾为武汉大学哲学学院教授，博士生导师，哲学学院院长（2012—2020），武汉大学文明对话高等研究院院长。在《中国社会科学》、《哲学研究》、《中国哲学史》、《学术月刊》、《哲学动态》、《亚洲哲学》（Asian philosophy）等国内外重要刊物上发表学术论文200余篇。出版了《中国现代价值观的初生历程：从李贽到戴震》《郑板桥的诗与画》《戴震、乾嘉学术与中国文化》《道家思想及其现代诠释》《在道义论与正义论之间：比较政治哲学诸问题初探》《中国哲学通史·清代卷》《判教与比较：比较哲学探论》等多部著作，主编了"比较哲学翻译与研究丛书""文明对话系列丛书"以及"比较哲学与比较文化论丛"辑刊等。

万百安（Bryan W. Van Norden），国际著名中国哲学学者，现任美国瓦萨学院（Vassar College）詹姆斯·门罗·泰勒哲学讲席教授（James Monroe Taylor Chair in Philosophy）与哲学系主任，兼任武汉大学哲学学院讲席教授、武汉大学比较哲学与文化战略研究中心联合主任；已出版10余部关于中国哲学与比较哲学的著作，包括《中国古代哲学导论》（Introduction to Classical Chinese Philosophy）、与田史丹合著的《后子学时代中国哲学读本：从汉代到20世纪》（Readings in Later Chinese Philosophy: Han to the 20th Century）、与艾文贺合著的《中国古典哲学读本》（Readings in Classical Chinese Philosophy），以及最近出版的《给每个人的文言文：一本初学者指南》（Classical Chinese for Everyone: A Guide for Absolute Beginners）等。

本书作者、编者简介：

唐力权，原籍广东省恩平县，1935年生于香港，哲学博士。自1967年起在美国康涅狄格州费尔菲尔德大学哲学系任教，讲授存在主义哲学、东方哲学和场有哲学等课程，2005年退休，并于2008年移居香港。致力于场有究竟学及当代新道学的哲学探索，并在香港成立场有哲学基金及场有哲学研究院以传播及推广场有文化事业。代表作有《周易与怀德海之间》《脉络与实在》《蕴徼论》等。

宋继杰，哲学博士，清华大学哲学系长聘教授。

蜇化的艺术

场有哲学与比较哲学

[美]唐力权 著
宋继杰 编

中国出版集团 东方出版中心

图书在版编目(CIP)数据

裁化的艺术：场有哲学与比较哲学 /（美）唐力权著；宋继杰编. -- 上海：东方出版中心, 2024.7.
(比较哲学翻译与研究 / 吴根友, 万百安主编).
ISBN 978-7-5473-2443-1

Ⅰ. B0

中国国家版本馆 CIP 数据核字第 2025BY8736 号

裁化的艺术：场有哲学与比较哲学

著　　者	〔美〕唐力权
编　　者	宋继杰
丛书策划	刘佩英
责任编辑	肖春茂
封面设计	钟　颖

出 版 人	陈义望
出版发行	东方出版中心
地　　址	上海市仙霞路 345 号
邮政编码	200336
电　　话	021-62417400
印 刷 者	山东韵杰文化科技有限公司
开　　本	890mm×1240mm　1/32
印　　张	17.125
插　　页	1
字　　数	320 千字
版　　次	2025 年 5 月第 1 版
印　　次	2025 年 5 月第 1 次印刷
定　　价	99.80 元

版权所有　侵权必究

如图书有印装质量问题，请寄回本社出版部调换或拨打021-62597596联系。

比较哲学翻译与研究丛书
总　序

　　近四百年来,人类社会出现的巨大变化之一就是资本主义生产-生活方式的兴起与发展。一方面,资本主义生产-生活方式的出现,给人类带来了巨大的物质财富、新的科学技术及对自然与人类自身富有广度和深度的认识视野;另一方面也给人类带来了灾难、痛苦与环境破坏,而且使人类陷入长期的焦虑与困惑之中。巨大的物质财富,就其绝对数量而言,可以让全世界70余亿人口过上小康式的生活,但当今全世界的贫困人口仍然有13亿之多,其中赤贫人口有8亿之多。民族、国家之间的冲突、战争不断,文化与文明之间的矛盾冲突也是此起彼伏。造成这诸多极不如人意的社会生活现状的原因,无疑是多元的,但根本性的原因仍然是资本主义主导的生产-生活方式。想要解决这些世界范围内的极不如人意的生活乱象,方法与途径也将是多元的,而从学术、文化层面加强沟通与理解,增进不同文化、文明共同体之间的合作与信任,是其中重要的方法与途径。本套《比较哲学翻译与研究丛书》,本着深远的学术济世宏愿,着眼于极其具体、细小的学术工作，希望能对全球化时代人类的和平、幸福生活，作出一点微薄的贡献。

简要回顾中西哲学与文化比较研究的历史，大约需要从16世纪耶稣会传教士来华的时代算起。一方面，来华传教士将中国的社会、历史文化情况发回欧洲，引起了17世纪以后欧洲对于中国文化的持续兴趣；另一方面，来华传教士带来的欧洲学术、科学、思想文化成果，也引起了中国社会少数有识之士的关注。清代康熙年间的"历法之争"，是中西文化交流过程中的一股逆流，但此股逆流所反映出的外来文化与本土文化之间的关系问题，却是真实而持久的。此一问题，在佛教传入中国的过程中也曾经长期存在过，但当时印度与中华文明都处在农业文明阶段，不涉及文明之间的生死存亡之争的问题。因而在漫长的佛教中国化过程中，逐渐解决了此问题。耶稣会传教士带来的欧洲文化，无论是其中的一神教的思想，还是一些科学的思维方式，对于古老而悠久的中国文化来说，都是一种强有力的挑战。从17世纪初到19世纪中叶，可以被视为中国哲学、文化与欧洲哲学、文化之间比较研究的第一个历史时期。这一时期，由于政治、经济上的自主性，中国哲学与文化也保持着自己的精神主体地位。而在中国大地上进行传教的耶稣会士们，则是主动地让基督教文化向中国哲学、文化靠拢，在中国哲学、文化传统里寻找到有利于他们传教的文化因子，如坚持适应路线的传教领袖利玛窦就努力在中国传统哲学、文化里寻找与上帝相一致的"帝"观念，以证明基督教的上帝与中国儒家传统有内在的一致性。与此同时，欧洲的一些启蒙思想家，如莱布尼茨、沃尔夫、伏尔泰、魁奈等人，则努力从中国哲学与文化里寻找"自然理性"之光，以对抗基督教的"天启之光"，将遥远的中国哲学与文化视为欧洲启蒙文化的同盟军。

1840年鸦片战争以后，特别是第二次鸦片战争、甲午海战等接二连三失败以后，近代中国人在政治上的自主性迅速丧失。伴随而来的是文化上的自信心的丧失。可以说，直到1949年新中国成立以前，中国百年近代史就是一部丧权辱国史，也是一部中华民族不断丧失自己文化自信心，在精神上不断被动和主动地阉割自己的历史。对于哲学、文化的研究，就其主流形态而言，是一段甘当西方甚至日本哲学、文化的小学生的历史。其中也有一些比较研究的成分，但其比较的结果，就其主要的面向说，都是对自己哲学、文化中专制的、落后的内容进行反思与检讨。只有少数被称为"文化保守主义者"的学者，在努力地发掘中国哲学、文化的自身价值。早年的严复在思想上基本属于革新派，他在1895年发表的《论世变之亟》一文，深刻地反省了中国文化在近代以来失败的原因，认为其主要原因就是：在政教方面，中国历代圣贤皆未能以自由立教[①]。

新文化运动之初，还未接受马克思主义的陈独秀，曾发表过一篇有关中西哲学与文化比较的文章，文中虽然泛用"东洋"与"西洋"两词，实际上就是讨论中国哲学、文化与西方哲学、文化。

[①] 严复此文中的一段话很长，其要义是："夫自由一言，真中国历古圣贤之所深畏，而从未尝立以为教者也。"（《严复全集》卷七，福州：福建教育出版社，2014年，第12页）

陈独秀在该篇文章里一共从三个方面对中国与西方的哲学、文化作了比较，而在整体上都是从否定的角度来评价中国哲学与文化精神的。第一个方面，"西洋民族以战争为本位，东洋民族以安息为本位"①，其最后的结论是："西洋民族性，恶侮辱、宁斗死。东洋民族性，恶斗死、宁忍辱。民族而具如斯卑劣无耻之根性，尚有何等颜面，而高谈礼教文明而不羞愧!"第二个方面，"西洋民族以个人为本位，东洋民族以家族为本位"，其结论是："西洋民族，自古迄今，彻头彻尾，个人主义之民族也。""举一切伦理，道德，政治，法律，社会之所向往，国家之所祈求，拥护个人之自由权利与幸福而已。思想言论之自由，谋个性之发展也。"②"东洋民族，自游牧社会，进而为宗法社会，至今无以异焉；自酋长政治，进而为封建政治，至今亦无以异焉。宗法社会，以家族为本位，而个人无权利，一家之人，听命家长。"③而被中国传统儒家视为文明象征的忠孝伦理与道德，在陈独秀看来，是一种半开化民族的"一贯之精神"，此精神有四大害处：一是"损坏个人独立自尊之人格"；二是"窒碍个人意思之自由"；三是"剥夺个人法律上平等之权利"；四是"养成依赖性，戕贼个人之生产力"。而整个"东洋民族社会中种种卑劣不法残酷衰微之象，皆以此四者为之因"④。第三个方面，"西洋民族以法治为本位，以实利为本位；东洋民族以感情

---

① 陈独秀：《东西民族根本思想之差异》，《独秀文存》，合肥：安徽人民出版社，1987年，第27页。
② 同上书，第28页。
③ 同上。
④ 同上书，第29页。

为本位,以虚文为本位。"①而东洋民族以感情、虚文为本位的结果是:"多外饰厚情,内恒愤忌。以君子始,以小人终,受之者习为贪惰,自促其生以弱其群耳。"②

上述陈独秀在比较哲学与比较文化的视野里,对中国文化全面的批评与否定,可以视为激愤之词,在学术性上也有很多有待商榷之处,在当时中国处于列强环伺、瓜分豆剖之际,可以激发国人深沉自省、洗心革面、奋发向上。今天,伴随着我们对西方文化的深入了解,我们可以更加客观、理性地看待中西文明的各自优劣之处。同时,对近代以来资本主义以殖民的方式对世界各国文化所造成的巨大破坏,以武力侵略的方式对整个人类所造成的各种骇人听闻的惨剧,也不应该加以掩盖。

近百年的中国历史,在政治上是受屈辱的历史,在经济上是被侵略的历史,在文化上则是新旧斗争、中西斗争最激烈的历史。一些被称为"文化保守主义者"的学者,在面对西方文化的强势冲击时,努力地维护中国传统哲学、文化的自尊。他们所要维护的有些具体内容未必是正确的,但这种"民族精神自卫"的思维方式与情感倾向,从整体上看是可取的。几乎与五四新文化运动同步,20 世纪 20 年代,一批信奉儒家思想的现代新儒家们也成长起来,其中,以梁漱溟的《东西方文化及其哲学》(1921 年)一书为标志,在中、西、印哲学与文化的比较方面,开始

---

① 陈独秀:《东西民族根本思想之差异》,《独秀文存》,合肥:安徽人民出版社,1987年,第 28 页。
② 同上书,第 30 页。

了系统的、哲学性的思考。梁氏从精神生活、社会生活、物质生活三个方面出发①,对中、西、印三大文化系统的异同、优劣、未来可能的走向进行分析,并对世界文化的发展方向作出预测。他认为,"西方化是以意欲向前要求为其根本精神的",或者说"西方化是由意欲向前要求的精神产生'塞恩斯'与'德谟克拉西'两大异彩的文化"②。"中国文化是以意欲自为调和、持中为其根本精神的。""印度文化是以意欲反身向后要求为其根本精神的。"③而经过西方近代文化发展阶段之后的未来世界文化发展方向,则是"中国文化的复兴,有似希腊文化在近世的复兴那样"④。梁氏的具体论断与其结论,当然都有许多值得商榷的地方,但他真正从比较哲学的形而上学角度思考了人类几大哲学、文化系统的异同,并对三大文明系统的走向作出了自己的论断。由梁氏所代表的现代新儒家的比较哲学与比较文化的思想表明,20世纪的文化保守主义恰恰为保留自己民族文化的自信提供了一些有益的思想启迪。而从维护全球文化的多元化,反对现代文化的同质化方面,亦为世界文化的丰富性作出了自己的独特贡献。

在回顾20世纪中西比较哲学与文化研究的过程中,我们不应该忘记中国共产党人在学术与思想上所作出的贡献。作为中国共产党人集体思想结晶的宏文《新民主主义论》,虽然不是专门的比较哲学与比较文化的论著,但其中涉及的中国新文化发展的

---

① 梁漱溟:《东西文化及其哲学》,北京:商务印书馆,1999年,第19页。
② 同上书,第33页。
③ 同上书,第63页。
④ 同上书,第202页。

大问题,特别是面对外来文化时,恰恰为当代中国的比较哲学与文化研究,提供一个基本的思想原则。在该文里,毛泽东说道:"这种新民主主义的文化是民族的。它是反对帝国主义压迫,主张中华民族的尊严和独立的。"[①]面对外来文化,毛泽东说道:

> 中国应该大量吸收外国的进步文化,作为自己文化食粮的原料,这种工作过去还做得不够。这不但是当前的社会主义文化和新民主主义文化,还有外国的古代文化,例如各资本主义国家启蒙时代的文化,凡属我们今天用得着的东西,都应该吸收[②]。

毛泽东所代表的中国共产党人,在20世纪40年代就已经站在本民族文化的再造与创新的高度,触及了中西比较哲学、文化研究的根本方向和历史任务的大问题。当今中国学术界、思想界所从事的比较哲学与比较文化研究,也不是为了比较而比较,恰恰是为了中国当代哲学与文化创新而从事中西比较、中外比较,尽可能广泛地吸收世界上各民族创造的一切有价值的文化成果,从而为当代中国的哲学与文化建设事业服务。

实际上,在20世纪比较哲学与文化的领域里,可谓名家辈出,荦荦大者有王国维、胡适、金岳霖、钱钟书、张岱年、侯外庐,以

[①] 毛泽东:《新民主主义论》,《毛泽东选集》第二卷,北京:人民出版社,1951年,第706页。
[②] 同上书,第706—707页。

及整个现代新儒家群体，他们的比较哲学与比较文化的研究成果，扩大了中国人的思想视野与知识视野，丰富了中国人的精神内涵，增强了中国哲学与文化的自身活力与创新能力。自20世纪80年代以来，伴随着中国社会的改革开放，比较哲学与比较文化研究工作，一方面处在恢复发展阶段，另一方面也表现出一些新的特点。除一些学者个人凭借自己的学术兴趣、语言优势，继续从事比较哲学与文化的研究工作外，如海德格尔与中国哲学、解释学与中国的解释学等研究成果，一些大型的丛书与杂志也在持续出版，在更大的范围内影响着当代中国的学术、思想与文化。最典型的系列丛书有：乐黛云所开创并主持的比较文学研究丛书，刘东主持的《海外汉学研究丛书》，任继愈主编的《国际汉学》系列论文集等。而对于中西哲学比较研究史第一次较为系统的梳理与研究，当以许苏民的皇皇巨著《中西哲学比较研究史》为典型代表。当代中国这些新的比较哲学与比较文化研究形态与具体成果表明，伴随着中国与世界的关系越来越密切，比较哲学与文化的研究也越来越深入、越广泛。但就笔者目前所知的情况来看，比较系统、专门地介绍现代西方比较哲学与文化研究，同时又以此主题展开研究的丛书，目前似乎还未出现。因此，我们希望通过此套丛书一辑、二辑及至多辑的出版，将当代中国的比较哲学与比较文化研究由比较分散的状态，带向一个相对较为集中、专业的方向，进而为推动当代中国哲学与文化的创新，作一点微薄的贡献。

相对于当代中国哲学与文化的创新与发展的主题而言，比较哲学与比较文化的研究只是一种学术助缘与手段。但在全球化的漫长过程中，比较哲学与比较文化研究将是一个需要有众多学人长期进行耕耘的广阔的学术领域。近四百年来西方文化在此领域所取得的成就，从整体上看要超过中国。不可否认，西方现代文化在其发轫期充满着一种对东方及其他非西方文化、文明的傲慢，而在比较哲学与比较文化研究的领域里，有些结论也带有明显的文化偏见与傲慢，像黑格尔、马克斯·韦伯等人对东方哲学、中国哲学的一些贬低性的认识与评论，在西方与国际学术界均产生了相当不好但非常有力的影响，即使是当代中国的有些学人，还深受这些观念的影响。但我们需要全面、系统地了解现代西方学术中比较哲学与比较文明研究的成果，像李约瑟、斯宾格勒、汤因比、雅斯贝尔斯、布罗代尔等人的研究成果，就需要我们系统地研究与翻译，而马克思、恩格斯以及法兰克福学派的一些有关全球化的反思与论述，也是我们从事比较哲学研究者需要加以认真研读的系列作品。

正在全面走向世界，并将为世界文化作出新的、更大贡献的中国，需要有更加开放的胸怀，学习、吸纳西方哲学与文化，同时还应该放宽眼界，学习、吸纳全世界所有民族的优秀思想与文化。我们还应该对中东、非洲、南美洲的思想与文化传统有所研究与了解，未来的比较哲学与文化翻译和研究丛书中，也应该有这些地区、国家的思想、文化研究成果。中国的现代化，中华民族文化的现代化，应当是吸收欧美现代化、现代文化的一切优良成果，摒弃其中的殖民主义、霸权主义、资本主义唯利是图、垄断等一切不好的内容，从人类一体化、人类命运休戚相关的高度，来发展自己民族的现代化，来创新自己民族的现代文化，为造福世界作出中华民族的贡献。

我们希望有更多胸怀天下的学术青年，加入比较哲学与文化的翻译和研究的领域之中，在现在及未来的相当长的一个时间段里，这将是一个有着勃勃生机、充满希望的学术领域；但也是一个充满艰辛劳作的学术领域，因为在这一领域里工作，要比在其他领域付出更多的学术努力，要有良好的外语水平，要阅读大量的文献，甚至还要深入异域文化地区进行实地了解，而不只是做书斋里的学问。通过比较哲学与文化的长期研究，我们也会不断地拓宽我们的知识视野与思想视野，丰富我们每个人的内在精神，在精神上真正成为文化上有根的世界公民。这或许是比较哲学与文化研究事业所具有的独特魅力！

是为序！

丛书主编
2019 年 1 月 30 日

编者前言

唐力权先生是20世纪华人世界会通中西的杰出思想家、非实体主义的奠基性哲学家，其晚年的新道学则代表了香港本土的哲学气质和哲学高度。

唐先生原籍广东省恩平县，1935年10月26日生于香港，先后就读于香港金文泰中学、台湾大学电机工程系、美国纽约大学经济系和纽约社会科学新校，1969年获得哲学博士学位；自此一直任教于美国康涅狄格州美田大学，2005年退休；2008年移居香港，2012年7月19日病逝于香港伊利沙伯医院。

在其五十余年的学术生涯中，唐先生比较与融通了中西印三大文明及其哲学，创造性地建构了场有哲学，重释了道家和道教思想而为"新道学"奠基。

概而言之，场有哲学的根本旨趣在于：以"今西"（怀德海、海德格尔）与"古中"（《周易》、老子《道德经》）批评和超越"古西"（西方传统实体主义）与"今中"（当代新儒家）。

唐先生的场有哲学是20世纪末出现的汉语世界最新的哲学体系，尽管最终立足于中国古典思想，但唐先生的哲学创造的终极关切却是人类性的,而20世纪绝大多数汉语哲学家仅仅着眼于中国,旨在解决20世纪中国社会和中国人的问题。唐先生曾讲,场有哲学的终极发展乃是"通过对人类和光同尘实相的分析来逐步建立场有哲学中的人道学和文明场有理论"(《周易与怀德海之间》),而所谓"和光同尘"乃是"道体权能(生命权能、创造权能)透过人道而开显的全部灵明行沟"(同上);唐先生认为,文明人类的一切明沟内容或文化现象莫不具有其独特的"文明意义",这和"自然环境""社会结构"一起构成"三尘"的"历史传统",不仅包括儒、释、道,而且涵括了中、西、印三大文明型态,它们的各自诚承契印但又相互激荡涵摄的意识心态和理性道术。甚至用"人类性"来评价仍嫌不足,因为场有哲学的最终"观点"却是宇宙,唐先生讲,"文明创造的场有并不等于权能场有自身,用宇宙论的观点看,整部人类文明进化史所包含的亦只不过是无穷无尽权能场有中的一个微波罢了"(同上)。显然,没有这种见解,固执于人类中心论,想要解决今天地球上的生态危机是不可能的。场有之"道"乃是联结宇宙的终极真理与真实和人生的终极真理与真实的终极性的"道",唐先生晚年称之为"究竟义"的"道",场有哲学是"究竟学",当然是普世性的哲学。

比较而言,20世纪汉语哲学界绝大多数体系旨在解决中华民族近代以来所面临的现实问题,时代的忧患意识也决定了哲学创造的视向和格局,从20世纪上半叶的"中西体用"之争、"科玄"之争、"传统与现代化"之争以及科学与民主经"坎陷"而落实的问题等,到80年代中国内地的"启蒙"与"主体性"问题、"国家建设"

和"文明复兴"问题,莫不局限于当下的中国、中国社会和中国人。显然,这样的哲学体系,尽管视域愈显广阔,但无论如何高迈,其意义已为其视向所限,囿于本民族,而对其他民族和整个世界必然缺乏实质性的意义。那么,何以唯独唐先生的场有哲学具有这样一种人类性、普世性的哲学视向和目标呢?

笼统地讲,是因为场有哲学的缔造者接受了作为 20 世纪哲学思潮重要特征的"文明格局辩证的自觉",亦即"对文明架构根源性、历史性与理想性的自觉"(同上);唐先生多次感慨,我们所处的无疑是一个大开大合的时代,也只有大开大合的智慧与理性道术才能疏解人类当前的困局。正是这种自觉,使得场有哲学成为汉语世界对于全球化时代来临的最早的哲学回应。

具体地讲,场有哲学的普世特征归因于唐先生哲学探求之路的起点之高超。唐先生在纽约社会科学新校接受了二战时流亡而来的现象学家(如 Dorian Cains、Aron Gurwitsch)的系统的现象学训练,最后以诠释怀德海哲学为博士论文选题,指导教师则是海德格尔的弟子汉斯·约拿斯。怀德海和海德格尔分别代表了英美和欧洲大陆哲学形而上学的高峰,也代表了 20 世纪西方对自身哲学根源的最深透、最彻底的辩证自觉和反思。前者直诠了"过程实在论",后者遮诠了"非实体主义"。以此高度来会通《周易》和《道德经》的场有哲学自然不同凡响。

怀德海的思想被当代哲学家(如 David Ray Griffin)称为"建设性后现代哲学",这是个极富深意的刻画和定位。他之为"后现代"(post-modern),是指他的机体哲学建立在对 17 世纪牛顿发现万有引力、完成古典物理学、"机械论自然观"取代传统"目的论自然观"的批判的基础之上；超越一个死寂的、被动的自然，乃是怀德海的出发点。20世纪初爱因斯坦的相对论、量子力学、麦克斯韦（Maxwell）的电磁场理论、法拉第的电磁效应说等科学新发现为他提供了科学上的依据。而他的"建设性"则体现在回到柏拉图-亚里士多德的目的论自然观，却又否定其实体主义进路，以"向量场"取代"实体论"，呈现宇宙生化的"开放脉构"（亚里士多德是"封闭脉构"），并强调宇宙生化的顺应性和创新性（用唐先生的术语说就是"诚仪隐机"）。怀德海是英美科学与哲学的集大成者，他的机体哲学还融摄了达尔文的自然进化论、柏格森的创造进化论、英国传统经验论、新黑格尔主义、实证主义、桑塔亚那等人的"批判的实在论"（怀德海是多元实在论）以及皮尔斯、詹姆士、杜威的实用主义等等。来自英美又超越英美，来自科学又超越科学，这使怀德海的哲学显得深刻而又健康。我想这也是他吸引唐先生的原因之一吧。唐先生本人先后学习电机工程和经济学，因此他始终能够保持一种科学的理性与审慎，即便面对尼采和海德格尔这样极富诗意的哲学，也绝不会陷入迷狂和非理性的深渊。恰如作为形而上学家的怀德海还兼有数学-物理学家、数理逻辑学家和诗人的身份，唐先生何尝不是这样，深思熟虑又富有敏锐的直觉，这大概是形而上学家必备的天赋吧！

海德格尔对西方传统哲学根源的自觉在现代西方无出其右，其后期思想着重于从亚里士多德的存在/存有（being）回到前苏格拉底的自然（*phusis*），从亚里士多德的以 being 为主导的实体性生成理论回到仅仅描述先于成、不居于成之发生（ereignis）。场有哲学与海德格尔的关联可能不像与怀德海的那样容易被注意到。但作为海德格尔的再传弟子,唐先生对海德格尔哲学的了解丝毫不亚于其对怀德海哲学的了解；其实,在会通《周易》与西方哲学之处,唐先生就明确地把海德格尔作为怀德海之外的另一个重要参照系或透视点。在 1974 年发表的《易经与怀德海的时间概念》一文中,他指出,创造性与意义性/重要性乃是《易经》哲学思想的中心内容。因为易的宇宙场内在地就是一创造性的场,也是一意义性/重要性的场。创造性界定"易"之为动态性的,意义性/重要性描画"易"之为象征性的。从而,作为一种命运哲学的《易经》,其意蕴应该在其动态性的与象征性的通向存有的进路中去寻找。唐先生在此认为怀德海代表了一种创造性的哲学,海德格尔则代表了一种意义性/重要性的哲学；从《易经》的观点看,两者都是片面的；而在《易经》的尚未挖掘的含义中可能蕴藏着创造性地调和这两位哲学家的钥匙。（《蕴徼论》）那么,海德格尔这一意义性/重要性的哲学对于场有哲学到底意味着什么？占据了哪个位置？这不是个容易回答的问题,我在此仅猜测,至少,唐先生的"根身性相学"所谓《易经》《老子》的语言象征根身的活动,很可能受到海德格尔的启发,他的以"根身性相"为核心的语言理论与海德格尔的词源学探索进路有异曲同工之妙；另外,他对于西方意识形态之为"匠心匠识"和"混沌加工"思想模式的揭示,也源于海德格尔对希腊哲学根源的自觉；凡此等等,不一而足。

然而,海德格尔哲学仅仅为解释"生生"提供了一种可能性,他对西方实体主义及其心性根源的揭示,显露了非实体主义的可能性,而且因为其揭露的彻底性而成为"破坏性"后现代思想的源头。相反,怀德海不仅批判了传统的实体主义,而且直接为非实体主义铺陈出一整套历程哲学体系,因此以"奠基主义"自许的场有哲学更倚重怀德海也就没什么可奇怪的了。事实上,场有哲学的"非实体主义"是要在"实体主义"和"虚无主义"之间另辟"中道"。

以怀德海和海德格尔这两个开放的体系作为其会通中西哲学的西方高度,唐力权先生就避免了前人会通中西时可能出现的"削足适履"的弊病。何况唐先生对"会通"还有一种自觉,即所谓"会通"不是把东西方两种无关而又相似的学说进行"互向格义"。我们看到,一方面,唐先生洞察到"东西方间精神的-历史的相关性",他说"我们不要把怀德海与中国哲学间的关系视为单纯理论上异或同的事情。因为我们相信,对于这种关系,存在着一个真实的历史的维度,并且是一个具有高度重要性的维度",他指的是,莱布尼茨、斯宾诺莎的机体主义和英国浪漫派诗人华兹华斯和雪莱都是中国文化的热爱者,并且都对怀德海产生了真实的影响。另一方面,唐先生对于他所要会通的怀德海哲学和《周易》之间的差异有着深刻的洞察与警觉,这就避免了无视差异所可能造成的概念间的随意比附。此外,无论怀德海还是海德格尔,唐先生都不是不加批判地全盘挪用,他对他们哲学中的理论缺陷与内在矛盾洞若观火。例如,他批评怀德海的"角色"(character)概念过于抽象,从而其生命哲学是纯粹思辨性的,偏离了生命哲学的本然方向;而且怀德海的语言采取高度理性主义的模式,强调逻辑的精确性与严格性从而服从概念性的操纵,显然不利于生命哲学和历程哲学的建构与表述;反之,唐先生则认为,"象征性的语言和进路对于创进着的历程宇宙是必要的,因为其中包含了模糊暧昧无法做彻底精确规定的实在潜能"。(《蕴微论》)

百年来的实践告诉我们,哲学"会通"是一项必需却又危险的事业。特别是以西方哲学某种观念、某个哲学流派或哲学方法先行的方式,就很有可能降低中国古典思想的理论品格:逻辑和知识论的进路已然失败,唯物论与唯心论的简单划分更是宣告了破产,即便是形而上学的进路,依然有康德和海德格尔之巨大差异。唐先生是基于现象学来会通怀德海与海德格尔以及《周易》与《道德经》,不设前提,亦无先入之见,而是多点透视、有机综合,达到了场有哲学理论与方法的高度统一。因此,他的诠释提升而非降低了中国古典思想的理论品格。如果我们承认这里所述的背景,那么也就不会否认唐先生是现代中国很少几个能用现代哲学语言系统架构和表述"道"的哲学家之一。

要恰当评价唐先生的成就,就不能不提他的"根身性相学",但要给它确切定位并不容易,也许需要更广阔、深远的背景方能呈现其意义。它显得既古老又前卫。显然,"根身性相学"对于唐先生本人来说具有重要意义,因为《周易与怀德海之间》的大部分篇幅都在讨论它,而且他在"自序"中说得很明确:"人是不能离开他的根身而存在的,一切思想都是人类依身起念、依念作茧的产物。最后分析,人的根身才是一切建构主义、中心主义的根源——也同时是任何解构主义、去中心主义的存有转轴。作为奠基主义思想的一种型态,场有哲学所代表的乃是思想本身根源性相的自觉——形上姿态的自觉。"就我肤浅的揣摩,根身性相学对于唐先生本人可能具有两方面的根本意义:一方面,根身性相学是唐先生诠释中国古典思想时打通宇宙论与心性论之枢纽;另一方面,根身性相学可能被唐先生视为其场有哲学超越作为西方哲学之最新和最高成就之现象学(以及诠释学)的一次卓越努力。就前一方面而言,现代新儒家贯通宇宙-本体与道德-心性时一般站在唯心论的立场(有佛教和德国观念论的影响在内),纯下哲学理论思辨的功夫(新心学),从而不免具有超历史的、超实存生命的形而上品格;然而,这样的努力再高明也难以逾越黑格尔的绝对唯心论;你也可以说他们关注"生存论"环节,但是一种不在肉体根身上落实的生存论又如何可能逾越海德格尔的"此在的生存论分析"呢?这就又涉及后一方面的意义,亦即,超越现象学。对此,唐先生本人不仅有自觉而且有自信。他在《无相实有与中国哲学》一文中把"道"等同于根身的活动作用,他同时批评海德格尔在"存在即行为的开显"这个核心理念的把握上是不彻底的、有偏差的。他甚至认为海德格尔的哲学中只有开显论,没有行为论或活动作用论;由于海德格尔自始至终囿于现象学的观点,把开显定义为相对于意识的揭显或解蔽,他的哲学基本上还是一种意识哲学,而不是胜义的行为哲学。但离开行为就没有开显,意识只是行为中呈现的一种作用,并不等同于行为本身;在现象学是意识先于行为,在道的哲学却是行为先于意识。他直指"意识是现象学的思想底线"更是振聋发聩。因此,唐先生的自觉就在于突破现象学的这一思想底线,而其利器就是"根身性相学"。他对"根身性相学"超越现象学之自信则表现在,在与当代法国现象学、解释学大师利科的对话中,开门见山地以根身性相学——基于人的直立姿态的原初裁化经验——来品评利科的以意识、语言、符号和文本为核心的对"裁化"(appropriation)的理解,这让利科感到陌生和惊讶,却又表露出极大的兴趣。诚然,我们以"道可道非常道"为借口,满足于"只可意会不可言传"久矣!但这是思想的懒惰和堕落!对于东方式的身心修炼,一直缺乏系统的理论解释,现在,唐先生的"根身性相学"可以说填补了这一空白。当然,这能否成为唐先生对道教丹道学的一大贡献,我们拭目以待。

在其生命的最后阶段,唐力权先生以权能场有论重释道家和道教思想,已经成为当代"新道家"思想的重要发展。这里,唐先生在香港的演讲首先提出"究竟学"的理念意味深长。中国古代本没有"哲学"与"宗教"的区别,这是西学东渐的的结果。中国的现代思想流派都以西方哲学为"楷模",努力摆脱其与"宗教"的"纠葛",而渴望成为理论化的"哲学科学"。但是实际上,对于中国古人来说,"道"既是"哲学"的终极关怀,也是"宗教"的信仰对象,无论后来区分出来的所谓"哲学"还是"宗教",都无非遵循一个体道、修道和成道的活动过程,这个过程中将精神、思想和实践推之至尽就成为"究竟学";这样一来,唐先生就让我们看到一种不同于西方的"即哲学即宗教""非哲学非宗教"的思想和实践型态,西方意义上严格的"哲学的"或"宗教的"化约主义于此并不适合。也就是说,"究竟学"不可化约,无论化约为"哲学"还是"宗教"。这样,"华学"的本质就有可能得以彰显。

显然,在唐先生眼里,道家与道教就是一门统一的"究竟学",一门"道学问",而且它比儒家更能够体现中国传统思想的真精神,也是传统世界观的终极根源。不仅如此,我们看到了,唐先生在其生命的最后阶段似有皈依道教之意向,明确将其场有哲学确认为一种道家哲学或"道家型"的哲学。这和此前将包括道家在内的中国古典思想统称为"场有型"的哲学相对照,侧重点有了巨大的变化。诚然,场有哲学在其建构之初,从老子《道德经》等道家典籍中汲取了丰富的营养,无论其中的道体论(宇宙论、本体论、自然学)还是根身性相学(性命论、人道学),无不带有道家深刻的烙印。然而,唐先生并没有停留在重复原始道家,而是锐意推进道家的原初智慧,致力于将其场有哲学作为一门"新道家哲学"来予以重释。关键是,"新"在何处? 唐先生说:"虽然继承了传统道家哲学的真精神,场有哲学乃是一现代人的哲学,它所发挥的哲学精神和形成的世界观乃是植根于现代人在当代的文明格局和生命实存的处境中所孕生的智慧,通过现代人的思想概念和语言表达出来的智慧。而在现代的概念和语言的意义网络中已经包含了许多不属于传统中国文化的成分。"这段话非常重要,它表明,尽管唐先生也强调"中西"之别,但绝不因此而无视"古今"之异,他是在洞察"古今中西"的根本差异的前提下又能融汇"古今中西"于一炉,这就和一切形式的"原教旨主义/基要派"(fundamentalism)拉开了距离。唐先生说,通过场有哲学来讨论中国哲学尤其是道家的特质，重点不在场有哲学，而在道家，道家是主，场有哲学是客，后者只不过是彰显前者的一个诠释体系或概念平台。所以他对道学的推进就在于用他40年精心构建起来的场有哲学的概念和语言来重新诠释道学，把道家和道教原本松散的思想系统化，因此，我愿意称之为"系统道学"之"奠基"！其中最值得推崇和重视的至少有以下三个方面：

首先，"道"被诠释为"创化权能"："能"是能量、力量，"权"是能量或力量中的决定性，"创"是创造、创生、创新，"化"是分化和生长变化。"道"作为宇宙的终极与真实，属于一个永恒的、无所不在的创化权能，宇宙是此创化权能运作的场所；宇宙间的一切事物，包括我们的生命，无非是此创化权能在其恒久不息的运作过程中的分化和生长变化；简言之，万物是道的分化。而"生生之谓易"也指的是这个恒久不息的分化和生长变化的过程，即生生即易（分化演变）的活动作用过程；权能是生生之体，生生是权能之用，这一体用关系在宇宙创化的根源上讲就是"道"，而从道的分化或个体化上讲就是"德"，因此"生生之道"就是"生生之德"；所谓"天人合一"，就是内在于人的生命权能与常道自身和宇宙的创化权能的冥合，亦即中国古典意义上的"道成肉身"或"肉身成道"。唐先生还进一步基于创化权能之道来解释"性""命"等传统概念，发前人之所未发。特别令人印象深刻的是他还援用"拓扑性"这个极富现代数理科学意味的术语来解释"道"与因其分化而开显为个别事物的存在之间的关系。他说"拓扑"是权能宇宙中部分与整体、小系统与大系统之间的动态的、有机的、多层次和多维度的复杂超切关系;具体而言,每一个体事物或生命都是大宇宙的一个权能中心,它的拓扑性,就是道或创化权能分化于此中心的全体大用,而此分化的全体大用,亦即是相对于此中心而开显的动态宇宙,一个为其所得于道的能量系统,与其他的能量系统的相对相关和相互作用所编织而成的分殊世界。这就给予古人所谓的"道通于一"或"理一分殊"一个全新而又绝妙的解释。

其次,为了彻底以场有哲学融摄道学,唐先生在传统道家气论的基础上提出来一套"新气论"构想。他肯定道或创化权能乃是气的真实,换言之,场有哲学所谓的能量系统对于传统道学来说就是气(或"气场",有趣的是,这个词在今天的中国大陆成了流行语)。唐先生认为,道或权能自身是没有扮演任何角色的"纯粹活能",是无染也无待的、开天辟地的创化权能(超世间的存在);纯粹活能在自反中创造了原始的业物质,以其无染的主体相对待,就是"本根活能";由此又生发出"世间活能",是相对的有、业物质的栽化,亦即世间的存在。这里的"活能"与"业物质"又被唐先生分别等同于传统的"阳"和"阴"。当然,这里的关键不在于术语的变换,而在于以一种拓扑性的综合力量去理解创化原动力,气论在此获得了"动态的相对相关性""蕴集缘会性""当下性""过程性"等崭新的内容。

最后,在"新道学"的构想过程中,不只道家与道教思想得到了推进,场有哲学本身也因道学的刺激而自我圆成和完善。一个明显的例子是,道家的"无"的观念为场有哲学补充了"功能空间"概念。唐先生定居香港后才逐渐悟到,场有者的一切相对相关都是通过时间的相对相关,这就是广义的或第一义的"场"或"场有";但时间与空间是不可分的,这两者也是相对相关的,权能体除了创化连续的时间性外,还具有"涵虚能容"的空间性,这就是狭义的或"第二义"的"场"。如是,"道之生生"与"道之能容"、相续与开显在一个能量系统的创化之场,或拓扑领域的蕴集缘会中的权能综合,就是"时空合德"或"功能时空"。唐先生反省到,一切动态结构的"涵虚能容"的性格,不就是道家的"无"吗?他感慨说:"在道家思想里,道或道体是最大的、涵盖万物的权能体。'无'这个词既指道或道体,也指万物之道体中本然的无间无碍——这是一个何等美妙而深邃的宇宙图像啊!"

20世纪中国哲学家,如熊十力先生所言,最根本的任务是"发愿"和"见体"。当代学人中能做到这两样的寥寥无几,但显然唐先生是做到了。首先是"发愿",他放弃即将到手的纽约大学经济学博士学位,转而专攻当初辅修的哲学,这不是一般人能做得到的,可见其对哲学的志趣有多深厚,其"有志于学"不是说说而已,是付出巨大代价的,他这个"发愿"是真切的,如是才有后来四五十年孜孜不倦的问道。其次所谓"见体"就是"见道体",通过会通《周易》与《道德经》以及西方形而上学的最新成就(如怀德海与海德格尔),他用"权能""创化""场有"等系统阐释"道""生生"等中国古典思想之根本,可谓"见体",也因为有"见体"的体验,作为一个思想家的唐力权在构建其自身独特的哲学体系时是非常彻底的。

唐力权先生去世之后,其家属将其著作和遗稿全数捐赠给香港道教联合会暨场有哲学研究院。为保存和传承唐先生的著作并推广场有哲学，场有哲学研究院汤伟侠先生邀我整理和编辑唐先生的著作和遗稿，于2016年出版了《唐力权全集》（中国社会科学出版社）。最近，比较哲学翻译与研究丛书主编吴根友教授邀我编辑相关文集，我义不容辞，结合我对唐先生场有哲学的理解选择论文，编辑了这本文集。文集的编辑和出版工作也得到了唐先生家属和汤伟侠先生的支持。

唐先生是因肝病离世。记得当年当我面对香港方面转来的唐先生的海量手稿和遗著时，无限感慨其思想的真诚与历程之艰辛，许多文章都是一稿再稿，不断重头开始：场有哲学太难了，唐先生太辛苦了！他过早地将其生命献给了他孜孜以求的哲学！

唐力权先生千古！

场有哲学不朽！

宋继杰
2024年夏于京郊通州西集运河上庐

目　录

总序 /1

编者前言 /1

第一编　场有哲学序论

第一章　《周易》与怀德海之间：场有哲学的心法 /3

第二章　异隔、同独与同融：意识心与曼陀罗智 /43

第三章　仁性关怀与匠心匠识 /84

第四章　理性道术、契印形态与文明格局 /135

第二编　蕴微论

第五章　怀德海与《易经》的时间观念 /219

第六章　从《易经》的观点看怀德海与中国哲学 /243

第七章　哲学沉默的意义：对中国思想中语言使用的某些反思 /274

第八章　蕴微论：场有经验的本质 /290

第九章　行为、符号和意识

——与利科一起思考 /355

第三编　新道家场有论

第十章　裁化的艺术：通往场有的哲学观念 /383

第十一章　无相实有与中国哲学：《道德经》的场有思想 /421

第十二章　"流动无碍"为卓越典范之理想

——道家宇宙观及其实用含义中"通"的中心性 /451

第十三章　道家思想中的权能经验及思想

——以"道"和"德"为参考的初步观察 /472

第十四章　超切实在与究竟学

——道论在场有哲学中的核心含义 /494

第一编　场有哲学序论

第二编　蕴微论

第三编　新道家场有论

第一章 《周易》与怀德海之间：
场有哲学的心法

一、《周易》与怀德海的对比研究："场有"观念的基本含义

今日今时来讲怀德海（在一些著作中或为"怀特海"）的哲学，已经是毫不稀奇的了；岂止毫不稀奇，对一个对哲学潮流高度敏感的人来说，很可能还会有过时的感觉。当然，用"过时"这些字眼来形容一种哲学其实是不大恰当的，因为哲学乃是追求真理的学问，而真理本身是没有时间性的——是超越时空的。这种讲法最低限度在形而上学的范围内是不会有错的：形而上学所探讨的真理都是永恒不变的真理，而怀德海正是我们这个时代最伟大的形而上学家之一。

不过话得说回来了，真理本身固然是不变的，没有时间性的，但追求真理的人——他的生命、思想和文化——却是变动不居的时间产物。人在对真理的追求下所作的一切活动——包括哲学家对真理本身所作的思维和诠释——乃是一个与时俱化的历程。这个变动不居、与时俱化的历程也就是《易传》里所谓的"易"和"道"。概括地说，"易"就是变动不居，"道"（道之一义）就是与时俱化；这两个观念是二而一、一而二，实在是很难分开的。而这个构成《易经》或《周易》哲学的中心思想的"易道"观念基本上是一个形而上学的观念。易道乃是天地万物之道，宇宙间一切事物莫不涵摄在易道之中、受易道的支配。易道是天道、地道，也是人

道；《易传》的作者在发挥《周易》的哲学的中心思想时正是扣紧这三道之间的关系——人道与天道、地道之间的关系——而立论的。那么这三道之间究竟有何关联呢？要解答这个问题，我们就不可避免地要回到时的观念来了。我们刚才不是以"与时俱化"一义来释"道"吗？站在《周易》哲学的立场来说，这个意义或观念实在很重要。没有时就没有道；道是易之道，也就是时之道，因为时就是易（变动不居）之历程。《易经》哲学最重时，六十四卦里每一卦的卦义可以说都是被此卦的"时义"所决定的。而时义的基本观念就是"时中"。"中"是无偏颇的意思，也有合适与合宜的意思。"时中"就是中于时或于时里求中或成中。说得直接一点，"时中"即是合时：人道与天道、地道合时就是时中——也就是人道与天道、地道在时中所取得的和谐。这个"时中的和谐"乃是联结天、地、人三道的关键——也同时是周易哲学最深邃、最精微的所在。

在《易经》的思想里，"时"和"位"乃是两个不可分的观念。有人很自然地把《易经》的"时位"等同于物理学上的时空，这是不对的。《易经》的时位观念可以包括物理学上的时空，却是一个比其更原始、更基本的观念。因为《周易》哲学里的时位乃是一个形而上学的名词，在存有论和宇宙论里有其极丰富的含义。我们可以这样说：时位乃是一事物的"相对性"的普遍形式。这里"相对"就是相对于其他事物的意思。从《易经》的观点来看，宇宙里是没有孤立的事物的。一事物之为此而非为彼的原因正在此事物与宇宙间其他（彼）事物的互相关系上。换句话说，一事物的独特的存有性格乃是由它的相对相关性而决定的，即是由它的时位决定的。在《周易》的形而上学里,终极存有或实在——《系辞传》称之为"太极"——乃是一条生生不已的生命洪流、一个变动不居随时位而转化的创进体。而这个"生体"或"易体"的创进历程的韵律、节奏和条理正是通过事物的时位和相对相关性而具体地表现出来的。

怀德海哲学的时代意义在哪里呢?周易哲学的时代意义在哪里呢?这是本章所关切的两个主要问题。用《周易》的术语来说,这明显地是一个时位问题——内在于人类历史文化而为其场性所决定的时位问题。什么叫作"场性"呢?这里"场"一字所代表的乃是一哲学的观念,而非一数学或物理学的观念。我们所谓的"场"乃是依照事物的相对相关性而言的。简单地说,"场"就是事物的相对相关性的所在,也同时是此相对相关性之所以为可能的所在。事物的相对相关性可以有种种不同的性格和方式,因此场和场性(场的特性)也可以有种种不同的分类。譬如,自然界的场性乃是由自然现象间的相对相关性而决定的,而其中不同的自然现象又可各具不同的场性(如重力场和磁电场在物理学上的区别)。人类的历史文化是不能当作自然现象来解释的,因此也应该有其独特的场性。当然,无自然就不可能有历史文化,因为人类的历史文化原是由人在自然的环境或场所里创造出来的;人类创造历史文化的精神力量乃是以他的自然生命为基础的。那么精神(历史文化)界的场性和自然宇宙的场性究竟有何关联呢?这是一个值得我们探究的问题,虽然它不是本章关注的所在。

在《易经》里我们是不会找到"场"这个名词的,但这并不等于说《易经》哲学里没有"场"的观念。相反,我们以为《易经》哲学乃是一部彻首彻尾的"场论"——一部以"场"的理念来贯穿其整个宇宙观和人生观的"场有哲学"。"场有"就是依场而有的意思。一切存有都是场的存有。《易传》里所有的主要观念如"太极""易""生生""道""阴阳""天地""乾坤"等无一不是由场有观发展出来的形而上学观念。"太极"指的是什么呢?宇宙场有:太极就是此场有之本体或"场体",也即是构成一切事物的相对相关性的无限背景。而"易"和"道"则是此太极体之"场用"。太极之场用在哪里呢?它就在创造权能的生生不已与阴阳相交的历程里。《易传》以生生不已而言"易"(所谓"生生之谓易")、以阴阳相交而言"道"(所谓"一阴一阳之谓道")。其实"易"和"道"都是太极之用——场有场体之场用。如以用名体,则太极也可称为易体、生体或道体。体用之别乃是依场有之创造性而分的。"体"言此创造性所本之权能;"用"则言此创造权能之开显。体与用、权能与开显——两者实是二而一、一而二,只不过是场有之两面罢了。此场有之体用一如又从何而见呢?权能之体与开显之用究竟在哪里呢?不在别的——它就在事物的相对相关性里、在场有宇宙的无限的相对相关性里。宇宙乃创造权能开显的场所——一个为事物的无限相对相关性所在的无限背景和环境;也就是《周易》哲学里所谓的"乾坤"或"天地"。为什么称场有的无限背景为乾坤或天地呢?理由是这样的:在初民素朴的形上体验里,场的观念乃是从天地的相对相关而来的。天与地之相对相关——乃是最原始也同时是最具涵盖性的相对相关,天地的相对相关性乃是一切其他相对相关性的根源。这原始的相对相关性究竟有何内容呢？事物的种种相对相关性是如何建立在天地或乾坤的相对相关性上呢？人在天地之间的存有究竟意义何在呢？《易经》的场有形而上学就是沿着这些问题的思路而发展出来的。

在这里，读者当会不耐烦地问：我们一开始不是要讲怀德海的哲学吗？为什么尽在谈《易经》呢？为什么要把周易和怀德海连在一起呢？怀德海哲学和周易哲学究竟有什么关联呢？是的，现在该是我们有所交代的时候了。其实，我们的顾虑也许是多余的，因为对知心的读者来说，在一篇讲怀德海哲学的文字里讨论《易经》或是在一篇讲《易经》哲学的文字里讨论怀德海恐怕已是理所当然的了。不过，由于本章的用心所在实在牵涉过广且不无独特之处，这些问题都不是我们可以立刻给予一个完满的解答的。在这"开宗明义"的第一章里，且让我们先为读者作一扼要的交代吧。

为什么我们在解释怀德海哲学的时候要提出《易经》来讨论呢？理由很简单：我们解释怀德海哲学的观点乃是从《易经》那里启发出来的。这个观点是什么呢？就是我们上文所谓的"场有论"或"场有哲学"。我们认为，《周易》哲学固然是场有哲学，怀德海哲学也同样是场有哲学。场有的观念不只是两者共有的"存有信托"（ontological commitment），它也同时决定了它们的方法论——它们基本的思想形式。在场有论的基础上，《易传》的作者建立了一套广大精微的生命哲学，而怀德海也以它为底子成就了他那套根本上乃是用生命的范畴来组成的宇宙论和历程哲学体系。如果我们这个看法是正确的,那么以《周易》哲学来和怀德海哲学作对比研究那是最合适不过的。

岂止"合适不过"而已,这里面实在还可有非常重大的意义呢！是的,在大家的心目中,《周易》是一部难懂的书,而怀德海也是一个难以理解的哲学家。但以《周易》来和怀德海作比较研究,则不仅能帮助我们了解怀德海,也同时使我们对《易经》有更深刻的认识。这相得益彰的好处,我们是深信不疑的了。不过,这并不是我们要这样做的唯一理由。我们把怀德海哲学和《易经》哲学连在一起实在是别有深意的。因为我们认为以《周易》哲学来和怀德海哲学作对比研究不只有纯理论上的意义,还可以有历史时代的意义；不只有纯学术的价值,还可以有更广泛的人文价值。这就是我们要预先向读者交代的地方。只是我们心中这份深意所牵涉的层面实在太多了,不可能一开始就全部表达清楚,我们必须用剥茧抽丝的办法,一层一层地来做,在这里让我们先给读者一个轮廓的描述吧。

如上所述,《周易》哲学和怀德海哲学基本上都是场有哲学；场有思想乃是两者所共有的形上根据。场有思想的特征在哪里呢？我们在上面已经指出来了,它就在相对相关性这个要领里。相对的含义当然就是没有绝对的意思。在场有的思想里,没有绝对的一,也没有绝对的多；没有绝对的超越,也没有绝对的内在；没有绝对的创造者,也没有绝对的被创造者；没有绝对的主体,也没有绝对的客体；没有绝对的心,也没有绝对的物——总而言之,所有相对的两极都是互为依存而非可以独立的存在。所以一中有

第一编　场有哲学序论

多,多中有一;凡超越者也必同时内在,凡内在者也必同时超越;创造者必也是被创造者,被创造者必也是创造者;主体本从客体来,客体本来就是主体;没有无物之心,也没有无心之物。这不是很暧昧的思想吗?是的,场有哲学一定是"暧昧的哲学"(philosophy of ambiguity)。因为事物的场性、相对相关性本来就是暧昧的。在传统的西方哲学里,暧昧代表知性的弱点,甚至是无可宽恕的"罪恶"。笛卡儿不是以"清晰明确的观念"(clear and distinct ideas)为考验真理的准则吗?作为西方哲学支柱的传统逻辑不正是所有界限分明的思想的基本模式吗?所以用西方传统哲学的观点来看场有哲学——来看《周易》哲学和怀德海哲学,就不免会有疑问了。这一点其实是颇为明显的,在逻辑的背后,在界限分明的思想的背后,正是支配了西方哲学两千多年的"实体"(substance)观念。什么叫作"实体"呢?笼统地说,它就是一个孤立的存有——一个可以独立于其他存有之外的存有、一个可以从它存有的环境里抽出来探讨的存在。换句话说,实体的观念正是和场有相反的观念,因为实体正是无须依场而有的啊!

二、场内观与场外观:哲学家的形上姿态

实体观念的极端化、绝对化——这就是笼罩着整个西方哲学传统的二元主义和绝对主义的来源了。而在这几乎以事物的极端化和绝对化为能事的哲学传统里,最特显的现象就是哲学家自己的绝对化和由此而生的人我或主客两极化和极端对立。传统西方哲学家在他从事哲学思考时总是很自然地把自己放在一个

"绝对旁观者"(absolute spectator)的地位——一个在西方传统里只有上帝才可能有的地位。西方哲学家总是要站在宇宙之外来看宇宙,好像他自己就是上帝似的;总爱把他自己从他所在的世界和自然环境中抽离出来,好像他不属于这个世界或自然似的。从场有哲学的观点来看,这个绝对的、外在的观点根本就是站不住的。因为根本就没有"宇宙之外"可言。既然一切存有都是依场而有,而"宇宙"乃是无限场有的名称,则宇宙之外哪里还有存有可言呢?如此说来,外在于宇宙的上帝也是不可能的了。是的,在场有哲学里上帝或终极存有也无例外地一样是场有的观念。譬如,以怀德海的哲学而论,他并没有把神(上帝)绝对化了。相反,怀德海形而上学里的神乃是与由时空中的实际存有所构成的现实世界互为依存的超越时空的存有。神所代表的乃是实有(宇宙)之场的终极场性。怀德海很郑重地、清楚地指出神与现实世界乃是互相创造的。这个神和万物的相对相关性在绝对化的西方传统形而上学里乃是不可想象的啊!

　　从场有哲学的立场来说,我们只能从"场内"的观点来看人生、看宇宙,而不能从"场外"的观点来看。因为一切存有都是场有,而场有是"无外"的。《周易》哲学和怀德海哲学里的一切观念都是由"场内观"所导出的观念。假如我们把《易传》里的太极或怀德海的神看成独立实体,看为超越万物而非与万物互为依存的绝对存有的话,那可就大错特错了。

　　现在我们要问,既然(在场有哲学里)只有场内观才是探讨真理的正确途径,那么与此相反的"场外观"又是如何来的呢?我们应该怎样解释控制了整个西方哲学传统的那种绝对化和二元对立的"形上姿态"(metaphysical posture)呢？这个问题很复杂，我们必须沿着一条很长的思路来处理它，希望最后能给它一个妥善的答案，现在就让我们以"形上姿态"这个观念作为起点吧。是的，在每一种哲学思想的背后都有作为其存有信托之本的形上姿态——一个哲学家在面对宇宙人生时所采取的基本看法或态度。其实，形上姿态不是只有哲学家才有的。每一个有思想的人都有作为其思想和行为方式的最后根据的形上姿态。甚至每一个社会、民族或文化也都可以说有作为该社会、民族或文化的存有之本的形上姿态。这个集体的形上姿态所代表的乃是一部分人类所赖以安身立命的智慧之道或生命精神。西方传统哲学的形上姿态也就是西方传统文化的形上姿态，因为哲学思想乃是人类精神文明的核心的所在。

那么形上姿态究竟因何而生？如何形成的呢？对这个问题场有哲学可以提供一个明确的答案：它乃是由人生存在场有之中感于场有的终极性相而生的。用《周易》哲学的术语来讲，我们可以说形上姿态乃是人与天地万物由"感应"而"感通"时所生发卓立的根本态度。这个姿态或态度乃是在人与场有之终极关系处形成的。用怀德海的哲学语言来讲，这个由感应而感通的历程乃是一个"主体性"的历程——一个创造权能或主体自我完成其具体生命的裁化历程。形上姿态乃是作为生命主体的人所采取的基本态度，相当于怀氏所谓的"主体性格"(subjective form)。当然我们这里所谓的形上姿态乃是从人的立场来立论的，而怀氏的"主体性格"则是一涵盖一切实有（实际存有）的观念。我们简直可以说在某一义上怀德海乃是以主体性格来等同"实有性"（actuality）的。不过这里"主体"不是一实体观念而是一场体（以场为体）观念。当我们把怀氏的场有主体观分析清楚后，我们就会同意，他所谓的主体性格正可用"形上姿态"一词来表达。我们甚至可以说，怀氏的"主体性格"不过是一普遍化了的形上姿态罢了。

现在我们要解释的是"形上姿态"里"形上"两个字的含义了。"形上"当然就是形以上或形之上的意思。大家都知道这个哲学术语原先出现于《易·系辞传》，乃是从"形而上者谓之道"这句话来的。现在"形上"两字已被普遍地用来翻译西方哲学中的Metaphysics或形而上学。Metaphysics乃是一门探讨"终极"哲学问题的学问。我们在"姿态"上面加上"形上"两字为的正是这"终极"的含义，因为我们所要表达的乃是人与场有之间的终极关系。这个终极关系究竟有何意义呢？对这个问题《系辞传》早就一针见血地提供我们一个最扼要、最具体而微的指示。《系辞传》云："形而上者谓之道，形而下者为之器。"这句话所要确立的乃是"道""形""器"三者之间的关系，这关系《系辞传》以"形上"和"形下"来表示之。"形"就是形身，也就是我们这具能够直着走路、有血有肉的形躯。"道"在《易经》里有多层含义；在这里指的乃是最高层次的"道"，即场有自身或《系辞传》所谓的太极。场有自身观念包含了场有全体的终极性相，这终极性相之全体大用也就是场有自身即体即用的本体。这就是为什么后来在《易》学的传统里道或太极也被称作"道体"了。

　　道或道体乃是超越我们这具形躯的终极存有,所以说"形而上者谓之道"。"形而上"或"形上"就是超越形躯的意思。那么"器"又是什么呢？"器"也是形。在《周易》哲学里形和器的分别也就是主体和客体的分别。"形"指的是我(主体)之形,"器"指的则是他人或他物(客体)之形。我们存有里的一切经验、思想和行为都是由我形与他形之相交接而起的。"器"字原指人类日常生活里所用的工具、器皿或器具——乃是时时刻刻与我们密切交接的东西。《易传》因以此字泛指一切与我相交的人或物。"形而下"指的正是主体与客体以形相交接的关系。但为什么以"形而下"来描述这个关系呢？为什么器是在形之下呢？答案很简单。人是能够直立走路的,"直立"的姿态乃是人之所以异于禽兽者最原始但也同时是最具决定性的分别因素。当我们直立起来而视与我们交接的器物及在我们周遭的禽兽或花草树木时,我们就不期然地有一种居高临下的感觉。所以"大人"的"大"字指的本来就是人的直立高大的形躯。这种"自视为高"的感觉当然没有事实的根据,它只是一种由视觉造成的心理现象。当然我们直立站起来的时候,我们的视野也同时相对地扩大了。周遭的一切尽在目中。而这"尽在目中"的感觉又不期然地转化为"所见在下"的感觉。这本来是很自然的心理现象,但它在人类意识心的发展过程里却具有决定性的影响。譬如,人类学里所谓的"大人神话"就是由这"尽在目中,所见在下"的感觉——或者"自视为高"的意识——发展而来的。神话的大部分都是人类原始经验的素描。人类的始祖在50万年前所经历的原始震撼,一个小孩在刚学会直立起来的刹那还能体会得到,现代文明的成人已经是很难想象得到的了。

  人类最原始、最素朴的哲学语言乃是纯粹依形躯而起念的哲学语言。《易经》去古未远(这当然是相对我们而言的),还保留了许多泰古哲学语言的痕迹。"形上"和"形下"的区分就是一个显著的例子。当人直立起来的时候,"上天下地"的观念也就随之而生。道体属天,形器属地。天高高在上,不与形躯相接——这代表场有自身(天或道体)之超越。人的形躯脚踏实地,与地密切相连——这表示场有者(万物)与场有自身之不可分离。所以,在《易经》哲学里,天与地的分别也就是道体和形器的分别,或是"场有自身"和"场有者"的分别。[这里"场有自身"与"场有者"的分别与海德格尔存有哲学中"存有自身"(sein)与"存有者"(seiendes)的分别相似而实不相同。海德格尔的存有思想乃是环绕着"意义开显"(aletheia)这个核心观念发展出来的。"存有自身"与"存有者"的分别也就是"意义开显自身"与"所开显者"的分别。而我们所谓"场有哲学"却是奠基在"生生之流的场性"这个中心思想上的。和怀德海一样,海德格尔的哲学采取的完全是"场内观"的基本立场。海德格尔的著作里实充满着"背景""历程""处境"等基本场有观念的运用;意义开显(存有自身)正是场有自身相对于人类的场有而开显的历程。]这个分别乃是由两组关系组成的——一是道和形的分别,二是形和器的分别,在泰古素朴的哲学语言里,形和器相当于我们现在所谓的主体和客体,只是现代人的主客之分乃是扣紧意识心而言的,而在泰古的语言里心和形还没有被显著地区分出来。对上古的人来说,心或心灵是不能和形躯分开的;离开了形躯哪里还有心?所谓"心"者不过是形躯的灵明作用罢了。

西方哲学自近代哲学之父笛卡儿以后就有把意识心孤立起来看、孤立起来立论的倾向。这种倾向已经影响到现代的中国哲学学者了。其实这种倾向和由《易经》以来的中国哲学传统乃是格格不入的。传统的中国哲学可没有说过离形而成、独立于形外的心观。相反,传统的心观乃是扣紧形器之实而立论的。说得明确一点,心乃是依形器而起的灵明作用。严格地说,中国哲学里没有唯心论,也没有唯物论。因为西方哲学里唯心唯物之争乃是基于孤立的意识心之可能性而立论的,而中国传统哲学却从来没有把意识孤立来看。中国哲学里的心观与西方传统哲学的心观乃是两种不同形态的心观。中国的传统心观乃是一种基于场有论的心观。场有心观的特点在哪里呢?它就在《易传》"形而上者谓之道,形而下者为之器"这句话的含义里,因为"心"在《易传》里正是调和于道、形、器之间的灵明作用。这个灵明作用和形器不可分,却又超越于形器之上。它好像生发于形器之间的虚空处,而又朝这形器之虚空处隐伏。这虚灵明觉的心灵作用究竟何属呢?严格来说,它是不属于任何人的——任何形器的,而是属于场有的。所有心的作用都是场有的心灵作用。不过我们惯于就其为"我"所明觉处而立论、就其通过"我"的形相而立论,也就把这本为场有之心据为己有了。

从心之虚灵明觉处而言心乃是哲学家爱智心态的自然倾向。但"虚灵明觉"只代表心灵作用之一面罢了。在《周易》哲学里心的明觉性通常是用"明晦"或"显隐"等相对语来表达的——这是阴阳概念的重要含义。但《周易》言心的另一面则是通过"感通"和"裁化"的语言来表达的。"感通"乃是感应而通达的意思,"裁化"则是由取舍而转化的意思。"感通"是"情"的作用,"裁化"是"性"的作用。借用朱子的哲学术语来说,心之感通裁化也就是"心统性情"的意思了。这感通裁化的心我们可以称之为心之"主宰性"。感通裁化乃是一个"诚仪隐机"的历程。这又是什么意思呢?首先,我们应该指出,主宰心的裁化作用乃是一个"向量"——一个有"目的性"或"指向性"的作用。若没有目的、指向,心的取舍作用就失去其意义了。这个主宰心的目的性或指向性就是它的"诚"。但这个心灵的目的性、指向性是怎样来的呢?它乃是从形器之互相感应感通处而起的、而获得其具体意义。有感必有应、有化必有裁。感通裁化必然表现一种姿态——一种属于生命权能的姿态、有性有情的姿态。这个表现生命的性情的姿态就是"仪"。仪是心灵的姿态,但也涵摄形躯的姿态。心之仪与身(形躯)之仪实有着一个非常密切的关系,这个我们在上文讨论形上形下的观念时已经透露了一点信息了。其实,心之仪岂止和形身之仪牢不可分,它和器之仪(人身外所有物事的情状)也是密切关联的。语言里的比喻体或隐喻体(metaphor)和神话里无数的意象都是由心与形器之交感而生的。它们所代表的乃是心与形器之"共仪"。这就是《系辞传》"易有太极,是生两仪"一句里"仪"字的来源。在中国的泰古哲学语言里,"太极"和"道"原指的是我们的形躯。"两仪"是什么呢?它原来有一个非常素朴的意义:它指的乃是构成这形躯的种种仪态的基本相对性——刚柔、阴阳、动静。"刚"就是直,"柔"就是曲——这是形躯的屈(柔曲)伸(刚直)能力的相对。我们现在已经把屈伸(柔曲刚直)的意义归纳在阴阳观念之下。其实阴阳与屈伸本来是两组不同的观念。阴阳是什么呢?它指的乃是由形躯所形成的方位的相对。"阳"为身之所向,"阴"为身之所背。所向在视线范围之内,故"阳"为明、为显;所背则无法得见,故"阴"为晦、为隐。"动"是有进退,"静"是无进退。可见《周易》哲学用以处理相对性的语言原是泰古哲学依身起念的素朴语言。所谓"易道"者指的原是人的形躯其在场有的相对性中动作时所从顺的变化之道。易道超越形躯,却又和形躯不可分离。因为易道中所含的相对性原是以形躯的形构来分判、以形躯为中心而起对立的。当然,周易的哲学语言并没有仪在泰古哲学语言的层次里。当"阴阳"一词最后被用来泛指一切场有相对原理时,它的素朴的原义也就隐没在其中了。从"阴阳"之素朴义到"阴阳"的普遍义其间所经历的乃是泰古哲学的"形上化"的历程。这个"形上化"的历程乃是由依身起念的心灵作用通过一形上姿态发挥其生命权能的创造历程。这个"形上心所"的历程,我们即以"诚""仪""隐""机"四字来描述它。前两个字的含义我们已经解释过了。"诚"指的是心之所向的目的性或指向性,"仪"指的乃是创造权能在实现其生命之"诚"时所必有的姿态——一个依身起念的形上姿态。这个为心灵作用的具体内容的"念"乃是瞬息即逝的。"念"字从今、从心,也就是当下之心的意思。当下之心也就是当下的生命——一个创造权能在当下的自诚或自我完成。仪就是这自诚的活动中所表现的姿态。所以"生命"者只不过是心或创造权能的诚仪罢了。念或当下的心也就是当下的诚仪;念之消逝也就是当下诚仪的消逝。这里"消逝"并不是完全消灭。用怀德海的术语来说,所消逝的只是诚仪的"当下主体性"(subjective immediacy)——心所的当下的感受或情怀;当下生命的完成也同时是该生命的诚仪的"不朽待用"或"不朽所对"(objective immortality)。当一个创造权能完成其生命之后,它的生命诚仪的主体性便随之消逝了。但不朽的却是生命诚仪的"客体性"——此诚仪对后继生命所可能有的贡献或作用。此客体诚仪的不朽待用也就是我们所谓"隐"的意思。一个当下生命完成了,它的主体诚仪消逝了,但此生命的客体诚仪却隐没于后继的生命之中而为其一构成分子或因素。我们所谓的"客体诚仪"相当于怀德海所谓的"与料"(data)。在怀德海的哲学里,"与料"一词乃是用来统指在一主体(创造权能)生命的自诚的过程中起作用的一切物事或客体。"与料"与"客体"乃是两个可以互通的名词。"与料"一词着重不朽物事之"待用","客体"则着重不朽物事之为主体"所对"。其实,能为一自诚主体所对的正是待用的物事啊!

不朽物事如何能为一主体所对而为其待用的资料呢?那就要看它们所处的场有之"机"了。"机"这个字在中文里有非常丰富的含义;它有机缘和机会的意思,也有动机、契机、生机等意思。

"场有之机"——或简称"机"——乃是创造权能前后心所间生命继续的枢纽或关键。它不只是不朽物事的待用的机缘,也同时是促使继起主体生命的动机、契机和生机。诚和仪不可分,隐和机也不可分。生命之诚因仪而显,生命之逝随机而隐。但生命当下的诚仪乃是由生命过去的隐机而来的;而当下生命的隐机却又正为继起生命的诚仪的起点。诚仪隐机,念念相继,生生不已——这不正是周易哲学道观念的精微含义吗?

我们的弯子已经转得太远、太大了,让我们回头来整理一下我们的思路吧。上面这段颇为冗长的文字乃是针对心的观念而发的。我们所要探讨的乃是场有哲学的心观。一个哲学的特质最容易在它对心之问题的虚理上看出来;而我们认为场有心观正是《周易》哲学的特质的所在。场有心观乃是西方传统哲学所无的,它却出现在 20 世纪的西方哲学里——尤其是在怀德海的哲学思想里。这不是一个很奇怪的现象吗?其中是否有不寻常的意义呢?

三、宜其宜:场有哲学的心观

场有心观的特点在哪里?对于这个问题,读者也许还记得,我们在讨论之先就已交代过了。中国自《周易》以来的传统心观乃是扣紧形器之实和场有之真而立论的。说得更明确一点,中国的传统心观乃是道、形、器之间的产物。这和西方哲学倾向于把意识作用孤立起来而言心的传统实在有显著的不同。我们甚至可以说中国传统哲学里根本没有"意识心"(作为一实体看)这个观念。从中国哲学的立场来说,西方哲学家所谓"意识"只不过是"明觉心"——心的虚灵明觉性——的一面罢了。中国哲学家所谓的心实在包含有无意识或潜意识和超意识的成分。这也是依道、形、器之间而立论的心观所应有的。

但中国传统哲学的心观不仅从心之明觉性而言心,更从心之感通裁化处——心之主宰性——而言心。如上文所言,感通裁化乃是一个诚仪隐机的历程——一个创造权能的生命历程。这个创造权能,用怀德海的术语来说,就是一实际存有(具体物事)的"主体"。心之主宰性也就是创造权能之主体性。这个主宰心的主体性的具体表现就是有情有性的感通(情)裁化(性)活动。而感通裁化者不过是创造主体之"宜其宜"罢了。

是的,在心之"明觉性"与"主宰性"之外,我们应该再分别心之"终极性"——心与道相合之性。道或场有自身乃是一切场有的终极性的所在。与道相合之心我们可以称之为"道心"。心与道之相结合当然可以有不同的形式和层次,道心的作用永远只有一个:它只是一个"宜其宜"。道心只是心之宜其宜,心之宜其宜就是道心。

假如所有哲学问题都可以归约为主客问题的话,那么哲学思想的轴心就在"宜其宜"这句话里面了。"宜其宜"这句话里面有两个"宜":前一个"宜"是动词,指"能宜"的主体;后一个"宜"是名词,指为主体"所宜"的客体。"宜其宜"这句话所涵摄的正是主客或能所的关系——能宜和所宜的关系。我们所谓"道心"乃是兼主体之"宜"(动词,能宜)与客体之"宜"(名词,所宜)而言的。

所以道心有主体性也有客体性。道心本身只是一个宜——一个体用一如的"宜体"。不过这个"宜体"中之"宜"既非动词,也非名词、形容词或副词。这个为道心根本含义的宜体或"一宜"已经不是用任何语言可以表达清楚的了。

"宜体"就是以宜为体的意思。以宜为体的道心并非一种特殊的心态,道心就是心在其终极性或合道性所现之心。那么"道心"中之"道"究竟指的是什么呢?很明显的,它指的乃是体用一如的一宜或宜体。这个以宜为体的道心乃是无所不在的。它在心的明觉性里,也在心的主宰性里。离开了道心之一宜哪里还有心之虚灵明觉?哪里还有心之感通裁化?虚灵明觉、感通裁化都是一宜的作用啊!是的,宇宙间一切事物莫不在道心的宜体之中,莫不借道心的一宜而有、而显。一切存有之所以能存有乃由于其从一宜中所得之宜。"得宜"正是一切存有之存有性或本质啊!

严格来说,宇宙间是没有所谓"不宜"这回事的。每一事物都有其独得之宜。离开了它的独得之宜,这物事也就不存在了。我们所有"不宜"的观念或意识莫不基于人心中之一偏之见——个人或人类的一偏之见。这些偏见从哪里来的呢?它们正是从我们的"独得之宜"而来的。因为偏见之所以为"偏"正是一自宜其宜的表现。

既然宇宙没有真正的不宜,也就不可能有真正或终极的不和。因为不和乃是由不宜而来的。道体是宜体,也是"和体"。万物之得宜乃是在道体一宜之和体中得来的。这不正是《周易》哲学里"太和"观念的含义吗?

《易经·彖上传》释"乾"一章里有"乾道变化,各正性命,保合太和,乃利贞"这么一句话。这句话所要表达的乃是道体和个体之间的关系。"太和"就是大和。《易传》以道体为一大和谐体。万物所赖以为其个体存有(性命)之根据的独得之宜乃是乾道变化的成果。这个个体存有的独得之宜《易传》称之为"贞"。"利贞"是什么意思呢?乾文言曰:"利者,义之和也。""义之和"就是宜之和;个体存有在道体中之贞定乃是一个宜的和合。《易传》以宜释和乃是明显不过的。(以宜释"义"乃"义"之古训。与"仁"相连的"义"——富有道德意义的"义"——乃是后起的观念。时贤也许还未体会得到,"义"的古训里所透露的信息究竟有多丰富的含义,究竟多值得我们去深入探索呢!)

四、"太极""两仪""四象"与"八卦"的泰古原义

《易·彖传》释"乾"这一章里的"太和"观念和《易·系辞传》里"易有太极,是生两仪"一章里的"太极"观念乃是紧密相连的两个观念。在某一义上来说,这两个观念是等同的:太极就是太和,太和就是太极——太极和太和指的都是道体或场有自身。所不同者,"太和"乃是就道体之为"宜体"而言的,而"太极"则是就道体之为"仪体"而言的。我们在这里用"仪"字来泛指场有之一切名相,包括形器或事物之任何姿态、形式或情状。"名相"是可名之相的意思。宇宙间的一切名相都是从道体来的,莫不在道体之整体之仪里面。《易传》里"太极"一词指的就是这个既为名相之本又为整体之仪的道体。从中国哲学史的立场来看,儒家比较

注重道体的"整体之仪"的意义,而道家则比较注重道体的"名相之本"的意义,作为名相之本的道体是不可名的,是无相可言的。所以《道德经》里以这个"不可名""不可道"的道体为"虚"、为"无"或"无极"。但无极就是太极,因为作为名相之本的道体也即是整体之仪的道体——这不正是周敦颐在《太极图说》里"无极而太极"一语的真正含义吗?

在泰古哲学的素朴语言里,"道"和"太极"指的原是我们这具能直立走路的形躯。这一点我们在上文已经提过了。"太"的原义为大,泰古人类以"大"来描述这个直立起来时"顶天立地"的形躯。直立的形躯乃是人的躯体生长发展的极端,所以"太"或"大"和"极"原是同义语;"太极"乃是一复义词。直立的形躯是人一切动作行为的支柱或骨干,所以《易传》云"易有太极"。"易"是什么呢?它指的原也是我们这具形躯——这具能屈伸进退、动静变化的形躯。"易有太极"就是说屈伸进退、动静变化(易)乃是以直立的形躯(太极)为中心、为本的。而这具为"易"之本的直立形躯也同时是为形躯所本有或依形躯而有的一切相对性的根源——如屈伸(曲直)、上下、前后、左右、内外等。所以在"易有太极"一句后面《易传》继以"是生两仪"。"两仪"就是屈伸或曲直——我们形躯两个最基本的仪态。形躯之伸直则向上而朝天,形躯之屈或曲则向下而接地。所以,"两仪"狭义地说就是"天"和"地",亦即是"乾"和"坤"。天地或乾坤乃一切相对性之根源,所以"两仪"也泛指一切以天地乾坤为本的相对性。人生活所在的环境——他的具体生命的"场所"——乃是由两仪或乾坤相反相成的相对性所决定的。宇宙间一切名相乃是通过乾坤的场性或相对相关性而开显的"象"——也就是我们今日所谓的"现象"。所以《易传》云:"两仪生四象。""四象"乃是"四方"之象或现象的意思。"四方"就是前、后、左、右四个方向;这四个方向乃是由直立的形躯而决定的,《易传》因以"四方"来指以形躯为中心的环境。当人顶天立地般站立起来的时候,也同时是事物的名相在他周遭开显的时候。但《易传》跟着说:"四象生八卦。""八卦"指的又是什么呢?"卦"的原义就是挂。"挂"在天地之间的是什么?当然就是我们四周所开显的现象了。所以在《周易》经传里"卦"和"象"是相通的。"八卦"也就是"八象"。但什么叫作"八卦"或"八象"呢?"八卦"当然就是我们所熟知的乾、坤、震、巽、坎、离、艮、兑八种符号——分别代表着天、地、雷、风、水、火、山、泽八种自然现象和父、母、长男、长女、中男、中女、少男、少女八种人伦关系。但这观念是后来演变而成的。我们以为"八卦"的原义并不是八种符号或自然现象或人伦关系。"八卦"或"八象"并不是八种现象而是"八方"的现象。"八方"指的乃是在东、南、西、北四个方位外加上东南、西南、东北、西北四个方位而成的八个方位。换句话说,"四象生八卦"这句话基本上乃是泰古人对方位经验的描述。泰古人并没有方位或空间的抽象观念,他们对方位和空间的认识乃是和现象连在一起的,浑然不可分的。而在他们经验里的现象也是一个混合体——一个形和力的混合体。力和形的混合表现就是我们所谓的"仪"或姿态——用《周易》哲学的语言来说就是"爻"。对泰古人来说,宇宙一切具体事物都是一仪体或爻体。《周易》经传里这个"爻"的观念有两个基本的含义。"爻"有交的意思,也有效的意思。前者乃是就卦爻所代表的具体事物而言的,后者则是就卦爻之符号作用而言的。所有具体事物都是力和形的混合表现,而这个混合表现的仪体或爻体最后分析起来只不过是一个"两仪相交"的道体(就其宜其所宜而言道体)罢了。由伏羲传承下来的八卦乃是"仿效"这"两仪相交"之道的符号系统。不过,这个八卦符号系统所仿效的——或所要捕捉的——不只是两仪相交的爻体,它要表示的还有"天地人相交"的意义——"卦体"的意义。

五、仪体的分析:形、光、力三态的混仪与两仪之纵贯义与横通义

当泰古人的认知心从方位的模糊认识到对他的具体的生活环境有一个全面的和较确切的体验时,"卦"的意义也随之而具体化、深刻化了。"八卦"原来指的只是"四方八面"所垂的象,逐渐转变为代表八种"天地相交"的基本形式。"卦"一词一方面有基本形式的含义,另一方面又有具体处境或情况的含义。人生存于天地之间,他的具体处境永远为天、地、人三者之间的关系所支配。"天地"代表超越人的场有力量——当然也是超越自然界或人文界里任何个体存有的力量。但天地并不是外在于万物的实体,天地的力量固然超越宇宙间任何事物,但也同时内在于一切具体事物之中。那么天地的力量从何而见呢?这个力量的本质在哪里呢?对这两个问题,《易经》的答案是非常明确的。天地的力量乃在万物的仪或姿态中见,这个力量的本质就在乾坤两仪或仪力的相克相生、相辅相成里。"天"或"乾"代表宇宙里刚的力量、直的力量、伸的力量;"地"或"坤"则代表宇宙间柔的力量、曲的力量、屈的力量。刚直而伸则明,所以天或乾的性质为阳;柔曲而屈则晦,所以地或坤的性质为阴。"明"就是有所见;从事物的观点来说,就是就所开显,"晦"就是无所见,乃是相对于事物之闭隐而言的。《系辞传》以"辟户"和"阖户"两个名词来分别乾仪和坤仪的作用——所谓"阖户谓之坤,辟户谓之乾,一阖一辟谓之变"。"一阖一辟"就是"一阴一阳"。"一阖一辟谓之变"与"一阴一阳之谓道"这两句话的意义是相同的。"道"就是阴阳变化之道——开显(辟)与闭隐(阖)之道。

以天或乾之道为阳刚,以地或坤之道为阴柔——这已经成为中国哲学传统里牢不可破的定论了。阳就是刚,阴就是柔;我们已经把"阳刚"与"阴柔"看成两组对应语了。其实,阳并不等于刚,阴并不等于柔;阴阳与刚柔本来是不同义的。刚柔乃是形态(含力态)的语言,而阴阳却是光态的语言。不过它们虽不同义,却又在含义上有非常密切的关联。因为形态与光态是不可分离的。形态与光态乃是创造或权能——"生生"的力量——在场有中发用的两面。创造权能的发用乃是一个诚仪隐机的历程——一个开显与闭隐的历程。权能之开显就形态而言则为刚、为直、为伸;就光态而言则为阳、为明、为灵。权能之闭隐就形态而言则为柔、为曲、为屈;就光态而言则为阴、为晦、为昧。在泰古的哲学语言里,权能发用之形态与光态乃是扣紧着形躯的生长与活动而被理解的。形躯在生长与活动中所表现的仪或姿态乃是一个不断开显、不断闭隐的历程。易道之生生不已指的原是创造权能通过形躯而发用的生生不已。当然在"生生"的观念被普遍化后,易道遂变为创造权能自身的生生不已了。这个生生观念的普遍化乃是很自然的事。在泰古人的素朴体验里心与身、我与物或世界乃是一个浑然一体的物事。形躯的生长和活动之生生不已里不只是个体我之开显,也同时是我周遭世界对我的开显。庄子所谓"天地与我并生,万物与我为一"正是这泰古素朴经验最佳的描述。天地之相对乃是在我直立起来的时候才开显的,所以说"天地与我并生"。与"我"并生因为"我"的生命——一个人之所以为"人"的生命——乃是从我形躯之能直立开始的。为什么说"万物与我为一"呢?这里"为一"的"一"就是一体的意思。它指的乃是我们上文所谓的"整体之仪"。我和天地万物都在这"并生"的整体之仪里。而这个整体之仪乃是一个创造或生命权能(太极、道体或场有自身)——一个"大我"的自我表现。这个创造权能的创造性是如何发挥的呢?它是通过乾坤两仪的仪用——一阴一阳或一阖一辟——而发挥的。所以乾坤两仪的合仪乃是创造性的枢纽,也就是《易传》所谓的"一阴一阳之谓道"里的"道"。这个"枢纽""道"或"道枢"并不是外在于天地万物的东西。它乃是内在于天地万物之中而为一切实际存有的存在根据。道枢在我的形躯之中,也在我的心灵之中。但这个作为我生命根据的道枢又何尝不在他人的生命中——在这个世界里的所有具体事物之中。是的,道枢乃是一切仪体仪用的枢纽。而天地间一切具体事物就其为形与力的混合表现而言都是整体之仪中的"一偏之仪",都是一个有独立性格的仪体。我们可别忘了仪体除了形和力的因素外,还有光的因素。我们现在应该说,仪体乃是一个形、光、力的混合体。说得明确一点,所谓"仪"者乃是形态与力态在一光态下的混合表现——这个"混合表现"就是一具体事物所显姿态。在《周易》的哲学里刚柔屈伸乃是形态的语言,阴阳明晦乃是光态的语言,而动静进退则是力态的语言。周易"仪"的观念就是通过这三种语言的统合而表达的。

所以《系辞传》里"易有太极,是生两仪"中"两仪"的观念并不是一个单纯的,仅从形、光或力单一方面而取义的观念。"两仪"可以泛指形态的两仪、光态的两仪或力态的两仪;但也可以指形、光、力三态混成中具有统合意义的两仪。这个统合的两仪究竟指的是什么呢？它指的就是那个开显和闭隐的易道——也就是《易传》所谓的一阖(闭隐)一辟(开显)的变化之道。阖辟的易道变化乃是创造权能的仪的表现。一阖一辟皆是一形、光、力三态的混仪。

世界上所有的具体事物莫不在这开显与闭隐的易道变化之中。每一具体事物在其开显的过程中每一当下都呈现一种独特的姿态。这个"独特的姿态"乃是一具体事物作为仪体的基本定义。"姿态"就是一仪体的仪用。我们可以说一阖、一辟的两仪乃是仪的"纵贯义",而形、光、力三态的混仪则是仪的"横通义"。而一仪体仪用的横通纵贯则代表创造权能在场有整体之仪中之"合仪"。"合仪"就是仪用横通纵贯的统合——也就是仪的混仪义与两仪义的统一。仪用一观念最后分析起来只不过是一个合仪罢了。

让我们举一个浅显的例子来说明吧。锤钉入木乃是一件在我们日常生活中常见的具体物事。"物事"就是因物成事的意思。所有事都是由物的相互作用组合而成的；事成之后一事的事相就隐没在其所成就的物相中了。"物事"和"事物"乃是可以互通的同义语，不过"物事"一词的重点在物或由物生事的过程，而"事物"一词的重点则在事或由事相转为物相的过程。其实，事和物乃是二而一、一而二的东西。事相中有物相，物相中有事相。这个"即事即物"的观念不正是怀德海本体论的核心的所在吗？

锤钉入木是一事，一切在这事里起作用的东西都是物——包括锤子、钉子、木板、拿锤子的手、挥动手的人等所有对这事有直接或间接的贡献或影响的分子或因素。怀德海称这些构成一事的分子或因素为"与料"。所谓事者不过是这些与料的全体大用罢了，而事中与料或物的全体大用乃是一个由散漫无组织的"众多"而转化为一有独特性——"与众不同"——的"一物"的创进历程。这个即事即物的创进历程就是怀德海心目中"实际存有"的真义了。

一事物所呈的物相和事相我们统之为"仪"，"仪"就是一事物或物事所表现的姿态或情况。在锤钉入木一例子里，这一事之仪不只表现在锤子或钉子等的情状里，也表现在"事主"（执锤者）整个身心的形相姿态里。不只事中人物各有其独特之仪，此物事本身也具一独特之仪。此一事本身之仪也就是它的事相。事相乃是通过物相而显的，但一事之事相并不等于此事中所有物相之和。此乃因事本身有其独特的姿态，此独特的姿态或仪在其独特之处乃是超越此事中任何物相的——包括全体物相在内。再者，一物事的整体姿态——它的全部物相事相——乃是一个非常复杂的仪体——一个可以从无数角度和层次来分析的混仪。混仪里可以仪中有仪、仪外有仪。混仪里有属于意识作用的仪，也有属于非意识或超意识作用的仪。我们可以从自然科学的观点来看混仪，或从社会科学的观点来看混仪，或从艺术宗教的观点来看混仪，当然更可以从哲学的观点来看混仪。哲学家所看到的——或所应看到的——乃是混仪的本质之真。这本质之真在哪里呢？它就在我们上文所讲的仪的纵（贯）横（通）义里。所有混仪都是复杂的仪体，但复杂之中却又并非无简易之处。一方面，一切物事的混仪都是一形、光、力三态的合仪，而这个混仪中的合仪却不过是阖、辟两仪的表现罢了。因为所有物事都是一个不断开显、不断闭隐的易道变化的历程啊！

六、仪体的分析：宇宙论和心性论的内在关联

形光力的合仪——这就是《易经》语言里所谓的"象"。《易经》里"卦""爻""象"三个主要观念其实是可以有非常精确的定义的。"卦"代表什么呢？很明显的，它代表的乃是一物事的仪体——一个错综复杂的混仪。"象"就是在这统合中所表现出来的现象或姿态。"象"和"爻"乃是对称的一对观念。"象"着重卦仪（卦之仪体）的横通义，"爻"则着重卦仪的纵贯义。"爻"是相交的意思；它指的乃是两仪在卦仪里的相互作用和相互交替。两仪的相交表现在形态上的就是刚柔屈伸的爻相，表现在光态上的就是阴阳明晦的爻相，表现在力态上的就是动静进退的爻相。这三面爻相乃是任何卦体"物事"所有的。因为形、光、力三态乃是构成所有事物的混仪的基本条件。但才说"爻相"，象的观念也就立即被涵摄在里面了。爻和象是无法分开的：见爻必见象，见象必见爻。形光力三面爻相已经是象了。不过我们所谓"象"者可以有广义和狭义两重意思。广义的"象"指形、光、力三态的混仪，狭义的"象"则指在一卦或物事的混仪中由两仪统合后所表现的独特之仪或姿态，亦即上文所谓的"合仪"，一事物的整体之仪。这个合仪、整体之仪就是《易经》的"卦象"。《易经》里有卦象与爻象之分。其实卦象和爻象所代表的都是物事的整体之仪。只不过卦象是从一物事的有始有终上而观其整体之仪，而爻象则从事物发展的某一阶段或某一层面或角度上而观其整体之仪。不过事物无绝对的终始，卦象与爻象的分别也就不是绝对的了。

现在有一个问题必须在这里澄清一下，我们以形、光、力三态的混仪为一切仪体的基本条件。读者也许会产生这样的错觉，以为我们所讲的只是一般所谓的"物理现象"。但我们在上文有"心之仪"的说法。在锤钉入木的例子里，我们把执锤者的心灵状态也包括在此物事的整体之仪内。很明显的，我们所讲的仪或仪体乃是一个涵摄心物的观念。不过这种讲法还是不够的。世界上有些东西是很难把它直接归纳在心或物的范围内的——譬如符号世界里的数字、几何图形、语言文字等。但这些非心非物的符号也是一种仪——一种抽象的仪体，而这些"符仪"在心灵世界和物质世界的仪用乃是决定人类思想和文明的重要因素。但形、光、力三态的混仪也是心仪和符仪的基本条件吗？这是一个关键性的问题，我们必须给予一个妥善的处理。

首先，我们应该立即指出我们所谓的"形、光、力"在其第一义上乃是一个非常素朴的观念。我们要知道这三个字的意思就必须暂时摒弃我们后天所得的科学知识和哲学而把心灵还原到原始的纯朴境界里。在我们原始的素朴经验里，形、光、力指的是什么呢？"形"就是形躯——我的形躯、他人他物的形躯。形躯可以有许多不同的形态或情状，但我们可以经历到的基本上只是刚直（伸）或柔曲（屈）两种形态而已。形躯是不断变化的东西，而变化的基本情态——动静进退——都是力的表现。"力"就是维持现状或造成差别的力量。刚直属形，维持刚直不变属力。柔曲是形，由刚直而柔曲（致曲）或由柔曲而刚直（诚）的变化则是力了。可见形和力是不可分的：形无力则无以成形，力无形则无法表现，即形即力——这是人类素朴经验里所显的实理。

光乃是介于形与力之间的东西。它们之间的密切关系在《易经》的泰古语言里已经有甚深的体会。这一点我们在上面已简括地论述过了。光的语言就是《周易》里阴阳明晦的语言。事物的阴阳明晦在泰古人的经验里乃是和形躯的向背屈伸分不开的。阴阳由于向背，明晦由于屈伸。《道德经》里"万物负阴而抱阳"一语的泰古原义指的正是这光态（阴阳）与形态（抱负等同于向背）的密切关联。由于力态乃是形态的动静进退与刚柔屈伸所本的力量，光态与力态也就同时密切地连在一起了。在《周易》哲学里，形、光、力三态乃是场有宇宙创造权能的三面。而我们所谓的"创造权能"就是《易经》哲学的"天地"或"乾坤"。创造权能乃是决定宇宙间一切存有的权和能。这里要注意的是"权能"观念与上文所谓"力"的观念的分别。"力"是相对于"光"和"形"的权能，而不是权能自身。换句话说，权能乃是一统合形、光、力三态的观念。一物事的形、光、力的混仪乃是一创造权能的整体之仪。而这整体之仪最后分析起来却又只不过是乾坤两仪的合仪罢了。

"乾"就是阳刚的权能，"坤"就是阴柔的权能。阴阳是光态的语言，刚柔则是形态——也间接是力态——的语言。"阳刚"合言，"阴柔"合言——这是易学和《周易》哲学思想发展过程中的一大转折点。说得夸张一点，中国人——中华民族——的哲学智慧就是在乾坤思想的发展过程中而趋于成熟的。

其实这样讲一点也不夸张。一切哲学智慧在其根源处只不过是"直曲的智慧"——在直和曲的关系上用心的智慧，而中国人在直和曲的关系上从开始就有既深刻且明确的体验。伏羲氏画八卦所本的两个基本符号——不中断与中断两画（一与－－）——所要表达的不正是直和曲的两个基本观念吗？很明显的，这两画所代表的原是我们形躯的两个基本状态。不中断的一画代表"伸直"的状态，中断的一画代表"屈曲"的状态。为什么以中断代表屈曲呢？因为凡曲必有断，曲乃是由方向之转折而成的；方向之转折就是断了。但断画之不连或断处还有另外一层意思。断处是一虚空。这虚空不只表示屈曲而已，它还代表直中所潜存的屈曲可能性，正如不断之直画不仅代表直而已，它还含有持续不断的可能性在内。"可能性"是抽象的说法,具体的说法就是潜在的力量。这个"力"的观念在《象传》的诠释语言里就已经很明显地表达出来了。伏羲的断与不断的两画在《象传》里就变为刚柔、健顺或屈伸的直曲语言。刚或健不只是直而已,它还有直之持续不断的意思。柔和顺不只有屈曲的意义,它还有直而能曲或伸而能屈的意义。换句话说,《象传》诠释两仪的语言已经把力态的意义涵摄在形态的意义里面了。以阴阳为两仪乃是在《系辞传》里才开始被确立的,以光态的语言来涵盖形态和力态的语言从思想史发展的角度来看乃是一件很自然的事。[光态语言乃是意识心在语言里的象征体,意识心的自觉和光态语言的发展乃是一事之两面。意识心的自觉始于视觉作用的自觉。从视觉意识的立场来看,形态和力态乃是在光态的仪相里呈现的,故形态与力态的语言每为光态语言所涵盖。光态与形态、力态的关系相应于主客或能所的关系。在思想发展的历程里,主体或能的自觉必然发生在客体或所的认识之后,这就是为什么光态义的两仪要比形、力态义的两仪为晚出。在希腊哲学史里我们也可以找到类似的情形。早期苏格拉底的哲学家——如泰利士(Thales)、安那塞曼德(Anaximander)和安那塞门尼斯(Anaximenes)——的宇宙论与自然哲学思想基本上乃是通过形、力态的语言来表达的。光态语言的出现乃是以赫雷克利塔(Heraclitus)和巴门尼德斯(Parmenides)两位巨擘所代表的中期苏格拉底哲学的特征。海德格尔以赫、巴两氏为西方存有哲学和形而上学传统的真正创始者,此乃海德格尔本人的存有思想正是以光态语言(意义开显的语言)为基础之故。]

有曲必有隐,而曲和隐乃是"成私"的必要条件。中文里"隐曲""私曲"和"隐私"等词语正是从曲、隐、私三者的密切关系中取义的。人的形躯不能老是直立着,形躯的许多操作和活动必须依靠不同程度的弯曲状态始能完成。这就是《中庸》"其次致曲"的原始意义。"其次"是次于"至诚之道"的意思。"至诚之道"指的原是至直(诚)的形躯(道)。若用"体用"的语言来讲,则"至诚之道"(直立的形躯)是体,"致曲之道"(弯曲的形躯)是用(形躯的活动操作)。我们要弯着身体才能把地上的东西拾起来。每一个活动有它自己的目的——这个为一活动所特有的目的就是此活动之"私"。换句话说,一活动的致曲的目的乃所以成其私。但有曲必有隐,"私曲"(私中之曲)和"隐私"(私中之隐)实不过是一活动之两面罢了。

由此我们可以知道《易传》里所谓的"一阴一阳"之道和《中庸》里的"至诚/致曲"之道其实是一样的东西。《易传》里的"乾"道或"天"道就是《中庸》里的"至诚"之道,《易传》里的"坤"道或"地"道也就是《中庸》里的"致曲"之道。乾道、天道、至诚之道指的原是我们直立的形躯和通过这直立的形躯而开显的刚直权能,而坤道、地道、致曲之道的本义则是弯折的形躯和由此而开显的柔曲权能。所不同者,《易传》是站在宇宙论的立场来立论,而《中庸》则是从心性论的观点来立论。不过在中国的哲学传统里这个差别并不重要。不只不重要,把它过分强调就很容易引起严重的错觉或误解了。因为在中国哲学里宇宙论和心性论是无法分开的：没有离开宇宙的心性论，也没有离开心性的宇宙论。而心性宇宙之不可分，心性宇宙之打成一片，又是如何可能的呢？这个问题的答案就在我们这具"诚曲能明"的形躯上面，因为它乃是宇宙与人的心性在场有中相合的枢纽啊！

在《中庸》的心性论里"诚"乃是人生命里追求自我完成的力量。"自我完成"就是自直的意思。为什么"完成"有直的含义呢？理由很简单，所有物事之所以有成都是由活动的一致性而来的。这里所谓"一致性"指的乃是活动过程中基本方向的始终如一或不断。以弯身拾物为例，假如形躯没有朝同一目的（所要拾取之物）而动作的话，这个活动怎会有成呢？所以，一切有成都是由活动之用直而来的。从此活动之整体而立论，从此活动之作为一权能主体而立论，一活动之用直也就是此活动主体之自直——或自诚。这自诚活动中之目的正是怀德海哲学里"主体目的"(subjective aim)的含义。

那么"诚"字为什么从"成"又从"言"呢？古人对"一致性"的体验当以形躯之常直为首。其次就是语言运用中之用直了。假如我们所说的话随时变更其所指的话，言语也就不可能了。所以"诚"字以成言取义。但当然《中庸》里"诚"的概念乃是超越形躯与语言之"诚"的哲学概念。这个"诚"乃是彻上彻下把心性宇宙连成一直的统体之诚。这个统体之诚既是形躯之诚，也是言语和心性之诚。其实才说"言语之诚"，"心性之诚"就已经被包含在里面了。因为言语与心性乃是密切相关的。对古人来说，语言作用也就是心灵作用；表达语言状态的字或词语也同时是表达心灵状态的。换句话说，符仪（这里专指语言）也就是心仪了。

七、天地氤氲与"太极图"：场有哲学的心法

现在我们要问：形、光、力三态的讲法也适合语言和心灵的仪用吗？假如形、光、力三态的混仪为一切仪用的基本条件，那符仪和心仪的作用也就不能例外了。是的，符仪和心仪一样也是形、光、力三态的混仪。只是在讲符仪和心仪的时候，"形""光""力"三词的意义就须相应地有不同的解释了。

首先，应该再次指出我们所谓的形、光、力并不是自然科学里的物理现象，而是人类素朴经验里本有的原始状态。事物的明晦显隐乃是人类的共通经验，这就是我们所谓的"光态"。由五官的感觉作用而呈现的仪相（形）固然有光态，由认识心或理解心的认知作用所辨识的仪相也一样有光态。在我们的记忆、想象和思维作用里不是同样有明晦显隐吗？在感觉中所开显的仪相我们称之为"形"。假如我们把"形"作所显者（相）解，则一切意象或观念无疑也是一种形态。其实一切有结构可言之物（无论具体或抽象）都是有形相的。如此在语言活动中所显的符仪也是有形相可言的了。

可是力态在符仪心仪的作用里又应该作何解释呢？"力"原指形躯的动静进退中维持原状或造成差别的力量。这个力量在《周易》——和以后整个中国哲学的传统——里就叫作"气"。"气"乃是创造权能中之"能"的具体化。创造权能（生生之德）乃是兼理气而言的。创造之权在"理"，创造之能则在"气"。"气"的表现

乃具体事物中之活动变化；"气"乃活动变化之能。虽然在心仪符仪的作用里所显的仪相通常含有抽象的成分（例如，观念或符号所象征的意义），但心、符的作用本身却是具体的、有活动变化可言的。而心仪、符仪中的活动变化实较形器世界里的活动变化激烈多了，也复杂多了。

我们的结论是：形、光、力三态的混仪乃是内在于一切仪体仪用的基本条件。但一物事如何在它的混仪里成就它的独特的姿态、它的独特之仪呢？这个问题的答案我们已经重复过多次了。一物事的独特之仪乃是乾坤两仪合仪的结果。《系辞传》所谓的"天地氤氲"，指的就是这个合仪的作用。

"氤氲"就是合的意思。"天地氤氲"就是刚直权能（天/乾）与柔曲权能（地/坤）的和合。这里"和合"实在兼有相互和相合两重意义。一物事之所以有可能、之所以有成，都是由乾坤两种权能的和合而来的。一切有成都是刚直权能的自诚（自直）。你不朝着目的地努力前进如何能抵达目的地？但所有物事都是在一特殊处境下进行的。而在特殊处境下的活动必然受到此处境中特殊条件的限制。所以凡直必有曲；自诚和致曲乃是一切活动或具体权能的两面。曲所代表的正是特殊环境的限制和自诚活动在此限制下必有的转折。你遇到障碍物就必须转弯趋避才能到达目的地，这"转弯趋避"就是曲了。这个曲乃是直中所有的，所以可称之为"直中之曲"。直中固然有曲，但曲中又何尝没有直呢？当你转弯趋避时，你必须朝一有利的方向往前走。相对于你最后的目的而言，这趋避的活动诚然为曲，但这致曲本身却是一自诚或自直的活动,不然你就不可能趋避成功了。由是直中有曲,曲中有直;没有直和曲在活动中的和合不只无变化可言,也无物事可言。在泰古人的素朴经验里,直曲权能的互相涵摄首先是通过形躯的屈伸进退而被认知的。我们可称之为"原始的氤氲观念"。《易传》里"天地氤氲"的观念乃是从这原始氤氲观念朝宇宙论的方向发展而成的。但直曲权能的互相涵摄不只在自然宇宙中开显,也同时在人的心灵活动中开显。所以原始的氤氲观念也就自然地发展为心性论上的氤氲观念——这就是《中庸》所走的思想路子。《中庸》里"至诚"与"致曲"的关系相当于《易传》里"天"(或乾)与"地"(或坤)的关系:两者都是在直曲权能的和合处而立论的。不过《易传》的"氤氲论"基本上用的是宇宙论的语言,而《中庸》的"氤氲论"则主要用的是心性论的语言。但在中国哲学里——我们已说过多遍了——宇宙论和心性论乃是分不开的、打成一片的。《中庸》所谓的"至诚致曲"之道固然是即人道即天地之道,而《易传》所谓的"天地氤氲"又何尝不落实在人的身心生命中而有其心性论上的意义? 时贤已渐能看到《易传》与《中庸》间的密切关系,但由于缺乏对泰古哲学语言的认识,这个密切关系的关键在哪里也就无法清楚地勾画出来。

让我们重复一遍吧:"天地氤氲"就是直曲权能的和合法或互相涵摄。直曲权能的氤氲乃是一切仪体仪用的本质(仪体正是以氤氲为"本质"的)。一切仪体都是形、光、力的混仪;这个氤氲本质所规定的正是形、光、力三者之间的关系。换句话说,直曲权能的涵摄关系不只包括屈伸(包括形躯和心灵的屈伸)的涵摄关系,也包括明晦的涵摄关系和动静的涵摄关系。譬如《易·象传》"天行健"一语与《中庸》"至诚无息"一语意义上是相同的，同是以"直"配"动"的语言。一切事物之所以有成乃是由刚直权能的自直或自诚活动而来的，所以天道（直的权能）必从动而无息处显。至于地道（致曲的权能）则代表天道在具体环境中所受到的限制，因此，它的作用乃是静而非动的。天道之动相也就是事物的事相，地道之静相也就是事物的物相。但事物的事相和物相是不可分的。事相起于物相，物相生于事相：这就是《易》学里"一动一静，互为其根"的意思了。

《中庸》不只以"诚"（直）配"动"，也同时以"诚"配"明"，这和《易传》以"刚"（直）配"阳"如出一辙。为什么"诚则明"呢？"诚"就是忠于自己，而"忠"就是自直其心的意思。人必须自直其心才能看得清楚他自己和与他发生关系的他人他物，正如人身在直立正视时才有明确的视野一样。"不诚"就是自欺，也就是心的不能自直。这样我和自己的关系就歪曲了，我和他人他物的关系也跟着歪曲了，我就再也看不清楚自己和他人他物了。所以不诚也就不明，《易传》以阴柔相配就是这个意思。此中所含的氤氲原义我们在上面讨论曲、隐、私的密切关系时已经交代过了。其实和动静一样，明晦或阴阳在直曲权能的氤氲里也是一个互相涵摄的关系。无无曲之直，因此也无无晦之明、无无阴之阳；无无直之曲，因此也无无明之晦、无无阳之阴。形躯直立时负阴抱阳、前明后晦；有所见即有所不见。即以前面所抱之阳而论，所见之明只是一个远景的轮廓之明，而非近观才可以获得的细节之明；这是阳中有阴、明中有晦。反之,当我们弯下身躯往地上拾物的时候,直立时的远景轮廓之明也就消失了,但我们也因此能看清楚地面上的东西:这就是阴中有阳、晦中有明了。这阴与阳或晦与明的互相涵摄不正是大家所熟知的"太极图"所要表达的观念吗?是的,"太极图"所要表达的正是《易》学里"天地氤氲"的观念,现在大家已习惯了用"阴阳"的语言来讲"太极图",这原是不会有问题的。但我们这样讲时可别忘了"阴阳"一词的意义有广义与狭义之分。狭义的"阴阳"与晦明同义。广义的"阴阳"乃是泛指在天地中一切互相涵摄的两极性——由乾坤两仪或直曲两种权能所决定的两极性。"太极图"的精义当然要以广义的"阴阳"来解释。

"太极图"的精义——"天地氤氲"的精义——也就是场有哲学的精义。"太极图"虽以"太极"为名,但它所象征的却是道体(场有自身)之兼具"太极"与"太和"两重意义。我们在上面已经提过了,"太极"乃是就道体之为仪体而言的,而"太和"则是就道体之为宜体而言的,道体乃一"宜仪体"或"仪宜体"——一个"即宜即仪"或"即仪即宜"之体。"宜"是道体之性,"宜体"就是性体;"仪"为道体之相,"仪体"就是相体。性相合言——以道体为宜仪体或性相体:场有哲学的精义和心法都在这里了。

我们这里所谓"心法"有其特殊的意义。我们以一切事物之"即宜即仪"而言"法",也同时以事物之"即宜即仪"而言心。换句话说,"心"和"法"都是性相合言的,都是从事物之为宜仪体或性相体而取义的。所不同者,我们乃是就宜仪或性相之可分处而言

"法"，就宜仪或性相之不可分处而言"心"。性相宜仪：可分为法，不可分为心。以心之"不可分"御法之"可分"——这就是场有哲学里"心法"的意义了。

读者当看得出来，我们这里"法"字的用法乃是从佛家那里借来的。以"法"字泛指一切事物乃是佛学里"法"（dharma）字的一个重要的意义。宇宙间所有物事或事物——场有者——都是宜仪体，兼具性相两面。但"事物"或"物事"一词的意义里相的气味较重，不像佛家"法"字那样性相宜仪俱重，这就是为什么我们要借它来点出场有哲学中"性相双行"或"宜仪相偕"的真义。不过佛家的空宗以事物之"如幻如梦"为"假"，在场有哲学里则是万法皆真，天地无"假"法可言。如幻如梦的世间法其本身都是一仪体，莫不各为一独特之仪。再者，对梦幻世间的执着固然表现一心灵的仪态，而佛家所最后要求的无执心又何尝不有其仪相。但宜仪相偕，性相双行：有仪则必有其所以为仪之宜在。换句话说，心之仪本身就是一种法，而万法之中所有独特之仪都有其独得之宜。既有其独得之宜又怎会没有真实性？怎会是假的呢？因为"得宜"乃是一切真实性的本质啊！

这就是为什么怀德海以为任何物事就其本身而言都是真实的了。说得具体一点，天地间无假法乃是因为万法在天地氤氲之中莫不有其当下之时位和寓于此时位的缘会中的当下之用。"How does it fit in here?"（它在此有何作用？）——这是怀德海在阐释他的"实际存有论"的实际存有观念和价值观念时所作过的精警提示。一物事的当下之用——它在此时位中的宜或"fitness"——

也就是此物事的当下的真实性与价值。这里"当下之用"应该包含"自我享用"和"为它所用"两层意思。一物事在完成其自己的历程中所发挥的一切作用都是"自我享用";当此物事成事之后而为继起物事之与料时,它的作用则转为"为它所用"了。

(本文原为《周易与怀德海之间:场有哲学序论》第一章)

第二章　异隔、同独与同融:意识心与曼陀罗智

一、法与心(可分与不可分):意识心的三大倾向

为什么我们以"法"为可分,以"心"为不可分呢?这里"可分"和"不可分"究竟是什么意思呢?"分"有分别、分析、分割等意思。事物的性相宜仪的确有其可分别、分析之处。锤钉入木:锤子、钉子、木板、执锤的手都是性相互异的宜仪体或(我们所谓的)法。可分就是"有隔"了。所以"法"的基本定义就是"有隔":我们以性相宜仪之有隔处而言法。但事物之有隔并不妨其为有融。"融"就是融通、融会、融异的意思。"有融"乃是就一事物与他事物之关系处而言的。说得具体一点,一事物之"有融"乃是此事物与事物在性相宜仪上的感通之和。"有隔有融"——这是一切法在其有限法体(宜仪体)上所具的实理啊!

"有限"就是有间隔、有障碍、不具足、不完满的意思。当我们从法的观点来看场有世界时,总难免有把事物孤立起来看的倾

向。这个倾向是很自然的，它的根源乃是意识心之"感异成隔"。有隔就会有感通的障碍，就会产生"宜"与"不宜"的对立。既有不宜也就有不足，也就是不完满了。所以感异成隔——或简称"异隔"——的心态乃是哲学里的一切二元主义与绝对主义的来源，因为异隔心态的极端发展必然是"有隔无融"的观念、"有隔无融"的哲学。

但异隔的心态只不过是意识心的一面罢了。意识心固然有感异成隔的倾向，但也同时有"感同消隔"的倾向。"同"乃是"异之反"，感同则必绝异；同而无异就是"独"。没有异就当然不会有隔，但这样一来融的意义也随之消失了。因为无异无隔也就无彼此之分、无个体事物可言，而"融"却是建立在事物的互相感通上的。由是"感同成独"——或简称"同独"——的心态其极端发展必然是"无隔无融"的观念、"无隔无融"的哲学。

不过不管"异隔"或是"同独"，凡是"无融"的哲学都有虚无或虚幻主义的成分。盖事物之所以为"实"——有限法体之所以具"实理"——正在其有融处。"实"乃是从事物之感通量格而来的。"有隔无融"固然是虚而不实，"无隔无融"又何尝不一样是虚而不实？当然，从人类文化和思想的发展史上来看，虚无虚幻的思想并不完全是负面的东西。它们在人类生命的创造历程中曾经扮演过一个非常重要的角色——也有它正面的价值。其实，在某一义上来说，虚无或虚幻意识也是真实的，这是因为在创造权能的历程里——在刚直和柔曲权能的氤氲中——确实可以体认到有虚无或虚幻的一面，我们可以说，虚无或虚幻乃是依道体之实而有的。这样说来，虚无或虚幻主义也是有存有根据的了。

感异成隔和感同成独乃是意识心"同异分途"的两大倾向。哲学对真理的追求无可避免地受到这两大倾向的影响或支配。但异隔心态或同独心态支配下所见的真理都是片面的真理，而非整全的真理；都是以虚为实的真理，而非一如其实的真理。因此，我们只能说异隔或同独的心态乃是追求真理的"副根"，而非追求真理的"正根"。那么追求真理的正根在哪里呢？它就在意识心之与道心相合处——在它的"感一如实"的心态里。而这感一如实心的发用已经是道心的发用了。

现在我们可以解释以性相宜仪之不可分而言"心"的意思了。"感一如实"中之"一"就是不可分。这个不可分之"一"指的是什么呢？它指的不是别的，正是我们前面说过的道心——或说得更明确一点——"道心"一词中的"道"。"道心"乃是以道为心的意思。而以道为心也就是以一为心。这个"一"不是与多相对的一，也不是等同于同而与异相对的一。那么这个"一"是否就是无对的意思呢？错了。我们才说"无对"不就已经和"有对"相对了吗？那么我们以性相宜仪之可分与不可分来区别法与心也是不妥当的了。因为可分与不可分本身就是一个分别啊！

是的，我们是不可能超越相对性的。对场有哲学来说，离开相对性就没有存有，也没有真实可言。一切事物都是依场而有的，而"场"正是事物的相对相关性的所在。这最重要的一点我们一开始就指出来了。其实，场有自身与场有者的分别、道体与形器的分别或心与法的分别正是依相对性的可能而有的。那么我们上面所谓的以"一"为心究竟是什么意思呢？

我们以"心"为不可分的讲法仍是不够妥当的。我们应该说：心为不可分而仍无碍其为可分。这里"无碍"两个字最吃紧，因为场有哲学最精微的道理都在这两个字里了。这个"无碍"——相对性的无碍——就是我们所谓的"场有自身""道"或"心"：也就是那个"一"的意思。不可分而无碍其为可分，可分而无碍其为不可分；一而无碍其为多，多而无碍其为一；同而无碍其为异，异而无碍其为同，无对而无碍其为有对——这就是"一""道"或"心"。所以心与法的分别其实就是无碍与有碍的分别。我们以性相宜仪或法体之有碍处而言法，而以性相宜仪或法体之无碍处而言心。如是无碍而无碍其为有碍，有碍而无碍其为无碍：这叫作"以心御法"——也就是我们所谓的"心法"、场有哲学的心法。我们的心法乃是从一之无碍而来的。《易传》所谓的"贞于一"，庄子所谓"道通为一"——指的都是这个无碍的"一"。《大乘起信论》所谓的"一心开二门"中的"一心"不正是以一为心吗？而《华严经》里"事事无碍，理事无碍"所显的"一真法界"更是把场有哲学的心法发挥得淋漓尽致。《华严经》理事之分相当于我们所谓的仪宜之分。"事事无碍，理事无碍"也就是"仪仪无碍，宜仪无碍"。以一心之无碍来看场有世界——这就是"一真法界"了。

用《易经》的术语来讲，"事事（仪仪）无碍"就是太极，"理事（宜仪）无碍"就是"太和"。说得更贴切一点，"事事（仪仪）无碍"所表示的乃是一切法之有碍而无碍其为无碍。"理事（宜仪）无碍"所表示的乃是道体之无碍而无碍其为有碍。换句话说，太极和太和的含义正是直接从场有哲学的心法中开出来的。不过,就场有之为"无碍"处言之,则太极也就是太和,太和也就是太极了。后来周敦颐有"无极而太极"的说法,则是就一心之无碍处而言"无极",而以一心之落实处而言"太极"。"无极而太极"正是直接以"感一如实"的心态为根据的。

我们在上文指出意识心除了有异隔和同独两大倾向之外,还可有"感一如实"的倾向。什么叫作"感一如实"呢?《系辞传》里有"寂然不动,感而遂通天下之故"这么一句话。我们认为这句话所要表达的正是"感一如实"的精义。"感一"就是感于一心的无碍。这一心的本身是无变化可言的,它只是一个通透的、彻底的无碍——只是一个"寂然不动"。但这个寂然不动的无碍却是一切事物——一切法——成事的根据。可是我们可别误会了,以为言寂然不动的一心乃是外在于万法的一个绝对超越的存在。一心和万法是无法分离的,但一心之所以为一心正在万法之无碍处。离开了具体事物的无碍哪里还有一心可言?所以离万法而言一心(或离形器而言道体)无不流于断灭顽空的境地。感一而不能如实乃是一切虚无或虚幻主义的根源。

要如实就必须回到易道变化的宇宙里、回到天地氤氲的混仪世界中。"实"就在事物之感通融会里——换句话说,在乾坤(直曲权能)互相涵摄的无碍实理中。这乾坤无碍实理也就是《系辞传》所云的"天下之故"。"寂然不动"就是意识心的由感于一而贞于一。意识心必须贞于一始能与道心或一心相合。但贞于一是不够的,感一贞一的意识心必须落实于乾坤的无碍实理中始能

"通天下之故"：感一如实的意识心才是真正的道心。

所以感一如实的心态必然是一种"同融"的心态。所谓"同融"乃是融中求同或同于融中的意识。"同融"与"同独"不同。"同独"中的"同"乃是一个无隔无融的寡同，而"同融"中的"同"则是一个有隔有融的共同和会同。事物之有异有隔本在乾坤的无碍实理中，是不可能抹杀得了的。所以尽管同独的心态始于意识心之感同而绝异，其结果则必因独而成隔。当意识心自囿于寡同的心态而又无法抹杀异隔的宇宙时，矛盾与虚妄的心境就会同时产生了。

在异隔与同独两大倾向间的同融心态——在有隔无融与无隔无融间的感一如实心态——乃是一切中道哲学的根源。感一如实就是同融中道。中道哲学的精义可以用四句话表达出来，即一心无碍，圆融俱足；天地氤氲，诚仪隐机。这四句话的含义就是一心与主宰心的结合。读者应还记得，我们所谓的"主宰心"乃是属于权能主体的。主宰心的具体表现乃是创造权能在天地氤氲中的感通与裁化作用——也就是《周易》"复"卦里所谓的"天地之心"——或宋儒所谓的"寂感真机"。"天地之心"就是天地生物之心——也就是创造权能（生生之道）通过乾坤或直曲的涵摄关系所显的创造性、易理或易道。我们虽然用"主宰"这两个字来描述天地的创造性，却无意强调这两个字所隐含的意识作用的意志作用。离开了为意识心所支配的人类，天地的创造性或主宰心——正如道家告诉我们——基本上是无意识的、无为的、自然的。当然，意识和无意识或超意识的关系如何乃是一个非常复杂的问题。它所牵涉的乃是直曲权能中形、光、力混仪的本质问题,亦即明觉心在整个场有世界中的地位问题。场有哲学的心观并不把明觉心等同于意识心。明觉心是属于一切有情的:有感通就有明觉。有有意识的感通,有无意识的感通,有超意识的感通——所以明觉心可以在意识、无意识和超意识三个层次里发用。我们以创造性的裁化作用言"主宰",以创造性的感通作用言"明觉"。但裁化与感通乃一事(创造性之"能事")之两面,主宰心与明觉心亦不过是一心之两面罢了。

二、道心与茧心:曼陀罗智的方圆作用

这个"心"——这个即裁化即感通的创造性——我们亦可称之为"茧心"。这个"茧"字用的当然是隐喻体的语言。我们称创造权能的感通裁化性为"茧心",乃因为在天地氤氲中事物的裁化感通乃是一个自我限制、自我完成和自我超越或转化的历程——正如春蚕自缚的作茧过程一样。茧心在春蚕的生命里自然地、无为地作茧,但在人的生命里则是通过意识心的诚仪而有为地作茧:一切有情或有生命的存有都是一个茧心的作茧历程。不过我们这样讲,无论对《周易》或怀德海来说,都是不够的。茧心的作茧作用何止限于有情、限于普通所谓生物的层次?天地的创造权能乃是属于整个大自然的,因此创造权能感通裁化的创造性——茧心——也是无所不在的。我们可以这样说,在《周易》和怀德海的哲学里,以创造性的感通裁化取义的茧心乃是"心"的基本义。这个"心",如前文所言,就是《周易》"复"卦里所谓的"天

地之心",相当于怀德海哲学里为一实际存有的本质的"主体性"。创造权能的运作——茧心的不断作茧——乃是一个诚仪隐机的创进历程。这"创进"(creative advance)乃是怀德海宇宙论里的一重要观念。天地(生物)之心的自诚不息亦即是创造权能通过茧心作茧作用的创进历程。怀德海曾以"生者对死者的裁化"(The appropriation of the dead by the living)[①]这句既具体而又精辟的话来点出这创进历程的基本结构。仔细分析起来,这句话正是我们所谓"诚仪隐机"的意思。

现在让我们回到同融心态的讨论吧。同融的心态,乃是基于意识心感一如实的要求。"感一"是一回事,"如实"又是一回事。"感一"的要求就是"贞一"——换句话说,就是与一心的无碍相合。但一心的无碍只是道心的一面——纯净的一面。道心是无碍而无碍其为有碍,有碍而无碍其为无碍的。我们乃就道心之纯然无碍处而言一心。但道心的纯然无碍是不能离有碍的乾坤宇宙而言的。一心之存然无碍固然是道心,宇宙心(茧心或主宰心)之天地氤氲、诚仪隐机又何尝不是道心?因此感一贞一的意识心必须落实于宇宙心的氤氲作茧作用才是真正的道心。说得简明一点,同融或感一如实的心态所要求的乃是茧心与一心的相合。必须这样,意识心对真理的追求始能到达圆融俱足的境界。

佛教密宗里有一个很有名的,名叫"曼陀罗"(mandala)的图

[①] 这是怀德海在他的代表作《过程与实在》(Process and Reality)前言中的一句名言。

形。这个图形乃是由圆形和方形的图案组成的,一般以"圆方圆"为基本结构,即一个"方中有圆,圆中有方"的结构。我们以为曼陀罗所象征的正是我们所谓的"道心"——或一心与茧心的结合。圆形所代表的乃是一心的纯然无碍,而方形所代表的则是由茧心所主宰的间然有碍的乾坤宇宙。但一心与茧心并不是两个可以分离的物事,而只是一个道心的两面。在道心圆融俱足的境界里纯然无碍的一心并无碍于茧心之有碍——这叫"圆中有方"。另一方面,茧心的有碍亦无碍于一心的纯然无碍——这就是"方中有圆"了。道心是无碍而可有碍,有碍而仍无碍的:曼陀罗"圆中有方,方中有圆"所象征的正是这个道心圆融俱足的境界。

以上是曼陀罗的静观。"静观"所代表的乃是道心的本然。在道心的本然里一心和茧心是不可分的、浑然一体的。但在人类意识心同异殊途的心态里,一心和茧心是可以分开的。一般来说,异隔的心态比较容易把握到支配乾坤宇宙的茧心,而同独的心态则比较容易体会到纯然无碍的一心。因此富有异隔心态的哲学必重茧心而轻一心,而以同独心态为主的哲学则必重一心而轻茧心。这同异殊途的心态和哲学都是偏向一方的。有偏就很难把握到道心的圆融俱足的境界。只有在感一如实的同融心态里才能对道心的即一心即茧心的中道实理有适当的体会。不过有偏也好,无偏也罢,意识心无时无刻不在道心的笼罩之下、无时无刻不受到道心曼陀罗作用的支配。所谓"曼陀罗作用"就是道心在意识心中方圆交涉所起的作用——也就是一心之于茧心或茧心之于一心所起的作用。这时曼陀罗所象征不再是道心的本然,而是道心在意识领域中的应然。前者是曼陀罗的"静观",后者则是曼陀罗的"动观"。静观所得的曼陀罗乃是"圆中有方,方中有圆"的静态真理,而动观所见的曼陀罗则是"圆而自方,方中求圆"的动态真理。人类的智慧——尤其是哲学的智慧——乃是由道心在意识心中通过曼陀罗的动静作用而产生的。因此智慧的本质就是道心的"曼陀罗智"。人类对真理的追求乃是由于道心的曼陀罗智的作用。这个作用的程序或方式乃是以方圆的关系为基础的——我们就名之为"方圆程序"吧。曼陀罗智的作用有动静两态,故方圆程序可分为动静两式:

方圆静式:圆中有方,方中有圆
方圆动式:圆而自方,方中求圆

由是曼陀罗智的全体大用即可以此"方圆两式"表之。

道心无碍而可有碍:这是圆中有方。但纯然无碍的一心如何与有碍的茧心相交涉呢?这就要靠曼陀罗圆而自方的智慧了。这种智慧不是凡夫俗子所能有的:它是属于神、佛或圣者的。譬如,释迦牟尼对众生说教所本的智慧就是圆而自方的智慧。这种智慧乃是"上智"之所以能与"下愚"沟通的基本条件,我们也可称之为"下行的智慧"。《系辞传》描述圆而自方或下行的智慧为"圆而神"。"神"就是神圣的意思,这个字本是从"申"字引申而来的。"申"(或伸)就是自直。"神"是绝对的自直(自诚)。属于神圣的智慧都是自直无碍的,所以是"圆而神"。

茧心有碍而仍无碍:这是方中有圆。但有碍的茧心如何可与纯然无碍的一心相合呢?这就要靠曼陀罗方中求圆的智慧了。"求圆"当然就是去有碍而得无碍的意思。这种智慧正是众生或一切非"天纵之智"的凡夫所有或应有的。它正是孔子所谓"下学而上达"所必须具备的智慧——与下行智慧相反的"上行的智慧"。《系辞传》称这种智慧为"方以智"。"方"泛指一切有碍的境地;从有碍的境地超脱出来而达无碍的境界所需要的智慧就是"方以智"中的"智"——下学而上达的"智"。

由上所述可知,曼陀罗智乃是一种(方东美先生常说的)"上下双回向"的智慧。曼陀罗智乃是上行与下行智慧的统一。这个上下双回向的智乃是建立在方圆的动静关系上的。方圆静式是体,方圆动式是用。而动静一如,体用无间,这是曼陀罗智在感一如实的心态中所显的真象、真理啊!

茧心与一心在意识心中的相合——让我们重复一次罢——其可能性就在于道心的曼陀罗智作用。曼陀罗智乃是一切智慧的本源。我们一般把"智慧"这个观念局限于意识的层次里,完全忽视了它在无意识或潜意识和超意识层次里可能有的意义。其实,只要我们能够除去心物二元对立的偏见,就不难把握到"智"(或智慧)的观念所应有或可能有的精微大义了。

在场有哲学里,"心"和"智"就其根本义而言都是场有观念。换句话说,它们并不属于任何场有者,而是属于场有自身。人类惯于把场有的心智占为己有,这乃是由于意识心的执着。现在让我们把根本的心、智还给道体,还给场有自身吧。[1] 不过荣格以曼陀罗为无意识心所的一"原型"(archetype),把它仅视为一精神或心理现象来处理,这显然是不足的。方圆交涉乃是道体心智的本质,岂止是心理现象而已? 再者,即使把它视为心理现象来看,荣格也没有看到诚曲能明的根身在人类精神生命发展的历程中所占有的中枢地位。在人类进化的漫长岁月里,无意识心所的原型究竟是怎样形成呢? 这个问题在荣格的精神现象学里是找不到答案的。

"心"的根本义就是"道心","智"的根本义就是"道智"或曼陀罗智。道心和道智的作用我们合称为"道用",即道体启遍在于整个场有界的全体大用。综合上文的讨论,"道用"观念的基本含义可以下图来析明:

道用 { 道心 { 一心:道体之纯然无碍
茧心(或主宰心):道体之诚仪隐机(包括在天地氤氲中呈现的虚灵明觉)
道智(曼陀罗智):道体之方圆动静(曼陀罗智乃茧心与一心在意识心中相合的基本条件)

---

[1] 在佛教密宗里曼陀罗圆形或图像所象征的乃是修道成佛的"道场"。此修法的道场亦名"曼陀罗"。在曼陀罗的图形里,方与圆的关系乃是色与空的关系、方便与般若的关系、悲与智的关系。故曼陀罗乃是即色即空、悲智相运的象征,因而曼陀罗的道场也就是方便与般若和合(方圆交涉)的道场。不过,虽然"曼陀罗"一词源于印度教和佛教的密宗,曼陀罗这个观念却是普遍地以种种不同的形态出现在人类的思想和精神生命的具体表现里。荣格在他的宗教心理学里曾对曼陀罗这一观念作过广泛而深刻的探讨。读者可参考他的《心理学与宗教:西方与东方》[*Psychology and Religion: West & East* (Bollingen Series XX), tr. R. F. G. Hull (New York: Pantheon books, 1958)]。

如是道用也就是道(体)的"心智"(道心与道智合言)。道的心智在哪里呢？它在我们身之仪的一举一动里，也在我们心之仪的一举一动里。而身心之仪的一举一动莫不同时透显道心的双重意义——在意识心的或然领域里——道智的上下回向。不过这些分析的语言在得道者看来不无叠床架屋之嫌。我们已经把一个简易的道理说得太复杂了。其实，道用之道无他，只是一个有碍无碍罢了。

仪之得宜就是"无碍"，不得宜就是"有碍"了。换句话说，"无碍"与"有碍"乃是就仪与宜之间的关系而言的。事物之所以为存有正在其仪之得宜："得宜"乃是一切存有之所以为存有的存有性。说得更简洁有力一点：存有就是得宜，得宜就是存有。在存有之所以为存有这一点而言是没有所谓"不得宜"的。"不得宜的存有"在这一义上乃是一个自相矛盾的观念。但事物又的确有"不得宜"之处。譬如，一个还在学习直立走路的婴儿，他站起来了，但很快就摔下去了。然后又再挣扎地站起来，就其站得不稳和摔倒的现象来说就是"不得宜"。此"不得宜"乃是从事物的相对相关性而言的。我们以婴儿摔跌之事为"不得宜"乃是相对于婴儿要直立走路一事之诚仪而言的。但婴儿之站不稳而摔跌一事本身却并无不得宜之处，婴儿学习站起来走路而不稳，不正是其得宜的地方吗？不得宜他就不会跌倒了。总而言之，一切物事都是得宜而生，不得宜而死，得宜而来，不得宜而去。"此"是一得宜，"彼"也是一得宜。在一心的纯然无碍里是无所谓"不得宜"的。所谓"万物静观皆自得"。"自得"者正是自得其宜——其独特之宜——的意思。只有在"静观"的心态里我们才见得到一心的纯然无碍啊！

三、外自由与内必然：生命权能与意义世界

不过一心之纯然无碍却又何妨于茧心之间然有碍？以茧心看万物必然是一个"动观"的心态。"万物静观"固然"皆自得"，但"万物动观"则必然是"皆自失"的了，因这动观所见的乃是事物的相对相关性。没有"婴儿学习走路"的事，哪里来"婴儿摔倒"之事；没有"婴儿摔倒"之事，哪里会有"婴儿挣扎地站起来"之事。假如我们把一事物孤立起来看——把它从它与其他事物的相对相关性中抽离出来，它就会立刻推动它所以为宜的"意义"。"婴儿"的意义是相对于"成人"的意义而有的；"摔跌"的意义是相对于"直走"的意义而有的。一事物的意义乃是依它与前事、后事、同时之事的相关处而有的。正是"万物动观皆自失"：失掉的正是万物所以为"自"的意义啊！

离茧心而言一心，则事物有宜而无义（意义）；离一心而言茧心，则事物有义而无宜。必须即一心而言茧心和即茧心而言一心，我们才能看到事物之即宜即义和即义即宜——才能看得到道体的全体大用。道体——场有自身——乃是宇宙间一切事物——场有者——的即宜即义的根源。可是作为万物根源的道体本身却是"无得"和"无义"的。一切事物莫不各有其独得之宜，而道体本身却只是一个无所得的纯一之宜。所有事物都是有意义的，而道体本身却无意义可言。这正是道家的"无"和佛家的"空"所指

向的境界。"无"的重点在事物之宜,"空"的重点在事物之义。"无"说宜之无得,"空"言义之无有。然而道体自身之"无得"正所以成全万物之"有得",道体自身之"空有"正所以成就万物之"有义"。理当如此,没有什么奇怪的。

我们一贯以"宜仪"合言,现在又以"宜"配"义"(意义的义),究竟"仪"和"义"有什么关系呢?如上所述,事物都是宜仪体,而事物之相对相关性乃是意义的根源;我们正是依事物之仪的相对相关性而言"义"。这个因仪联系而生的"义"乃是一事物之宜仪的可理解处。是的,孤立事物的宜和仪都是无法理解的。每一事物都是一自宜其宜和自仪其仪;离开了它和其他事物的相对相关性,我们对它就更没有什么好说的了。

得宜就是无碍,无碍就是自由。"自由"乃是由其所自的意思。每一事物之所以能成事成物都有"由其所自"的可能性,这个"可能性"就是它的独得之宜。这个独得之宜乃是此事物的存有根据,它是专属于此事物而非其他事物所能有的。所以在其独得之宜上来说,所有事物都各自是一自由、一无碍。用《道德经》的语言来说,这个自由无碍的独得之宜就是事物之"德"。《说文》:"'德',得也",得宜必然是一终究无碍的自由。

但事物如何才能得宜呢?这就涉及权能的观念了。我们所谓的"权能"乃是一个形而上学的观念,它正是在事物得宜的"得"上面取义的。我们在上文曾多次把"主体"和"权能"的观念连起来而言"主体权能""创造权能"或"生命权能"。其实,仔细分析起来,这些名词都是冗词(tautology),因为权能就是内在于一事物而使其有所"得"的创造性,就是此事物之所以为"此"而非"彼"的主体,也就是它所以表现其仪相的生命。换句话说,我们乃是于权能之成事成物处而言"创造"、于权能之自由无碍处而言"主体"、于权能之理气调和处而言"生命"的。一事物之创造权能或主体在其独得之宜上来说诚然是自由无碍的,但这并不等于说创造权能在其成事成物的过程中没有"必然性"(necessity)。创造权能没有必然性如何能有成?那么创造权能的必然性究竟在哪里呢?它不在别处——就在一事物之所以能成事成物的具体因素——怀德海所谓的"与料"里;这些因素乃创造权能的创造性之所寓。"必然性"在《周易》哲学里就是"命"的观念。"命"的根源在理也在气。"理"就是宜之权,"气"就是仪之能:宜权与仪能的必然性的合一就是"命"。在"生命"一词里"生"字代表创造权能之自由无碍,即事物自得其宜的主体性,而"命"字则代表创造权能客体性的一面,即事物具体表现里的宜权仪能。如是"生命"一词所代表的就是创造权能主体性和客体性的统一。怀德海以为所有实际存有都是"外自由内必然"(internally determined and externally free)的。一事物的独得之宜只属于它自己而不隶属于其他任何事物,这是"外自由"——"相对于外的自由"。但一事物之成事成物却有其内在理气之命的必然性,这就是"内必然"了。怀德海这句话不正好是我们"生命"一词最精简的写照吗?

现在我们可以了解在中国哲学里"义"和"理"的密切关系了。"义"之本义为宜,而"理"为宜之权,也就是义之权了。所以在中国——尤其是宋儒——的哲学里,"义理"合言乃是很自然的。近代西方哲学里含有强烈意识主体性含义的 meaning(意义)的观念在中国传统哲学里是不存在的。假如把 meaning 这一观念的意识主体性除掉,那么 meaning 就相当于中国哲学里与"义"和"理"都密切相连的"道"。"道"在这里指的乃是事物的相对相关性,也就是我们在上文所谓的"义"——意义的"义"。在近代西方哲学里耳熟能详的"意义世界"这一观念在中国哲学里其实早就被提出来了。古人"道义所在"一语原来并不是一个狭义的道德观念。道义所在就是意义世界,也就是天道、地道和人道相交涉的"三才"宇宙。中国哲学家并不在意识心与自然宇宙的敌对心态下而言意义世界,而在天、地、人合一的和谐心态下而言意义世界。从事物之相对相关性而取义的"道"或"义"乃是一个比从意识心的主体性取义的 meaning 更深和更具涵盖性的观念。

"意义"在哪里?它就在场有宇宙中事物的相对相关性里。人对意义世界的了解或领悟必须通过他自己生命中的性相宜仪,所以呈现于人的意义世界只不过是人和其他事物的相对相关性罢了。

意义世界是怎么通过人的性相宜仪而呈现的呢?这当然是一个非常复杂的问题。但我们最起码可以肯定地说,这个问题的核心一定离不开形躯的直曲作用,更离不开心智的作茧作用的曼陀罗作用。在意识心还没有生发前,道心的诚仪隐机早就通过直曲权能在我们形躯的生命里默默地作茧了。人的一生自始至终都生活在意义世界里。不过在意识心未起前的意义世界乃是一个"无明"的意义世界——在意识层次下的意义世界。这里"无明"当然是相对于意识的明觉而言的。但无意识心的明觉并不等于无意义。笛卡儿之后的近代西方哲学倾向于从意识的立场来言意义,只肯定在意识层次上呈现的意义世界——此乃是把意识心绝对化的必然后果。意识心的绝对化就是把意识作用从它与无意识与超意识的关系中抽离出来,其结果就是一个上下隔绝的世界——一个上不通于"天"(超意识)、下不通于"地"(无意识)的孤立世界。这里"天"和"地"分别代表曼陀罗上下双回向的智用。"天"(超意识)的智用是圆而自方,"地"(无意识)的智用是方中求圆。天地隔绝了,道心下行与上行的智用也就无法相应了。

思想——当然包括哲学思想在内——乃是意识心的产物。但思想不是意识心凭空制造出来的。离开了形躯——包括我的形躯和他人他物的形躯(《易传》泛称之为"器")——哪里还会有思想可言?此乃因意识作用基本上乃是茧心依身或缘形器而起念的作茧作用。"身"和"形"是有分别的。"身"乃"形"(我的形躯)与"器"(他人他物之形躯)之相对相关处。如是一切思想都可以说是意识心"依身起念,依念作茧"的产物。在怀德海的哲学里,意识心只是心灵作用(mentality)的高度发展。他的"主体"观念基本上就是心的观念。说得明确一点,"心"就是作为一事物(实际存有)的生命主体的主体性,也就是内在于此事物的创造权能的创造性。这个主体性也就是此创造权能的感通裁化作用——我们所谓的"主宰心"或"茧心"。对怀德海来说,一事物的创造权能的自限、自成和自化正表现为一个心灵作用。我们不必——也不应——限于意识作用而言心。假如我们把"身"和"念"的观念普遍化,则"依身起念,依念作茧"这句话就可适用于一切心灵作用。我们以为怀德海的心观在本质上正是在这句话所含的基本观念上建立起来的,只不过用不同的语言来表达罢了。

四、真理追求的正根:文化心灵、哲学传统与曼陀丹道

现在让我们回到心的意识作用吧。意识心是不能和身、形、器分离的。但意识心的发用却又的确有自我孤立或绝对化的倾向——这就是我们上文所谓"异隔"心态的来源了。意识心自我孤立的极端发展除了产生意识与超意识和无意识的分离而至陷落于一个天地隔绝的境界外,它也同时不可避免地导致意识与形器的隔离——与一己形躯的隔离、与他人他物的隔离。异隔心态最显著的特点就是意识我(与意识等同的"我")对异我和非意识的排挤。哲学上"唯我独存主义"(solipsism)正是异隔心态在思想上最极端的表现。这种排挤天地万物于意识我之外的思想自然不能容许道体的存在,因为在这种思想里意识我已经把自己视为唯一的真实,把自己等同于存有自身了。所以异隔心态的极端发展必然(在人类意识里)导致场有界的"分裂"和道体或场有自身的遗忘。道体怎会被遗忘呢?因为在意识心侵略性的扩充下,场有自身已经被意识我收摄进去了。

意识我对异我的隔离或排挤和对场有自身的收摄——这是人心意识作用一个很普遍的倾向。哲学上的唯我独存主义只不过是这个倾向在思想上的极端表现罢了。这种异隔心态当然不

只表现在哲学思想上,人类的一切思想行为简直可以说全部都在异隔心态的笼罩之下。没有异隔的心态就不会有逻辑律的界限分明,不会有自私自利的观念,也不会有割据与纷争了。但异隔的意识作用虽然是意识心一个普遍的倾向,却不是它唯一的倾向。意识心一方面有对异我隔离排挤和对场有自身收摄的倾向,但另一方面也有通过意识心与异我的感同作用而向场有自身回归、为场有自身所收摄的倾向。后者指的当然就是上文提过的同独心态了。

"独"就是隔异消除后的同——这是《庄子》书中"见独"一词中"独"字的含义。同独的心态乃是从感同开始的。"感同"就是感于异中之同。意识心感同于异我之后就会很自然地在异中求同,即使不能成功地把隔异除去也会对异之所在视若无睹。这种心态的极端发展必然导致意识心向场有自身的回归,亦即意识我的自我泯灭。所以在同独心态上奠基的哲学必然以道体的纯一为依归。印度吠檀多哲学里的中心观念——"梵"(brahman)——乃是一个最显著的例子。吠檀多称道体为梵,就其可说处描述之则为——"至真/纯觉/极乐"(sat-cit-ananda)的绝对存有。"至真"(sat)言道体之为一切名相之本的纯仪,"纯觉"(cit)言道体为超越一切心识而为意识、无意识和超意识之根源的纯识(pure-consciousness),而"极乐"(ananda)则是言道心之纯然无碍、道体之一宜即纯宜。换句话说,梵一观念乃是就道体之为纯一的宜仪体而立义的。在梵或道体的纯一宜仪里,意识我已没入场有自身了。

西方哲学里的唯我独存思想和印度吠檀多哲学里的梵观念分别代表异隔和同独两种心态的极端发展。在这两个极端的例子里，我们很清楚地看得出意识心同异分途的两个路子所共有的局面——意识我与道体争持的局面。这个人与场有自身的争持局面，从人的立场来看，就是我们所谓的"形上姿态"了。在异隔心态里的意识我是怎样的一种姿态呢？它乃是一种追求自我的不断扩张、逞强争霸的姿态。由这种心态所产生的思想一定带有强烈的虚无意识。如前所言，异隔心态的思想都是有隔无融的。"无融"就是虚而不实。有隔无融则必排除异我以至目中难容一物。这"无容"的心态所见的宇宙自然是虚无一片的了。

那么同独的心态又是怎样的一种姿态呢？和异隔的心态刚好相反，这是一种亲和自抑求安求平的姿态。不过意识我的自我收缩和意识我的自我膨胀都不可避免地陷入一种无融的、虚而不实的心态。异隔心态下的思想是有隔无融所生的"虚无"，同独心态下的思想则是无隔无融所致的"虚幻"。意识我的自我泯灭也就是个体存有的泯灭——在意识心炽烈地向道体回归的心态中所见的宇宙当然是一片虚幻的了。

我们必须立即指出这里所谓"虚无"和"虚幻"指的乃是意识作用所产生的心理现象，必须和易道变化乾坤氤氲中的"玄无"和"妙虚"分别开来。玄无妙虚不是意识作用的产物，而是乾坤无碍实理中所本有的。真正能避免主观性的虚无虚幻而在实理中领悟玄无妙虚之境的就只有在感一如实心态下所生发的同融中道思想了。

感一如实又是怎样的一种姿态呢？一言以蔽之：这是一种"当下即是"的姿态。这里面没有意识我和道体争持的局面。在异隔和同独的心态里一心和茧心是有间的、有碍的；但在同融的心态里，一心和茧心是无间的、无碍的；如是，意识心与道体也是无间无碍的。意识心与道体相合自然就不会有争持，因为意识心已经成为道心了。

因此在同融中道、当下即是的心识里，真理的追求可以不为意识心自大或自抑所生的偏差所支配，而可以在人与天地万物的感通量格里真实无妄地完成。所以我们以感一如实的心态为真理追求的正根。也只有在此心态里人才能通过曼陀罗智的作用得到圆融无碍的哲学智慧。

哲学智慧是不能离开形上姿态而言的，而形上姿态——我们现在了解了——乃是意识心在面对道体或场有自身时所呈现的心态。异隔、同独与同融乃是意识作用的三大倾向，因此形上姿态与哲学智慧也可据此而分为三大类型。每一种哲学思想的背后都有作为其存有信托之本的形上姿态和生命精神，其基本性格如何就得看它智慧所本的意识心态了。

意识心的三大倾向乃是人心所共有的，所以在每一个文化传统里我们都可以同时找到相应于此三大倾向的哲学。譬如，在中国的文化传统里，杨朱哲学与老庄哲学在意识心态上乃是同异殊途的两个极端：前者显然以异隔心态为本，而后者则是偏向于同独的心态。在这两个极端中间的则是一个以《周易》哲学为本的哲学传统——奠基于同融中道的儒家哲学。不过，这只是内在于中国哲学传统的分法。假如我们要决定整个中国哲学传统的意识心态,则必须把它和其他哲学传统作对比研究才能看得出来。我们通常视印度、中国和西方为人类哲学智慧所在的三大文化传统。这三大文化传统在哲学智慧所本的意识心态上究竟有什么重要的差别呢?

这当然是一个非常复杂、不容易下定论的问题。我们在这里无法作细节的讨论,而只能就我们研究所得把最主要的结论提供出来。其实,知心的读者们早就在我们前文的暗示下猜测到了我们所要下的结论。我们不是从一开始就以异隔心态的语言来描述西方哲学吗?在对吠檀多哲学梵观念的阐释里我们不是已经在暗示着印度哲学传统和同独心态的关联吗?那么中国的传统哲学呢?很明显,我们是要把它归纳在同融的心态下面了。如是,我们的结论可以表示为:

哲学智慧与其所本的意识心态

西方哲学传统:以有隔无融的异隔心态最为突显
印度哲学传统:以无隔无融的同独心态最为突显
中国哲学传统:以有隔有融的同融心态最为突显

关于这个结论的论证和这三种心态和哲学智慧的比较研究,我们希望在将来能对读者有较详尽的交代。在这里我们只需提出一个要点来讨论就够了。这个要点就在"感通"这两个字上。与西方和印度哲学相比中国哲学最重感通,这是无可否认的事实。而重感通正是同融心态的特点。西方人有隔无融的心态固然难于言感通，印度人无隔无融的心态也是不重视感通的。"无融"乃是西方人与印度人在意识心态上所共有的——不止哲学心灵如此，文化心灵也是如此。西方人强烈的独立意识和竞争意识和传统印度人严酷的阶级意识同样是无融心态的产物。而无融正是由意识心感通量之不足而形成的。

为了避免引起读者不必要的误会，必须立即指出，我们在这里并无作价值判断的意思。宇宙间一切事物的产生莫不有其独得之宜，哲学智慧和文化精神当然也没有例外。从这"无私"的观点来看，所有哲学和文化的心态都是不分高下的，都是同样有价值的。价值优劣的判断只有从一个特别观点来看事物才有可能。假如我们从真理追求的角度来看三大哲学传统的话，那么中国人的智慧的确有其得天独厚之处。因为最高的真理乃是圆融无碍的真理，而在中国人的心灵里最为突显的同融心态与中道精神乃是最能与这种最高的真理相契合的。但同融心态只是达道——达到这种真理——的必要条件，而不是它的充分条件。哲学智慧与哲学成果乃是密切相关却又不可混同的两回事。一个民族可以有很高的哲学智慧，却不一定有与其哲学智慧相应的哲学成果。哲学成果乃是由潜藏于意识心态里的哲学智慧的发用而来的。说得明确一点，哲学成果乃是哲学心灵在思想上自诚的表现。为什么高度的哲学智慧不一定能产生与其智慧高度相应的哲学思想呢？要解答这个问题我们就必须回到"场性"与"天地氤氲"的观念上来了。宇宙里无孤立的物事。一物事之自诚乃是由其场性——此事物与其他事物的相对相关性——而决定的,而场性的具体实现则在易道变化中的天地氤氲或乾坤(直曲)权能的相互涵摄里。这里面实在蕴藏着无限的吊诡作用。这"易道的吊诡"不只表现于自然事物的变化中,也表现在意识心灵的变化里,更不可思议地表现在人类历史文化的创进历程里。哲学智慧的自诚乃是一种意识心态或作用的自直。譬如,以同融心态为主的哲学智能乃是有隔有融、感一如实的意识作用的自直。但这种心态的自直离不了意识心的场性、离不了它与异隔和同独意识的相对相关性。同融哲学心灵的自我完成必须通过意识场的氤氲作用、通过其他两大意识作用所加的限制而曲成。中国人同融中道的哲学心灵在这方面所受的考验显然是有所不足的。这就是为什么中国人尽管有极高的哲学智慧,却仍未能成就与其智慧高度完全相应的哲学思想。中国哲学是否可以从其他民族或文化传统里获得应有的考验而在智慧致曲的创进历程中达到更高度的发展呢?这可能是当前中国哲学研究者所最应关注的问题。

这当然不单是一个哲学问题,也是一个文化问题。哲学思想乃是文化或人类精神文明的一部分。哲学智慧与文化精神也是密切相关却又不可混同的两回事。一个有高度哲学智慧的民族不一定能成就与其哲学智慧高度相应的文化。一民族的文化成果通常和该民族的哲学智慧所孕育的理想有很大的距离。一民族的哲学思想固然反映该民族在某一历史阶段里普遍流行的文化心态,但也代表对此流行心态的反省与批判。所以一民族的文化精神乃是通过意识心自求超越的创造性而形成的,而哲学智慧正是此创造性的根源。当然,意识心的创造性永远受到生命所依的环境外缘所限制。其实意识心在文化演变的历程中早就和环境外缘缠结成一不可分的文化生命之场了。在这文化生命之场里,人的意识心乃是已经为环境外缘所宜仪化的意识心,人的环境外缘乃是已为意识心所宜仪化的环境外缘。易道变化乃是通过意识心与其环境外缘的相互宜仪化而进行的。文化精神究竟是怎样在这易道变化、天地氤氲的历程中产生的呢?这个复杂的问题实在包含有易道不可思议的吊诡性。

譬如,近代西方文明所标榜的独立平等、自由民主的文化精神。这可贵的文化精神在其最高的理想里本来是一种有隔有融的中道精神。这种精神本来是和中国人同融的哲学智慧最为相应的、为中国文化所可有或应有的。但事实上它却是西方历史文化的产物、由西方人异隔的哲学智慧所孕育出来的产物。正由于它所本的意识心态乃是一种有隔无融的心态,这可贵的文化精神在现阶段的西方文明里仍旧有其严重的缺点。在自由民族精神里面夹杂着的往往是残酷的斗争意识与由异化作用引起的虚无主义倾向。西方的传统哲学智慧对于这些有隔无融心态所本具的负面作用是无能为力的,因为它本身就是以异隔心态为根的啊!

若要自由民主精神获得稳定而完满的发展,则此精神必须奠基在同融中道的心态上,这就是中国人传统的哲学智慧能有所贡献的地方了。与西方和印度两大文化传统相比较,中国的传统哲学诚然以有隔有融的中道精神最为突显,这可说是不争的事实。但"最为突显"四个字乃是相对于其他两大传统而言的,并不表示这种中道智慧在其自诚之道上已经获得充分的发挥。前面说过，同融中道智慧的证成必须通过异隔与同独心识带来的考验。中国传统哲学智慧诚然表现为一种当下即是、感一如实的中道精神。可是站在文化发展的立场来说，中国哲学实在是太落实了。落实就是无虚。"实"和"虚"乃是创造性互为其根、相反相成的两面。意识心的"涵虚"乃是意识作用在"感一"和"如实"间所起的现象。意识心的涵虚性所代表的乃是感一之未能如实，或如实之未能感一。感一如实，则虚实无间，自然就没有涵虚的现象了。由于同融心态的突显，中国哲学自始就具有一种为其他文化传统所缺少的落实智能——转虚为实的智慧。作为中国人文精神的骨干的儒家哲学正是由这转虚为实的智慧建立起来的。意识心的涵虚性随意识作用的倾向而异。意识心的三大倾向各有其不同的涵虚性，异隔心态的涵虚生于有隔无融意识中的"虚无"；同独心态的涵虚则起于无隔无融意识里的"虚幻"；至于同融中道的心态，在感一如实的倾向尚未达到一如无间的境界时，也一样有其涵虚性：这是属于有隔有融意识里的"虚玄"。在"虚玄"的意识里人所经历到的乃是融隔两可的妙机。这融隔两可的妙机是深不可测的，同时也是难以捉摸的。深不可测，故"玄"；难以捉摸，故"虚"。中国道家的原始思想里充满着这种由虚玄心识而来的智慧。可是由于儒家哲学根深蒂固的影响，中国人早就把这道家原始智慧里的虚玄性落实了。等到佛教传入中国之后，中国人又跟着把佛教思想里原本属于印度哲学智慧的虚幻性落实了（中国佛教正是这虚幻性落实的结果）。自 19 世纪末西方思想大量输入之后，中国传统的哲学心灵首次受到潜在于西方文化精神里的虚无意识的挑战与冲击，使中国传统的文化精神直接受到极大的震撼与伤害。但我们有理由相信，西方文明及哲学思想里由异隔心态所产生出来的虚无意识是不会在中国的文化心灵里生根的。虚幻也罢，虚无也罢，它们一样会在中国文化的土壤里落实的。

可是落实了的虚玄、虚幻与虚无也就推动了它们创造性的价值了。站在文化发展的立场来看，意识心的涵虚性乃是人类创造文明不可或缺的条件。没有意识心的涵虚性也就没有创造性的冲动。为什么呢？因为创造性的冲动乃是由意识心虚实交感处所生的"诱惑"而起的。没有意识心的涵虚性也就没有创造性的诱惑，自然就不会有创造性的冲动。中国传统哲学心灵最大的弱点就是缺乏涵虚的容忍性。因此中国哲学虽富于"落实"的智慧，却缺乏"乘虚"的智慧。其实"落实"和"乘虚"当作为宇宙论的语言来讲，两者正好是创造历程的两面——或创造权能发用的两节。一切事物的有成都是创造权能"缘实生虚、乘虚化实"的过程。缺乏了涵虚的容忍性，则意识心就不能正确地把握到"缘实生虚"中所生之"虚"的性格，当然也就不能适当地"乘虚化实"了。这涵虚的容忍性乃是同融中道的哲学智慧所可有的，也是它所应有的。因为感一如实的智慧在其最高的成就里正是落实与乘虚两种智慧——"落实智"与"乘虚智"——的圆满或宜无不宜的结合啊！

那么我们怎样才能得到落实智与乘虚智的完满结合呢？这

当然又是一个非常复杂的问题。首先应该指出,我们所谓的落实智与乘虚智其实并不是两种不同根源的智慧而不过是一智的两面或两用。这"一智"是什么呢?当然就是主宰于意识心的道智或曼陀罗智了。如上文所述,曼陀罗智乃是茧心与一心在意识心中相合的基本条件。智慧的本质就是道心的曼陀罗作用,亦即道体在意识心中的方圆动静。道智在人的精神生命里具体表现为一种上下双回向的智慧,也同时是一种——现在让我们补充一下——落实乘虚的智慧。方圆动静,上下回向,落实乘虚:这就是道智或曼陀罗智的定义了。我们现在所关心的是:这主宰人类精神生命的道智究竟和人类的历史文化和哲学思想有什么确切的关系呢?

历史文化乃是道智在人类精神生命里的"丹炉",一切思想——包括哲学思想——的发展乃是道智在人类精神文明里所开显的"丹道"。这里所用的"丹"字指的当然不是道家方士或西方炼丹术者所云的"仙丹"或"金丹"。这里"丹"的观念乃是依茧心的观念而取义的。我们所谓的"丹"指的都是"茧丹"——即茧心在作茧过程中所凝聚的生命力。这是"茧丹"或"丹"的普遍义。以春蚕作茧为例,在春蚕自限、自我而自化的整个生命历程里,它每一阶段所发挥或表现的生命力乃是一创造权能的主体(茧心)在此阶段前通过其作茧的诚仪而凝聚得来的。此凝聚的生命力——茧丹——一方面为茧心过去作茧的成果,而另一方面则为茧心未来作茧的根基。如此,茧心的"作茧成丹"乃是一个生命力"继往开来"的历程,这就是我们所谓"丹道"的含义了。因此,茧丹和丹道这两个观念就其普遍义而言可说是无所不包的。茧丹和丹道之所在也就是"生命"的所在、创造权能的所在。蛇虫鼠蚁,何尝无丹？鸟飞鱼跃,莫非丹道。当然,就大自然的生命宜仪来说,茧丹和丹道的观念是没有意识心的作用在里面的。可是在人类意识世界和精神文明的领域里,这两个观念就因意识作用的加入而具特殊的含义了。

人为万物之灵。"灵"就是意识心的灵光。在人的生命里茧心乃是通过以意识作用为中心的精神力量而作茧的。因此,人生命里的茧丹乃是茧心在作茧过程中所凝聚的精神力量——继往开来的精神生命力。而这继往开来的丹道也就是人类精神文明的丹道——万物之灵的丹道。但所谓"精神"者不过是曼陀罗智通过意识作用所表现的光辉和力量,因此,精神的丹道也就是智慧的丹道——曼陀罗智的丹道(以下简称"曼陀丹道")。人类创造文明所依赖的思想和通过思想而生发的种种文化活动都是人类精神生命的表现。如此,思想发展的轨道也就是曼陀丹道的具体表现。

哲学思想不是凭空产生出来的。任何思想——包括哲学思想在内——的背后都有一个精神生命的凭借,都是孕育在其文化传统内的智慧丹道、曼陀丹道里。人类的历史文化固然是人类智慧创造的成果,但(就其所构成的场性而论)也同时是人类智慧熔锻的丹炉。在这历史文化的烘炉里我们看到人类自泰古以来依身起念、依念作茧的伟大诚仪,但也看到道智在易道变化里所开显的无限吊诡,必如是观,我们才可以把握到哲学智慧的根源和哲学思想的本质。

五、丹道脉络与精神格局：人道的太极灵府

由于意识心态的不同，不只在不同的文化传统里孕育着不同的曼陀丹道，就是在同一文化传统里也可以看到由互异的精神生命所构成的丹道脉络。

以中国文化传统为例，相对于西方和印度文化而言，中国文化所突显的诚然是同融中道的生命精神；中国哲学乃是根源于以有隔有融、感一如实为本的智慧丹道。但内在于中国文化传统本身，由意识心三大倾向所造成的差别还是有脉络可循的。在先秦哲学的几个大派别里，杨、墨、法三派思想所代表的乃是异隔心态的生命精神，在道家老庄背后流贯着的却是与此相反的生命智慧——以同独心态为本的生命智慧。居于杨、墨、法和老庄之间而为中国传统文化精神命脉所系的自然是以同融中道为依归的儒家哲学了。由是要谈中国哲学，我们就必须把它放在中国的文化传统里来看它的精神生命所在的丹道脉络。因为哲学思想不过是哲学智慧的义理表现，而哲学智慧乃是一民族在其安身立命的历史文化生命中熔锻出来的。离开了这精神生命的丹炉哪里还有哲学智慧？哪里还有哲学？

那么哲学智慧思想乃是完全由历史文化的因素来决定的了？是的，在某种意义上，假如把"历史文化的因素"解释为"决定历史文化的因素"的话，我们的确是可以这样讲的。因为人所处的场有乃是一个由生命精神和历史文化编织成的意义世界，"历史文

化的因素"也就包含了决定这意义世界的全部因素——包括人的自然生命所本的形躯和此生命所依存的物质或自然环境。人类的精神生命和历史文化乃是意识心通过自然环境依身起念、依念作茧的产物。借用黑格尔的术语来讲,历史文化乃是"主体精神"(意识作用)的"客体化"(objectification)。不过黑格尔忘了意识作用是离不开形器宇宙的。意识心本来就是从自然那里生发起用的。他也没有看到他所谓的主体精神的客体化其实是一个意识作用和外缘环境——(最初只是)纯自然环境——相互宜仪化的历程。在主观意识依身起念的当下,外缘环境的客观因素早就潜伏在意识心的宜仪里而随其作茧而起用了。

不过,假如我们把"历史文化的因素"解释为随历史文化之变而变的因素的话,那么我们在上一段所说的第一句话就很不妥了。人类的哲学智慧和哲学思想固然有随历史文化之变而变的成分,但也同样有其不变的地方——有其不变的格局。这不变的格局不是属于任何人或任何民族的,而是普遍地属于整个人类的,因为它所代表的乃是人之所以为人的本质。这个构成人的本质的不变格局乃是人的精神生命的格局——基本上也就是道智或曼陀罗智在意识心起用时所显的格局。这构成人类的精神生命的不变格局是否就是一般所谓的"人性"呢?可以这样说,但这里"人性"可不是一个实体的观念,而是一个场有的观念、格局的观念。人之性就是人的独得之宜。这独得之宜究竟依据什么而得其宜的呢?这个问题的基本答案就在人的场有的格局里、人的精神生命的场有格局里,人在这场有格局里所得之宜也就是人性中之"理"：所以,程朱学派的理学家说"性即理"。但在人的精神格局里所彰显之理不正是曼陀罗智通过意识心发用时所由之理吗？如是,陆王学派的理学家的"心即理"也是可以说得通的了。

人的历史文化不断在变,正如人的意识心不断在变一样。但所谓"万变不离其宗",无论人的意识心如何善变,人类的心态和由其所决定的一切文化成果始终脱离不了由意识作用的三大倾向所形成的基本精神格局。通过这个精神格局我们可以看到人类依身起念、依念作茧的心灵结构,看到曼陀罗智通过方圆程序在意识心撑起的形上姿态,看到下行和上行的智慧在人类茧丹中的结合,看到在历史文化的丹炉里人类精神生命在熔锻的过程中所遇到的艰难和所表现的尊严,看到文化传统内智慧丹道的完成和一民族在哲学智慧、哲学思想和文化成果间所呈现的易道吊诡,看到在易道吊诡中人类为求安身立命以落实与乘虚两面智慧所作的具体表现。总而言之,我们通过此基本的精神格局所看到的乃是人之所以为人之理。理是不变的；人的生命诚仪无一不在易道的氤氲变化中,但可变的是气,不是理。不过传统哲学一般只知有事物的普遍之理,而不知有——或忽略了——事物的个体之理。这乃由于传统哲学根本没看到理和气的分别乃根于宜权和仪能之分别。理乃宜之权,气乃仪之能。人之所以为人之理乃是由人(以别于鸟兽等)的独得之宜权来决定的。我之所以为我或你之所以为你,也有其理在,也同样取决于作为你我的存有根据的宜权。人类在他的历史文化生命里所表现之气——包括你我在各自的具体生命里所表现之气——正是顺承此宜权而成事成物之仪能。宜权是理，也是性。"理"乃是就宜权之必然性、权威性和超越性而言的，而"性"则是就宜权之为内在而为人生命之所本有而言的。"生命"者乃是一个以"生"之仪能践履性理中之"命"的过程，这不正是《易传》所谓的"穷理尽性以至于命"的意思吗？

人的生命好比一盘棋，其中有不变和可变的因素。棋盘上的棋子的相对位置和下棋的种种规则都是不变的，这些因素所构成的就是棋的基本格局。一盘棋乃是此不变格局所可能有——所允许有——的一种变化。每一手棋都代表一种姿态——都是一种仪。仪或姿态就其能引起或产生变化的力量来说就是"能"。每一手棋都是一仪能的表现。但仪能乃是顺承宜权而起的。在我未下一手棋之前，我考虑多种不同的下法——这代表情势中未决或不定的宜权。未决的宜权是有伸缩性的，但当一手棋落子之后，这伸缩性也就消失了，情势中不定的性理已经变为此手棋固定不朽的独得之宜。此不朽之宜也是不变的。由是不变中有变，变中有不变；这就是弈之道，也就是人生践理尽性之道。这里"道"乃是合理气而言的，即是合宜权仪能而言的。如此而说"人道"，则上文所谓的"精神生命的基本格局"乃是把人道中普遍的、不变之理抽离出来看。但人道乃是一进行中之棋局。人道中的精神格局乃是在易道变化的不变中有变、变中有不变的宜仪体。这个即体即用（发用中之体是无法和用分开的）的精神格局乃是构成人之所以为人的具体意义，乃是作为人道的核心的"太极灵府"的所在。

为什么称之为"太极灵府"呢?"人为万物之灵"乃因为万物之所以构成一意义世界乃是基于人的意识作用。而这个意义世界正是通过这具体的精神格局而生发的,所以我们称它为人道中之"灵府"。那么"太极"又是什么意思呢?前面说过了,"太极"原指人直立走路的形躯——或"诚(直)曲能明"的人身,也兼指这形躯所依存的场有(自身)或道体。作为人之所以为人的精神格局不是从无中生出来的。它有其无法抹杀的历史性。因为这为人道的具体内容的精神格局——人道中之灵府——原是自远古以来由形躯的直曲仪能(人身太极的两仪)支撑起来的。人身在场有中顶天立地般与道体相对——这是灵府所得以建立的"灵枢"或"道枢"。在泰古哲学的语言里"道""道枢"和"太极"指的原是同样的东西——顶天立地的人体、意义世界开显所本的"根身"。根身的语言乃是人类对自身最原始的反省语言。当这些语词后来也用来指顶天立地的人体或根身所依存的场有自身时,哲学和宗教思想也就同时诞生了。

在人类历史文化发展的漫长岁月里,人道的灵府——意义世界开显所必由的精神格局——究竟是怎样通过顶天立地的根身建立起来的呢?这个大问题当然不是三言两语就可以解答的,而它也不是本章的直接用心所在。但我们必须把它提出来好让读者了解我们思考的背景和方向。我们在本章直接关注的乃是场有哲学的时代意义——包括周易哲学与怀德海哲学的时代意义。"时代意义"乃是一场性问题。一种哲学思想的场性乃是此哲学思想与其他(同时或不同时)的哲学思想的相对相关性。哲学思想乃是人类精神文明的核心所在,但离开人类历史文化的发展也就无精神文明可言。所以哲学思想的场性不能离开历史文化来讲——不能离开意义世界的开显和它所通过的精神格局来讲。哲学思想的相对相关性最后分析起来也就是人道灵府所蕴含的场性。由于所有哲学思想都是在同一的精神格局里孕育出来的,任何哲学思想与任何其他哲学思想都有其内在的关联。这个"内在的关联"乃是哲学思想间直贯、旁贯与旁通之所以可能的场有根据。哲学史只不过是一部哲学思想直贯、旁贯与旁通的发展史罢了。

六、哲学思想的直贯、旁贯与旁通：精神生命的落实与乘虚

什么叫作"直贯""旁贯"与"旁通"呢？这里"贯"和"通"都是沟通的意思。两种思想的互相沟通我们统称为"贯通"。不过"贯"和"通"是有分别的。我们以"贯"字来指称同型思想间的沟通,以"通"字来称谓不同型思想间的沟通。在同一文化传统内同型思想间的沟通我们名之为"直贯",两个隶属于不同文化传统的同型思想间的沟通则名之为"旁贯"。不同型思想间的沟通,不论文化背景如何,我们统称为"通"或"旁通"。两种同型的思想由于文化背景的不同必有其相异之处,故旁贯的关系也必然同时是旁通的关系。另一方面,在同一文化传统内两种不同型的思想由于文化背景相同,则其旁通的关系里也必含有直贯的关系。由是在同一或不同文化传统内思想间的沟通可归纳为下列的四大类：

直　　贯——同一文化传统内同型思想间的沟通
　　直贯旁通——同一文化传统内不同型思想间的沟通
　　旁贯旁通——不同文化传统内同型思想间的沟通
　　旁　　通——不同文化传统内不同型思想间的沟通

　　思想间的沟通——哲学思想间的沟通——就是这么错综复杂的事。所有哲学思想都是从相同的精神格局里衍变出来的。哲学思想间之所以有沟通的可能乃是由于它们在这基本的精神格局里的内在关联。哲学思想的沟通也就是哲学智慧的沟通，也就是精神生命的沟通。哲学思想沟通的脉络也就是曼陀丹道的脉络，亦即是道智在人类精神生命的命脉、意义世界的轨路。哲学史不过是一部曼陀丹道的贯通史罢了。

　　在中国的文化传统里，原始儒家和宋明理学之间的关系无疑是一个直贯的关系。宋明理学乃是直承原始儒家感一如实的哲学智慧和同融中道的生命精神发展出来的。至于原始儒家和原始道家、杨朱、墨家或法家的关系则是一个直贯旁通的关系。"直贯"因为和儒家一样，杨、墨、道、法诸家都是在中国文化有隔有融的同融心态里成长的。不同的是，在同融中道的文化精神里，道家精神偏向于同独，而杨、墨、法三家则偏向于异隔——如是此中也有一旁通的关系。在意识心的三大倾向间存在着一个非常复杂微妙的辩证关系，这辩证关系正是异隔、同独与同融三大心态间沟通的基础或根据。在中国文化和哲学传统里，这三大心态间的沟通正是宋明理学的大业。当然，其中还有佛家的因素。佛家哲学思想和中国传统哲学思想的沟通，乃是通过道家的媒介——通过道佛间旁贯旁通的关系。道家的哲学智慧和儒家的不同，在中国传统感一如实的文化精神里，儒家哲学的重点在"如实"，而道家哲学的重点则是在"感一"。我们可以说儒家的精神乃是同融中道文化里"同融周偏"的感一如实，而道家的精神则是同融中道文化里"同独周偏"的感实如一。那么佛家呢？它原是属于古印度感同成独的文化传统的。在印度的文化传统里，同独的精神是正统，同融的精神是异端；而佛家哲学思想正代表这同独文化里的同融中道。这和道家哲学之为同融文化里之同独精神正好相反。不过这两者之相反正好是它们相成的条件。在中国传统文化轻易落实的土壤里，道家精神代表的"同融中之同独"和佛家所代表的"同独中之同融"早就在巧妙的结合下开花结果了。

"落实"中的"实"字指的乃是人的现实生活和通过现实生活而生发的实存体验或感受。"落实"和"乘虚"乃是创造性的两个具体的环节。这里我们可以有两个不同层面的说法：一是从存有论的观点来讲，从创造权能的立场来讲；另一则是从人的立场来讲、从心性论的观点来讲。这两个层面的基本意义我们在上面已经略为讨论过了。我们还指出落实和乘虚两种智慧在中国文化发展里所特有的胜义。由于这两个观念对文化和思想如何沟通这个大课题的研究实在太重要了，我们实在有对前面的讨论作适当补充的必要。

让我们回到"虚"的观念上来吧。"虚"就是事物的涵虚性。这本来是一个场有的观念。事物之虚或涵虚性最后分析起来乃是属于道体的、属于场有自身或创造权能的。当然我们也可以就人的精神生命而言虚。但人的精神生命或心性中之虚乃是创造权能通过意识心的作用而开显的涵虚性。所以必须先从存有论和宇宙论的观点来言虚。场有的涵虚性究竟是怎样来的？它乃是从事物的"缘会对比"（也就是怀德海所谓的contrast）而来的。对比生虚——此乃创造历程得以连绵不断的先决条件。因为没有由对比所生的虚也就不会有活动。一切活动都是创造权能缘实生虚、乘虚化实的诚仪。创造权能的涵虚性原本都是由现实（已成的事物）在场有缘会的对比下产生的，所以称之为"缘实"。现实与现实的缘会对比可以生虚，现实与虚的缘会对比也可以生虚，虚与虚的缘会对比当然更可以生虚。如是实实虚虚、虚虚实实，在每一物事的创造历程里都笼罩着一个由场有的缘会对比所编织成的"虚机茧网"。"虚机"就是由事物的涵虚性所缘生的机缘、机会、契机或生机，包括一切可有而未有的可能性。在一事物的发展过程中所缘起的虚机乃是创造主体茧心独运的裁化对象——故称之为"虚机茧网"。一事物的成事成物的发展乃是创造主体"虚机了断"的历程。虚机了断就是乘虚（也是"承机"）化实。所以从存有论或宇宙论的立场来看，落实与乘虚只不过是一事——生生之事——之两面，不过是创造性的两个具体环节。现实世界乃是由过去事物的涵虚性之了断与落实而来的，但过去涵虚性之落实正是继起事物涵虚性缘起之根源。这个由实而虚的环节我们称之为"缘实生虚"。当下创造性的发挥则是一个由虚而实或"乘虚化实"的历程。但乘虚化实的结果正是当下创造性之落实。落实所以生虚,乘虚因以化实。如是由实而虚又由虚而实,事物的创造乃是一个虚实相生、循环不已的生生历程,一个创造性"诚仪隐机"的历程。"诚仪"和"隐机"两个观念乃是扣紧着创造权能的主体性而取义的。主体的诚仪就是创造性的乘虚化实,主体的隐机就是创造性的缘实生虚。在怀德海的宇宙论里,诚仪和隐机的分别相当于主体和超主体的分别。"超主体"代表什么呢?它代表的乃是创造主体虚机了断时所确立的"绝对性"。沿用我们春蚕作茧的隐喻语言来讲,则主体好比正在吐丝作茧的春蚕,而超主体则好比茧蛹初成即将化为飞蛾的阶段。创造性虚机了断的当下也就是主体诚仪的独得之宜的永恒确立。这"独得之宜的永恒确立"乃是事物在场有相对相关性里所可能有的绝对性。主体诚仪的绝对性本由场有的相对相关性而来,也不可避免地回到场有的相对相关性而去。就好像蚕蛹在变成飞蛾后,整个吐丝作茧的生命历程也就以不朽过去的身份隐入飞蛾的继起生命里而为其主体诚仪裁化的对象一样。所以,"超主体"这一观念所代表的其实是事物生生不已的历程中创造权能不断乘虚化实的转折点,也就是周敦颐《太极图说》里所谓的"一动一静互为其根"中之"静"。换句话说,易道生生不已中的静相就是创造性的隐机或缘实生虚,也同时是事物在成事成物后独得之宜的永恒确立。在《周易》和怀德海的哲学里,"生命"的普遍义乃是兼创造性的动静两相或诚仪隐机两环节而言的。主体生命(创造性的诚仪或动相)只不过是宇宙生命大流的一个环节而已。

当然,对一个活着的个人来说,宇宙的创造性只有从主体生命的立场来看才有意义。其实,一个人的生命并不是一个单纯的主体生命[怀德海所谓的"现实存有"(actual entities)]而是一个在生死之间所呈现的一截生命之流[怀德海所谓的"社会蕴集"(social nexus)]。我们对创造性的认知正是从我们对自我个体中生命之流里的诚仪隐机的体验而来的。我们所能了解的创造性乃是我们个体生命之流中缘实生虚、乘虚化实的创造性。而离开了我们依身起念、依念作茧的生命活动,也就没有人的主体性可言。人的主体生命究竟在哪里呢?就在他的生命活动里——在构成他的主体性的感通裁化活动里。人生不过是一个虚机了断的过程。一个人的生命格局一方面取决于在生命环境里缘生的虚机茧网,另一方面则取决于这个人对其生命里的虚机所表现的主体诚仪——了断虚机所表现的形上姿态和根植于此姿态上的感通裁化活动。在西方传统形而上学里,这个把生命主体等同于生命活动的观念是很难被接受的。自亚里士多德以来,西方哲学一直受到由希腊文法主词观念的暗示所生的实体思想的支配。文法上主词和谓词的划分转变为形而上学里实体与属性的划分和知识论里主体与客体的对立。西方哲学家每每离属性而言实体、离客体而言主体,结果必然是离场有而言场有。以人为例,西方哲学家习惯于把人从他的生命环境中抽离出来、从他在其独特的生命环境里的生命活动——包括一切思想和行动——里抽离出来。因此最后必然把人化约为一抽象的存在——一个空洞的、不可知的实体或一个孤立的、寡头的主体。其实离开了一个人的具体行动,哪里还有行动者?离开了一个人的具体思维,哪里还会有思想者？离开人的场性——人与宇宙其他事物的相对相关性，哪里还会有人的存在？离开了客体，又何来主体呢？在某一义上来说，在我们生命环境里缘生的虚机固然可以视之为客体，因为它们乃是我们生命活动的感通裁化的对象。但在另一义上来看，我和我所了断的虚机是无法分开的。我之所以为我正由于我有此生命环境，有此为我而缘生的虚机茧网。说得更明确一点，我生命中之虚机不只是为我而生的，更是"依"我而生的。我生命中的虚机已经有我在里面——已经是我了！

（本文原为《周易与怀德海之间：场有哲学序论》第二章）

第三章　仁性关怀与匠心匠识

一、感识、知识和觉识：知性缘起与加工观念

哲学系统乃是理性架构、理性生命的观念化。通过原始儒家关怀型的观念体系我们所看到的乃是一个以仁性的冲动为根源的理性架构和一个由责任感撑立的理性生命。其实何止原始儒家如此，道、法、墨、阴阳诸家的哲学体系在骨子里都是关怀型的。我们还可以更进一步说整个中国哲学传统——应该说整个中国文化传统——都是关怀型的。这当然不是说在中国人的传统文化里完全没有由知性的冲动而来的因素、完全没有针对神秘感而生发的理性成分；不过，和古代希腊文化和传统印度文化比较起来，传统中国文化实在太缺乏神秘感了。

为了避免引起读者不必要的误解,我们应该立即指出知性和知识的不同,知性也和智或智慧的意义有别。人类对知识的追求无疑是普遍的。但对知识的追求可以有不同的出发点、不同的动机和心性的根源。中国人对知识的追求并不是如古希腊人一般出于好奇心——由于知性冲动所本的惊异或神秘感——而是出于仁性的关怀和责任感或道德良心的要求。不过无论追求知识的动机为何,所有知识都是问题心理性生命的产物、都受到曼陀罗智方中求圆作用的支配。只是由于意识心态的不同,由道智的作用所成就的知识系统也就有不同的意义了。譬如在关怀体系的文化传统里,知识的意义是必须通过人的主体仁性而建立的,这和惊异型知识系统偏重知识之客观性就有根本上的差异。儒家哲学总喜从成人成物、利用厚生的立场来论知识、来赋予知识的意义和价值;而"成人成物、利用厚生"乃是一主体的愿望,基于人本具的仁性关怀的主体性。如是为知识所对之客观对象——被知被识的人或物——自身倒反而成为次要的了。

为什么惊异型的知识系统偏重知识的客观性呢?这个问题的关键就在知性作用自身。知性作用的本质是什么乃是心性论的一个核心问题。关怀型的理性生命与惊异型的理性生命之间的内在关联就在这核心问题之解答上。那么什么叫作"知性"呢?知性作用因何而生呢?它的本质究竟是什么呢?这些问题的解答可以一言以蔽之:"知性"就是意识作用的有执性。知性作用乃是从意识心对有的执着而来的:有执就是知性的本质。人的意识心乃是由"感意识""知意识"和"觉意识"——或简称"感识""知识"和"觉识"——三种基本心识作用组成的意识体。感识是无执的,觉识也是无执的(因为觉识的本质正在有执的自觉与超越),知识(知意识)乃是意识心在无执的感识和觉识间的执着形态,所以我们也可称知识为"有识"。"有识"就是识其为有的意思。"识其为有"乃是一切有执或执着的开始。我们所谓的知性作用指的就是意识心所生发的有识作用。有识生起于感识而入灭于觉识,这是知性缘起的意识历程。有识的生起与入灭所凭借的乃是贯彻整个意识历程的"意识作用",这就是"意识"一词里"意"字的含义了。"意"或意识乃是感识转化而为有识的关键,也是有识入灭于觉识的关键。感识乃是一种无执的心态,它只是一种感其所感罢了。我们五官的感觉作用初起时乃是以感识的心态而呈现的。见红而感其红,闻香而感其香,就其所感而感乃是一种如如无执的心态,但当我们感红闻香而识其为一物(如玫瑰花)所有之红与香时,则意识心已经由一无执的心态转化而为一有执的心态,感识已经由知性作用转变为知识(有识)了。

感识是如何转化成有识、知识的呢? 这是知识论的中心问题。西方传统的知识论在这中心问题上走的基本上是一个材性分析的路子,这和传统西方哲学的形而上学偏于把宇宙视为一材性的宇宙并无两样。在知性缘起的问题上,材性的分析就是意识心认知作用功能的分析。西方哲学家对认识心的分析就好像生理学家对人体的解剖一样。认识心之有感觉、记忆、想象、理解等认知功能就好比人体之有五脏六腑。不过西方的认识论者并不把认识心视为一有机体而只是机械地把知性活动视为一感觉或经验与料(sense data)的"加工"历程。这里所谓"加工"指的乃是感觉与料的观念化、范畴化。即使康德的超越分析哲学也摆脱不了这种感觉与料观念化加工的思想模式。所不同者,在康德的认识论里,加工所需的观念或范畴乃是内在于意识作用的,为认识心的理解功能所本有的,而非如经验与料之来自心外的世界。近代西方哲学自笛卡儿开始就有把意识心孤立起来看的趋势,这个趋势到了康德可以说是发展到了极点。康德的认识心简直好比一座几乎完全内外隔绝、上下不通的"知识加工厂"。加工的原料是外来的,但我们无法知道是谁送来的、是怎样送来的。加工厂内永远具备了一切加工所需的工具或设备和加工历程所必须遵守的方案,但我们无法得知工厂的主人是谁、为什么有这样一套的加工程序。此乃因为在康德的超越哲学里认识心乃是和物自身隔绝的啊!

我们在这里用加工这一观念来作比喻实在没有把康德和近代西方哲学庸俗化的意思。康德哲学的胜义当然不是"加工"两个字可以概括得了的,但我们又不得不承认康德的认识论的确有知识为感觉经验的加工厂之基本含义。对康德来说,感觉经验(我们所谓的感识)本身是没有意义的,意义乃是意识心知性活动的产物,知性缘起也就是意义缘起。而感觉经验的加工或感识之借观念化而成知识乃是一"综合的活动"(synthetic activity)。"综合的活动"这一观念乃是康德整个超越分析哲学的基石,康德就是在这观念上建立人的"超越我"(transcendental ego)或"超越主体性"(transcendental subjectivity)的。什么叫作"综合的活动"呢？简单地说，它是一种组织的、建构的活动———一种赋予事物存有形式或意义架构的活动。这个观念对康德以后的近代及 20 世纪的西方哲学家曾有过非常重大深远的影响。黑格尔哲学的"绝对精神"只不过是康德超越主体观念之绝对化。胡塞尔根据意识心的"意指性"（intentionality）而建立的超越我乃是意识心意义建构的主体，这个观念乃是康德超越我这一观念之明朗化。即使在怀德海的机体哲学里我们仍可以看得到康德哲学的影响。怀德海的现实存有正是一个通过对与料的裁化活动而建立自己、成就自己的综合活动主体。不过怀德海的主体观念与康德和胡塞尔的主体观念有两个非常重要的差别。怀德海的主体不是与客体（与料）对立的主体，而是依客体的现实世界而缘生的主体；构成此主体的主体性的综合活动不是一个囿于一孤立意识心的综合活动，而是一场有的综合活动。换句话说，怀德海的主体乃是一场有的主体，而非意识心的主体。场有的综合当然包括意识心的综合，因为所谓意识心的综合只不过是场有综合在意识层次的综合作用罢了。离开了场有的观念，我们就不可避免地忽略了材实蕴结在知性缘起中的重要性，当然更无可能了解知性作用在生生有有的性相宜仪中所当有的含义。

现在让我们回到"加工"这个有趣的观念吧。如果我们把这个名词一般限于工业制品的定义稍为扩充一下，我们就会发现它实在可以有一个很简单却又关涉极广的含义。"加工"就是加以人工——指的是在已成的价值较低的产品或零件上加以人工的改良或组合使其成价值更高的产品的意思。其实凡是用人为的力量,利用已成的与料或数据去制成或造成产品、物品或物事都可以说是一个加工的过程。换句话说,广义的"加工"就是加功——加上人为的功力。人类的文化不是人对自然加工或加功的结果吗?人之所以为人乃由于他能实现文明生活的价值——这不是一般人的想法吗?文明的价值高于自然的价值,文明人的价值高于自然人的价值——除了道家或西方的自然主义者外,这当是人类的一个至为普遍的共识。如此说来,人类的发展史——人类文化和思想的发展史——只不过是一部从自然到文明的加工史罢了!这就难怪在世界诸大文明的哲学史上我们都可看得到加工的观念是如何或明或暗、或正或反地支配着人类的思想了。

二、混沌与秩序:工艺创制的思想模式与希腊哲学

在希腊的哲学传统里,加工观念乃是通过"工艺制作或艺术创作"的思想模式而出现的。古希腊哲学家都有把人生、社会或甚至整个宇宙视为一艺术创作的倾向。在古希腊人的思想里,美和善是分不开的:善就是美,美就是善,故在希腊语中美善常是连言的,这是因为艺术的创作就是美善价值的实现。但他们所谓的美善究竟有什么内容呢?我们可以说,美善就是材性知能的完满表现。希腊人基本上是从材性知能的观点来看宇宙人生,而不是从仁性的观点来看宇宙人生的;古希腊哲学家都有把仁性材知化的倾向。希腊文化里的理想人物不是充满着关怀和责任感而义无反顾的仁者——中国人理想中的圣贤,而是在材性本能和知性冲动的驱使下而一往无前以求满足其自身的权利欲的天才、英雄

或智者。柏拉图《理想国》中所描述的 philosopher-king（哲王）即是希腊人理想人格之净化和纯智化。柏拉图的 philosopher-king 对人类所肩负的责任并非由于人性中自动自发的仁性关怀，而是法律强制的结果。从中国的哲学观点看来，这乃是一件不可理解的事。

工艺制作或艺术创作的思想模式可以分为两个不同的层面来了解。工艺制作不能离开艺术理想或美善价值投企的想象，但也不能离开实现美善价值所凭借的与料、工具和技巧。作为一艺术创作历程中之核心的创造者必须同时为艺匠（艺术家）和工匠。所以艺术创作的思想模式可以视为两种关联密切却又迥然有别的思想或意识形态的结合——艺术（艺匠）或技工（工匠）思想或意识的结合。在希腊的哲学史上我们可以看得到这两种思想形态互相争胜的局面。譬如早期的前苏格拉底学显然受到技工思想的支配（前苏格拉底的自然哲学思想把宇宙看成一纯粹的材质宇宙），但在希腊哲学后期，柏拉图的理想主义哲学则无疑是以艺术意识为其骨干的。其实，这两种思想形态的争衡简直控制了整个西方哲学传统。近代西方哲学中的理想主义在骨子里仍然是一种艺术的思想形态，至于近代西方哲学唯物主义、科学主义和实证主义则又是承技工意识而来的。

把人生当作一件艺术品、把生命的过程视为一艺术创造的历程——在这种思想模式里人是怎样看他自己的呢？如上所言，艺术创作基本上乃是在某一材质基础上整合加工的活动。一个雕刻家用刻刀在一大理石上加工雕刻而成一雄伟的宙斯神像——

这是艺术创作的典型例子，也是亚里士多德惯用的例子。在这个艺术创作的活动过程中，作为材料的大理石和作为工具的刻刀都是被动的因素，只有雕刻家才是主动的因素。被动与主动因素的关系乃是被加工者与加工者的关系。但是雕刻家之所以成为主动者乃是受了美善理想的驱使、为了美善价值的实现——这就是亚里士多德"四基因"里的目的因了。在柏拉图和亚里士多德的因果观念里，目的因和形式因乃是密切关联的。艺术创作的目的乃是理想的美善价值的实现，但理想的美善价值正在材料加工以后所获得的新形式上。在我们上面这个例子里，大理石与完成的艺术品之间的差别就在原来那块大理石所无的宙斯神像。加工过程所增加的价值就在这神像的形式上。由是艺术创作在某一义上来说乃是一"无中生有"的历程。但这个"无"不是绝对的"无"，而只是相对的"无"。作为加工对象的大理石之所以为"无"乃是相对于成像后所获得的形式之"有"而言的。而宙斯神像的形式在大理石像未雕成之前早就以潜能的方式存在于现实世界里——存在于这历程的因素中了。

相对的无就是"混沌"(chaos)。不论在中国或在古希腊的神话和哲学思想里，"混沌"一词指的原是未经人为加工的自然。在希腊语里，chaos 乃是 kosmos 之反。kosmos 的原意是秩序，因此 chaos 就是秩序的缺乏——秩序形式的缺乏。这里秩序指的原是文明的秩序。柏拉图宇宙论里的"混沌"(chaos)和亚里士多德形而上学里的"原质"(prime matter)不过是这原始混沌观念的绝对化、形上化。绝对化的混沌就是把宇宙间一切秩序或形式

（文明秩序和自然秩序）抽离后的本体混沌。在柏拉图的宇宙论里，这本体混沌乃是供给创造神（Demiurge）创造世界的基本材料。柏拉图的创造神正是一至工至巧的艺匠。本体混沌与创造神的关系正好比大理石与雕刻家的关系。柏拉图的宇宙论本来就是依工艺创制的思想模式而建构的。而工艺创制的过程只不过是一个从 chaos 到 kosmos——从形式和秩序欠缺的原质到美善价值实现——的加工过程罢了。

现在我们应该了解为什么在希腊哲学传统里——尤其是在柏拉图、亚里士多德的哲学传统里——"无"和"恶"的观念都是从"缺乏"一观念取义的了。"无"乃是"有"的缺乏，"恶"乃是美善价值的缺乏，而这里所谓"有"正是美善所在的形式和秩序。有与无、美善与丑恶的对比原是从文明与自然的对比而来的——也就是说，从工艺制作或艺术创作的思想模式而来的。文明与自然的对比不一定在工艺创制的思想模式里才有意义，它也可以来源于"人伦社会"的思想模式——中国古代哲人所趋向的思想模式。但文明与自然的对比之成为一强烈的对立则显然是前一思想模式的特点。用尼采的语言来说，文明与自然的对立就是阿波罗神与狄奥尼索斯神的对立。这两种精神心态的对抗与结合，根据尼采的说法，也就是希腊文化悲剧意识的来源。关于古希腊人的精神文化是如何彻底地通过工艺制作或艺术创作的思想模式而被笼罩在阿波罗与狄奥尼索斯抗衡的心态之下，这一事实大概没有人比尼采了解得更深刻了。尼采本人的哲学不正是在艺术创作的思想模式里建立起来的吗？

希腊哲学家常常站在工匠、艺匠的立场说话，正如中国古代哲人每从家长、族长的观点来看事物一样。部分哲学家把一切哲学思想归约为唯物主义与唯心主义之争，这实在是一个既笼统而又不正确的看法。唯心唯物之争本是西方文化的产物。不过，即使把它用来描述西方哲学思想的发展也是极不妥当的。真正主宰着西方哲学传统的不是唯心与唯物之争，而是艺术意识与工匠意识之争。而这个说法也只能在西方文化之就希腊传统的传承上说。西方文化和哲学里还有希伯来基督教传统的精神因素在内，这可是另外一回事了。

艺匠与工匠的态度不同。艺匠是偏向理想价值的，所以他对他所凭借的材料和所用的工具常采取一种敌对和不耐烦的态度。尤其是在"眼高手低"或"力不从心"的情况下，这种敌对和不安的情绪就会更为明显。所以，凡是富于想象力和理想性的艺术家对现实世界常不免有不完满、不完善的感觉，因为和他所向往的理想世界相比较，现实世界实在太缺乏美善的价值了。柏拉图所谓的真实世界——以真、善、美合体的理想为内容的永恒世界——乃是艺匠意识在追求完满完善的理想价值下投企而成的。工匠的态度就很不相同了。他虽然没有艺匠所富有的对理想价值的想象力，但他却具有艺匠所应有却有可能欠缺的质量，即他对他所用的材料和工具和实际供给他一切的现实世界有相当程度的尊重。由于他对他所凭借的材料有充分的了解，他的理想价值乃是从他对材具的了解而来的。当然，一个工匠的制品如果没有艺术家的修养和想象力就不可能有艺术的价值。同样，一个艺术家如果没有工匠的材知又如何能有所成呢？真正的艺术家必然是工匠与艺匠的合一，真正的艺术精神无不建立在工匠意识与艺匠意识的相辅相成上。

把柏拉图和亚里士多德的哲学思想作一比较，则前者无疑为艺匠意识所主宰，而后者则明显地富于工匠意识。这在两者对质料(matter)与形式(form)关系之处理上就可以很清楚地看出来。亚里士多德并不跟随他的老师把事物形式的来源推向一个超越的世界；事物形式的来源就在现存的事物里——在现实世界的材具里。不过尽管亚里士多德在具体世界里摄形式于质料，他在他形而上学的终极基础上仍脱离不了柏拉图的影响。在亚里士多德的本体论里，具体世界乃是原质与神亦即纯粹形式，第一因或不动因之间的存在。而原质与纯粹形式或神的关系正是混沌之无与秩序之有的两极关系——柏拉图宇宙论中 *chaos* 与 *demiurge*（匠神）加上 form of the good（绝对美善）的关系。如是形式秩序的根源又变为超越的了。

其实在柏拉图的思想里又何尝找不到工匠意识的成分。在他那有名的 *Timaeus*（《蒂迈欧篇》）对话录里所建构的宇宙论简直可以视为工技艺术思想模式里所作的艺匠意识与工匠意识统合的尝试。柏拉图以 *nous* 或 reason（理性）与 *ananke* 或 necessity（命限）为控制整个具体宇宙的两大力量——分别源于创造神和混沌的两大力量。用较浅显的语言来讲，necessity 指的乃是材质本身所具有的可雕塑性，亦即是材质在塑造过程中对雕塑活动所起的限制——所以我们把它翻译为"命限"。在希腊思想里，

necessity(ananke)与 fate(moira)或命运的观念是相通的。古希腊人讲的"命"或"命运"正是从材质的观点出发的。柏拉图以 reason 与 necessity 对抗乃是以创造理性与命限对抗。用我们熟识的例子,则我们可以说 necessity 指大理石所给予雕刻家的限制,而 reason 则代表雕刻家运刀雕刻时所投企的艺术理想和所表现的创作技巧和能力。柏拉图有趣地强调创造神对冥顽不灵的混沌所施展的不是强暴(coercion)而是理性的劝导(rational persuasion),就好比雕刻家在大理石上运刀雕刻时必须仔细地随顺其固有的纹理才能成就其可有的美善价值一样。这不正表现了一种工匠对其材具所应有的尊重态度吗?

三、工艺匠意识的理性架构:逻辑秩序与简别个体性

我们在前面说过了,希腊哲学家在通过工艺创制的思想模式而作哲学思考时都是站在工/艺匠或创制者的立场来说话的。工/艺匠、基本材料和主要工具三者之间的关系乃是所有工艺创制系统的核心所在。用主客关系的语言来讲,则工/艺匠是主,基本材料是客,主要工具是介于主客之间的沟通桥梁。工具其实也是客,但它是熟稔的客人、是可以代表主人身份的客人。工/艺匠对他所熟稔的工具通常都有一份亲和感,但对他所要处理的材料却每每是生疏的,甚至有敌对的感觉。譬如在我们的例子里,雕刻家和他的刻刀的关系当然要比他和所刻的大理石的关系近多了。

我们在这里从工/艺匠的心理层面来描述工艺创制系统的核心结构为的是要通过这种思想模式来对希腊哲学——甚至整个

西方哲学——传统有一个更深刻的了解。我们在上面讨论柏拉图的宇宙论时以大理石代表混沌、雕刻匠代表创造神、雕刻匠在运刀操作时所投企的艺术理想和所表现的创作技巧和能力代表创造神创造宇宙时所运用的理性。当然,我们不能忘了雕刻匠所用的那把刻刀——他的主要工具。它又究竟代表什么呢？

它代表理智(intellect)——为理性所运用的理智。理性和理智是有别的。我们在前面曾以理想、理智与理念之统合而言理性。这三者的统合本身也是一种权能的表现。说得更确切一点,理性乃是运用理智、通过理念来追求理想的生命权能。理智正是理性的工具。在西方的哲学和文化传统里,理性的主要工具就是逻辑——形式逻辑。形式逻辑就是西方理性所运用的工具——具体化了的理智工具。在亚里士多德的著作里那部讨论形式逻辑的书不正是以"工具"(*organon*)命名的吗？

形式逻辑就是赋予事物以形式的工具。柏拉图的创造神的雕刻刀乃是赋予本体混沌以宇宙[*kosmos*(秩序)]形式的工具。本体混沌乃是一个本身无任何形式却又可摄受任何形式的 receptacle（收受体）。这个观念之源自希腊神话可见于与荷马齐名的希腊史诗人希西奥特(Hesiod)的名作《神统记》(*Theogony*)——中的混沌思想。神话里的混沌就是自然——《道德经》所谓的"无名之朴"。在人类文明里所呈现的自然已经不是无名之朴,而是一个有名——有意义或意义化了——的宇宙(*kosmos*)。混沌的自然或无名之朴是怎样变得有名或意义化了的呢？很明显,那是通过语言的辨识作用。在人类社会发展的混沌之初,理性的理智工具不是形式逻辑而是语言。换句话说,语言乃是理性的原始工具——克服混沌自然以使之意义化、文明化、明朗化的工具。无名之朴本身是无意义的,所以是晦、是暗;文明的宇宙由于意义的开显所以是明、是显。"逻辑"(logic)一词的原文指的正是这个由晦暗转为明朗的意义开显历程。所以 *logos* 与 *aletheia*——语言运用与意义开显——乃一事之两面,这一点海德格尔早就指出来了。据海德格尔的说法,这一事之两面之"一事"就是"存有"(being/Sein)。不过海德格尔离开了工艺创制的思想模式而论存有——离开了自然与文明的对立语言和加工语言而论存有,就难免把存有这一观念不必要地神秘化了。

形式逻辑乃是从语言中蜕变出来的理智工具。语言所开显的只是一个意义的世界,而不一定是一个服从逻辑秩序的世界。但希腊哲人都有把意义世界等同于逻辑秩序的倾向。形式逻辑的发展无疑地受到希腊语法、文法结构的影响,但我们实在不能说那是唯一的影响。希腊哲人对逻辑秩序的注重与向往乃是希腊文化心态的一个主要部分。而决定这心态的固然有语言的因素,但也有如地理环境、经济组织、社会结构、政治组织、生活习惯、历史背景等非语言的因素。总之,希腊人对逻辑秩序的倾向应该说是来自希腊文化的特有场性,乃是由希腊人历史文化生命里的材实架构所决定的。形式逻辑乃是此材实架构里意识心在问题化的驱使下所生成的产物。

通过逻辑秩序来安立个体性于虚无上——这是不安而求安的问题心在希腊——西方——的文化生命里所开出的理性架构。

逻辑秩序、个体性、虚无三者之间的关系乃是此问题心、问题性的核心所在。在希腊、西方的文化传统里的所有哲学问题最后分析起来基本上只有一个——那就是人与虚无的对立。人与虚无的对立原本是文明人与混沌自然的对立。混沌自然之所以为虚无乃因为其缺乏文明人的美善价值。文明的美善乃是人在混沌自然上人为加工的成果。由于希腊人主要是通过工艺创制的思想模式来看宇宙人生，希腊文化所开出的理性结构就不可避免地注重个体性与逻辑秩序。个体性乃是理性生命的目的，逻辑秩序乃是理性生命得以成就个体性的基本条件。希腊人所向往的正是在逻辑理性的基础上建立的个体性文明。

什么叫作"个体性"呢？个体性和逻辑秩序究竟有什么关联呢？把个体性和逻辑秩序连在一起好像是一件矛盾的事儿。个体性不是一物事的与众不同的性格吗？而逻辑秩序乃是事物的普遍的形式秩序——甚或是纯形式的秩序。换句话说，逻辑秩序正是对个体性的抹杀。它们又怎能同为构成理性生命的因素呢？

是的，在希腊、西方文化生命的理性架构里的确存在着这样的矛盾关系。这矛盾关系随着该理性架构在西方历史文化里的扩展与深入而变得愈加尖锐与明显。但这里所谓"矛盾"不管如何广泛与深刻，毕竟只是浮于表面的现象而没有本质的意义。一切事物在本质上是无矛盾可言的，因为有矛盾就不能共存了。在本质上个体性与逻辑秩序不仅是非矛盾的，而且简直是一体之两面。原本逻辑秩序就是依个体的个体性而有的，逻辑秩序正是个体的个体性的秩序。没有个体，哪里还有逻辑秩序？不过我们必须立即指出这里所谓的个体性指的乃是一事物的独立或可与其他事物分离、分别的性格。在西方的哲学传统里,"逻辑"的意义正建立在事物的独立可分的性格上。甲是甲,乙是乙;如甲即是乙,乙即是甲,这样甲乙就不是可分的个体了。传统形式逻辑所谓的"三大定律"不正是要在这独立可分的个体性上为思想设限吗?但事物除了独立可分的性格外,还有与其他事物相关联的性格。严格来说,这也是个体性的一面,因为这也是个体必有的性格啊!形式逻辑并非没有顾到这一面,但能为形式逻辑所允许的乃是事物之外在关联性,而非事物之内在关联性——一事物与其他事物内在相通的场性。场性也是个体性的一部分,因为所有个体都是场有者,但场性正是一事物的非逻辑的性格、与其独立可分的个体性——我们可称之"简别的个体性"——相反的性格。简别个体性、外在关联性、场性这三者可说是个体性之三义,简别个体性与场性是相反的,而外在关联性乃是介于两者之间的个体性。由希腊、西方文化的理性架构所开出的形式逻辑只顾到事物之间的个体性和外在关联性,却完全忽略了为事物的场有本质的场性。这和西方哲学思想和文化所表现出来的特性不是若合符节吗?

"简别外在"这四个字几乎可以概括整个西方传统哲学与文化的精华。简别外在的思想形态或精神趋向实在贯穿了西方人整个的文化生命。形式逻辑是简别外在的理智工具,逻辑秩序是简别外在的理性架构。以实体观念为中心、为支柱的传统西方形而上学乃是一个简别外在的形而上学系统。德谟克利特(Democritus)的原子论乃是一简别外在的素朴唯物论;在他的自然哲学里原子间的关系和近代西方物理学里质点与质点之间的关系在思想的逻辑形式上是没有什么分别的。受古希腊城邦间简别外在的地理环境和政治结构影响至巨大的西方民主精神乃是一简别外在的民主精神，这和亚当·斯密以来西方经济思想模拟近代物理学的思想模式而构成的简别外在经济系统实有非常密切的关联。那么西方的宗教思想呢？在古希腊的宗教神话思想里，神与神或人与神之间的关系之为简别外在可以毋庸多论；但在基督教的传统里人与神的关系又何尝没有简别外在的倾向？这些表现异隔心态和此心态在文化各层面所呈现的简别性格在西方的传统里可说是俯拾皆是。总而言之，希腊、西方的精神文明乃是一简别外在的精神文明——这大概是毋庸置疑的了。

而简别外在的思想模式，用我们上面具体的隐喻语言来讲，也就是工艺创制的思想模式。简别外在乃是工艺创制思想模式的基本性格。在这种思想模式里，人物（物与物、人与人、人与自己）之间的关系永远是一种分隔疏离的状态。在我们大理石雕像的例子里，雕匠、刻刀与大理石三者之间的关系基本上就是分隔疏离的。三者之分隔疏离乃是由于三者简别个体性所造成之差异。人类意识心的基本作用之一就是对个体性差异的感知。有差异的感知也就有离隔的感知——感异成隔乃是意识心的一大倾向。希腊、西方人受工艺创制简别外在的思想模式所支配乃由于感异成隔的意识心态在西方人的生命里最为突显之故。

西方人不仅在其对自然的态度上感异成隔，就是对他自己也有同样的倾向。当希腊、西方人通过工艺创制的思想模式来看人生时，人的自我疏离或异化就难免在异隔意识的暗示下成为问题心关切的对象了。假如我的一生可以视为一工艺创制历程的话，那么我是我个体生命的工/艺匠，我自己是匠我的基本材料和工具，我当然也是创制出来的工艺品。在我们惯用的例子里，我是雕刻家、是大理石、是刻刀，也是完成的雕像。那么"我"究竟是谁呢？这当然是不容易解答的问题。不过有一点是很明显的，即我是一个有多种身份的我。自我的观念必须建立在不同身份我的关系上。希腊、西方哲学传统里的人论和人性论的确是循着这个方向而走的。基本上，西方传统哲学里的人论和人性论乃是环绕着匠我、材料我和工具我这一组核心观念而发展的。由前文引申，匠我是主，材料我是客，工具我乃是连接主客或匠我和材料我的桥梁。希腊、西方哲学家乃是从主体或匠我的立场来说话、来看宇宙人生的。匠我是加工者，材料我是被加工者——匠我加工的对象。这两者之间的关系是简别外在的——分隔疏离的，甚至是对立的。主体我与客体我的疏离敌对——这对任何一个对西方哲学史有基本认识的人来说，真是太寻常、太熟识了。

客体我——被加工的我——也就是自然我、混沌自然之我。由于混沌自然缺乏文明的美善价值，所以自然我不是真我，而是真我的材料，真我所必须克服的对象。那么真我是谁呢？当然就是那作为我人生自我创制过程中主体的加工我，亦即能运用理智工具以成就文明人的美善价值的理性我或权能。因此在工艺创制思想模式的人论或我观里，人性二分和自然人性之受到敌视和贬抑乃是一定的。柏拉图的人性论就是一个最显著的例子。在他那篇名为 Phaedrus 的对话录里，柏拉图把人的灵魂（心性之所在）比作一由马车的组成分子——御者和黑白两马——构成的有机体。御者代表由理性力量所主宰的真我，而两马则代表人性里非理性的部分——属于自然人性的本能、欲望和激情。两马虽同为自然人性的象征，却分别代表自然人性对理性的顺逆。白马代表自然人性里顺从理性驱使、引导的部分，而黑马则代表自然人性里不受理性约束的倾向。虽然在这个比喻里柏拉图郑重地把御者与两马之间的关系视为一有机体的关系，他的思路仍然是属于工艺创制的模式。代表自然人的黑白两马相当于雕像比喻里的大理石，御者相当于雕刻匠。至于御者所用以驱使马匹的辔勒和长鞭（理性运用的理智工具）就好比雕匠的刻刀。当然，马是活的，大理石是死的。但大理石的纹理材质对雕刻匠而言不是一样有顺逆的作用吗？

　　以非人的马来比拟自然人性里的本能和欲望明显地视自然我与禽兽为同俦。自然我不仅不是真我，他根本就被排拒于人的定义之外。那么作为人的真我的理性主体究竟是从哪里来的呢？他当然不能来自自然人性，就好比雕刻匠绝不是从大理石中走出来的一样。理性与自然的异隔对立观念必然导致二元分立的人性论——把整一的人性分裂为两个截然不同的极端，好像理性和自然分别来自两个不同世界似的。事实上，在柏拉图的哲学里两者的确来自不同的世界；理性我基于永恒的理性世界，而自然我则是生灭于变易的具体宇宙的一分子。理性我的最后根源当然就是为一切理性之元的"绝对美善"，而自然我的最后根源也就是与绝对美善遥遥相对的本体混沌。柏拉图灵魂的观念乃是连接两个世界，中介于永恒与变易、绝对美善与本体混沌之间的存有。灵魂的本质是什么呢？它是一种伸张材性的力量、为一切权利欲所本的力量。这种力量希腊人称之为"爱罗"(eros)。"爱罗"就是爱的意思。但这个"爱"不是仁性的爱，而是材性的爱——生于材知的冲动的爱。在希腊神话里，爱罗神乃是生命权能的材知性的人格化。希西奥特在他《神统记》里以爱罗神为混沌之首可谓一语道破他的本来面目。对希腊人来说，下自凡夫俗子的性爱欲望，上至哲人对真善美的追求无不是爱罗精神的表现。柏拉图两篇对话录——Symposium（《会饮》）和上面所说过的 Phaedrus——同是以爱罗为中心课题而阐释它的普遍性的不朽哲学著作。是的，爱罗精神可以说是希腊精神文明的本质。从希西奥特到柏拉图（包括他的弟子亚里士多德）。古希腊的思想和文化几乎全部在爱罗精神的笼罩之下。

时贤多以为希腊哲学不注重主体性，这是错误的。希腊哲学思想不仅表现出强烈的主体性而且——至少在苏格拉底以后——强调主体性在人的生命里的中枢地位。但希腊哲学所表现、所强调的主体性乃是以爱罗精神为本的主体性，而非以仁性关怀为本的主体性。爱罗精神的主体，说得具体一点，就是工艺匠型的主体、为存有伸张其材知权利的匠心、匠识。雕刻家所要伸张的权利不只是大理石的权利、雕刻刀的权利，更是他自身所具的材性知能的权利。在爱罗神的宇宙里，爱就是权利欲；真善美的价值最后分析起来只不过是权利欲的满足。希腊文化里的理想人物——

英雄、天才和智者——不正是在材性知能之伸张与实现一义上成就其理想人格的吗？

人有材性知能的权利欲乃是人性的一面；爱罗精神的本质就是生命权能的材知性。"权利欲"一语乃是复义词。因为人所有的欲望都源于材知的冲动，"欲"的本质就是生命权能的材知冲动。欲就是材知权利的伸张，材知权利的伸张就是欲。"知"乃是人之材性里最重要、最特殊的部分。前面说过人之材性乃是通过材性之知性作用而起欲的，而知性本身的权利欲乃是最难满足的权利欲。为什么呢？因为欲就是占有——对有的执着。知性以外的权利欲只是对此有或彼有的执着而已，惟知性本身的权利欲在其根源处却是对"有"本身的执着。知性主体（为知性权利欲所支配的匠心、匠识）所要占有的不仅是视觉所能满足的五色、听觉，所能满足的五音、味觉，所能满足的五味——或任何其他感觉意识所能满足的性相，而是整个可以为知性所执的"有有之邦"。海德格尔以"存有"为整个西方哲学的基本课题乃是绝对正确的。存有自身是什么？这是在爱罗主体性支配下的希腊、西方哲学传统所无法避免的问题。

四、生生之流与有有之邦：仁性关怀与匠心匠识

"有有"就是因其"有"而"有之"的意思。"有之"就是对"有"执着时所采取的姿态或所表现的诚仪。那么什么叫作"有"呢？"有"就是一物事从场有的背景和其他物事中突显的个体性——简别外在的个体性。这里"外在"正是外在于背景与其他个体的

意思。外在由于简别，"别"是分别或别异。"简"就是简化，含有抽离和抽象的意思。所有物事都是依场而有的场有者，本质上和其他物事或场有者都有内在的关联，都是不可能离开其场有背景而独立存在的。把一物事视为一可以外在于其场有背景和其他物事的独立个体乃是对此物事的场性的抹杀。因此一物事的简别外在的个体性，亦即是此物事之抽象性。这里"象"指的乃是一物事的场性或物事间的内在关联性。物事之所以为"实"正由于其为一"成象"的过程。"抽象"就是不实，也就是虚无。如是对一物事执着的结果乃是该物事的虚无化——"有之"亦即是"无之"。这正是一切有执的基本性格啊！

从人类经验发展的观点来说，所谓"有"乃是从场有背景站出来而成为感知对象的前景（foreground）——这是"存有"或"存在"一观念的原义。英文 existence 一词源于拉丁文 exsi-stere，乃"ex"（出，外于）与"sistere"（站起来）之组合，正是"站出来"的意思。此乃是泰古人或婴孩在顶天立地般站起来时所得到的原始经验。与"有"相对的"无"或"无有"乃是知性意识缺陷作用的产物。把场有的背景全部抽离了，站出来的物事不就变为空无或无有中之有了吗？其实人根本就没有——也不可能有——"绝对无有"的体验。绝对的无乃是知性作用高度抽象的结果。把有有之邦全体抽离抹杀，剩下来的就是绝对的"无"了。换句话说，"绝对的无"一词的意指对象不是有有之邦的任何一有，而实是知性主体对有有之邦的一种姿态——一种含有虚无暴力和自杀性的形上姿态。知性主体本身也是有有之邦的一分子，把有有之邦全体抽离抹杀不就等于自杀吗？

这种含有虚无暴力的形上姿态乃是爱罗精神的负面作用。在材性知能有执心性的深处存在着一种使人感到难以安身立命的恐惧——一种对人之个体入灭虚无的恐惧。存在主义者称之为"悸栗感"（dread）。这种存有的恐惧悸栗感所反射的正是爱罗知性的有执——对个人的简别个体性的有执。其实知性主体所恐惧排拒的不是什么绝对的无，而是简别个体的生生之流或场有自身的无限背景。为材知权利欲所支配的匠心、匠识由于无法摆脱对简别个体性的有执乃产生对生生之流之恐惧、敌视或遗忘——由排斥无效而生的自欺式的遗忘。这正是"绝对的无"一观念之真正来源。所谓"绝对的无"，换句话，乃是知性主体对自己的自欺和对生生之流或场有的无限背景的无限排拒。海德格尔以西方传统形而上学源于对存有自身的遗忘无疑是甚有见地的。不过海德格尔所谓的"存有自身"指的乃是在人类历史文化里意义开显的历程。这个"存有自身"是有限的，有始也可能是有终的（假如将来人类毁灭，这个历程也就结束了），它不过是生生之流的无限场性里一轻微的波动罢了。但知性主体所欲遗忘而实无法排拒的却是这无限的生生之流自身——道体或场有自身。海德格尔的话，严格来说，只说对了一半，而他所看不到的儒、道、佛三家的哲学里却可以说此乃是昭然若揭的真理。

道家哲学里的"虚"或"虚无"和佛家哲学里的"空"或"空无"都不是"绝对的无"——相应于有执的知性主体的暴力姿态的"无"。道家和佛家哲学里"无"的观念不是源于有执的肯定而是源于有执的否定——简别个体性的否定。不过道佛两家在所执的否定的态度上是有别的。西方人在材知权利欲的支配下总以能在有有之邦里做一显赫的公民为荣,而佛家则以有有之邦为苦地,为污浊之垢土、愚妄之梦乡。比较起来,佛家对有有之邦的敌视要比道家强烈得多了。道家哲学所主张的"返朴归真"与佛家哲学所强调的"去妄归真"并不相同。老子所要回归的"朴"或"真"乃是与文明相对的混沌自然,而佛家所修行欲达到的涅槃彼岸或净土却是一个知性有执绝灭无余的境界。对佛家而言,道家的回归自然乃是不够彻底的。自然界里处处你争我夺、弱肉强食,岂是一个无执的乐土?《道德经》所主张的"绝圣弃知"中的"知"指的乃是文明人的聪明知巧,而不是生命里所有的知性作用。饥饿则知择食,风雨则知趋避——没有这自然的、本能的知性作用,哪里还有生命可言?道家哲学所要保留的正是这自然本能的知性作用——自然人或一切有情本具的、不学而知的知性作用。道家所要摒弃的其实不是"知"而是"学"——文明社会把自然人加工成文明人所依据的基本教育原则。换句话说,道家所要绝弃的乃是文明加工所凭借的知性作用。至于自然人对文明加工的要求是否本身就是自然知性的一部分呢?这是道家从来没有考虑过的问题。

不管是文明的或是自然的,一切知性作用都有对有的执着。离开知性有执也就没有生命。一切有情——生命——都是一主体对客体的裁化活动。但有裁化就有取舍,也就有为取舍所本的知执。而一切知执都是生命权能材性权利的伸张,其本身乃是一不公道的行为。怀德海说得好："生命就是掠夺。"我们每日餐鱼食肉乃是为了伸张我个体——这具躯体——的生命权利，但我个体生命权利的伸张乃是建筑在禽鱼生命权利的牺牲上的。对我自己生命的公道也就是对禽鱼生命的不公道。佛家主张素食乃是因为它不以草木为有情、为生命之故。其实草木岂真是无生命的东西？一草一木的生长不都是有性有情的裁化活动吗？荤食与素食只不过是百步与五十步之差而已。

生命就是不公道：我们都是以对其他生命的不公道来成就一己生命的公道。但其他生命的公道又何尝不也建筑在对我生命的不公道上？如果不公道中也有其公道在。公道中有不公道，不公道中有公道——生命权能正是靠这公道原理来生生不息、来成就其连绵不断的生生之流的。但生命权能是怎样运用公道原理来延续其生生之流的呢？用主体的语言来说，那就是材性里的知执和仁性里的关怀。说得更具体一点，生命权能是通过伸张个体材知权利的匠心、匠识和超越个体权利的仁心、良心的辩证关系来主持公道的。在每一个人的生命里——每一有情的生命里——都可以找到一位"匠人"和一位"仁者"或以仁为本的"监护人"。换句话说，生命的主体不是一个单纯的东西，而是一有双重性格的主宰。新儒家学者不承认匠人的主体性而只承认仁者监护人的主体性乃是因为他们只站在仁性的立场来看生命。从仁者的立场来看生命也就是从生生之流的观点来看生命。仁者与材性——仁者监护人与匠人——的关系正是生生之流与有有之邦的关系。与西方哲学比较，传统中国哲学重仁性而轻材（知）性，这是无可否认的事实。既然重仁轻材当然就有取舍,也就难免有所执着了。儒家哲学固然有执,道家哲学同样执着,而强调"去执"的佛家哲学在某一意义上来说还是有执的。

哲学是不可能无执的。哲学思想所根植的乃是生命诚仪仁知交涉的核心所在,也就是生命权能裁化取舍的关键所在。哲学不可能无执,因为人不可能无执,生命不可能无执。真正无执的不是人,而是道体自身、场有自身。道体本身无执是因为道体乃是一切有执的可能性,一切有情的执着都在道体无执的无限场性里。若哲学思想可以是无执的,那它必须从道体的立场来说。但哲学又怎样能站在道体本身的立场来说话呢?

五、有执与无执:着匠人相与着仁者监护人相

哲学不可能站在道体本身的立场,不是因为哲学家智慧不足,而是因为道体本身无立场可言。有立场的都是在道体里的场有者,而非道体或场有自身。当我们勉强地以道体本身来称述一哲学思想的基本立场时,我们所真正称述的不是道体本身的立场而是一哲学心灵在对道体无限向往中所表现的一种姿态——一种欲与道体本身相合的姿态。不过即使在这超越终极的形上姿态里,不同心态的哲学思想在对道体的体认上仍不可避免地反映出其在仁知交涉中所独有的"偏见"。这是一个材性的宇宙,也是一个仁性的宇宙。道体是一个无限的材性本体,也是一个无限的仁性本体。但哲学思想中所呈现的道体却总是有偏的,真是"仁者见之谓之仁,知者见之为之知"。仁者之所见和知者之所见的

不同正好是西方形而上学和中国道体思想的主要分别所在。西方形而上学中所出现的道体乃是西方人通过为材性知能作主的匠心、匠识所见的道体，仍然免不了为材知权利欲所熏染的道体；而在中国儒、道、佛三家哲学思想中呈现的道体却是在仁心关怀的恻恻里所体认的道体。前者是一个偏重材性本体意义的道体，而后者却是一个呈现仁性本体意义的道体。中西形上思想的差别就在仁性本体与材性本体的对比上。

在西方的传统形而上学里，道体乃是以其迹象通过工艺创制的思想模式和范畴系统的框架而四分五裂地呈现的。通过工艺创制思想模式而呈现的道体当然就是材性的道体。在希腊思想发展史里，从材性的观点来看宇宙人生并不是自前苏格拉底的自然哲学思想开始的。为希腊哲学前奏的神话思想——尤其是见于荷马史诗和希腊神话里的神话思想，实际上已经完全被笼罩在材性的观点之下。希腊神话里的神一方面是自然或心灵材性的人格化，另一方面则是人物材性的完美化。希腊神话史诗里的英雄人物乃是材性人格的典型。荷马两大史诗里所塑造的人物典型就好像石膏像的模型一样；柏拉图哲学的"理型"观念就是顺着荷马人物典型的思想模式而来的终极发展。在希腊思想中与英雄意识密切关联的命运意识基本上也是这一材性的观念。人对其所秉的材质极限所作的挑战乃是英雄人格的本质，而希腊人的命运意识正是在材性发展的极限这观念上衍生的。柏拉图宇宙论里与理性相对的命限观念，上面已经说过了，正是直承希腊神话里的命运观念而来的。命限就是材限（材质限制的必然性）。

在神话史诗思想里英雄与命运的关系和在柏拉图哲学里理性与命限或材限的关系并无本质上的不同——同属于通过人的匠心、匠识所建构的意义体系。匠心、匠识所建构的宇宙乃是一个材性的宇宙，匠心、匠识的主体性乃是站在个体材知伸展的立场来看宇宙人生的主体性，而不是良心、良知表现仁性关怀的主体性。仁性关怀不是英雄的本色，也不是柏拉图式哲学家的本怀。匠心、匠识的命限观所能把握到的乃是材性宇宙里的公道原理，而非仁性宇宙里的公道原理。希腊神话里的命限意识和公道意识大部分是通过人神材知争霸的局面而彰显出来的，这和中国"女娲炼石补青天"这一神话通过仁性的关怀和自我牺牲来彰显命限与公道的关联实在有天壤之别。希腊人趋向于从生命权能的材知争霸中建立其有有之邦，正如中国人趋向于从生生之流的慧命相续里求得安身立命一样。

从神话史诗的象征描述到柏拉图和亚里士多德的哲学系统，整部希腊思想史乃是依匠心、匠识的主体观点所作的材性分析——人物(人和物)材性的分析、材性宇宙的分析、材性本体的分析。材性分析的结果一方面是道体的材性化，而另一方面则是材性本体的简别化、极裂化。道体的基本性格本是一从场有的无限背景中连绵创进的生生之流，而简别极裂的材性分析却不可避免地把道体转化成一建筑在虚无上的有有之邦。在希腊哲学里，匠心、匠识的知性主体所把握到的不是连绵创进的道体而是以生生之流的前景现象做底子，经过知性的高度抽象作用而框成的范畴结构。这个抽象的范畴框架当然不是材性本体自身，更无论道体本身了。那么它究竟代表什么呢？这个问题可以从两个不同的角度来解答。首先，这个由知性抽象作用所框成的范畴结构乃是工/艺匠心态作茧自缚的成果——它构成的乃是匠心、匠识的茧丹、茧果。但由于这范畴结构乃是基于以前景象底子的材性分析，所以它又是匠心、匠识控制材性的知性工具。匠心、匠识作茧自缚的过程也就是知性主体把生生之流的前景现象抽象幻化成一有有之邦而加以控制的过程——一个"截断众流"而成执的过程。截断众流所截断的当然就是生生之流的无限背景。雕刻匠所关注的乃是现前景象的大理石、现前景象的雕刻刀、现前景象的理想、现前景象的他自己——而不是这一切现前景象所源本的生生之流和无限远景。截断众流的结果当然就是道体自身的遗忘与虚无化。由是由截断众流后所抽象幻化成的有有之邦也就变成一立于虚无上的蹈空建筑了。

我们在上面说过，这截断遗忘了的生生之流的场有无限背景才是"绝对的无"这一观念的真正来源。有与无的关系无疑是一切形上思想架构的基石。这两个观念在中西方哲学里的意义实在是很不相同的。中国自《周易》以来的形而上学自始就建立在以道体为一由场有的无限背景连绵创进的生生之流的素朴体认上。所以，在中国传统形而上学里找不到"绝对的无"这一观念；而且由于知性主体为仁性主体所压抑，也没有产生由匠心、匠识的知执所极裂框成的有无对立观念。有无两个观念在中国形而上学里主要是相即与相依的关系。"相即"乃是就场有的无限背景而言的，"相依"则是在无限背景与前景现象之间的关系上取义的。一切场有者都是从场有的无限背景站出来的,场有的无限背景乃是一切可能性的所在,也是成就任何可能性的权能自身的所在。所以场有的无限背景是"有"——为万物根源的"有"。但这个为万物根源的"有"却是以"无"为体、为其基本性相的。此乃因场有自身并非一场有者,为万物根源的道体本身并非一物;是故场有的无限背景本身是"有"也(即)是"无"——此道体本身的"有无相即"乃是有无关系的第一义。从此第一义的有无我们可以衍生出第二义的有无,即前景现象与无限背景的关系,此乃有无的第二义。说得更明确一点,此一义的有无乃是就事物在生生之流中的生灭或显隐上取义的。事物在生生之流里从场有的无限背景中站出来、显现出来而为一前景现象——这是事物之"有"。即使一物事在显出后又隐灭于生生之流里,它还应该说是"有"——具"曾经生发显现"义的"有"。至于为前景现象生灭显隐之本的无限背景,其本身却是无生灭显隐可言的——所以说是"无"。这个无乃是超越生灭显隐相的"无"。《道德经》首段里的有无观念把这两层的有无意义全都包括在里面了。"无,名万物之始;有,名万物之母"——这是第一义的有无,指的乃是场有无限背景的有相与无相。但"常无,欲以观其妙;常有,欲以观其徼",这却是第二义的有无了。"常有"就是生生之流不断显生隐灭的前景现象;前景现象是界限分明、有迹可循的,所以我们可以"观其徼"。"常有"与"常无"相对,"观其徼"与"观其妙"相对。"常无"是什么呢?当然就是为"常有"所本的无限背景了。前景现象究竟是怎样从无限背景站出来或显生隐灭的呢?这个问题是我们永远无法可以有完满答案的。所谓"见其事,不见其功",道体的生生不已是神妙莫测的、暧昧的、无迹可循的——所以我们只能"观其妙"。观其妙与观其徼乃是不可分的,因为"常无"与"常有"是不可分的、相依相辅而成义的。没有无前景之背景,也没有无背景之前景。所以《道德经》郑重地说:"此两者(常无与常有)同出而异名,同谓之玄,玄之又玄,众妙之门。"常无与常有乃是道体生生之流之两面,所以说是"同出而异名"。道体以常无与常有之相依而为体,最后分析起来乃是不可思议的、无法解释的,所以说是"同谓之玄"。无与有在道体本身之相即、常无与常有在生生之流的相依乃是宇宙世间众理万法之所由出,这就是"玄之又玄(相即与即依之妙不可究诘),众妙之门"的意思了。

　　《道德经》里的有无观念原是从中国文化传统里很早就根深蒂固的场有思想发展出来的。中国哲学里没有截断众流而成执的现象乃是因为中国哲人基本上是站在仁性主体的立场说话,而不是站在知性主体的立场说话。站在仁性主体的立场说话也就是站在生生之流本身的立场说话。在这一点上,儒家和道家是没有什么分别的。

　　道家的"慈"也是儒家的"仁"——同是根植于本体仁性的关怀、生命对自己的关怀。不过道家乃是就生生之流之万物一体、自然无凝滞处而言"慈",而儒家则是就生生之流之至诚不息、成人成物处而言"仁"。道体之至诚不息不正是在其自然无凝滞处吗?成人成物最后分析起来不正是"仁者与天地万物为一体"的具体表现吗?其实从仁性关怀的本位立场来说,儒、道、佛三家的思想可以说基本上是相通的,在某一义上来说是异曲同工的。佛家"缘起性空"的观点正是从"生生之流"本身之自性清净、绝对无执处出发的。佛家的悲悯在其主体性的根源处看也就是儒家的"仁"和道家的"慈"。所不同者,佛家对知执有执的负面作用所采取的态度比起儒道两家来要彻底得多。佛家哲学以为知执有执所支配的生命为苦;强烈的苦业意识使佛家无法如儒家一般对生命作正面的承担。佛家哲学所表现的毕竟是出世间的智慧而非入世间的智慧。儒家由对生命正面承担所生成的责任感和忧患意识与佛家出世间和从生命的茧网中求解脱所本的苦业意识当然是有距离的。而中介于儒佛之间——入世与出世、忧患意识与苦业意识之间——的道家哲学则是一在枷锁意识的影响下企求在文明生活的樊笼里超脱出来的自然主义哲学。道家所注重的乃是生命的"超脱"而非生命的"解脱"。枷锁意识的对象是文明而非生命本身。道家所向往的乃是一大自在的自然生命。但人类是无法开倒车回到原始人的素朴自然状态的,所以道家哲学必然要在文明与自然间求一中道式的抉择,这就是《庄子》书中所标榜的方外、方内出入自如的生活艺术了。要注意的是,道家所谓的"方外"与"方内"与佛家所谓的"世间"与"出世间"看起来相似而实不相同。道家的"方外"只是与天为徒的自然生活,而非佛家连自然也要摒弃的"出世间"。道家以自然为乐,佛家则认为自然和文明(方内)都在苦海之内。不过即使如此,道佛两家在对人类文明生活所表现的厌恶态度上却是一致的,这和儒家以"人文化成"为鹄的所抱有的人文主义理想无疑有很大的分别。但道家的慈和佛家的悲悯都是仁性的表现;这么说来,道佛两家和儒家在主体性的立场上又是相连相通的了。

是的,儒、道、佛三家的哲学都是仁性的哲学——以生命权能的仁性关怀为主体性的哲学。这和支配西方哲学传统的知性哲学——从生命权能的材知冲动而起的神秘感和惊异之情为主体性的哲学,乃是相对相反的。这一点很重要,如不是通过与西方知性哲学传统的对比,我们就很难看得出儒、道、佛三家思想的连贯性,这样一来中国哲学传统的整体性就很难确立了。

如上所言,在人的生命里有一位"匠人",也有一位"仁者监护人"(后文简称"监护人")。前者代表生命权能的材知性,后者代表生命权能的仁性。"匠人"和"监护人"都是我们生命的主宰。所有哲学思想都是在这两大主宰的支配下为人类的安身立命找出一条康庄大道的主体诚仪。可是我们的匠人和监护人的性格是很不相同的。匠人所要伸张的乃是个体材性知能的权利,而监护人所要实现的乃是个体存有的义务。从个体性的观点来说,则前者所强调的乃是个体的简别外在性,而后者所关注的乃是个体的场性或个体与其他个体的内在关联性。哲学要为人类安身立命找一条康庄大道,就必须在匠人与监护人的关系上找出一理想的协调之道。但这岂是一件容易的事?匠人与监护人之间若不得协调,则人的生命必然在一不平衡的对抗状态,在这种生命状态下所产生的哲学思想就不可能是无偏的了。很明显,西方哲学乃是偏于匠人意识的哲学,而中国哲学则是囿于监护人意识的哲学。儒、道、佛三家哲学的连贯性就在为监护人所本的仁性关怀上。但仁者监护人所关怀的对象也就是匠心、匠识所关注的对象——个体存有的个体性(包括场性)。如是中国哲学与西方哲学——监护人意识与匠人意识——在其最后根源处也是可以相连相通了。

这个最后根源就是为仁性和材性所共本的一心——道体或生命权能的主体性。道体一心乃是一宜无不宜的自仪其仪。所以只有道体一心才是无执的。但道体一心虽无所不在，却不能等同于任何个体生命。个体生命是不可能无执的，因为执着正是个体生命之所以为个体的本质；由执着和作茧自缚所造成的一切苦恼(在人而言)乃是个体生命为其独得之宜所必须付出的代价。有执着也就有对道体一心的偏觉。道体一心本身是无相的，但在人类有执的偏觉里，道体一心恒以着相的姿态呈现。总括来说，在宗教和哲学思想里被具体化了的道体一心就会以种种不同的象征形态出现。这些"象征体"不是着匠(人)相就是着监护(人)相(监相和护相)或是匠相和监护相混着。譬如以神或上帝为全知全能的造生者、为最伟大的艺匠(柏拉图的 demiurge)、为自思其思的绝对孤独思想家(亚里士多德的 unmoved mover)、为最伟大的逻辑家(莱布尼茨的上帝)、为诗人(怀德海)等都是着了匠相的道体一心的象征体。至于以神或上帝为审判者、保护者、统治者或启示者则都是道体一心着了仁者监护相的象征体。在人类实存的精神生命里，监护人意识和匠人意识是无法分离的，所以在宗教哲学思想里纯粹着监护相的或纯粹着匠相的道体一心象征体是很不多见的。换句话说，道体一心乃是普遍地以监护相和匠相相混的所着形态呈现人间的。不过一般来说，东方文化传统里的神、天、帝、菩萨或佛无不偏向于仁者监护型的象征形态，至于传承希腊文化的西方传统里的创造神、造物者或上帝则明显地富有匠相的色彩。当然，近代西方宗教哲学里的——神或上帝——观念原是希伯来文化传统的产物。中古及近代西方人的神或上帝观念里的监护人意识就是从希伯来传统来的。作为自中世纪以来西方文化主流的耶稣教或基督教传统乃是古希腊文化和希伯来文化媾和的结晶品，所以耶稣教的神和上帝乃是同时富有仁者监护相和匠相的色彩的。可惜的是，作为监护人的上帝和作为匠人的上帝在西方人的宗教心灵里并不是一个很协调的关系。西方的神学家和宗教哲学家自始就在监护人意识和匠人意识的抗衡状态中有无所适从之感。西方思想家在下意识里常有把神或上帝视为一绝顶的英雄、天才或智者（哲学家）的倾向。西方人的权威观念并不如中国人的一般来自对监护人的崇敬，而是来自对英雄偶像或权力的崇拜。怀德海就曾有"教会把专属于恺撒的属性来给上帝"一语。① 这把神或上帝视为一英雄恺撒式的无上权威和他原来在希伯来传统里的游牧部落族长式的监护人性格已经是格格不相入的了，又怎能和耶稣心目中充满仁爱的天父相混在一起呢？

六、上帝与撒旦：陀思妥耶夫斯基笔下的大裁判司——深渊型的意识心态

由于希腊文化和希伯来文化的结合，西方人的文化意识里处

---

① 见《过程与实在》第 11 章。

处可以见到匠人意识与监护人意识的尖锐对立和冲突。不过这种对立抗衡的心态可以说有一半是从希伯来文化传承过来的。作为典型的中东文化，希伯来文化有这么一个有趣的特点：它不仅在地理上位于东西之间，就是在精神文明上也是一东西文化领域间的缓冲区。东方精神文明乃是一以仁性（关怀）为本的精神文明、以监护人意识为其主体性的主要内容的精神文明。西方文明却是以材性（知能）为基础的精神文明、为匠心匠识的主体性所支配的精神文明。在中东的文化领域里我们所看得到的乃是一明显地表现出仁性与材性——监护人意识与匠人意识——的尖锐对立的精神生命。不过中东也叫"近东"，中东人的精神生命还是比较接近东方的。在中东人精神生命里对立的仁性与材性两极并不是相等的，而是在比重上偏向于仁性的。这"偏向的两极对立"可以在圣经中耶和华和撒旦——上帝与魔鬼——的关系中清楚地看出来。圣经里的耶和华与撒旦分别为仁性关怀与材性知能的人格化，或监护人与匠人观念的形上化。上帝其实就是我们生命中的仁性主体或仁者监护人，而撒旦也不是别的，就是我们生命里的材性主体——那骄傲的、只知无限伸张其个体权利欲而不负责任的、不尽个体义务的匠人。形上化的魔鬼乃是一把道体和生命权能里的材性知能发挥得淋漓尽致的宇宙英雄、天才和智者。从圣经的立场来看，柏拉图宇宙论里的创造神、亚里士多德形而上学里的不动动因、莱布尼茨单元论（monadology）里的神或至高单元实无一不是魔鬼的化身。撒旦在拉丁文里叫作Lucifer，即是"载明者"（bearer of light）的意思。为什么称魔鬼为载明者呢？"载明者"中"明"指的乃是知性之明，而不是觉性之明。撒旦为载明者因为他所代表的正是生命中对有执着的知执作用。我们生命里的匠人是不甘听命于仁者监护人的指导而受其约束的，正如原为天使长的撒旦由于不甘臣服于上帝而率领其他同具反骨的天使起来反叛上帝一样。生命里的匠人都希望在有有之邦为一显赫的公民——甚至成为有有王国里至高无上的统治者，正如撒旦要取代上帝的位置一样。西方的神学和形而上学，正如海德格尔批评的，总是有意无意地把上帝作为有有之邦的统治者——具有无上权威的宇宙恺撒。这就难怪陀思妥耶夫斯基在《大裁判司》(*The Grand Inquisitor*)一故事①里要通过大裁判司的自白来对西方教会作最严厉的指责，说他们两千多年来的一切作为虽是打着上帝和耶稣的名号，其实却是站在撒旦那一边为魔鬼而服务了。不过陀思妥耶夫斯基对西方教会的批判实在是太过严酷了。因为他所谓的"站在撒旦那一边"其实就是站在人类幸福那一边。为什么撒旦会是人类幸福的代表呢？原来一般人所谓的幸福，依陀思妥耶夫斯基的立场来看，乃是用人的主体自由——在善恶之间作一抉择的"良心自由"(freedom of conscience)——换来的。幸福的获取也就是主体自由的丧失，亦即是人的物化。一般人所企求的幸福主要是建筑在安全感的满足上。人不只要在经济或物质方面满足其安全感，也要求在社会和政治方面满足其安全感。但安全感的满足也就是人性的物

---

① 《大裁判司》乃是陀思妥耶夫斯基最后杰作《卡拉马佐夫兄弟》(*bratiya karamazowy*，英译 *The brothers karamazov*)中的第五卷第五章。

化或客体化。当人企求给予他自己的生命像石头一般的稳固与有安全感时,他就已经把自己视为一物、视为一无主体自由的客体了。根据陀思妥耶夫斯基的观察,人类的大部分都是弱者,是无法面对其人性中的主体自由的弱者。为什么大部分人对其生命中的主体自由产生无限的恐惧呢?理由是这样的:主体自由也就是为自己生命作主的自由,人怕为自己作主,因为那是一副重担子、一种很不容易担负的责任;所以人其实并不愿意做主人,而只愿意做奴隶——做历史传统的奴隶、社会风尚的奴隶、神巫教会的奴隶。但当人舍弃了他人性中所有的主体自由、推诿了为自己生命作主——在善恶之间作一抉择——的神圣责任时,他也就失去了人之所以为人的本质了。

　　通过《大裁判司》里那位耄龄主教——大裁判司——的自白,陀思妥耶夫斯基对耶教的原义予以一极不寻常的解释。陀氏认为耶稣的福音原来乃是一个"自由的福音",而不是一个"幸福的福音"。耶稣来到这世间不是要牵着人类的鼻子走、视他们为奴隶、做他们的主人或统治者。耶稣只把他自己视为通往天国的桥梁或向导。用他本人的生命做例子,耶稣希望用引导的方式使人能在他自己的个体生命里完成其人之所以为人的本质——运用其主体自由为其精神生命作一最美善的抉择。这就是为什么在《圣经〈诱惑〉》那一章里耶稣三度拒绝了撒旦的请求了。撒旦对耶稣的三大诱惑目的就是要耶稣以人类的幸福为饵而取得人类精神生命的控制权。假使耶稣真的听了撒旦的话,那人类也从此推卸了人之所以为人的本质,这就正中了魔鬼的心意。

如是撒旦固然得其所哉，但耶稣也就不成其为耶稣、不成其为上帝之子了。

不过话可得说回来了。撒旦之道真的是一无可取吗？假如我们仔细分析一下撒旦三大诱惑的象征意义，我们就不难发现撒旦要耶稣给予人类的正是人类梦寐以求的东西。撒旦要耶稣把石头变成面包——这不就是人类追求经济发展和物质文明的思想吗？撒旦要耶稣从寺庙的尖端跳下来，好让人们看到他不死的奇迹——这不就是要满足人类在不甘物化却又无力支撑其主体自由的两难处境下向一切神秘的力量或权威盲目交心的心理吗？假如耶稣以面包和奇迹取得人心，那他就能更进一步完成人类自巴宝之塔（Tower of babel）被上帝毁灭以来从未遗忘过的理想——建立一个全人类大一统的地上王国、一个在保障和增进人类幸福的目标下为人类一切思想和行为作最完善安排的地上王国。这都是撒旦劝诱耶稣去为人类做的而为耶稣所断然拒绝的事。究竟是撒旦对呢？还是耶稣对呢？是的，在撒旦的王国里人类必须舍弃了每一个人为自己生命作主的主体的自由，但换回了充满着安全感的幸福——具有如蜜蜂社会里的安定、秩序和和谐的幸福。这难道不值得吗？

不管值得不值得，在陀思妥耶夫斯基看来，人类在过去两千多年来所走的路不是耶稣之路，而是撒旦之路！陀思妥耶夫斯基笔下的撒旦和认同于撒旦的大裁判司——代表教会最高决策权的主教，都是人性最敏锐的观察者。他们以为世间只有两种人：强者和弱者。前者乃是能为自己生命作主的人中之人或大丈夫。

但这种人只占人类极少数的一部分，大部分的人都是在主体自由的重担下站不起来的弱者。耶稣的福音表面上看来是为弱者而宣示的，其实却是为强者而宣示的。这就难怪在《大裁判司》里的大主教非常激动地责问耶稣、怀疑他对这大多数的弱者是否真有爱心了。是的，人类的核心问题乃是人性软弱的问题。耶稣所应该关怀的不是少数的大丈夫，而是可怜的众生——无法自立的大多数。他们是无法真正跟随你耶稣的。对这大多数可怜的弱者宣示主体自由的福音只会增加他们的痛苦和罪恶，甚至最后迫使他们走向自我毁灭的道路。《大裁判司》里的大主教对这大多数的人类所采取的态度就好像一为父母者对其软弱不成材的子女所通常表现的态度一样。假如你确知你自己的子女缺乏独立自主能力的话，你难道不会为他们做主、为他们的一切作最妥善的安排吗？

　　是的，陀思妥耶夫斯基笔下的大主教正是一具有这种强烈的监护人意识的典型人物，不过这是一种极复杂的监护人意识——夹杂了从匠心匠识里来的独断性和占有欲、控制欲的监护人意识。这就是为什么虽然大主教的一切作为原是本于他对人类的仁性关怀，他所表现出来的态度却显得那么严酷、那么缺乏仁性的温暖。他哪里是真的关心人类的幸福，他只不过是用人类的幸福为手段以求满足其个人的权利欲罢了。这也许是《大裁判司》大部分读者对故事里的大主教所采取的看法。但这个看法实在是有欠公允的。陀思妥耶夫斯基在他的故事里曾毫不含糊地指出大裁判司对人类的关爱，他的一切作为原是以仁性为出发点，这是不会有错的。他给读者冷酷的印象乃是由于他对人性的极端不信任和他在实现其关爱人类的目的时所表现的一种纯粹理智的态度——一种尊重客观现实甚于理想的态度。陀思妥耶夫斯基笔下的大裁判司乃是一个自封的"人类命运的策划者"、一个要彻底解决人类福德问题的工程师。他对人性的看法和根据这种看法而提供的问题解决之道完全是一匠心匠识的表现。工程师心态乃是工艺匠心态的一种高度复合形态。一个工程师所关注的除了材料的本质问题外还有整个局面的连贯问题。你要让人类保有他最原始的德性吗？要给他们一个充满着主体自由的生命吗？那得看他们是怎样的材料呀！若是明知大部分人都是弱者、无法为自己做主的可怜虫，让他们保有主体自由就无疑是把他们带上悲惨的灭亡之路。是的，耶稣的路是行不通的，只有跟着撒旦走才是人类的正途。当然并非全部人类都是弱者，其中不乏有能在主体自由的重担下挺立起来的大丈夫。对他们宣示耶稣的自由福音是可以的，但对大部分的人类来说，我们就必须宣示一个不同的福音。我们必须骗他们、对他们说，幸福——而不是自由——才是耶稣的真正福音。这里"我们"指的是谁呢？当然就是那些本身为强者却又关切弱者命运而要为他们请命、要起来领导他们、为他们安排命运的少数中的少数。《大裁判司》里的主教就是此少数中的少数的代表人物，这些人类命运的工程师在其基本的意识心态上来说属于由"中东型"发展而来的"深渊型"人物。中东型的心态乃是徘徊在同异殊途之间的心态，也即是在仁性与材性的冲动之间——在上帝与魔鬼之间——无所适从的心态。所谓"深渊"指的就是仁性冲动与材性冲动在人的意识心里所造成的鸿沟。深渊型的意识乃是对仁材的鸿沟有极度的敏感而深为此人性中的深渊所苦的意识。所以深渊型的人物都是矛盾的,却又是具有反叛性的、极不容易妥协的。在人性的深渊里挣扎的灵魂都是精神分裂的灵魂,其中仁性和材性的冲动都有背道而驰、各走极端的倾向。当这分裂的、相反的仁材冲动在一个坚强的意志力控制下被扭转过来成为一统合的力量时,其结果就是一个非常可怕的精神生命。《大裁判司》里的主教所表现的就是这种精神生命——在仁材的深渊分裂处突显其生命强度的精神生命。深渊型的人物都通常表现出这样的特征:他们的动机本怀是上帝的,但他们所用的方法或采取的手段却是撒旦的。换句话说,他们是要从魔鬼之路通向上帝。这深渊型的心态正是由俄罗斯精神文明所凸显的心态。陀思妥耶夫斯基笔下能产生像大裁判司这类人物,和这种心态在俄罗斯民族的灵魂里所形成的心结不能说没有非常密切的关系[①]。

深渊型的心态乃是从中东型转变过来的,所以始终摆脱不了中东型心态"中间偏右(偏东)"的倾向。偏右或偏东就是偏向仁性的冲动、偏向监护人意识、偏向上帝。在中东型的心态里,仁性与材性——监护人意识和匠人意识——乃是处于一个尖锐敌对的状态。可是上帝与撒旦并不是平等的,魔鬼原是上帝宠信的旧

[①] 陀思妥耶夫斯基对这种具有双重人格的深渊型人物了解之深刻在思想史上是无出其右的。他早年的一部著作即以"二重人格"为名。陀氏本人正是在这种心态的煎熬下度过其痛苦的一生。

臣，而在魔鬼反叛之后，上帝与魔鬼抗衡的局面里最后还是上帝占上风的。而今在深渊型的心态里撒旦不再是反叛的天使了，他已经摇身一变成为上帝最得力的助手，成为一人之下万人之上的宇宙宰相、万物总管了。不过这上帝与魔鬼的主从关系却并不是一个协调和谐的关系。上帝固然不信任魔鬼，而魔鬼则不仅反骨犹在，还尽量利用他的地位而遂其宰制天下的权力欲。原来在中东型的心态里是一个上帝与魔鬼互相抗衡的局面，现在则变成了一个上帝与魔鬼互相利用却又互相牵制的局面。表面上撒旦还是臣服于上帝的，但在实质上两者之间的分别渐渐变得模糊了，最后我们已经很难区分什么属于上帝、什么属于魔鬼了。

是的，在深渊型的心态里由于仁性与材性的歪曲的结合，不只上帝变了质，连撒旦也变了质。上帝的形象固然由于沾染了原属于撒旦的占有欲和权力欲的色彩而逐渐松动了他本有的仁慈的光泽，而撒旦的形象也由于长期局限在权力斗争的圈子里而淹没了他多方面的超绝才华、失去了他的爽朗挺拔的英雄本色。假如我们把这里的撒旦来和象征希腊型精神生命的爱罗神来作一对比，我们就不难发觉前者究竟缺少了什么了。爱罗神是那么年轻、那么富于活力和朝气、那么充满着好奇心和神秘感——而我们的撒旦呢？他不是人类的载明者吗？当撒旦以蛇的化身来引诱夏娃和亚当在伊甸园里偷食上帝的禁果——吃了就会有分别善恶知识的禁果——时，他不正代表人性中最原始的冲动——诱发人性里一切权利欲的知的冲动吗？是的，中东文化心态里的撒旦正是人类惊异感、神秘感和好奇心的化身，他本来和爱罗神是同出一家的啊！当然，和撒旦比较起来，爱罗神是年轻多了，也幸运多了。他是那么直率、那么天真无邪。他简直就是整个宇宙的宠儿，无忧无虑地过着无拘无束——为所欲为——的生活。撒旦的情况可就不同了，在上帝的威严之下，他只能通过狡猾和欺诈的手段来偷偷摸摸地达成他的欲望。撒旦就好像是一个在一特殊环境被迫迅速长大的爱罗神，他是变得聪明多了，他有的是蛇一般的智慧，但他早已失去了昔日的纯真了。假如长大的爱罗神可说是中东型撒旦的最佳写照的话，那么深渊型的撒旦就可比拟为一老去的爱罗神——一个变得城府极深、毫无朝气、纯真尽失的爱罗神。长大了的爱罗神仍不愧是一名好汉、一位豪气干云的英雄人物。老去的爱罗神就只不过是一名只知玩弄权术的政客罢了。在陀思妥耶夫斯基《大裁判司》故事里所暗示的撒旦正是这么一位褪了色的爱罗英雄。是的，在深渊型的精神生命里我们再难看到昔日爱罗神的多彩多姿和神采风流了。

希腊的爱罗神、希伯来的撒旦、中国的孙悟空——这三位具有国际性的神话英雄其实都是同祖同宗的异姓兄弟。他们都是从一个基本模型塑造出来的：说得明确一点，都是人的匠心匠识或材知主体在自省过程中所投企而出的象征人物——材性知能的象征人物。拿孙悟空来和爱罗神、撒旦相比一点也不勉强。孙悟空不是跟他们一般的聪明善变吗？孙悟空不是曾经大闹天宫、要做齐天大圣吗？不是跟爱罗神、撒旦一般敢于抗拒权威吗？那么这个为材知英雄们抗拒的权威——对爱罗神无可奈何的宙斯神、把撒旦放逐天地之外的上帝、派遣天兵天将去追捕孙悟空的玉皇大帝和最后把孙悟空困于五指山下的如来佛祖——究竟是谁呢？当然就是那个在匠心匠识背后的监护人意识——那个事事都要为材知主体作主的人性主体。宙斯神、上帝、玉皇大帝、如来佛祖——这神话或宗教的权威只不过是后者是较具代表性的化身罢了。把神话的象征语言还原之后，我们所看到的生命事实永远只有一个：材性与仁性的争持、匠人意识与监护人意识的争持——如此而已！

七、阿波罗与狄俄尼索斯：知性与非知性抗衡所决定的理性权力结构

有一点我们必须立即予以补充说明。以希伯来的上帝和吴承恩笔下的玉皇大帝和佛祖来代表监护人意识是不会有错的，但给予宙斯神以监护人的性格那就不无问题了。在希腊神话里为奥林匹斯众神之首而被荷马尊称为"人神之父"的宙斯神哪里表现过监护人应有的仁性关怀？不仅宙斯神没有，所有希腊神话里的其他重要神灵都没有。这本来是无需惊奇的，因为希腊神话里的众神本来就不是监护人意识的产物，而是匠人意识通过对自然和心理现象的人格化所塑造出来的材知英雄。我们可别忘了宙斯和他的神眷神弟所共有的江山乃是用暴力从他们的父亲克洛诺斯（cronos）和其他泰腾（Titans）巨灵手里打下来的，正如克洛诺斯的天下乃是从他自己的父亲（宙斯神的祖父）乌拉诺斯（Uranos）那里强夺过来的一样。宙斯神和他率领的奥林匹斯群神已经是第三代的统治者。这三代宇宙主宰的暴力交替究竟

有什么神话外的象征意义呢？很明显，这些神话故事所指向的基本上是生命权能的材性的一面——人性里材性知能的冲动的一面。借用《道德经》里的一句话，材性冲动是"动而愈出"的。这"动而愈出"乃是一个材性知能从原始混沌里明朗分化的开显历程。明朗分化的结果是什么呢？当然就是那个表面上看来界限分明、秩序井然的 cosmos（秩序、宇宙）了。这个为希腊诗人所讴歌颂赞也同时是希腊智者思辨对象的 cosmos 其实自始至终都是在匠人意识的笼罩下出现的材性宇宙——一个完全以材性的分工和分判来决定存有地位和美善价值的有有之邦。在材性的宇宙里，正如牟宗三先生所说，"不及就是不及"[①]。人与神的分别在希腊的神话世界里正是以材性知能的高下来分判的。希腊神话基本上就是一套由匠心匠识在爱罗精神的光照下所纫造出来的意义系统——象征充塞于人性里和宇宙间材性知能的全体大用的意义系统。希腊哲学只不过是这材性意义系统的观念化与哲理化罢了。

新儒家哲学家每以"知性主体"来点出西方哲学的基本特质。这种讲法虽然大致不错，却未免失之粗略。知性只是材性的一部分——虽然在人的材性里它是最具代表性（人性）的一部分。所以严格地说，我们应该称之为"材知主体"而非"知性主体"。材性里还有非知性的部分。在西方哲学里的材知主体正是要运用知性来克制非知性的权力结构。表面上看来是知性占上风，是知性

---

① 见牟著：《历史哲学》（香港：人生出版社，1962），第 162 页。

在为人的生命作主。其实在西方人的精神生命里——在西方的文化意识和哲学思想的底层——自始就暗潮起伏地流贯着一道非知性的洪流。用希腊神话的象征语言来讲，知性和非知性的关系正是尼采心目中阿波罗精神和狄俄尼索斯精神之间的关系。以阿波罗的清明来克制狄俄尼索斯的狂妄不过是以知性的权利欲来压制非知性的权利欲罢了。就其同为材性权利欲的伸张来说，克者与被克者是没有什么分别的。不仅如此，知性与非知性间的关系本来就是十分暧昧的。在好奇心求知欲的背后往往就是一种非知性的、潜意识的、带有暴力性质的欲望——一种对"异己"（异于己）企求占有、征服或宰制的权力欲。说得更简洁有力一点，权利欲就是权力欲；权利欲的伸张也就是权利的伸张。这一点没有谁比尼采看得更清楚了。人的一生不是以孩童时代最富于好奇心、求知欲吗？我们只要反省一下小孩子对他的玩具的那种为所欲为的态度，我们就不难察觉到知性作用是如何紧密地与非知性的权利欲本能连接在一起的了。不，我们应该说，知性作用本来就是从非知性的本能权力欲来的。我们有理由相信知性作用原是人类本能权力欲在漫长的进化岁月里演变而成的结晶品。如是，西方哲学心灵企图以清明的阿波罗知性来克制狄俄尼索斯的原始的、放荡冥玩的非知性冲动，就好像把一座水晶宫殿镇压在一座会随时爆发的火山口上一样。传统西方哲学者很难领会到，建造这座水晶宫殿的原始材料正是从火山过去喷出的岩浆中提炼而成的。希腊神话的作者怎会知道，阿波罗的灵魂本是从狄俄尼索斯神累世转劫的过程中分化出来的呢？

以知性克制非知性，这是材知主体的分内事，亦即为爱罗心识和匠人意识所支配的问题心在彰显其理性统觉时所依循的道术。"人是有理性的动物"，这是亚里士多德的名言。但亚里士多德所谓的"理性"乃是根植于材知主体的理性。既然人的生命由知性来作主，而非知性的本能冲动、欲望或激情又被视为知性活动的障碍或束缚。则知性与非知性的分别就很自然地变为理性与非理性（或反理性）的分别了。亚里士多德无疑把一切合理的东西都归属于知性主体。但什么叫作"合理"呢？理性的意义原是依问题心而彰显的，而问题心的生发最后分析起来则又离不了人性深处的仁性冲动和（材）知性冲动。但在希腊的哲学传统里，问题心的生发好像完全出于材知冲动似的。"合理"因而也就是合乎知性要求的意思——换句话说，亦即是能满足知性权利欲和权力欲的意思。那么知性的基本要求是什么呢？那当然就是一个可理解的宇宙——一个能为知性心灵永远占有与控制的有有之邦。这就是为什么由传承希腊哲学传统而来的西方哲学最终必以简别（外在的）个体性与逻辑秩序为其理性统觉的两大支柱了。因为知性的终极要求不外是"有有"（有其有）——通过理解来对存有的占有与支配；而简别个体性与逻辑秩序正是事物或存有为知性主体所理解或控制所必须呈现的形式。所以在希腊、西方的哲学传统里，凡是不可理解的或是知性活动控制不了的东西都被视为不合理的——都是非理性的或是超理性的。这里所谓"超理性"也就是西方神秘主义者所谓的"神秘"。有些学者以为西方的神秘主义思想是一种接近东方哲学心灵的思想。这种讲法虽不全错，却是在本质上很有问题的。西方神秘主义思想虽然是超理性的，却不是反理性的；它和西方重理性的主流哲学思想乃是同源的，骨子里都是知性主体的产物。西方神秘主义者自新柏拉图派的柏罗丁努斯（Plotinus）开始就为浓厚的知性神秘感所支配，这和传统东方哲学家在其玄思妙识中所透露的仁性关怀和由针对知性的有限和知执的虚妄所持的批判态度实在有极其显著的差别。至于西方神秘主义在西方哲学传统里所居的婢从地位和形上玄思在东方哲学传统里所占有的崇高地位比较起来，那就更不可相提并论了。

哲学思想的基本格局乃是由其背后的形上姿态支撑起来的概念架构。通过此形上姿态在其极限处所彰显的性相宜仪我们常可清楚地看得到一个哲学心灵的终极关注和出自人性深处而为其主体诚仪所本的生命原动力。从此一观点来看亚里士多德哲学的全部概念系统的"精义入神"，其意义就十分重大了。因为匠人意识的理性统觉所支配的希腊哲学至亚里士多德而发展至最高峰，而亚里士多德哲学的精彻意蕴却浓缩地隐藏在他形而上学或神学中"神"的观念里——这就是我们所谓"精义入神"的意思了。

作为变动世界的"最后因""第一因"或"不动动因"的神究竟是一个怎样的存在呢？首先，我们可以肯定地说亚里士多德的神乃是由匠心匠识所塑造的理念。说得明确一点，亚里士多德的神乃是匠人意识的形上化、绝对化。作为一象征意符，神一观念所反射的就是匠人意识里的知性主体自身。我们在本章第二节里已经明白地说明柏拉图哲学里的宇宙论是如何通过工艺创制的思想模式而建构的。亚里士多德的形而上学思想当然和其老师的思想有很多显著的差别,这是为稍有哲学史常识的人所熟知的;但这两位师生哲学家在其思维的基本方式上同为匠人意识所控制却是为哲学史家所忽略的重要事实。亚里士多德形而上学里的所谓原质不就是柏拉图宇宙论里的混沌或收受体的翻版吗?亚里士多德的神不就是柏拉图心目中创造宇宙的大匠吗?只不过柏拉图的大匠还是一位"有为而治"的"创造者",亚里士多德的神已经变成一个"遗世独立""无为而治"的宇宙真宰了。

原来为变动世间不动因的神乃是一个纯知的存有。所谓"纯知的存有"就是知性作用的完全自觉,亦即是知性作用的自我占有。我们早就说过了,知性作用的本质就是对存有的执着——一切认知活动在其根源处都是一种执有、占有的权利欲;而知性主体自身则更是以存有自身的占有为其终极意向。但知性主体是怎样认取存有自身的呢?知性主体的终极关注的存有自身又究竟以什么为其本质的呢?很明显,知性主体之终极意向所要求的乃是知执占有欲的完全满足。但能给知性主体以完全满足的不是变动世间的任何事物——为知性主体认知的任何非知性事物。能完全满足知性主体的正是知性主体自身。这里所谓"知性主体自身"指的当然不是已经落实在人的具体生命里的认识心,而是为宇宙间一切知性作用所本的"永恒知性"。从知性主体的立场来看,永恒知性不仅是一切知性的本质,它简直就是存有自身。知性作用在自求满足的过程中不可避免地陷入纳西索斯（Narcissus）式的"自恋情结"。知性作用在满足其知执占有欲的无限追求中最后必以其自己——知性主体自身或永恒知性——为其爱恋的对象。在知性的语言里，"存有自身"乃是"能给予知性完全满足"的代名词。知性主体以它自己的本质——永恒知性——等同存有自身，这真是最自然不过的了！

知性本质就是存有自身，这是知性存有论的终极结论，也是一切知性哲学的核心所在。其实，这个结论亦即是它的前提——换句话说，它的唯一命题。因为知性哲学起于生命权能的知性冲动，它可能达到的结论早就在知性作用的问题化、理性化的整体意义建构过程中被限定了。每一种哲学思想都有其独特的形上姿态，都代表着一种独特的生命精神。相切于此生命精神而为其场有的具体表现的乃是通过此生命精神而开显的意义世界的建构过程。哲学思想只是此意义世界的一部分——虽然那是此意义世界最洁静精微的一部分，因为它所涵摄的乃是此意义世界的理念架构。从此理念架构的镜像作用我们可以看到这个意义世界的性相宜仪和隐伏在其背后的生命精神之神采与症结。西方哲学自其传承希腊文化精神来说乃是一个为匠心匠识中的知性主体所建构的理念系统。西方哲学心灵的神采与症结也就是知性主体生命的神采与症结。如前所言，知性作用在自求满足的过程中——在满足其知执占有欲的无限追求中——最后必以自己为其爱恋的对象。这知性作用的自恋情结乃是一切知性生命的症结，亦即是西方哲学的症结。基本上为生命权能的知性冲动所支配的希腊、西方哲学可以说一开始就已经不自觉地陷入这自恋的情结中。在希腊、西方哲学心灵里支撑着的形上姿态正是一个知性主体在自恋情结中自求满足亦同时自求解决的姿态。西方形而上学只不过是这知性形上姿态的客观化与理念化罢了。

（本文原为《周易与怀德海之间：场有哲学序论》第四章）

第四章 理性道术、契印形态与文明格局

一、逻各斯与瑜伽：控制性智慧在西方和印度两大精神文明所熔锻的理性道术

文明乃是智慧的产物。没有控制性的智慧就不会有文明的传统，没有直觉性的智慧就不会有文明的开创，而没有实存性的智慧就不会有文明在实存精神生命中的展现与落实。但人类创造文明的智慧乃是由意识心的作茧作用和问题化的熔锻而来的。由于意识心态的不同，人类创造文明的智慧也就相应地可以有种种不同的形态。比较来讲，实存智慧乃是中华民族之所长，而控制性的智慧则是印度与西方民族之所擅长。所不同者，印度民族所独擅的乃是"内向"的控制性智慧，而西方民族所特长的却是"外向"的控制性智慧。那么直觉性的智慧呢？直觉性的智慧乃是神知开来、洞察易道吊诡的智慧？自有人类文明以来，又有哪一个民族可以说在这方面是独具慧根的呢？人的智慧终究是有限的，而人类智慧最大的限制正来自智慧自觉性的禀赋上。不

过,虽然没有一个民族可以说在直觉性的智慧上独擅其长,由于意识心态的差别,每个民族所突出的智能型自然相应地表现出不同的直觉性。西方人的直觉性乃是以外向控制性智慧为本的直觉性,印度人的直觉性乃是生发于内向控制性智慧的直觉性,中国人的直觉智慧则是直接从实存的场有体验中孕育出来的。由于神知开来、洞察易道吊诡的智慧乃是一种建筑在实存生命与场有自身之契合性的智慧,故中国人的直觉智慧应该是直觉智慧的典型。只是由于中国人控制性智慧之不足,中国人的直觉性智慧所应有的效能也就大为降低了。

控制性智慧的"内向"与"外向"两种形态究竟是怎样区分呢?读者应当还记得,控制性智慧源自本体权能无始迄今场有运作的惯性积习。哲学家所谓的"因果律"只不过是此权能与积习惯性所展现的普遍形式罢了。由于权能运作层面的不同,在场有大传统中不同层面的权能积习与惯性自然构成不同层面的因果关系。所谓"外向型"的控制性智慧指的乃是深究自然物质因果的智慧,而所谓"内向型"的智慧则是洞彻意识心性因果的智慧。心形纠结乃是一切智慧的具体根源,控制性的智慧更是意识心在心形纠结而成执(意识心的问题化)之后同异分途自求解决的曼陀智用。"同异分途"就是他识的他化、异化与我识的我化、同化两条心形纠结的曼陀丹道。在爱罗惊异神秘感的驱使下,西方人循着他化、异化的曼陀丹道成就了以自然物质的因果关系为探讨对象的自然科学,而印度人则依沿着我化、同化的曼陀丹道而启发了意识心性的因果秘奥。西方人对自然科学的贡献不是其他民族所能比拟的,而印度人在瑜伽禅定等心灵慧学方面的成就也不是其他民族可及的。比较起来,中国人在外向的因果智慧上输于西方人,在内向的因果智慧上则逊于印度人。中国人内向外向控制性智慧的不足可由中国哲学两个最重大的缺点反映出来:一是形式逻辑或因明学的欠缺,二是因果观念的薄弱。而此两者正是西方和印度哲学理论架构的核心所在。逻辑或因明学所探讨的乃是理性语言和理性思想的控制性,因果观念所探讨的范畴乃是实在或存有的控制性。这里"理性语言与理性思想的控制性"一语可以有两层意义:一是理性语言与理性思想施于自身的控制性,二是理性语言与理性思想施于其对象的控制性。我们称前者为"自限的控制性",后者为"他限的控制性"。没有自限的控制性,理性语言与理性思想也就失去了它们的"理性形式"。但理性的形式并不就等于理性的本质,理性的本质乃是理性形式与理性内容的结合。那么理性的内容是什么呢? 当然就是理性语言与理性思想他限的对象了。说得简明一点,所谓"他限的对象"就是理性语言和理性思想所要捕捉、所要控制的对象。"他限的控制性"一词指的正是他限的性格。但理性语言与理性思想他限(控制性)的对象究竟是什么呀? 当然就是为因果律所支配的实在或存有了。这就是形式逻辑与因果的内在关联了。形式逻辑所要探讨的乃是理性语言与理性思想所展现和必须具备的理性形式——理性(语言与思想)自限的控制性。但理性形式只不过是理性捕捉其"猎物"的框框。对于其他限对象的具体内容,形式逻辑是无能为力的。理性语言与理性思想他限的控制性并不来自形式逻辑，而是来自人类的因果经验。故理性他限的思想和语言正是因果思想和因果语言。形式逻辑的框框所能捕捉的不是人类因果经验的具体内容，而只是因果关系的普遍形式。形式逻辑中的"条件论式"表面上展示的只是命题的真值涵摄关系，但其实却是为捕捉存有因果关系而设的框框。这"框框"本来就是从这因果关系的抽象化而来的。

由形式逻辑与因果范畴的结合所形成的理论架构——控制性的理性格局——乃是西方和印度文化传统中哲学语言与哲学思想的精髓。离开了这个理性格局而谈哲学，在西、印两大传统中乃是一件不可想象的事。在这两大哲学传统里，哲学乃是逻辑与因果姻盟的结晶品，爱罗惊异的宁馨儿。而这两脚分踏东西半球的宁馨儿乃是靠饮用控制性智慧的理性奶水长大的。设想若把这理性格局从康德的批判哲学中抽离出来，还会有我们所熟知的康德哲学吗？若把因明与因果的观念从印度正统六派哲学中除去，我们还可能看得到六派哲学的哲学理论吗？

在西方的哲学语言里，含义最丰富而又最具代表性的理性名词当然就是希腊语中的"逻各斯"(logos)。"逻各斯"不仅有理性语言的含义，也有理性思想的含义；不仅有理性形式的含义，也有理性内容的含义。总而言之，"逻各斯"可以视为爱罗理性——控制性理性——的代名词。在印度哲学语言里，与"逻各斯"遥相呼应的自然就是那个具有同样丰富含义的理性代名词——"瑜伽"。

逻各斯与瑜伽都是同出于爱罗精神的亲兄弟，同代表神秘感文化熔锻曼陀丹道所需的理性道术——控制性智慧所熔锻的理性道术。所不同者，逻各斯所代表的乃是外向或他向控制性的理性道术，而瑜伽所代表则是内向或我向控制性的理性道术。此乃因西方人与印度人的文化心灵虽然同出爱罗，他们所开创出来的神秘感曼陀丹道则刚好相反。西方文化所开出来的乃是一个"顺承"神秘感的曼陀丹道，而印度文化所开出来却是一个"逆承"神秘感的曼陀丹道。西方人以借爱罗精神所获致的曼陀果报（破限有为的经验与业绩）为乐、为善，而印度人则以爱罗行有的曼陀果报为苦、为恶。印度人的文化心灵生于爱罗而反爱罗，他们追求的不是材性知能权利欲、权力欲的满足，而是材性知能权利欲、权力欲的超脱。故逻各斯所代表的乃是顺承爱罗、满足爱罗的理性道术，而瑜伽所代表的则是逆承爱罗，超脱爱罗的理性道术。对印度人来讲，爱罗的超脱就是满足。这超脱的境界就是佛家所谓的涅槃了。

为什么要超脱爱罗呢？为什么印度人以爱罗行有的曼陀果报、神秘感的精神文明为苦、为恶呢？原来为爱罗惊异神秘感所支配的意识心性乃是最暧昧、最矛盾的东西。爱罗神秘感最难忍受的乃是那个永远无法捕捉和占有的"他"——异化了的存有自身。故存有的执着正是爱罗心性自求满足的基本形式。在希腊、西方文化中居于主宰地位的逻各斯只不过是爱罗心性在神秘感作茧过程中所发展出来的理性道术罢了。爱罗生于混沌，而逻各斯（控制性理性）则生于爱罗对存有的执着——此中的必然性不是很明显的吗？在希腊、西方的精神文明里，理性作为执着的手段乃是一"堂而皇之"的事。没有执着，就没有满足：爱罗神秘感不是要捕捉一切、占有一切吗？但神秘感的满足亦即是神秘感的泯灭：爱罗要满足自己就必须否定自己。故爱罗是不能真正满足自己的。他既要满足他自己，却又不能真正满足他自己——这爱罗心识本质的矛盾也就是希腊、西方精神文明问题心的症结所在。对于这本性的矛盾，逻各斯是完全无能为力的，因为逻各斯自己正是在这爱罗本性的矛盾中长大的。能够为爱罗解决基本性矛盾的逻各斯就不是爱罗所要的逻各斯、能为爱罗作主的逻各斯了。

不过话得说回来了。爱罗心识的本性矛盾难道就完全没有化解的办法？是又不然？我们在上文已指出过，爱罗精神原是心藏的他化、异化的倾向凝聚而成的心识。爱罗永远不能满足他自己乃因为他惯于以"他"为其神秘感的对象。但爱罗神秘感是否一定要以"他"为其捕捉和占有的对象呢？他是否也可以以他自己为其执着的对象呢？但这个自执的爱罗究竟是谁呢？心藏他化、异化的力量究竟是从哪里来的呢？

这些问题我们虽然还没有明显地提出过，但在我们上文有关的讨论中，这些问题的答案早就隐约地出现过了。爱罗惊异神秘感的冲动乃是根植于人性中材性知能的冲动，亦即是生命权能、创造权能成就个体性的冲动。成就个体性乃是一成私着相的行为，故材性知能必然是一有执的冲动：执着正是材性知能的本质。心藏中他化、异化的心识只不过是材性知能通过意识作用所展现的一个普遍形式罢了。这个普遍形式就是"他执"——对"他"或"异己"的执着。他执的具体表现就是个体材性知能对其他个体材性知能的占有性、侵略性、排斥性——或一言以蔽之，"控制性"。但"他执"是否就是执着心识的唯一普遍形式呢？当然不是。材性知能通过心藏所表现的有执可以是对异己的执着，也可以是对自我的执着。心藏中我化、同化的心识正是材性知能成私着相的另一个普遍形式。心藏中执着一个自我的材知主体就是本书（第四章第七节、第七章第三节）所讲的"自执的爱罗"了。其实他执与我执乃是同时并行，亦且是互为依存的两个倾向：有他执就必有我执，有我执就必有他执。只是在具体的表现上有精粗隐显的不同罢了。现在我们应该明白，爱罗心性中的自恋情结就是从心识中材性知能的我执而来的。自执或自恋的爱罗就是以自己为神秘感对象的爱罗。但神秘感乃是起于异隔的意识心态。我若与自己成一异隔的关系则必造成一己的分裂——个体性中同体的分裂。故在他执中不能得到满足的爱罗在转化为我执的自恋之后还是很难得到满足的。自恋的爱罗必须不断地把他自己变为一异隔的"他"才能成为他自执的对象。如是他执转化为我执之后又再转为他执——在这恶性循环中的爱罗又如何能得到真正的满足呢？

"简别分裂"——这当是爱罗心性最简明的写照。"简别分裂"其实只是一个意思，只是"异隔"而已。"简别"是异体间互为外在的异隔，"分裂"是内在于一个体中之异隔，同体的异隔。生命权能、创造权能就是循着这简别分裂的存有隔局断而又断、成私着相地发挥其本体的材性知能的。此中"断而又断"正是材性知能得以"动而愈出"的关键。没有本体权能的断而又断又哪里还会有成私着相的个体创造性？

　　希腊、西方的精神文明乃是一个为异隔心态、爱罗心性所主导的精神文明，即是一个以材性知能的他执我执为能事，在本体权能的断而又断创造性上显殊胜的精神文明。故在希腊、西方的文明里简别分裂不仅是意识心的基本心态，也必然是意义世界开显安立的普遍存有格局。西方人多彩多姿的文明创造有哪一项不是经这心识存有的框框塑造出来的呢？西方人所擅长的控制性的智慧，他们所歌颂的英雄人格，西方人所成就的自然科学与哲学和所建立的民主制度——几乎无一不与西方人的异隔心态、爱罗心性有关，也无不通过简别分裂的存有格局显其活力，显其精彩。当然，这是就希腊、西方精神文明的正面而言的。一个以他执我执为能事的精神文明岂能没有它的问题？简别分裂的创造性岂能没有它的代价？在西方人多彩多姿的精神文明里，在西方人材性知能发挥得淋漓尽致的英雄人格里，我们可以很明显地看到在西方文化里隐伏着的危机——一个可以导致全人类走上毁灭之途的危机。这个危机可以分许多层面来讲。但最基本的只有两种：一是"虚无的危机"，另一则是"暴力的危机"。这两种危机不仅息息相关，而且是一事之两面。虚无的危机其实就是意义的危机，而暴力的危机正是从意义危机的虚无幻魇里产生出来的。以执着为能事的爱罗心性永远都是虚无的奴隶，因为它是一种永远追求的心性，永远无法得到满足的心性。这种心性既然永远无法安于所执，最后必然发展成一种"以执为执"的心性。"以执为执"就是执着于执着自身的意思。爱罗心性既然不能安于所执（任何被执的具体对象），安身立命于所执的意义世界，最后只得以执着自身为意义的根源。但执着自身是没有意义可言的，以执为执也就等于以虚无为意义。以虚无为意义正是以意义为虚无所导致的必然后果。而这从因向果地发展的"意义虚无化与虚无意义化"的过程乃是一种充满着暴力的过程。爱罗惊异本来就是一倾向于暴力的人性冲动；爱罗心性中爱欲、权利欲、权力欲的满足本质上就是一种横霸暴力的表现。以神秘感的驱使为意识转轴的材知创造性基本上是唯我中心的。这里"唯我中心"一词中的"我"指的乃是个体所禀的材性知能。此个体材知之我在自求满足过程中的自执他执乃是一切暴力的根源。

　　我们在上文中已指出过，我执他执乃是爱罗心性互为依存的两面。不过，这只是一种笼统的讲法，我们所谓的"互为依存"其实是一个辩证性的心识历程。我执和他执在爱罗心性的辩证历程中究竟是一个怎样的关系呢？首先，我们应该承认，他执——对于"他"或异己的捕捉、占有或征服——乃是爱罗心性的核心所在。不错，表面上看来爱罗乃是以他执为能事的心性表现。但爱罗的他执只是他的手段，而不是他的真正目的。爱罗心识表面上以"他"为其捕捉或追逐的对象，以"他"来满足他的神秘感或好奇心。但他真正要获得的是"他"吗？不是的——他所真正要捕捉的，真正要获得的其实是他自己。他执——对于异己的爱恋、追逐或占有——只不过是爱罗心性或材知之我自求满足的手段罢了。换句话说，自执乃是爱罗或材知之我的个性。不过这本性在一般情状下是不被朗意识所认知的，乃是隐伏在爱罗心性的"阴面"(无意识或潜意识中)里的人性冲动。此爱罗的本性冲动——材知之我自执自恋的本性——乃是一种无明无实的冲动。"无明",故以"他"为"镜";"无实",故以"他"为"媒"。爱罗对"他"或异己的捕捉,为的就是要在"他"上面看到他自己(以他为镜);爱罗对"他"或异己征服或占有,为的就是要通过的"他"的媒介来拥有他自己(以他为媒)。故他执乃是爱罗我执所必需的手段;离开了"他",爱罗也就看不到、得不到他自己了。

故他执——亦即是以他为镜为媒的我执——乃是爱罗心识的正常状态。我们称这种属于爱罗心识的正常状态为"正爱罗"。正爱罗乃是爱罗心识的正常心态,但却不是它的唯一心态。正爱罗的反面就是"反爱罗",与"正爱罗"心态相反的爱罗心识。"反爱罗"也可视为正爱罗的反动,因为它正是由爱罗他执的挫折所产生的一种不正常心态。既然无法通过他恋他执来满足爱罗的自恋自执,爱罗就被迫回到他自己,依靠自己的力量来满足他自己了。

但我们已经说过,爱罗自执的本性乃是无明无实的,他执乃是爱罗自执所必需的手段。当爱罗被迫回到他自己时,他就必须靠自我异化——把自己幻化成一个"他"——来满足他自己了。这就是爱罗心性"自恋情结"的辩证根据。自恋情结乃是爱罗在自恋本性无法循正常的他执之道来满足他自己时所陷入的情结。希腊神话中的 Narcissus(纳西索斯)乃是爱罗自恋心性的人格化;他的最后归宿乃是爱罗自恋情结的最佳写照:纳西索斯这位美男子(材性知能)由于无法从异己之爱中得到满足最后爱上了他自己。他在一池春水中对着自己的影子自怜自爱,为了拥有他自己而堕入池中被淹死。神话中的对影自怜所象征的就是爱罗心性自我异化中以"他"(自我的异化)为镜的心识。自恋乃是一种无效的、无法开花结果的爱。故自我摧残或毁灭乃是爱罗自恋情结的必然结局。反爱罗中材知之我的自执自恋不是爱罗的肯定而是爱罗的否定。为着避免走上自我摧残或自我毁灭的道路,本来为了正爱罗之无法自满而自执自恋的材知之我,现在只好再踏入那他执他恋的无边困局,再去忍受那永无止境的挫败与折磨了。由是由正爱罗而反爱罗而又回到正爱罗——这个由爱罗心性的本质所构成的恶性循环乃是神秘感精神文明问题心的症结所在。爱罗心性的意识型态正是依循着正爱罗与反爱罗的辩证关系而问题化的。在以爱罗精神为主导的希腊、西方文明里,逻各斯理性就是就这爱罗心性问题化的历史劫运而生的智慧结晶。

　　理性生于意识心的问题化。问题化的意识心一方面是人类烦恼痛苦的根源,但另一方面却正是生命权能创造性原动力的所在。由正爱罗与反爱罗的辩证关系所纠缠而成的问题心乃是一个解不开的死结——也是一个不应解开的死结。因为这死结若是解开了,也就没有爱罗生命的原动力——也就没有爱罗生命了。那么应爱罗心识问题化的劫运而生的逻各斯理性究竟有什么作用呢?它在希腊、西方的爱罗文明里究竟扮演着一个怎样的角色呢?

　　理性的作用不在于问题心的泯灭,这不是本身生于问题心的理性所能做得到的。那么人类理性岂不是一无用处了吗?当然不是。人类的理性还是有它的作用的,有它的独特的本领的。什么本领呢?那就是一种"死结中开活结"的本领,亦即是破限有为、曼陀行极的本领。以爱罗文明为例,由正反爱罗的辩证纠缠而成的死结绝不是逻各斯理性所能解开的。逻各斯理性所能做得到的不是问题化爱罗心识的泯灭而是爱罗创造性的推尽表现,亦即是材知生命的不断强化与完美化。这种破限有为的理性表现不正是匠心匠识的作用吗?是的,匠心匠识正是逻各斯理性运作的具体心识。而这种匠人理性亦正是希腊、西方文明所赖以克服其虚无与暴力的两面危机的基本武器。

"逻各斯"的本义为语言。语言乃是文明宇宙意义世界得以开显的源泉和媒体。但这胜义的语言不是逻各斯所独有的,譬如在中国人的仁性精神文明里与逻各斯相当的"道义"(仁爱理性)一词亦涵摄意义世界("义")为语言("道")所出的泰古原义。不过,这具有普遍性的胜义"语言"都不是那个在人类各个不同的精神文明中"死结中开活结"的理性观念。真正左右着希腊、西方爱罗精神文明的历史时运的不是等同于语言本身的逻各斯,而是讲匠人语言的逻各斯——在控制性智能的罗陀丹道中熔锻出来的逻各斯,这正如真正主宰着中国人仁性关怀文明道统的不是泰古的"道义",而是为监护人意识所本的"道义",前者乃是英雄人格控制性智慧所生的理性道术,后者则是道德人格实存智慧所生的理性道术。

在希腊神话的象征语言里,阿波罗神与狄俄尼索斯神的关系正是爱罗或匠人理性与内在于爱罗惊异人性冲动中材知本体混沌无明的关系。根据尼采的解释，代表希腊文明的最高成就的悲剧精神乃是阿波罗精神与狄俄尼索斯精神结合的结晶品。这两种精神的结合品的真正象征意义在哪里呢？我们的看法是：这结合品所象征的正是英雄人格"死结中开活结"的曼陀行径，在爱罗生命虚无与暴力的危难困境中力求人性的完美表现的创进精神。理性与非理性是无法分开的：没有狄俄尼索斯的无明也就不可能有阿波罗的清明。理性生命所要克服的亦正是它得以持续发展的生命原动力。这个理性与非理性——逻各斯与材知混沌——的辩证关系，在西方哲学家中大概没有谁比尼采看得更清楚、更深刻了。

英雄人格与逻各斯理性——这是爱罗精神文明的两大支柱。希腊、西方文化中的材知英雄都是在正反爱罗不解缘的死结中挣扎做活而成就其曼陀果报的大人物。这为爱罗惊异精神所驱使的大人物，他所成就的曼陀果报都是通过生命权能、创造权能"简别分裂、动而愈出"的创造性实存格局熔锻出来的。哪一位爱罗英雄不是在"简别"处显精彩、"分裂"处见功夫的个体性实现者呢？材知英雄的生命强度不正是在简别分裂的实存格局中凭借"自克克物"的逻各斯理性来完成其不朽大业的吗？

是的。真正的英雄人物在其实存性格的深处必然是一位逻各斯理性的奉行者。因为真正的英雄人物都必然是他自己实存生命的匠人：英雄的自克乃是英雄人格自塑成形（自我创造性）的先决条件。无自克的本领也就无克物的本领。英雄人格的实现决定于英雄自塑过程中的自克。

希腊文"逻各斯"和梵文"瑜伽"(yoga)都是含有浓重克锻意味的名词,其中尤以后者为甚。精神文明都有内在于此精神文明而为其大人人格破限有为所本的理性道术。瑜伽之于雅利安、印度文化,正如逻各斯之于希腊、西方文化,同为精神文明理性道术中最具涵盖性的观念。广义的"瑜伽"指的不仅是为一般人所熟知的禅定修养功夫,而且是任何超脱人格修真达道的曼陀行径,正如广义的"逻各斯"不仅包括形式逻辑,也包括任何其他为英雄人格破限有为所本的克锻(自克克物)功夫一样。当然瑜伽与逻各斯是有差别的,主要差别就在超脱人格与英雄人格的差别上。超脱人格的理性道术和英雄人格的理性道术自然有显著的不同。超脱人格所要超脱的正是英雄人格的实存生命、英雄人格的意义世界。但我们必须立即加以补充的是:超脱人格的超脱对象是不限于英雄人格和他的意义世界的。因为超脱人格所要超脱的乃是问题化意识心加诸实存生命的一切枷锁或桎梏;而问题化的实存生命可以是英雄人格的、道德人格的、先知人格的或是其他由此三种基本人格类型所混成或演变而成的实存生命。在以仁性关怀为主导心性的中国责任感文明里,道德生命的问题性乃是超脱人格所要超脱的对象,先秦道家所向往的至人、真人可以说是此一类型超脱人格的代表。至于西方的情况就比中国复杂得多了。由于西方文化乃是一由希腊、罗马与犹太教、基督教两大传统结合而成的文化,故西方的精神文明乃是一个由神秘感与怖栗感的结合所代表的意识心性为主导的精神文明;西方文明所树立的大人人格常是英雄人格与先知人格的结合。而在西方思想史里由神秘主义所开出的超脱人格正是以英雄人格与先知人格的暧昧复杂问题性为其超脱对象的。纯粹以英雄人格的问题性为其超脱对象的"超英雄主义"在西方历史文化中并不多见。而"超英雄主义"却正是雅利安、印度文化中实存生命超脱形态的特质。

印度文化究竟孕育着一个怎样的精神文明呢？从历史发展的轨迹来讲，我们可以说那是一个由英雄主义经反英雄主义而成超英雄主义的"超神秘感"文明。换句话说，雅利安、印度文化与希腊、西方文化在精神文明上乃是一个两极的表现。但这精神文明的两极在其本质上乃是息息相关的——而且是同源的。此乃因神秘感文明与超神秘感文明都是爱罗惊异的产物。一般比较哲学研究者对西方与印度文明在精神上的两极差异都有概括性的认识，但对两者本质上的辩证的关联却是不甚了了。普通人更是轻易地以包括中国与印度在内的"东方文明"与"西方文明"相对。其实，在意识心性的形态上，起码在某一义上来说，印度文明与西方文明要比与中国文明接近得多。

二、正爱罗、反爱罗与超爱罗：印度精神文明在心识发展上的辩证历程

我们今日所知的印度文化原是由多个迥然不同的远古文化体系结合而成的，其中最主要的是大约四千年前由中亚西亚入侵北印度的雅利安（aryan）文化和在印度本土成长而后来为入侵的雅利安文化所摧毁的达伟地安（Dravidian）或非雅利安土著文

化。由中亚西亚入侵印度的雅利安民族和古希腊民族都是印欧民族的支裔。他们所说的梵文和古希腊语更是非常接近的两种印欧系语言。雅利安民族所带来的《吠陀经》后来成为印度文明宗教、哲学思想的宝库，为婆罗门教和（后来的）印度教信徒所虔信奉行的无上圭臬。其实，今日被公认为构成印度精神文明特征的几个重要因素或观念——如厌世思想、（极端）苦行主义、偶像崇拜、禅定方法等——在《吠陀经》和初期的印度宗教、哲学思想里是找不到的。我们今日对非雅利安或达伟地安的印度本土文化所知仍然非常有限，不过根据考古学和人类学的成果来推断，这些在原始"吠陀文明"里找不到的因素或观念正是非雅利安文明的贡献。用意识心性的语言来讲，我们以为雅利安人原始的吠陀文明和古希腊文明原是一对同出于爱罗惊异的双生兄弟。但由于受到达伟地安土著文化的影响，原始的吠陀文明产生重大的改变：由雅利安文明与非雅利安文明的结合而产生的印度文明不再是一个单纯的（正）爱罗精神文明，而是一个日渐趋向于其负面的反爱罗精神文明。但反爱罗的精神成长并不是印度文明的终站。站在意识心性发展的立场来讲，印度精神文明发展的高峰不是反爱罗而是超爱罗——正反爱罗的同时超脱。而代表超爱罗精神的就是印度佛教。

超爱罗就是他执我执的同时超脱。这种理想和境界当然不是印度文化一开始就有的。刚好相反，在印度文化发展的初期，我们透过它的原始神话和宗教思想所看到的意识心态和从荷马史诗里所反映出来的早期希腊文化的意识心态实有非常相似的地方。因为和希腊文化一样,印度文化一开始就是一个为爱罗惊异神秘感所主宰的文化;这两个古代文明都是为英雄主义的气氛所笼罩着的精神文明。而在这两个精神文明里所开显的意义世界乃是一个为人与神之爱欲、权力欲和争霸局面所决定的材知宇宙。在《吠陀经》的宇宙里,由婆罗门巫师所主持的牺牲祭仪乃是人得以从众神手中取得宇宙控制权的权力锁钥。"婆罗门"(brahman)一字本来指的乃是牺牲祭仪中所用的神圣咒语或祭仪本身,后来兼指念咒的巫师,最后更演变成为此咒语和整个牺牲祭仪所代表的宇宙权力。在《奥义书》时代,这个神圣咒语所运使的宇宙权力也就完全绝对化,一变而为万有本体的"大梵"了。

控制万有的宇宙权力本来是属于众神的,而不是属于人的,对内于人的材知主体来讲,众神及其所拥有的宇宙权力都是不可捉摸的"他"——爱罗惊异神秘感所执的对象。《吠陀经》中规定的种种牺牲祭仪正是诱使或迫使众神运用其宇宙权力为人服务、满足人的种种欲望的宗教手段。不过,假如牺牲祭仪能有这种能耐的话,那牺牲祭仪本身不就成了宇宙权力的根源了吗?再者,既然人能通过牺牲祭仪的媒介来运使宇宙权力,那么宇宙权力必然是一个独立存有的力量,和众神就没有本质上的关联了。故在婆罗门教、婆罗门主义发展的末期,我们可以看到两个明显的趋势:一是宇宙权力本身的独立化、客观化,另一则是宇宙权力根源的人间化。人间化的宇宙权力(牺牲祭仪)称 brahman,客观化的宇宙权力后来也称 brahman。如是 brahman 一语统率一切存有，上天下地莫非 brahman 的权力之邦——《奥义书》里"他即我"的思想已经是呼之欲出了①。

《奥义书》哲学中的两个最主要的观念——"大梵"(brahman)与"真我"(atman)——毫无疑问乃是承婆罗门主义后期客观化、人间化的宇宙权力思想演变而来的。《奥义书》里的"大梵"不过是客观(离众神而独立)宇宙权力这一观念的绝对外在化，而"真我"这一观念则是人间化宇宙权力的主观化、绝对内在化。这个推之至尽的观念演变正是哲学思想曼陀行极的表现。"绝对的他"亦即是"绝对的我"——这是一个多么令人心灵震撼的形上命题、形上肯定啊！

从意识心态的层次来讲，印度哲学从婆罗门主义至《奥义书》主义的思想演变其实是并不难理解的。一个为爱罗惊异神秘感所主宰的哲学心灵——希腊、西方和印度精神文明里的哲学心灵——对于那个为神秘感永恒对象的"他"只有两种基本态度：一是"他"的肯定，另一是"他"的否定。这正是正爱罗与反爱罗心态的不同，亦即是希腊、西方与印度两大文明形上姿态的基本差异。希腊、西方的精神文明乃是一个乐于神秘感的他执、在他的肯定上作无限追求的精神文明。但自《奥义书》时代开始，印度文明就开始走上一个与希腊、西方背道而驰的精神方向——一个以他执为苦而在"他"的否定或自我的肯定上作无限内返的精神方

---

① 对权力观念在宗教与哲学思想中所扮演的重要角色，近人 A. L. Herman 有非常精辟的论述。可参考《印度思想序论》[*An Introduction to Indian Thought*（Prentice-Hall, 1976)]，第 25—47 页。

向。对《奥义书》那群在深林中冥思默观的哲人来说,那个为希腊哲学乐于追求的"他"——一个永恒的异己——是无法忍受的。人是永远不可能在一个永恒异己上得到满足的。刚好相反,这个永远无法与我为一的"他"乃是人类一切烦恼痛苦的根源。故"他"的否定乃是苦恼的解脱与精神生命的满足所系的关键。但什么叫作"他的否定"呢?一个对"他"不能忍受、为"他"所苦的精神生命在其极端的心识里都难免有"吾与汝偕亡"的绝灭要求。但这种绝灭要求是自杀性的,是不切实际的。人是一个有意识的存有,而通过意识作用而出现的"他"是无法绝灭的。故"他"的否定不可能是"他"的绝灭。反爱罗心态所要否定的其实不是为意识对象的"他"而只是"他"的"他性",亦即是意识心之以"他"为"他"。《奥义书》哲人所要否定的正是以"他"为"他"——为异于己——的心识。但一个没有"他性"的"他"也就不是一个真正的"他"。不以"他"为"他"亦即是以"他"为假——那个"他"其实就是我啊!

以意识对象的"他性"或"异己性"为真实,对《奥义书》的哲人来说,乃是一切虚妄、罪恶与苦恼的根源——这个认识,我们可以大胆地说,乃是开启自《奥义书》以来印度主流传统哲学的锁钥。印度正统六派中最具影响力的两个派别——数论与吠檀多学派中的商羯罗学派——就是完全循着这条思路建构而成的哲学体系。商羯罗学派直承《奥义书》而来的"无限大梵"(unqualified brahman)就是一个绝对纯我(无丝毫异己因素)的观念。而在数论学派的二元本体理论中,"神我"(Purusha)与"材质化元"

(Prakriti)所幻化的心物世界正是纯我与异己的分别。这两个学派虽然有一元与二元本体的差别，两者在肯定一切异己心识为假的形上姿态上却是相同的。

有一点必须立即指出，在印度哲学中异己心识乃是一个涵摄极广的观念。它不仅包括为意识心所认知的自然宇宙，也包括意识和潜意识或下意识层次的一切身心活动——当然包括那个在日常生活中不断为"他"所牵制的生理我和心理我。那么，真我究竟是什么呢？那个不再为虚妄的异己心识所控制的真我、纯我究竟是谁呀？

纯我就是纯知：这个答案的内涵我们在上文讨论正反爱罗的辩证关系时已经剖析过了。纯知就是以自己为对象的知性作用。数论学派的"神我"和商羯罗学派的"无限梵"和亚里士多德的不动动因或神乃是非常接近的观念，都是爱罗形上心灵自恋、自执心识的产物。这种哲学观念和心态所代表的乃是材性知能中"知性"与"非知性"的分裂与对立。反爱罗生于正爱罗材知生命的矛盾与挫折。在神秘感背后的知性主体乃是材知之我的核心所在。当知性主体无法通过异己的媒介来满足其他执时，也就只得以自己（知性本身）为其自求满足的对象了。

在希腊、西方的爱罗文明里，以逻辑语言为本的逻各斯理性乃是材知主体他执所凭借的理性道术。知性作用自恋行为的结果只是逻辑语言无意义的重复。在希腊神话中追逐美男纳西索斯最热烈的女神以"回音"(echo)为名不仅点出希腊爱罗文明中理性道术偏重语言的本质，也暗示知性自恋情结中逻辑语言的空洞与无能。材知生命的创造性原是通过逻辑语言简别外在的格局而动而愈出的。但逻辑语言本身却不是材知之我得以满足的东西。

虽然在印度的反爱罗文明里，因明语言在以泯灭异己心识为目的的瑜伽理性中也扮演着一个非常重要的角色，但瑜伽基本上却是一个把身心与语言（包括因明语言）俱视为熔锻对象而一炉共治的理性道术。此乃因反爱罗的瑜伽理性乃是针对正爱罗意识的问题化而生的。在人类依身起念、依念作茧的过程中，为正爱罗心态所本的异己意识早就随场有权能的运作而遍布在由身心与语言的纠结所织成的虚机茧网里。身心与语言的纠结原是人类文明场有中一个最显著的特质。在希腊、西方的文化传统中，为逻各斯理性所本的逻辑语言早就对形躯或根身宣告独立了，只是它相对于意识作用的独立却是20世纪才有的事。但逻各斯理性、逻辑语言真的能超离身心而独立吗？这个问题的答案是否定的。表面上看逻辑语言所涵摄的纯粹抽象结构乃是一个超离身心甚至超离一切现实事物的永恒存有。但这只不过是柏拉图学派哲学家形上姿态投企的空洞观念罢了。事实上，逻辑语言所涵摄的纯粹结构乃是内在于道体权能的一个抽象形式；这个抽象形式所代表的乃是由权能运作断而又断的创造性所构成的简别分裂的存有格局。用意识心性的语言来讲，简别分裂正是一个"异己的结构"或"异己的格局"。断而又断，分而又分——这是逻各斯理性的根本精神。成于异、立于异，以事物之简别外在个体性（无暧昧性）为其结构所本的逻辑语言正是在反映权能断而可分之严明处显其作用的。权能之断而可分一方面可见诸自然行文之断而可分,另一方面则更可见诸人为造作文明行文之断而可分。所以逻辑语言所涵摄的简别分裂的存有格局作为权能运作的抽象形式来看确是超越身心、超越一切个体事物的——因为身心与事物在自然与文明行文层次里的断而可分性无不被此简别分裂的存有格局所涵括。不过,逻辑语言本身在其根源处却是人类依身起念、依念作茧的产物。逻辑语言乃是文明行文的一部分;它所展现的抽象形式乃是道体权能在道形器一体相连的超切场域里所开显的抽象形式。如是逻辑语言乃是和身心事物密切相关的场有者。它所展示的抽象形式正是它和身心事物间的场有相对相关性。

虽然在印度哲学、宗教思想里,与西方的逻辑语言相当的因明语言也扮演着一个同等重要的角色,因明语言之于瑜伽理性与逻辑语言之于逻各斯理性乃是形貌相似但精神迥异的两个关系。不错,逻各斯理性与瑜伽理性同为控制性智慧之所出,但前者是外向的,而后者则是内向的。为逻各斯理性所运用的逻辑语言乃是正爱罗心态他执的无上法宝;但瑜伽理性所驱使的因明语言却是反爱罗我执的不二法门。逻各斯逻辑乃是立于异、成于异的理性道术,但以消除或泯灭异己心识为能事的瑜伽因明在其终极开心处与前者刚好是南辕北辙的两个理性方向。通过逻辑语言逻各斯理性所要展示的乃是权能运作断而可分之严明;但通过因明语言瑜伽理性所要点破的却正是权能断而可分之虚妄。反爱罗自返心识借瑜伽理性道术的层层遮拨功夫所要追寻的正是那个为分断妄相所掩盖的存有实相——绝对无断、绝对无分的权能本体。这就是《奥义书》中摄所（客）归能（主）的"真我"或"大梵"了。

每一精神文明及其所凭借的理性道术在其心性之根源处莫不呈现一独特的权能直觉——此心性所喻于道体权能者。而喻于权能之断而又断与喻于权能之绝对无断正是西方文明与印度文明、逻各斯理性与瑜伽理性之基本分别处。这个差别表现得最明显的就是此两大文明之间在形上姿态与宗教、哲学思想上面的亲密辩证关系。权能之断而又断乃是西方形上心灵所执着、所乐于受用的真实，但对印度的哲学心灵来讲却是虚妄的幻相，是苦恼的根源。而为印度文明我识所执的权能绝对无断相始终是西方哲学传统所难以接受的真实。不过我们不要忘了，道智方中求圆，以有碍求无碍的曼陀罗作用乃是一切理性的本质。他执与我执都是有问题的、有碍的。对喻于权能的简别分裂相的逻各斯理性来说，它最难以接受的权能无断相亦正是它最大的诱惑。西方哲学史上出现的原子和实体观念不都是意图在断而又断、分而又分的权能断相中求不可再断，不可再分的无断相吗？相反，印度哲学中最难于解决的问题亦正是权能断相、分别相的存有性、真实性问题。从权能之有断而证其本无断或从权能之本无断而释其有断都是同样有困难的。

这不就是西方哲学史上所谓"一"与"多"的问题吗？是的。表面上看来，在西方形而上学里由感异成隔的超越心态投企的"一"和在印度宗教、哲学思想中为感同成独心态所固执的"一"实在非常相似：都是一"无断"的观念。但两者之间其实有一个很大的不同点。西方形而上学中之"一"乃是"他化"的"一"，由心藏他识所立之一；而印度宗教、哲学中之"一"则是一个"我化"的"一"，为心藏我识所同化之"一"。虽同为无断的观念，但前者为一摄我归他的无断，后者则为一摄他归我的无断。

摄我归他，这是逻各斯理性、逻辑语言之所长；摄他归我，这是瑜伽理性、苦行主义之所胜。在印度文明的发展过程中，为《吠陀经》、婆罗门宗教所系的牺牲祭仪与兴于《奥义书》时代的苦行主义乃是两种很不相同却又密切相关的理性道术。前者是西来雅利安文化的贡献，后者则是非雅利安的土著文化的贡献。不过，虽然历史渊源有别，根本精神却是相通的。牺牲祭仪与苦行主义同样是控制性智慧所纫造的理性道术。苦行主义其实也可以视为一种广义的"牺牲祭仪"——一种内在于精神生命的"牺牲祭仪"。"牺牲祭仪"乃是一种有所牺牲、有所企求，以牺牲祭品为代价来换取所企求的福祉或目的物的理性道术。在苦行主义的祭坛上成为牺牲品的当然不是吠陀或婆罗门教徒所惯用的牛羊马匹，而是整个以异己或他识为根的爱罗生命和身心我。而瑜伽苦行者以牺牲其爱罗生命来换取的也不是在众神手中的宇宙权力，而是通过心识的控制而来的"自主性"或"自我权威"。有趣的是，瑜伽苦行者相信，苦行自克的力量正是控制万有宇宙权力的泉源。如是，内向和外向的牺牲祭仪乃是辩证地相通的了。

其实，从广义的意思来讲，牺牲祭仪乃是一切控制性理性道术所必具的性格。那么逻各斯理性所运用的逻辑语言也是一种牺牲祭仪吗？一点不错。逻各斯理性乃是爱罗他执的理性道术，逻辑语言则是逻各斯理性建立和控制其有有之邦所必须凭借的工具。有有之邦的建立乃是建筑在生生之流之断裂歪曲上的。逻辑语言的运作乃是一种"暴力"行为——对生生之流之"强暴"。以被"强暴"的生生之流为牺牲品来换取有有之邦的建构，这就是逻辑语言之所以为牺牲祭仪的意义了。

控制性的本能与智慧乃是生命得以维持与滋长的基本条件，但控制性执着的心根心识又正是生命痛苦烦恼的源泉。生命是有代价的：生命本身不就是一牺牲祭仪吗？以苦恼的代价来换取生命的延续与充扩正是公道原理在生命层次最高的表现。但公道归公道，人与其他动物不同，正由于他对公道原理所主宰的宇宙有采取不同形态的自由——包括价值判断的自由。生命等于苦恼——此中自有其公道在。问题是：值得吗？

这个总是生命本身的价值问题——实在是印度哲学的终极关心问题，这个与因果律是无法分开的，因为公道法轮正是以因果律为轴心而运转的。苦恼乃生命的果报：这个看法乃是印度教和佛教之所共。但造成此生命苦果之因究竟在哪里呢？对这个问题，这两大宗教的看法就很不相同了。直承《吠陀经》与《奥义书》的思想传统而以反爱罗心性为基本心态的印度教只是以他执为苦恼的因地，故以异己心识的泯灭等同极乐的境界。但苦恼对佛教来讲，以泯灭异己意识为能事的心态正是一我执的心态；而我执他执实同为苦恼的根源。故佛家不仅主张"法空"（空他执）也主张："我空"（空我执）。一切执着都是有问题的：对"法空"与"我空"的追求本身也可能成为一种执着——对"空"的执着,这个"空执"也应该"空"去。由"法空"而"我空"而"空空"——这不仅代表佛家去执理性的辩证步骤,其实也构成佛家哲学思想历史发展的三个阶段。一般来讲,早期佛家思想的重点在"法空";"我空"乃是在部派和小乘佛教的成长中渐次成熟的讲法;而"空空"的思想则无疑是在大乘佛教里才被发扬光大的。大乘佛学的极乐境界乃是一个通过空一切执的"真实"作用而呈现的。不过,假如某一程度的执着乃是构成自然与文明生命的起码条件的话,佛家所向往的极乐境界是否还是一个生命的境界那就很值得怀疑了。

有执乃是正反爱罗心态的特征。由材知主体通过爱罗他执我执所建构的有有之邦对超爱罗主义的佛教哲学而言乃是一既虚幻而又充满着邪恶的所在。有执基本上乃是一种暴力行为,对佛家来讲正是一切邪恶的本质。但佛家哲学不仅反暴力,也反虚无。有有之邦中的任何一"有"莫不是爱罗有执从生生之流幻化而出的空华,都是幻而不真、虚而无实的。世界上没有任何宗教或哲学对在构成爱罗生命的负面的暴力与虚无上比佛家了解得更深刻、更透彻,也更厌恶的了。我们可以说,大乘菩萨的"智悲双运"正是生于佛家此种超脱人格的形上姿态的爱慧。

"智悲双运"中的"智"乃是就生生之流实相之直觉而言的;"智悲双运"中的"悲"则是就面对爱罗的仁性关怀的心性而言的。对佛家所歌颂的超脱人格来讲,真正的智慧源于生生之流如实的观照。这如实的慧觉诉诸哲学语言就是"缘起性空"的思想。"性空"就是无自性的意思。所谓"无自性"就是无他执我执所投企的实体之性。传统佛学者每以"缘起"解释"性空"(即缘起即性空,惟缘起故性空,)其实是很容易引起误解的。因为佛家的缘起观其实是一个本于生生之流的场有因果观;佛家所谓的"缘起"正是我们所谓的"场有综合",生生之流中的场有综合。在《周易》和怀德海的历程哲学里,一事物之"自性"正在其行有之场有综合里。场有综合乃是一事物行有之具体内容,怎能说它是空呢?所以佛家的"缘起性空"或"无自性"理论不能凭空来讲,因为这个理论原是针对爱罗有执哲学传统(包括希腊、西方和印度的主流哲学传统)而起的反动。严格来讲,佛家哲学所反对的其实不是"自性"观念,而是"实体自性"观念。"缘起性空/无自性"的正确解释应该是:场有缘起,故无实体自性——故性(实体自性)空。换而言之,缘起性空理论所针对的正是有有之邦的虚幻性。有有之邦的虚幻性与其所本的爱罗心识之粗暴乃是一事之两面,故大乘菩萨对治爱罗生命之虚幻与粗暴所运的"智"与"悲"亦是一权能慧爱的两面。《般若经》所强调的"般若智"乃是大乘菩萨观空、证空而入于空的本体慧力,而大乘菩萨"我不入地狱,谁入地狱"的无穷悲愿则是本于生命所本具的原始责任感和承担一切粗暴与邪恶的如如爱力与无尽关怀。智悲双运正是佛教大乘超脱圣者曼陀行极的本体功夫。

生命等于苦恼——值得吗?对于这个问题,传统印度主流宗教、哲学思想的答案是否定的。传统印度人在其心灵深处对生命本身的厌倦和对轮回观念的重视绝对不是其他民族所能比拟的。

由于佛教以生命的苦恼源自爱罗的有执（包括他执和我执），佛教对轮回生命（坠入轮回中的生命）的厌倦可能比印度教更为强烈。但离开爱罗材知之我的有执，还有生命可言吗？超脱轮回的生命究竟在哪里呢？这是佛教哲学中一大难题。对印度教信徒来说，轮回生命的超脱等于真我与大梵的契合；但对一个佛教徒来说，证入涅槃之后也就什么都没有了——因为已经没有他所熟知的"生命"可言了。

但自我肯定乃是生命的本质：生命对自身的全盘否定乃是一件不可思议的事，起码是很难被接受的事。当我们对生命作否定的判断时，我们所否定的其实只是某一种生命——通常是一种被判断为欠缺价值或价值较低层次的生命，而非生命本身。这就是为什么在印度佛教思想发展的末期，"常乐我净"的思想——与《奥义书》梵我（真我/大梵）非常类似的观念——终于在如来藏系的经典中出现。"常乐我净"正是大乘佛教所能接受和向往的满全生命——无执生命的特征。

三、本体之仁、本能仁性、道德化仁：践仁的三层次与仁性生命的内在矛盾

究竟"常乐我净"的生命是否可能，这不是我们要关心的问题。我们在这里必须立即指出的是，不管这词语所代表的满全生命是否可能，这个观念本身乃是一个根植于生命本质的理念——一个从生命的自我肯定中投企而出的观念。生命的自我肯定（生命全盘自我否定之不可能）用儒家哲学的术语来讲，就是孔子所

谓的"仁"。生命的自我肯定为"仁"——这是胜义的"仁",本体义的"仁",而不是落实在自然人生——人的类性——本能中而为血缘家族亲情所本的"原始仁性",更不是由原始仁性的转化而进一步落实在文明存有的社会格局中而为道德规范基础的"道德化仁"。本体之仁是无私的,是涵盖一切生命有情的,而本能或原始仁性和道德化仁却都是私于人类、私于血缘家族或社会民族国家的"私仁"。"私仁"是可以被否定的,是可以成为价值批判的对象的,因为本体之仁的自我肯定并不等于原始仁性和道德化仁的自我肯定。人本主义者总爱把本体之仁等同于人类的私仁,这正是一种私仁的表现。

我们以"仁"为生命的自我肯定。这句话虽然不错,却是很容易引起观念层次的混淆的。因为"生命的自我肯定"可以指生命权能本身的自我肯定,也可以指个体生命的自我肯定,这是两个不同层次的观念。我们所谓的"本体之仁"指的乃是生命权能(本身)的自我肯定,而非个体生命的自我肯定。后者与前者乃是场有者与场有自身的关系;个体生命的自我肯定乃是生命权能自我肯定一理之分殊。

不过,不管从哪一个层次来讲,生命的自我肯定或自仁自爱都是一暧昧的权能行沟。因为生命的自我肯定有来自本体之仁(或本体仁性)无执的一面,也有来自本体之材(或本体材性)有执的一面。在人的生命里,无执有执的自我肯定乃是分别通过仁性关怀与爱罗惊异两种意识心性表达出来的。源于爱罗惊异的人性冲动乃是一种为他执我执的缠结所激发的爱欲冲动,源于仁性关怀的人性冲动则是一种以无执的感通与开放为其特征的仁爱精神。无执的仁爱与有执的爱欲（请注意"爱"字的暧昧含义），此乃是生命权能表现在人性中的两面。生命权能正是通过此两种行沟爱力来发挥其创造性与生命力的。

除了对生命负面的感受有程度上的差别外，儒家和佛家在其生命精神所本的意识心性和形上姿态上其实是相当一致的。两者都是站在生生之流的本体立场上来看宇宙人生，来承担一个为仁性关怀的人性冲动所充贯的意义世界。孔子在《论语》中所拈出的"仁"相当于佛陀的"慈悲"；而为儒家形上智慧所贯注的《易传》在扣紧生生之流的本体立场上来讲则相当于继原始佛家"无常无我"和"十二因缘"观念而发展出来的"缘起性空"思想。宋明儒以来自本体之仁的"良知"（本能的原始仁性）来对治材知之我所执的"人欲"，就好比佛家以无执的慈悲（慈悲正是一种无执的、充极的仁爱）来拯救为有执爱罗生命所苦的众生一样。当然，这些对比只是一种粗略的讲法，但对我们这里所要表达的意思来说，已经是足够的了。

儒家和佛家所代表的是同一个在哲学的基本信托上以仁性关怀的主体诚仪来契证生生之流形上本体的文明体系。这当然不是人类文明唯一能走的道路。偏重爱罗心识的希腊、西方文化传统，走的就刚好是一条与此对立的路子。希腊、西方文明所开显的意义世界乃是一个以有有之邦为形上架构而涂满着材知英雄有执色彩的意义世界。入侵印度的雅利安文明本来走的也是这条路子，但在入侵印度之后，由于受到本土非雅利安土著文明的强烈影响,后来奉印度教为正统的印度文明也就呈现出一个非常特异的性格。印度正统文明最显著的特征就是本体权能的绝对我化、实体化与建立在生生之流、有有之邦上面的具体意义世界之相对虚幻化。这正是反爱罗心态与正爱罗心态相反却又与仁性关怀心态迥异的地方。此外,构成西方文明另一支柱的犹太教、基督教传统却又由于基本心态的不同而呈现另一特异的性格。犹太教、基督教文明源于中东型"中间偏右(偏东)"的意识心态——深为上帝(仁性关怀)与魔鬼(爱罗有执)的矛盾对立所苦的意识心态。"偏右"就是偏向上帝所代表的仁性关怀,故亦是"偏东",偏向儒佛两大传统所走的路子。不过,自从基督教文明与希腊文明结合之后,原来偏右、偏东的性格也就渐为两边矛盾对立的性格所取代或掩盖了。

相较之下,我们很明显地看出,由儒、道、佛三家意识心所结合而成的中国精神文明乃是一个最为单纯的精神文明。道家介于儒佛两家之间,骨子里走的也是一条以仁性关怀的主体诚仪来契证生生之流形上本体的路子。所以流行于宋以后的"三教同源"之说实在是很有根据的。不过,主张三教同源的人,由于对意识心态的深层结构和各大文明传统间在其根本精神处的辩证关系没有足够的认识,对儒、道、佛三家所代表的思想和文明传统也就不可能有确切的定位了。

仁性关怀的主体诚仪与生生之流的本体信托——此两者之相交处所挺立的形上姿态,亦即是儒、道、佛三家本体功夫得以起用的所在。这是一种怎样的本体功夫呢?一言以蔽之,这是一种

"同体感通"的本体功夫。同体感通的精神就是"仁"(仁性关怀)，同体感通的历程就是"易"(生生之流)。仁贯于易，这就是同体感通本体功夫的精髓了。

"同体"有"同一"生命之体或"同具"生命之体两层意思。构成身心我的形躯和各种官能或机能乃是属于"同一"生命的组成分子，这是内在于同一个体生命的"同体"。世间一切有情虽然不在"同一"生命之体，却由于同为生命权能所流贯，所以莫不"同具"生命之体，这是内在于生命场有的"同体"，亦即是联结个体生命的"同体"。不管是同一义或同具义的同体，感通乃是生命同体的自然倾向。儒家哲学所本的"仁"就是以此生命同体的自然倾向为其具体内容的。

儒家所讲的仁或恻隐之心，道家所讲的慈，和佛家讲的慈悲基本上指的都是生命同体的感通之情。此感通之情的最后根源乃是绝对无私的、开放的、宽容的，因为它其实就是以始德为德的生命权能——肯定一切、成就一切的如如之爱。但生命权能是不能离开个体生命的场有而言的；而流贯于个体生命的生命权能则又必然是一个成私着相的生命权能——通过元德之机的场有综合来成就其始德真如的生命权能。故就人的生命层次来讲，内在于实存生命中之仁性不是本体之仁自身而是落实于自然本能及文明社会层次里的本体之仁。由于元德之机的运作乃是一个成私着相的过程，落实了的本体之仁也就不可避免地夹杂着私仁的成分，不可避免地以私仁的性相或姿态呈现了。

现实仁性之所以为私仁，一方面固然来自实存个体材知之我的他执我执，但另一方面也来自场有大传统无始以来由权能运作之无尽隐曲所造成的无明因素——包括人类历史文化中由文明造作的积习所造成的痼癖与偏见。"同体感通"乃是仁性关怀的本质，正如"异隔对执"乃是爱罗惊异的本质一样。远在文明开创之前，人类由共同生活所共建的实存世界即已为这两种生命权能的本然倾向所支配着。在有执爱欲与场有无始无明因素的纠结所形成的重重限制之下，现实仁性中同体感通的力量就显得非常薄弱了。

现实仁性相对无明有执的薄弱早在两千多年前就已是睿智的宗教或哲学心灵所公认的不争事实。儒、道、佛三家的创始人正是在这生命的不争事实之前建构其理想世界的圣者、智者、觉者——骨子里都是"知其不可而为之"的曼陀行极者。"知其不可"乃是就其大人理想的完满实现而言的。只要有生命一天，就会有仁性与材执的对抗，就会有生命的无明、邪恶与苦恼。生命是有代价的，公道法轮的运转是不会停顿的。

那么为什么这些圣、智、觉者还要在公道法轮之前坚持其"知其不可"的抱负呢？这个问题应该分三个方面来讲。每一个本于仁性关怀的宗教或哲学理想在其终极关心之处都是要为人类找出一条安身立命之道。对于这些生命终极理想的创始者而言，他们所开出的生命之道的理想性格和价值可以有三种不同的意义，即① 对创始者个人的意义；② 对与创始者德慧相似的少数人类的意义；③ 对大多数人类的意义。作为少数人（包括创始者个人）的理想而言，这些"知其不可而为之"的生命之道也许是没有问题的,但作为众人或大多数人的理想而言,它们的理想性格和价值就不无疑问了。

一个永远不能实现的理想只是空想而已,空想是没有什么正面价值可言的。不仅如此,当一个崇高但无实现可能的理想价值变为一个民族文化传统的金科玉律而成为普罗大众赖以安身立命的最后凭借时,它由反效果和其他因素所造成的伤害往往不是这些理想的原创人所能想象得到的。

对于这个问题,陀思妥耶夫斯基笔下的《大裁判司》就看得很清楚。真正能够跟随着耶稣走,接受他"(主体)自由"的福音而成就一个挺立的精神生命的只是人类中少数中之少数。大部分的人类都是无法享用其主体自由的弱者,甘为身心的世俗幸福而向宗教权威交心的,在大人人格前抬不起头来的可怜虫。大裁判司的不平之鸣也许过激了些,也许他根本就误解了耶稣的本意。但他所看到的一个重点——大部分人类在实现大人人格方面所表现的生命力的薄弱(曼陀禀赋的不足)——却是令人难以争辩的事实。不仅耶稣而已,两千多年来真正能跟着释迦、孔子、老子和其他理想人格的创造者走至尽头的究竟又有几人呢?

不过,话得说回来了。这些"知其不可而之为"的觉智圣者难道就真的只为少数人类说法、说教或宣示福音吗?难道他们对人类大众的软弱人性熟视无睹吗?当然不是,否则他们就不会"知其不可而为之"了。"知其不可"正是针对普罗大众的情况而言的。"知其不可而为之"那就必然有它的原因或理由。那么原因在哪里呢?他们为什么要对软弱的普罗大众揭示一个崇高但永远不能在他们身上实现的理想呢？

理由当然是有的，而表达这个理由最概括也是最具体的语言只有两个字：那就是"希望"。人是不断希望的场有者。"知其不可而为之"的觉智圣者的希望也就不是一个"完全有效"的希望——一个有完全满足的可能的希望。觉智圣者对普罗大众的希望乃是一个打了折扣的希望。这个希望的有效性不在于崇高理想的满全实现，而在于崇高理想所能产生的提升转化作用和通过此作用可能取得的现实效果——向崇高理想不断接近的现实效果。换句话说，觉智圣者对普罗大众"知其不可而为之"的希望行为其实是一种存有转化的策略——一种"向高处想"或"退而求其次"的理性道术。至于这种策略是否真正有效那又是另外一个问题了。

在任何一个民族的精神文明里，崇高理想在大人人格与在普罗大众生命之间希望有效性的差别乃是此精神文明必须加以解决的核心问题。历史的经验告诉我们，大人理想的大众化、普罗化几乎是人类文明所必经的道路。在世界宗教发展史中"信者得救"这一观念的出现乃是大人理想大众化最显著的例子。为了普罗大众，基督宗教的圣者们强调上帝的恩宠；大乘佛教的菩萨们也打开了许多往生净土的"方便法门"。通向上帝或佛陀之路真是越来越简单、方便了。

但世界上容易得来的东西大半是有问题的。大人理想相对于普罗大众的希望无效性乃是罪恶感、自卑感、虚无等一切亏负意识的一主要根源。而大人理想的大众化、庸俗化则又有丧失其提升转化作用而造成一价值真空状况的危险。这是不是一个两难的局面呢？是的。由大人理想与众人理想的差距和对立所造成的矛盾关系乃是任何精神文明都无法避免的困局。假如这个问题容易解决的话，人类早就生活在人间的天堂了。

当我们用这个观点来比较和衡量世界上各大宗教或主流哲学思想中所涵摄的文明存有策略时，我们就很难否认构成中国文化精神骨髓的儒家哲学确有其高明之处。虽然在儒家的哲学和文化传统里大人理想与众人理想仍然有一个相当大的距离，但我们却看不到一个在印度和西方文明传统里所常见的现象——大人理想与众人理想背道而驰的现象。此乃因儒家哲学中的"大人理想"本是一套为大多数人设想的文明策略，使普罗大众皆有"成大人"可能的文明策略。这套策略自然也有它的缺憾，但它在消除大人理想与众人理想间对立矛盾方面所作的贡献却是不容否认的。儒家哲学所奉行的"圣贤之道"不正是匹夫愚妇、普罗大众同样可以借以安身立命的"践仁之道"吗？

"践仁"乃是指向儒家哲学本体功夫最精简的语言。践仁的本质就是我们所谓的同体感通。儒家哲学把作为大人理想具体模型的圣贤人格安顿在仁性冲动的活水源头上，这当是不争的事实。仁性冲动就是同体感通的冲动。但同体感通乃是生命权能的本事，和生命权能本身一样，是可以有不同层次的讲法的。大致说来，我们以为"践仁"的功夫可以分成三个层次来讲，即是我们在前文提过的本体之仁、本能或原始仁性和道德化仁。这三个层次分别代表同体感通三种不同的量格。兹分述如下：

(1) 本体之仁。这无疑是同体感通量格至于充极状态之"仁",亦即是程明道所云"仁者,与天地万物为一体"之"仁"。用爱的语言来讲,本体之仁就是如如之爱,对一切存有绝对无差的、绝对一视同仁的"爱"。在此本体仁爱之前,不但人与草木瓦砾同俦,善恶美丑等也是没有分别的。但本体之仁之所以超越一切差别相正来自它肯定一切的如如。这就是为什么王阳明既以"良知"或"心之体"为"无善无恶"又以它为"至善"的缘故了。

如如之爱亦即是以始德真如为德之爱。只有道体权能本身才有超越一切、肯定一切、成就一切的资格。故以真如为德的生命权能乃是与本体权能相契合的生命权能。这就是儒家哲学以"生生之德"归属于"天"(道体)的用意了。

(2) 本能或原始仁性(或类性之仁)。这是落实在人性中之"仁",亦即是本体之仁在人的类性禀赋限制之下所本具的同体感通的力量。孟子所谓的"恻隐之心"或"不忍人之心"指的正是这人类原始的仁性或"良知良能"最具体的表现。由于本能或原始仁性乃是本体之仁在人性中的落实,故此"良知良能""良心"或(后儒所谓)"本心"当然地把纯净的本体之仁(至善、绝对无差的如如之爱)涵摄在内。事实上,儒者所要存养扩充的正是这纯净本心的良知,为圣贤人格得以成长满全的至善的种子。但此种子所本具的绝对无私的同体感通力量却不是本能或原始仁性最自然的表现。人类在仁性方面最自然的良知良能不是无私的如如之爱而是私于个体、私于血缘家族、私于民族国家和私于全体人类的私仁。孟子的"不忍人之心"原是对人讲,不是对其他动物讲,更不是对草木瓦砾讲的。故"义"一观念乃是孟子仁学思想的核心。"义"就是"仁"(类性之仁)之所宜,亦即是人同体感通所必须遵循的自然理序。践仁的步骤亦即是同体感通的步骤,以个人为中心逐步向外扩大"取义"范围的步骤。简括来讲,"践仁"就是一个"推己及人"以致"及物"的历程。由《孟子》书中所述"见牛未见羊"一故事来看,推己及人以至于物(其他动物)确是孔孟的本意。不过,践仁取义的"外推"功夫究竟如何可能呢?要回答这个问题,我们就必须再回到本体之仁自身这一观念来了。由于落实在人类原始本能的仁性乃是一种类性的私仁,推己及人及物的践仁功夫乃是在私执的重重限制下进行的。同体感通的充极至尽——是践仁的曼陀行极——只能视为一种理想,而绝不能视为现实人性的自然趋向。若是自然趋向的话,儒家存养扩充的修身理论也就无甚意义了。正因为存养扩充乃是一种"反自然"——最低限度"很不自然"——的曼陀行径(破限有为),所以践仁的充极至尽才能成为儒家大人理想的终极关怀。而为圣贤人格践仁过程中破限有为的创造性根源的正是那隐伏在人的类性私仁里的那颗至善的种子——能够萌生如如之爱的本体之仁。本体之仁是绝对无私的,所以它不仅为仁性创造力的根源,也是仁性批判的最后标准。但人是怎样才能接触到这个虽然为本心之所具却是深藏在人性深处的纯粹良知呢?本体之仁或纯粹良知乃是一种"呈现",这是孟子以来的正统儒家所共许的观念。但既然是一种呈现,那它就不是我们可以随意控制、"呼之即来,挥之即去"的东西。呈现则有,不呈现就无。呈现与否是没有保证的。所以严格说来,儒家的圣贤理想实在很难视为具有普遍性的理想——为任何人都可以实现的理想。纯粹良知呈现的或然率乃是受到人类禀赋的限制的。虽然人人都具有至善的种子,但孕育此至善种子的人性土壤——宋明儒所谓的"气质之性"——却是可以有很大差别的。气质之性是仁性种子的土壤,也是材性种子的土壤。不管是材性知能或是良知良能,人性的发挥无不受到此气质土壤的限制。所以宋明理学家讲究"变化气质"。但这岂是一件容易的事?而且就一般人来讲,变化气质是否真能达到理学家所向往的境地也是非常值得怀疑的。

应该郑重指出的是,最难于呈现——因此也是最难能可贵——的乃是绝对无私的本体之仁,为仁性关怀最后根源和批判标准的纯粹良知或至善种子。私仁却是随时随地呈现的,无甚稀奇的。当然,此所谓"随时随地呈现"的私仁指的乃是私于个人、私于近亲戚友的私仁。至于充扩于个人、近亲戚友之外而对所属民族国家有真正关怀的私仁已经并不常见,遑论以整个人类为关切物件的私仁了。至于人类之外的天地万物,我们真的可能真诚地表现我们的仁性关怀吗?

儒家所讲的仁爱乃是有等级的爱。但"有等级"三个字实在不足以说明仁爱生命的真实——在本体之仁与私仁之间所造成的矛盾、内在于仁性生命的矛盾。私仁是有代价的,一切个体生命的存有和生长——生命的自仁和成私——无不建筑在牺牲其他生命的基础上。这本是生命的公道原理,却不是我们的本体之仁或纯粹良知所能容忍的。虽然,在本体之仁难得一现的日常生活里，我们对为我们一己生命的存有、成长和幸福付出代价的"他人为我"尚且无所感觉，遑论餐桌上煮熟了的牛羊家畜？

"见牛未见羊也……是以君子远庖厨也。"——孟子对这个仁性的内在矛盾自然是知道的。但"远庖厨"就真能解决问题了吗？见牛之觳觫而未见羊就戮的苦痛，难道我们就真能心安理得了吗？难道我们不会因想象到羊的觳觫而仍然无法心安吗？"见牛未见羊"其实是一种"眼不见为净"的想法，严格来讲，乃是一种"不诚"或"自欺"的行为。我们其实是不能心安的，我们不过是强迫着自己去忘记它，去逃避那令人感到矛盾与尴尬的事实。当然，作为一种存有策略来看，"见牛未见羊"的想法是完全可以理解的。试想，我们若在任何关节上毫不妥协地要求满足我们仁性的绝对要求，我们还能好好地生活吗？还能生存吗？

孔孟教人以良心之安否来作为立身处世的准则。这也许是最简捷的践仁之道，但其中所涵摄的问题却不是那么简单的。以"君子远庖厨"的说法为例。即使"远庖厨"能使君子的良心获得安顿，但君子的"心安理得"却是建筑在厨子之无法心安理得上面的。再者，假如人人都要学做君子的话，那么又由谁来掌厨啊！

在这里应该表明的是，我们实在无意贬损儒家哲学的价值，更无意抹杀人类在仁性之道上所表现出来的人性尊严。但仁性生命的尊严不在内在仁性矛盾的逃避，而正在此仁性矛盾的承担上。传统儒家哲学对仁性的内在矛盾和仁性生命的牺牲结构并非全无自觉，只是不愿、也不忍引发隐伏在其矛盾中的爆炸性罢了。当然，由于历史条件的限制，儒家哲学对仁性生命在社会、经济、政治,甚至艺术、科学和宗教等层面的牺牲结构的自觉性显然仍是不够的。

生命是有代价的。我们为仁性的生命在生命各层面里所付出的代价和所作的牺牲就是我们所谓的"仁性生命的牺牲结构"。同样的道理,我们为材性生命在生命各层次所付出的代价和牺牲也就是"材性生命的牺牲结构"。人性乃是仁性与材性的结合,人的生命乃是仁性生命与材性生命的结合。无论仁性与材性如何结合,我们都要为我们的生命付出一个与此结合相应的牺牲和代价。这生命整全的牺牲结构究竟代表什么呢?不代表别的,它所代表的正是公道法轮在人生里运转的具体性相。人生的真实意义必然要通过这公道法轮的具体性相才能清楚地表现出来。

我们在这里无意继续对"牺牲结构"一观念作更详尽的分析。在现阶段的讨论中我们必须强调的一点是:不管仁性与材性如何结合,人性的要求都是永远无法得到满足的。而这人性之不能满足却并非来自人性外缘的因素,如生命的短暂或自然、人为环境的限制等。人性要求之无法满足乃是源于人性内在的矛盾,内在于仁性材性的矛盾。人永远不能满足他的材性知能他执我执的爱欲,因为没有爱执也就没有材知之我了。同样的道理,仁性中的良知良能也是永远无法得到满足的,因为本体之仁的绝对满足,亦即等于私仁的全部否定——个体生命也就不可能了。故我们最希望得到的也同时是我们所必须牺牲的。这源于人性内在矛盾的生命本质的缺憾正是整个牺牲结构的核心所在。但有牺牲即有成全:生命本质的缺憾亦正是生命得以延续的条件。明白这一点，则这个"缺憾"也就有可能不成其为缺憾了。

当然，这生命本质的缺憾也只有在曼陀行极的大人生命中才会被真切地感受得到。因为人性的内在矛盾也只有在仁性材性的推极至尽时才会明显地表现出来。没有爱罗惊异通过材性知能的尽性发挥，你怎能了解英雄人格所受的煎熬？没有仁性关怀本于良知良能的尽心知性，你怎能体验得到圣贤人格的悱恻与无奈？生命的发皇与人性的光辉乃是在曼陀丹道的尽头才显其精彩与庄严的。

儒家尽心知性、存养扩充的修身践仁之道乃是道德人格破限有为的内圣功夫。破限有为的终极目的就是道德生命的精纯——仁性生命的精纯。这里"精纯"两个字乃是就落实于人性的本体之仁来讲的。践仁的功夫就是"致精纯"的修养功夫，亦即是求与本体之仁或纯粹良知相契合的本体功夫。纯粹良知是绝对无私的，故"致精纯"的本体功夫必然以"去私"或"起私"为践仁的不二法门。但人是不可能无私的；人即使有无私之情，却始终无法行无私之实。这就是践仁之道所涵摄的矛盾与无奈了。

作为曼陀行极的一种型态，这条由孟子开出的内圣践仁之道当然是有价值的、可贵的、可以为少数人成就其圣贤人格所凭借的；但若把它视作普遍人类安身立命之道——把它视为一种众人理想，每一个人都应该殚精竭诚，毕生以赴的生命目标，那它的希望有效性和实存价值就很有值得商榷的余地了。由于仁性本然的内在矛盾和自然与文明社会所加诸实存生命的重重限制，一个圣贤人格在其践仁取义、迈向精纯的成德过程中所表现的生命力岂是一般人所能具有的。也许实存生命的价值不在于终极理想的实现而在终极理想的追求。正如浪漫主义思想家列辛（Lessing）所说的："真理的追求比真理本身更可贵。"但理想追求之所以可贵乃在其真诚不二的本体功夫。一个在践仁取义的成德过程中真正表现真诚不二的人已经是圣贤人格了。此"真诚不二"正是生命强度的表现，正是一般人所缺乏的啊！

成德之难，孔孟岂有不知？不然孔子就不会是一个"知其不可而为之"的圣人了。不过，这个"知其不可"明显地乃是针对普罗大众而言的。我们有理由相信孔孟宣扬圣贤人格的理想和践仁的内圣功夫其真正目的不在圣贤人格在人间的普遍实现（因为他们知道这是不可能的），而是把它作为一种文明教化的策略、一种为实现众人理想而宣示的"方便说教"。孔孟所希望见到的并不是"满街满巷都是圣人"，而只是一个道德文明的人间，一个以合理的仁性生命为主导和主要内容的人文宇宙。用儒家哲学的术语来讲，这个普遍可行的众人理想就是"外王"或"外王之道"，而"外王"的存有根据就是我们所谓的"道德化仁"。

（3）道德化仁。所谓"道德化仁"就是仁性的道德化或社会理性化，亦即是本体之仁通过本能或原始仁性的中介作用在社会法制和伦理规范中进一步的落实。这里"道德"一词乃是一广义的用法，用以概括在文明社会中一切对实存个体所施与的诱导和强制的力量。在这一义上来讲，"道德"的观点基本上就是文明社会的观点，文明人类的观点。代表这"（文明）道德"一观念最普遍而又具体的词语就是"应该"和"不应该"。每一个文明社会对属于它的个体分子所施与的诱导和强制力量就是通过这"应该"和"不应该"的道德律令来运作的。道德的关系，换句话说，就是实存个体与其所属文明社会间的关系。文明社会是由实存个体人构成的，故道德的关系当然涵摄人与人之间的关系。不过，文明社会虽然由实存的个人组成，但文明社会本身却是一个超越实存个体人关系的存有。文明社会的整体性相是不能化约为实存个体间的关系来解释的。这就是我们为什么不以道德关系直接等同人与人之间的关系的缘故。实存个人之间的关系可以从许多层面来讲，但都离不开仁性关怀与爱罗惊异——仁性交沟与材性交沟——这两条基本轨道。但不管是仁性的或是材性的，人与人之间的交沟可以是自然本能的，也可以是文明造作的。不过由于文明造作乃是从自然本能演变而来的——本来是自然本能的社会化和理性化，这两个不同层次的关系也就变得混淆不清了。故我们同意康德的讲法，自然本能的仁性流露本身是没有道德意义的，是"非道德的"（amoral）。只是我们不同意康德对道德根源的看法。康德的道德哲学最重大的缺失乃在于他没有把道德的"内在根源"与道德的"理性根源"区分开来。由本体之仁落实于人性所构成的本能或原始仁性虽然本身是非道德的，却是道德的内在根源。而道德的理性根源却来自本能仁性的文明化、社会化。不错，所有道德律令都是理性的产物，但离开文明社会的观点，哪里还有道德律令可言？所谓"道德律"者不过是在自然本能文明化、社会化的过程中由问题心的作茧作用所道出的理性道术罢了。我们的意思是：道德律令虽然是一种文明造作，却是一种本于人性的内在根据的文明造作。换句话说,最后分析起来,道德乃是有其超越的根源的。这个超越的根源,内在的讲法就是在自然人性中落实的本体之仁;理性的讲法就是主宰于问题心的道智或曼陀罗智。本体之仁乃是权能之"爱",曼陀罗智乃是权能之"理"。合而为之,我们可以说,道德之大本(超越的根据)乃在权能之"爱理"。此个道德的超越义在康德哲学中是找不到的。

我们以仁性为道德的内在根源,这是不会有错的。一切道德问题,最后分析起来,只不过是"公"与"私"的问题罢了。而"公"与"私"的问题正是本体之仁(大公)与私仁之间的问题。为文明社会服务的道德律正是曼陀罗智为解决仁性公私问题的理性道术。而有史以来的道德思想家又有哪一个不为这仁性公私问题而费尽心思的?文明社会所奉为金科玉律的一切道德律或道德规范其主要目的只有一个:私仁与公仁的均衡,即在社会公私的大前提下成全实存个体的私仁。但一个文明社会的公仁其实正是此文明社会私于其自己的私仁。为了维护它的私仁,一切外在的存有(其他文明社会)和内在的任何实存个人都是可以牺牲的。

那么道德化仁——一个文明社会的私仁——是可以为不善,可以成为仁性批判对象的了。诚然。道德化仁虽然是原始仁性的文明化、社会理性化,但由于潜伏在文明社会历史文化中的无明因素,它自身却又往往反过来成为本能仁性的障碍或甚至造成本能仁性的歪曲。道家哲学对文明道德的批判正是站在自然人性(包括本能仁性)的立场上来立论的。当然,只有本体之仁才是仁性批判的最后根据。道家的"慈"和佛家的"慈悲"一样,基本上都是本体之仁一观念的分化。《道德经》中"天地不仁,以万物为刍狗"一语正是以文明道德为对象的批判语言。"天地不仁"中之"仁"就是文明人类的道德化仁。天地不以文明道德之私仁为"仁"正由于天地之"仁"乃是常道绝对无私的本体之仁的表现。至于佛家,则由于要对治印度传统文化中由严酷的阶级制度所产生的不仁,其直接诉诸本体之仁的批判态度就更加明显了。

不过,批判归批判,道德化仁乃是文明社会的支柱。离开了文明社会,也就没有"人"的意义可言;故道德化仁必然是一切"人学"的核心问题。孔子的"仁学"其实就是"人学",以仁性关怀为贞定本位、为人的主体性的生命之学。"鸟兽不可与同群!吾非斯人之徒与而谁与?天下有道,丘不与易也。"《论语》(《微子》第十八)中这句话正是孔子人本、人文精神最佳的写照。一位以仁性关怀为出发点的人本、人文主义者最关切的正是道德化仁的处理问题。这个问题可以分三个方面来讲:一是道德化仁在人性和道体上的根源问题;二是道德化仁在现阶段文明社会的表现问题;三是道德化仁在历史文化的传承问题。这仁学的三大问题,分别用儒家的术语来讲,就是性命与天道问题、礼乐教化问题和道统问题。无可否认的,在这三个问题之中,孔子最关切的乃是礼乐教化问题——和与此问题互为表里的君子成德问题。君子成德与礼乐教化的关联亦即是"内圣功夫"与"外王策略"的关联,也可以说是大人理想与众人理想的关联。这一对观念乃是在道德化仁于现阶段文明社会的表现问题上取义的。道德化仁乃是文明社会之所以为"文明"之本。虽然,在儒家的人学里,"文明"

的意义是可以有大人与众人之分，但由于道德化仁的大本乃是人类的本能仁性——自然而具的良知良能，大人的文明与众人的文明也就只有表现程度的差距而无本质的差别了。

《论语》中有"子罕言利与命与仁"一语。此外，子贡也曾作过"夫子之言性与天道，不可得而闻"的遗憾之词，后一句中的"性"字我们以为指的就是人类的本能或原始仁性，而为本能或原始的最后根据的本体之仁也就是"天道"之所在。《论语》中"仁"字出现一百多次，但指的都是在文明社会中落实仁性。孔子所罕言的、子贡所不可得而闻的当然不是这个最为孔子所关切的道德化仁，而是为道德化仁的内在根源的自然仁性和本体之仁。但"罕言"并不等于不言。譬如《论语》"性相近也，习相远也"一句中"性"与"习"相对——先天与后天相对，前者指的显然是自然或原始的本能人性。不过，孔子没有把人性作仁性与材性之分，"性相近"中之"性"字当然是泛指。这句话的意思应该是：人的先天的、本能的人性，无论在仁性或在材性方面来讲，都是很接近的，只是由于后天不同的积习，人在道德人格上表现就显得有很大的差别了。后天的积习正是来自文明社会的因素。一个人在文明社会中的一切行有以及为其行有所本的道德人格，无一不是自然或原始人性社会理性化的产物。"社会理性化"乃是本能仁性与本能材性一炉共治的丹道历程。严格来讲，一炉共治的不仅是本能人性，也是自然物性；这个无限复杂的丹道历程不仅是属于文明人类的，也是属于权能场有自身的。这个历程当然可以从许多方面来分析，"道德化仁"只不过是其中一个方面罢了。

不过，从儒家的人本、人文观点来讲，这无疑是最重要的一面。因为社会理性化的历程基本上只是文明人类自仁其仁的生命历程。但文明人类自仁其仁的生命原动力在哪里呢？当然来自隐伏在人类生命权能、创造权能中的本能仁性与材性。但"自仁其仁"乃是一仁性的表现，最后分析起来，其最后根源乃在与本体权能之真如合德的本体之仁，故文明人类之自仁其仁虽然离不开材性的作用，主宰于此历程中的贞定主体性必然是属于仁性的。换句话说，在自仁其仁的贞定历程中仁性与材性乃是一个（不平等的）主从关系。这就是为什么"摄材（包括知）归仁""材为仁用"必然成为儒家人本、人文主义理论架构一显著的特色了。

四、本源仁性与道德化仁：仁学的架构与脉络

本体之仁，自然或本能仁性，道德化仁——这是儒家哲学整个理论架构中的主要脉络。儒家哲学思想若不扣紧这条主要脉络来讲是很难讲得明白透彻的。这条脉络所连贯的三层（本体、自然、道德）理论架构不仅容许我们看到儒家哲学最显著的特色及其内在的困难和矛盾（它的问题性），也在思想史的立场上使我们清楚地看到儒家哲学思想发展的轨迹。不过，应该立即指出来的是：哲学观念的逻辑次序和其历史发展的次序是不一样的——抑且往往是相反的。虽然在整个儒家的发展过程中，我们在每一个主要阶段都可以找到分别属于本体、自然及道德三层次的哲学思想或观念，但若我们仅就思想的重点来讲的话，那么儒家仁学思想的发展次序和其内在的逻辑次序正是相反的。作为儒家哲

学的开山鼻祖,孔子仁学思想所突显的不是本体之仁和自然仁性,而是为本体之仁、自然仁性所落实的道德化仁。自然或本能仁性的阐发乃是孟子的贡献。而荀子贬抑自然仁性的本善而代之以自然材性的本恶,其所突显的也是同一的理论层次。至于本体之仁,则根本不是孔孟荀和先秦儒学用心的所在。本体之仁的理论重要性乃是宋明理学的一大特色。而首先在哲学精神上扣紧本体仁性而立论的自然是被公认为宋明理学鼻祖、那位"不剪窗前草"的周濂溪,跟着就是那个讲仁者与万物为一体的程明道了。不过,宋明理学扣紧本体仁性而立论的特色毫无疑问地乃是受到道佛两家以始德为本的形上思想的重大影响。至于宋明理学家是否有足够的勇气面对本体仁性的批判进而领悟到仁性生命的内在矛盾那就不无疑问了。

作为仁学的创始者,孔子最伟大的贡献除了以他自己的有限存有彰显无限的仁性生命的尊严外,就是他通过道德化仁的观念层次对整个仁学所开启的理论规模了。和释迦牟尼、耶稣以及其他伟大救世者一样,孔子缺乏纯粹理论的兴趣。但通过他们非理论性的言说所开启的基本理念却都成为后世哲学理论、哲学系统的骨干或支柱。因为这些基本理念都是直觉性的——通过具体而微的事物而突显常道本体或把捉场有自身的——普遍观念。孔子虽然拈出一个"仁"字,但这个"仁"字所代表的却不是一个抽象的观念。在《论语》中所找得到的"仁"都不是抽象的"仁",而是在文明社会的特殊场合中取义的"道德化仁"。孔子不愿意离开道德化仁而谈自然仁性和本体之仁,正如释迦牟尼不愿离开现实的苦海而空谈佛性和涅槃彼岸一样。这种"即物即道"——契证本体于具体——的直觉智慧正是东方哲人所特具的。

道德化仁乃是本源仁性（自然人性和本体之仁）在文明社会的落实。但道德化仁并不等于本源仁性，就好比种出来的果实并不等于原来的种子一样。我们在这里特别选择"种子/果实"这个隐喻来描述（本源）仁性落实于文明社会的历程是有所用意的。因为"种子培养"正是传承自孟子的正统儒家哲学在理性道术、本体功夫思想上最佳的写照。套用 Pepper 的哲学术语来讲，"种子培养"可以说是正统儒家哲学的"根喻"（root metaphor）。《孟子》书中论"性"的语言基本上就是通过这个根喻的思想形式表现出来的象征语言。"仁亦在乎熟之而已矣"（《告子上第十九》）/"苟得其养，无物不长；苟失其养，无物不消"（同章第八）——这是孟子以种子比喻本源仁性、以种子的培养来比喻本源仁性落实过程最明显的例证。后来宋明理学家所谓的"存养省察"功夫就是从孟子哲学中的根喻思想而来的。

"种子培养（或培植）"究竟是一种怎样的理性道术、本体功夫呢？它是自然的行为抑或是人为的做作呢？种子的成熟本来是一个自然的生长历程，在一个适宜的自然环境里这个历程是无须人为的干涉和助长的。但在一个"先天不足"的自然条件（土壤、气候等）下，人为的因素就变得非常重要了。儒家哲学对文明社会、文明人类所表现的忧患意识正是来自这种"先天不足"的体认上。"人之异于禽兽者几希"：落实在人性中的仁性或良知本来就不是一颗生发力很强的种子，再加上恶劣的人性土壤（气质之性),恶劣的人文土壤(支配文明社会的种种客观因素)、恶劣的历史气候(历史传统中的无明),若不经过人为的存养扩充、人文改革,仁性种子开花结果的希望就会变得十分渺茫了。

"存养扩充"是内圣的语言,"人文改革"是外王的语言。"内圣"是主体性的本体功夫,"外王"是群体性的理性道术。"内圣外王"合起来也就成为儒家破限有为的曼陀行径。起码在形式上这是一个很理想的、很周全的人道安排。而事实上,儒家哲学对人道安排的功夫和道术也确有其高明之处。

人人都在其人性中具备一颗至善的种子——本体之仁或纯粹良知,这可说是孟子以来的正统儒家哲学的不争之论。问题只是如何使这美善的种子在一个适宜的气候土壤中开花结实了。孔子本人对这颗"种子"原始落实的所在——由气质之性所构成的"人性土壤"——还没有多大注意,他所最关切的乃是由文明社会的人际关系和礼仪法度所构成的"人文土壤"。不过这种讲法也许是不大妥当的,因为孔子虽然没有把人性土壤和人文土壤在观念上区分开来,但是他的仁学思想却往往是扣紧具体生命中人性与人文之不可分处而立论的。孔子的仁学以文明社会中的血缘近亲关系为其出发点,而血缘近亲关系所构成的正是一人性、人文浑然不可分的"人伦土壤"。

作为生命权能的运作来讲,仁性冲动所表现的乃是同体感通的力量。这种力量最原始的也是最自然的表现除了我对一己生命的自爱之外,当是对血缘近亲所表现的亲情了。亲亲之谓"仁"——这个"仁"字的古训指的正是在血缘人伦中自然落实的仁性。孔子仁学最高明的地方就是把构成文明社会支柱的道德化仁牢固地树立在这自然落实仁性的基础上。"孝弟也者，其为仁之本与？"——由"孝弟"两个基本德目所代表的"亲仁"（血缘近亲间所表现的仁性）毫无疑问地乃是孔子仁学和成德之教的核心所在。亲仁不仅是内圣功夫、成就个人道德人格的基础，也是外王理性化仁成就文明社会的基石。以亲仁中所涵摄的自然感通的力量作为生命权能连贯内圣与外王、个人与社会、道德与文明的创造原动力——这就是孔子仁学之所以为"极高明而道中庸"之处了。

沿用种子培植的隐喻来讲，我们可以说亲仁乃是仁性种子在人伦土壤中成长的道德化仁的幼苗。如何培植此道德化仁的幼苗使之在文明的耕地上茁壮长大而成为成熟的禾稻乃是儒家理性道术最重要的课题。当然，此课题所涵摄的理论复杂性绝不是任何单纯的隐喻语言所能完全表达的。虽然种子培植的隐喻一直支配着由孟子开出来的正统儒家思想，但由荀子旁开的儒学传统却在理性道术的语言上突显另一类的隐喻形态。由于荀子所采取的乃是一条把仁性问题化约为材知性问题的思想进路，所以支配着荀子整个哲学系统的根喻不是为仁性关怀、同体感通心态所适的"种子培植"，而是为爱罗惊异、匠心匠识所宜的"原质加工"。孟子以内在于本源仁性中的良知良能（仁性种子）为出发点，故说"性善"，荀子以材知爱欲的原始有执（材性原质）为出发点，故说"性恶"。"性善"中之"性"与"性恶"中之"性"乃是两个完全不同层面的人性观念。站在逻辑上来讲，孟子的性善说与荀子的性恶说乃是并不冲突的,抑且是相辅相成的。仁性之一善并不妨碍材性之本恶,反之亦然。其实,中国哲学、文化传统里的善恶观念基本上就是属于仁性观点的价值观念。以本源仁性为善固然源自仁性的自我肯定,而以材性原质为恶亦何尝不是本于仁性观点的价值判断?荀子虽然在理论上没有直接肯定本源仁性之善,在他思想的骨子里所隐藏着的仁性价值观却浓厚地透过他的材性本恶论间接地透露出来。我们以为荀子乃是一位"阳材阴仁"——以材性的观点或手段来实现仁性价值——的思想家;这种思想形态固然与孟子表里如一的纯粹仁性进路有很大的不同,也与希腊、西方哲学传统中最具代表性的纯粹材性进路有很大的差别。此外,它和西方哲学中由犹太、基督文明的影响所衍生的"阳仁阴材"(材性问题披上仁性的外衣)的思想路子也同样大异其趣。当然,这些差别的意义必须在不同思想形态的对比下才能看得出来。而当我们作这样的对比研究时,还必须兼顾到仁性材性内在的辩证关系。

本源仁性的良知良能与材知爱欲的原始有执同为人性之所具,同是自然的、"生而能之"的本能;其本身只是一个自然其然,本来是无所谓善,无所谓恶的。离开人类的判断行为,哪里有善恶问题?价值问题?价值问题起于问题心的作茧作用,而问题心的作茧作用则起于生命权能仁性冲动或材性冲动的投企。最后分析起来,一切价值问题——一切问题——都是仁材抗衡、仁材纠结下的产物。明乎此,则我们对哲学问题与人性的关联就不难有更清楚的认识了。

仁性是价值的根源,材性也是价值的根源：一切价值判断起于仁性、材性的投企。这个论点很重要。近儒在判别孟荀的性说时,多以荀子为主张"生之谓性"的经验论者,而孟子则是从生命价值实现的角度来论性的超越论者。这种讲法由我们的观点看来是颇有问题的。孟子所谓的"良知良能"和荀子所谓的"材性知能"对他们两人来说都于属于经验层次（虽然不限于感官方面）的东西,都是可以为我们亲身体验所得到的。如上文所言,仁性的良知良能与材知爱欲的原始有执作为人类的自然本能而言是无所谓善恶的。荀子以材性的原质为恶,正表示一价值论的进路。不仅如此,我们以为孟荀的人性价值观基本上是相同的,同是以仁性为本位,以仁性冲动的满足为其终极关怀的。尤有进者,荀子的人性哲学难道就真的没有超越的成分吗？荀子把仁性问题化约为材(知)性问题,然后以材性中之知性来对治材性中的非知性,其理论体系所涵摄的"本体材知"（荀子所谓的"天"）一观念与孟子由义(无私之仁)与利(私利)之辨的义理架构所必然引出的"本体之仁"乃是同位的形上超越观念。而材知本体没有在荀子的哲学中得到明确的处理亦正如本体之仁在孟子哲学中并未突显出来一样。

由于荀子的人性论骨子里乃是属于一种"阳材阴仁"的思想格局,所以他的哲学虽然在形貌上有不少类似西方哲学的特质,但在基本精神上仍是中国的、儒家的。表面上看来,荀子把仁性问题化约为材(知)性问题与希腊哲人(如苏格拉底和柏拉图)以知解理性来解决道德问题的手法如出一辙——荀子以材性中之纯知性来对治材性中的非知性的文明策略正是柏拉图在他的《理想国》中所标榜的理性道术，以阿波罗精神的清明来克制狄俄尼索斯精神的顽冥的理性道术。但不管在形貌上如何类似，挺立在荀子哲学背后的却是一个与希腊文明精神迥异的形上姿态与生命精神，荀子基本上是一个为仁性关怀的主体性所主宰的思想家。虽然他是站在材知性的立场上来建立他的人性论和文明社会论的理性道术，但他思想的原动力却是来自仁性关怀的冲动，而非来自爱罗惊异的冲动。在荀子的哲学著作里，我们在字里行间深切地感受得到的仍然是出自本源仁性的良知责任感，而非为材知之我创造原动力的神秘感、好奇心。荀子对材知性的了解虽较孟子更为深刻，但那也仅限于材知性在文明社会的作用。至于对材知之我具吸引力的自然宇宙，则荀子不求知天（自然宇宙）的态度和孔孟并无不同：既无操纵控制的意图，亦无深入探索的兴趣。这当然是可以了解的，除了历史文化的因素之外，孔、孟、荀哲学对自然的消极态度与仁性材性间的内在辩证关系有莫大的关联。操纵控制、深入探索的智慧——发展自然科学所最需要的智慧——原是爱罗惊异心识通过材知有执锻炼出来的智慧。而孔、孟、荀在春秋战国时代所见到的尽是材知我执在文明社会中的负面作用，与仁性关怀的目的相抵触的负面作用。故自然科学始终无法在中国生根与这种有正面意义的有执智慧始终无法在正统儒家文化中成长可说是紧密相关。

人性中由仁性材（知）性两极所构成的错综的辩证关系无疑是人性论的中心课题，也是最艰奥的问题。可惜传统的人性哲学，无论是东方的或是西方的，对这个问题的高度复杂性都显然低估了。譬如先秦儒家哲学以仁为中心而建立的人性论和古代希腊哲人站在材知性立场上建立的人性论其实只是"半边人性论"，都有以偏概全的倾向。我们今日所要建构的乃是一个"仁材并建"的人性论，一个无偏的人性论。不过，有专注才能有深入，我们今日对仁性和材(知)性所能达到的深入了解在其根源处正是先秦儒家与古代希腊哲人有偏人性论的贡献。仁材并建的人性论必须建筑在两极人性的深入了解上。

人性中的仁材两极究竟是一个怎样的辩证关系呢？这个问题虽然无比复杂，却也并非完全没有理解的途径可循。最起码，我们可以指出仁材两极的辩证关系基本上就是权能运作同异分途的辩证关系。仁性关怀起于生命权能的同体感通，材性爱欲生于生命权能的异隔对执。生命是一同体的事实，也是一异隔的事实；同体与异隔，感通与对执的相离相合、相反相成正是生命之所以为生命的特质。故仁材两极间的辩证关系乃是一个错综倒媾的超切关系。离合相间谓之"错综"，相反相成是谓"倒媾"。由于中西两大文明在依人性立人极上面的不同偏向，这错综倒媾的超切现象也就明显地在两大文明的文化和哲学思想的比照下表现出来。

专就哲学思想而言，任何从事中西哲学比较研究的学者都可以很容易地找出一连串中西哲学思想在比照下所出现的主从倒置、本末倒置、强弱倒置、显隐倒置、先后倒置等相当明显的倒置现象。以知与行的关系来讲，中国哲学一向重行胜于重知，故知识论乃是中国哲学最弱的一环。西方哲学则刚好相反,重知主义乃是西方哲学最明显的特征。知识论自柏拉图开始就有逐渐成为哲学中心课题的趋势;笛卡儿以后,哲学与知识论就几乎变为同义语了。再就知识的对象而言,中国哲人所重视的乃是行为与德性方面的、与个体人格的日常生活分不开的德性之知、实存之知,而不是以自然法则为对象的科学知识或以纯粹抽象形式为对象的逻辑或数学方面的知识,而后者却正是西方哲学传统中"知识"一词的主要含义。西方文明走的乃是一条依材知性而立人极的道路,故重知主义成为西方哲学最显著的特征乃是理所当然的。知性乃是材性的本质;西方哲学所特有的"为知而求知"的态度正是材知性自求满足的表现。但材知性的满足并不等于仁性的满足。仁性要求的主要对象是人——尤其是实存的个人,而不是自然宇宙,更不是理解知性所最乐于赏玩的纯粹抽象形式。重知主义在中国文化中始终无法伸展也是理所当然的了。

用宋明理学的术语来讲,自然科学与逻辑数学的知识乃是属于与"德性之知"相对的"见闻之知"。但用"见闻"这两个字来描述"知识"一词在西方哲学中的胜义实在是很不妥帖的。自然科学与逻辑数学之知乃是控制性、有执智慧的产物,乃是材知之我通过爱罗惊异心识在异隔对执的曼陀丹道上长期探索、不断熔炼的成果,岂止是消极的"见闻"而已。由于中国人缺乏异隔对执的曼陀经验,所以也就很难产生出深邃的控制性智慧。没有深邃的控制性智慧,又怎能对西方哲学文化传统中"知识"的胜义有真切的了解呢?

不只是自然科学、数理逻辑而已,西方文化所孕育成熟的民主政治、民主思想又何尝不是控制性智慧道术的产物。近代西方人自由平等的思想基本上乃是奠基在个体权利的观念上的。而个体权利这一观念本身则是材知爱欲、权利欲、权力欲理性化的结果。西方人个体权利的观念与其简别外在的思维方式乃是同出一源的——同为爱罗惊异、异隔心态之所出。我们已经指出过,由材知爱欲无限自我伸张所必然招致的虚无与暴力乃是西方文明的大敌。西方人在建立其爱罗人极的曼陀丹道上所熔锻出来的控制性智慧和理性道术自始即以虚无与暴力的魔头为其克制的对象。爱欲、权利欲、权力欲理性化的结果乃是异隔对执张力的平衡。西方人的道德伦理与民主政制本质上都是一种张力平衡的表现。

与西方人比较,中国人所擅长的不是控制性的、有执的智慧,而是感通性的、中和性的智慧;前者成于材知爱欲,后者源自仁性关怀。"感通"本来是"因物而感,感而遂通"的意思,指的乃是生命体自然行沟的过程。但我们这里所谓"感通"乃是"同体感通"之省,指的不是生命体自然行沟的历程,而是内在于此历程中无限深厚的如如爱力或本体之仁。我们可以说,"感"谓"生命同体之感情","通"谓生命的通顺或通畅:以生命同体之感情来成就生命之通顺、通畅——生命之无隔、无碍、无凝滞——是之谓"感通"。如是,感通性的智慧就是运用通过生命同体之感情而使生命通顺畅达的智慧。生命的通顺畅达就个体而言就是"中",就群体而言就是"和"。凝滞不畅的个体生命一定是有偏颇的,不得其

"中"的；而一个为凝滞不畅的个体生命所组成的群体又怎会有"和"可言呢？故感通性的智慧亦即是中和的智慧：中国哲学文化所依赖的理性道术就是由这种仁性智慧所培养出来的中和理性道术。儒家以生命同体之感情言"仁"，也以生命的通顺畅达、生机活泼言"仁"。我们可以说前者乃是仁者之"本心"，后者乃是仁者之"本怀"。离开这仁者的本心体怀而讲儒家哲学，中国哲学就很难会有真切的认识了。

通顺畅达，生机活泼——这不正是生命权能对自身最基本的肯定、最自然的要求吗？是的。用适合人类生命层次的语言来讲，内在于仁者本心本怀的可以说是生命权能本然的——自我负责，自我承担——责任感。这种本然的责任感无疑是生命权能一最自然的倾向——却不是它唯一的自然倾向，最起码，就落实在人性里的生命权能来讲，它还可以有另外一种同样自然的但却与仁性本心本怀相反的倾向，即以爱罗惊异神秘感为原动力的材知有执的倾向。一切有执源自生命对自身"无明的捕捉"。"无明"起自内在于生命自身的限隔。生命要看到它自己，要牢固地保有它自己；但由于内在的无明，却无法看到它自己，因此就必须通过材知有执来捕捉它自己。我们已说过了，表面上为爱罗主体（材知我）所追逐的"他"或"异己"只不过是爱罗生命的镜子和替身罢了。爱罗生命其实是以"异己"为镜，为的是要看到其自己，捕捉其自己啊！

以"异己"为镜、为替身亦即是以"异己"为工具，以"异己"为"为己所用"的存有，这正是一种与仁性本心本怀相反的、非"如如"的态度,纯粹的仁性本心是无我的,而爱罗有执却是以"一己之私"为中心、为根基的。但仁性的如如之爱虽然不是"为我",却不可能"无己",为什么呢？因为没有"自己",也就无法知道如何去"为异己"。在爱罗有执的心识中,"自己"是目的,"他"(异己)是镜子,是手段;但在仁性关怀的心识中,"自己"与"异己"的关系刚好相反:"异己"是目的,"自己"是镜子,是手段。本心如如"以己为镜",为的是要看到"异己",承担"异己"的存有或生命啊！

孔子所讲的恕道和耶稣所宣示的金律都是本于仁者本心"以己为镜"的普遍道德实践原则——《大学》所谓的"契距之道"。"己所不欲,勿施于人",这是消极意义的契距之道,"己欲立而立人,已欲达而达人",这是积极意义的契距之道(相当于耶稣的金律)。无论从消极的或积极方面来讲,这个普遍实践原则基本上只是一个"爱人如己"的观念罢了。

"爱人如己"就是以"己"之自爱为爱(他)人(异己)之契距,亦即是通过本体之仁(如如之爱)对我(己)生命的肯定,来实现本体之仁对他人(异己)生命之肯定。本体之仁(自身)是绝对无我的,但落实在我生命中的本体之仁却是"非我不行"的了！

但"我"乃是生命权能成私着相的表现。成私则必有限隔,有隐曲,有蔽塞。假如爱罗生命的"自变"乃是以他"(异己)为镜"的材知之我必然陷入的情结,那么道德主体的"自是"也是落实仁性"以我(自己)为镜"所无法避免的生命格局。《论语》中孔子"毋意、毋必、毋固、毋我"一语正是针对这内在于仁性生命的自是倾向而发的。

用我们的术语来讲,"意、必、固、我"所代表的正是落实仁性（私仁）、通过问题心的作茧作用在道身中渐次形成自是症结的过程。"意"是依身起念，"必"是依念作茧，"固"是由不断作茧所累积而成的积习成见，"我"则是由重重的积习成见所纠结而成的一个充满着隐曲蔽塞的私心——一个由私仁所编织而成的道身之我。主宰在实存生命里的道德主体就是在这私仁的茧蛹中成长的。

"道德主体"中之"体"是什么呢？不是别的，它就是前文所谓的道德化仁。我们不妨说，为我们的个体行有做主的道德主体乃是道德化仁在实存生命中的化身。让我们再强调一次吧，道德化仁并不是全善的，是可以成为高级仁性观点的批判对象的；此乃因为道德化仁并不等于本源仁性，而只是本源仁性在个体实存生命中之落实，在文明社会的落实。而本源仁性（读者当还记得），乃是自然人性中的类性之仁，亦即是落实于人类类性私仁中的本体之仁。站在本体之仁的观点来看，不只道德化仁，就是类性之仁也可成为被批判的对象。不过，超越道德化仁的观点已经不容易，更何况类性之仁呢？人类所能做到的顶多是把道德化仁的标准提升到类性之仁的标准罢了。

五、和光同尘与诚承契印：文明格局与人道学的建立——场有哲学的归结

本体之仁、类性之仁、道德化仁——假如这三个观念可以总括生命权能仁性一面的话，那么与这三个观念相对峙的"本体之

材""类性之材""制器化材"也就可以相应地概括生命权能材性的一面了。所谓"制器化材"就是在文明社会器物制度中客观化的材性知能。制器化的材性知能乃是类性之材潜能之实现，就好比道德化仁源自类性之仁的落实一样。而道德化仁与制器化材的蕴结无疑是人类文明的基础。

　　属于文明人类、文明社会的一切现象都是以意识心的作茧作用为转轴的权能运作。意识心的作茧作用一方面固然是个体实存生命的枷锁，但另一方面也是道身（形上承义体）得以依根身、气质身而挺立、三身超切循环得以运转的基本条件，相对于实存生命的贞定主体而言，实存的意义正是在此超切循环与意义世界之交接处而被决定的。但实存意义的贞定最后分析起来乃是场有者与场有自身间之事，是不能离开实存生命的具体场有而讲的，至于实存生命（包括个体的和群体的）的具体场有，我们可以说那是一个由自然环境、社会结构、历史传统三者所蕴合而成的"同尘世界"。"同"是蕴合的意思，"尘"谓权能之迹。"同尘"就是权能之迹的蕴合，"同尘世界"就是由权能之迹的蕴合所构成的世界。一切场有都是权能的场有，权能运作的场有。而权能的运作乃是有迹可言的，因此就某一程度来讲是可以理解的，可以衡量的。故自然环境、社会结构、历史传统可以合称为"三尘"或"三场度"。"度"有冲量之义，也有角度之义；"场度"就是（权能）场有的衡量，或（权能）场有衡量的角度。自然环境、社会结构、历史传统三个词语所指的不仅是三类权能之迹——权能运作的三个层面，也是权能场有衡量分析的三个主要角度。如是讲实存生命的具体场有处境,我们就必须在概念上以三身来配三尘。实存生命的"和光同尘"指的正是"三身处三尘"的事啊!

"和光同尘"中之"光"指的是什么呢?不是别的,正是我们所讲的灵明之行。这个"光"就是意义世界得以开显之灵明。用泰古哲学的素朴语言来讲,这个"光"就是太阳之昭明,太阳之光。人以其直立的形躯在天上太阳的光照下风尘仆仆地走在地上——这就是《道德经》中"和光同尘"一词的泰古原义,也是"道"字最原始的图像。人在天地场有间的和光同尘:这就是"道"——人之道、人道。"人"就是"道","道"就是"人",本来是不可区分的啊!

"三身处三尘"究竟是怎么一回事呢?它是三仁之事,也是三材之事。三身中之道身乃是精神生命的主宰,而三仁、三材在人性和同尘生命中的分立并建正是道身行道的本质。如是"三身、三尘、三仁、三材"——人类"和光同尘"的全幅义理就大致可以被涵摄在这十二个基本范畴里面。为使我们有一目了然之便,让我们把它们分条列示如下:

三身:根身、气质身、道身
三尘:自然环境、社会结构、历史传统
三仁:本体之仁、类性之仁、道德化仁
三材:本体之材、类性之材、制器化材

这十二个范畴联结起来究竟有什么意义呢?我们已指出来了,它们所涵摄的乃是人类和光同尘的全幅义理——"人道"的基本义理。"和光同尘"一语所概括的乃是道体权能(生命权能、创造权能)透过人道而开显的全部灵明之沟。此语所指的正是人道与道体在灵明行沟中相即相离的超切关系,所以离开了人类的和光同尘,(对人类来说)也就既无人道亦无道体的实义可言了。

应该立即指出来的是,我们以这十二个范畴来涵摄人道的意义只不过是为了言说的方便罢了。人道的意义岂是十二个范畴可以概括得了的。不过,我们若把这十二个范畴仔细审察一番,则不难发现由三身、三尘、三仁、三材的回互相入建构而成的乃是一个涵蕴极为丰富的意义系统;由这十二个范畴的内涵分析与互摄综合还可以产生出许多其他范畴来。譬如,意识乃是一个为三身所涵摄的范畴,而语言则是一个为三材所涵摄的范畴。语言乃是人类制器化材最伟大的成就,但语言的起源与发展则是本于三身处三尘之生命事实,和意识心的作茧作用是分不开的,这生命事实不正是为我们类性之仁所眷顾的分内事吗?把意识与语言的作用抽离了,文明社会道德化仁的实现还有可能吗?从这个例子我们应当不难看到,这四组范畴间的关系是如何密切了。

这十二个范畴概括了人道的基本义理,我们以后就合称之为"人道十二畴"(或简称为"十二畴")吧。这十二畴的综合辩证运用也就是"人道学"所依赖的理性道术了。在某一义上来说,"人道学"无疑是一切学问的基础,此乃因一切学问的对象莫不涵摄在人类的和光同尘里,莫不在人道的明沟内容中。所谓"人道的明沟内容"指的乃是由文明人通过作茧性的灵明行沟所建构的文化内容。作茧性的灵明行沟不正是文明人之所以为"文明"的特征吗？"文明"就是灵明行沟所化成的文采。文明人类的一切明沟内容或文化现象莫不具其独特的"文明意义"。我们所谓的人道学"就是以文明意义"为其探究对象的学问，文明意义如何可能？不同的文化类型有不同的文明意义，其中判别的标准在哪里？其义理的最后根据又在哪里？这都是人道学所关切的问题。文明意义正是人道之精义啊！

人道学乃是场有哲学理论体系的终极发展，这句话现在说来应该是理所当然的了。虽然一切场有都是权能的场有，但可以理解的场有乃是人的场有——道体权能通过人的实存生命而开显的场有。这个依人而显的权能场有乃是一个为人类和光同尘所周遍，以人道的明沟内容为核心的意义世界。用十二畴的语言来讲，我们可以说这个人类灵明行沟所建构的权能场有和意义世界乃是一个以三身处三尘为"经"、以三仁配三材为"纬"的文明宇宙。三身处三尘谓之"同尘"，三仁配三材是谓"和光"。这里"经"以"处"为义，"纬"以"配"为义。人道的意义正是由这文明宇宙的"经纬"或"处配"来决定的。

"人道"就是人所走过、人所开出来——包括可以或应该开出来——的道路。人乃是一个由三尘的权能性相所决定的场有者——由自然环境、社会结构和历史传统所界限的存有，故人借三身的运作所开出来的道路也就必然是一条由三身处三尘的轨迹所刻画出来的同尘之路。"同尘"中之"同"字正是同其轨迹的意思。故就人道之"经"而言，人道学就是"同尘学"——探讨人类同尘轨迹的学问。

但三身处三尘究竟是怎么一回事呢？那是仁材纠结之事——三仁与三材在灵明之行中和光相配之事。"和光"就是依明、循明，在灵明之光下运作的意思。"灵明之光"指的乃是意识之光、智慧之光、理想之光。道体权能通过人类实存生命的同尘所发挥的创造性乃是一个文明的创造性，而文明的创造正是生命权能仁材两性和光相配的本身。故就人道之"纬"而言，人道学就是"和光学"——探究人类在灵明之行中仁性与材性如何纠结相配的学问。

如是经纬合言，人道学就是"和光同尘学"。仁材两性依灵明之行在同尘轨迹中的相对定位，这就是人道学或和光同尘学基本用心的所在了。如前文所示，这门学问乃是通过十二畴的理论体系建构而成的，故亦可称为"十二畴学"。作为场有哲学的归结，人道学所要突显的乃是"文明创造"一义，场有哲学所最关切的正是文明创造的场有啊！

当然，文明创造的场有并不等于权能场有自身，用宇宙论的观点来看，整个人类文明进化史所包含的亦只不过是无始无尽的权能在场有中的一个微波罢了。然而对我们人类来说，离开了这个"微波"，又哪里还会有重要性可言呢？一切真理都是在此"微波"之灵明之行中开显的真理；一切价值都是在人类的和光同尘中突显的色相！原都是不能离开人的主体诚仪、离开人的问题心而讲的。吾人的一切行有——包括真理之追求与理想之投企——莫不包括主体心灵（在不同意识层面中）对实相之观照与价值之贞定，莫不在生命权能运作的深层结构表现一"有记的姿态"。离开了吾人的有记的姿态,也就无真理与价值——无重要性——可言了。

"有记"(此借用佛家语)就是有情取舍的意思。"有情取舍"就是有感受的可言的取舍。一切行有都是有向度的权能运作：向其所向乃是权能运作的本质。有向度也就有取舍：在某一义上来说,也就有重要性可言。怀德海以行有(他所谓的 actuality 或真实个体)为"重要性的享用"{原文为"actuality is the self-enjoyment of importance"(行有为重要性之自我享用)。见怀德海著《思维的模式》[*Modes of Thought*（Macmillan，1938；1966 再版)],第 117 页}就是这个意思。不过,重要性的享用可以是"有记"的或有感受的,也可以是"无记"的或无感受的——这当是生命行有与非生命行有的基本差别。有情取舍或有感受的重要性享用乃是一切生命权能的特色；非生命的权能行有只不过是一无情的向度罢了。

但不管是有情取舍或是无情(而有)向度,一切行有都是有色相可言的。"色相"就是一行有相对于其有记或无记姿态——相对于其主体权能所享用的重要性——所突显的性相。就其于常道元德之真机(向度之具体内容)而言,任何行有都是权能成私着相的表现。这里"着相"中所"着"之相(现在我们应该说明了)就是有记、无记私曲中所呈现的"色相"。我们不妨说,"色相"就是私曲化重要性的色彩。行有与色相乃是权能本事之两面：我们乃是就权能之动作而言"行有",就权能之私曲化重要性而言"色相"的。如是有记无记、有情无情,万有都在权能"即行(有)即色

(相)"的场有里。"风吹幡动"是色相;"青青翠竹,郁郁黄花"是色相;"屙屎送尿,着衣吃饭,困来即卧"是色相;"自反而缩,虽千万人,吾往矣"也是色相。无德真机,即行即色:权能宇宙基本上就是这么一回事了。

作为一纯粹的物理现象来看,六祖惠能当晚和法性寺两僧同时感知到的"风吹幡动"本身无疑只是一无情向度的权能运作;但两僧"是风动?抑或是幡动?"的争论不休却显然来自问题心的作茧作用。惠能判曰:"动自心耳。"此中之"心"就是问题心。问题心乃是一切是非、一切差别、一切对立的根源。禅家修真所要达到的乃是一个问题心泯灭的境界。问题心的泯灭亦即是"本心""真心""道心"或"平常心"的呈现。惠能以"无念""无往""无相"释本心或本觉,完全是针对着问题心而发的体道语言。"无念"就是超离问题心所生的妄念,"无往"就是不陷落于为问题心所沾染的境界,"无相"就是于相离相,亦即是"于色离色"的意思。"无相"并不是对"相"(现象)的否定,而只是不为渲染于其上的问题心色彩(私曲化重要性的色彩)所迷惑。但由本心、本觉所开显的境界究竟是一个怎样的境界呢?问题心泯灭之后的人类究竟是一个怎样的存有呢?

马祖道一对平常心如是道:那当是一个"一片自然"的境界。生活在本心、本觉中的人表面上看来应该和文明开创前的原始人是没有多大分别的:"屙屎送尿,着衣吃饭,困来即卧,"乃是一完全随顺自然本能、自然生理要求的存有。临济义玄所谓"任运穿衣裳","任运"一词正是随顺自然运命的意思。但"自然运命"究竟以何为界限呢？饥而求饱，冷而求衣，倦而欲息——这些无疑都是随顺自然的行径。但当这些自然的生理要求无法得到满足时，人便会百般思量寻求解决之道，此时是否也是顺乎自然的行有呢？再者，在心理的层次里我们是否也可以有自然的需要呢？孟子和王阳明所讲的"良知"固然是本源仁性的自然发用；而为科学探索的原动力的神秘感、好奇心又何尝不是一种心性的自然要求呢？总而言之，人的一切生理上的或心理上的——肉体上的或精神上的——需求或欲求，就其为人性之本具而言，都是合乎自然的，也是合乎理性的。不满足（满足就不会有需求或欲求了）而求满足，这是一切生命有情自然而然的倾向。不满足就是有碍，不满足而求满足不正是曼陀罗智有碍而求无碍的本然理性之表现吗？

如此说来，问题心的作茧作用也是合乎自然、合乎理性的了。是的，就意识心问题化的根源处来讲，作茧的问题心正是生命权能、创造权能本然理性的发用。我们以问题心的造作为"不自然"，乃是一相对的说法。问题心的作茧一方面固然起于道智方中求圆、有碍而求无碍的理性作用，但另一方面却又是一个"自寻烦恼""自设陷阱"或"自掘坟墓"的"作茧自缚"或"业障业陷"历程。人在求问题解决、求无碍的曼陀丹道中往往不可避免地为自己制造新的问题、更多或更难以超脱的有碍因素（业障），因而陷落在为自己的业绩所造成的陷阱（业陷）中而不能自拔。为问题心的作茧自缚所困的文明生命、文明社会无疑是一个充满着淤塞闭结、极度凝滞不畅的性相体。"凝滞不畅"也就是不自然。道佛两家超脱主义思想所针对的正是这从生命曼陀心性根源处取意的"苦大不自然"啊！

问题心作茧的理性作用和本此作用而起的业障业陷正是生命权能通过文明人类运作的正负两面。文明人类的一切正面都是问题心作茧理性的成果——包括禅师们所讲的语言和他们所穿的袈裟。临济意玄所谓的——"任运着衣裳"的超脱境界毕竟还是建筑在过去人类作茧文明的基础上。离开了文明的"人运自然"人类的行径和禽兽的行径也就没有什么分别了。要做"人"就必须付出"人"的代价：人类文明的果实乃是用作茧理性的业障业陷所造成的苦大不自然换取得来的。构成文明生命的种种亏负形态我们已经是耳熟能详的了。但我们对业积业陷的作茧历程究竟了解多少呢？

人为满足他的生命需求而不断灵明作茧，这是曼陀罗智的理性作用；人为其自己作茧自缚的业障业陷而不断求补救或超脱，这当然也是曼陀罗智的理性作用。借用从现代主义德里达（Derrida）以来盛行的术语来讲，则前者乃是"建构的智慧""建构的理性"，而后者则是"解构的智慧""解构的理性"。不过，"建构"和"解构"——这对名词在场有哲学中别具胜意，和时下的用法是颇有差别的。主要的差别是：我们并不如德里达一般把这对名词局限在语言思想的层面来讲，而是把它们的应用范围扩大到所有层面。当然，这样讲还是不够彻底的；因为照我们的看法，这对名词还可以有本体、宇宙论和现象学、存有论的含义。"建构"是秩序之成，"解构"是秩序之毁；"建构"是生，"解构"是死。生与死,秩序之成与毁不正是自然宇宙权能运作之两面吗？不也同本于元德真机之道枢作用和始德真如的虚寂作用吗？这是建构解构在本体、宇宙论一面的含义。相对于人的意义场有已经不是一个单纯的自然宇宙,而是一个通过人类的和光同尘而建立起来的人文世界。从现象学、存有论的观点来讲,这个人文世界乃是依根身"十字撑开"贞三以后道枢作用而建构的。根身的朝直用中乃是所有人文秩序建构的开始,也是"正统文化"的素质根源。"正统"就是由正直的根身所树立起来的文化传统——英文"orthodox"一词中的所本的希腊语根"*orthos*"正是"正直"（原指直立的根身）的意思。任何历史传统中为正统文化所本的语言一定是源于正直根身十字撑开、朝直用中的"方立"语言。"方立"就是立于"两两对立"的方所或空间（两两对立为"方"）之中：此乃是正统文明人所必具的姿态。曼陀罗智的作茧理性就是依缘着此方立的原始姿态而成长的。文明人本着方立的姿态来面对文明理想的挑战,来满足他无边无尽的欲望需求,但也同时为方立的命运所困,为作茧的业障业陷而苦恼。正统文明人就是愿意为方立的生命及其所撑开的文明秩序付出任何代价的文明人。

但有文明的建构就必有文明的解构。一般来讲,"建构"乃是权力架构的建立,亦即是权能某种分判或组织形态的建立。由于正统文明乃是一个由方立的姿态建立起来的权力结构,故在正统文明中的解构本身也是一"依方而立"、以方立姿态为中心的建构行为。所谓"解构"只不过是以一（新的）方立权力结构来代替另一（旧的）方立权力结构罢了。

文明人可以有非方立的解构行为吗？可以。非方立的解构行为乃是本于"非方立"或"超方立"的姿态而有的解构行为。道佛两家的解脱主义思想正代表一种根植于非方立或超方立的生命姿态而起的解构行径。由问题心作茧理性所成就的方立文明本身乃是道佛两家所共同针对的批判对象。所不同者，道家希望以生命权能中自然的、素朴的权力结构来取代人为的、造作的权力结构。但佛家（禅宗除外）所要解构的不仅是文明造作的权力结构，而是权力结构自身。佛教徒的最后归宿不是素朴的自然，而是本寂的真空妙有，亦即是无分判可言的权能境界，始德真如的境界。假如我们可以用大海来比喻权能场有的话，则大海的波涛汹涌所代表的就是一个为妄心的种种建构行为（涌起的浪波）所蕴成的权力宇宙，一个为权能的分判形态所决定的场有。佛家所向往的涅槃境界乃是一个"风平浪静"的大海而不是一个"波涛汹涌"的大海。传统道佛两家的形上心灵均有视始德真如为一"风平浪静"境界的倾向。这是不对的。

不管是"风平浪静"或是"波涛汹涌"，这都是大海场有自身的一种姿态，代表我们所谓的"整体之仪"或"元德之姿"。道佛两家的解脱主义者取大海之"风平浪静"而舍其"波涛汹涌"，这种取舍行为不也是一种权能分判的表现吗？真正的始德真如乃是绝对无取舍、无分判、无重要性的突出可言。道家取自然而舍（人为造作的）文明固然有分判、有突出，佛家取涅槃而舍烦恼又何尝不是有所分判、有所突出呢？

假如我们仍然用大海来比喻的话，则真如的境界不在大海之风平浪静,而在海水的普遍性相——如水的湿性。风平浪静的海水是湿的,波涛汹涌的海水也是湿的。此湿性之无所不在与无差等所象征的就是权能场有的真如境界——权能"绝对无断"的本体性相。此权能遍在的本体性相与权能分殊的差别性相间的关系就好比海水无差等的湿性与有差等的波浪性的关系一样。海水的湿性固然无法与其分殊的波浪性分开,但(在大海的场有中)它本身却是永远不增不减、不生不灭的,和波浪瞬息起伏生灭的殊相刚好相反而相成。

回到此比喻所代表的权能场有来讲,则权能本体性之"绝对无断"与其分殊性相之"断而又断"正是一相即相离的超切关系。权能之有断见于宜与仪之可分处,权能之无断见于宜与仪之不可分处。可分与不可分、有断与无断之相即相离——就是权能场有性相的本质了。权能场有之"断而不断"不正是元德真机之永恒性相吗?如是道体权能之基本性格可借下表所谓的"三印"观念来阐明之:

权 能 三 印

动印:权能分殊性相之断而又断
寂印:权能本体性相之绝对无断
易印:权能场有性相之断而不断

所谓"印"乃是"法印"一词之省,指的乃是权能场有场中有者(法)与场有自身或权能常道之间的"承实"关系。"承实"就是承受或禀受权能之实的意思。"印"字主要包括"印可"与"印痕"双重意义。权能场有乃是一切可能性、一切存有根据的所在：万法（宇宙间一切行有或事物）莫不秉承权能之实而生，莫不为权能场有所支配。此"可能性"或"存有根据"就是法印一词之"印可"义。但即禀受权能之实而生，则万法必有所得于权能者（《道德经》中"德"字的一个主要含义）。此"有所德"就是常道权能的德性和权能场有的性格。宇宙间的任何一法都必然地反映道体权能的基本性相和权能运作通过此法所留下的痕迹，亦即是"法印"一词之"印痕"义。由是印可印痕合义，一法或物所承受的权能之实就可以"法印"一词来表达。

宇宙间的万事万物莫非权能场有之所"印"。所谓"权能三印"乃是我们对法印一观念相应于权能三基本性相所作的分析。权能分殊性相之断而又断，其印于万物者是为"动印"；权能本体性相之绝对无断，此始德真如之为万物所禀者是为"寂印"；"权能场有性相"之断而不断，此元德真机之发用于万物者是谓"易印"。无尽可起的始德真如（超实现原理）本身是不生不灭、不增不减、非染非净的，这是"寂印"之所以为"寂"。善是"寂"，恶也是"寂"；"风平浪静"是"寂"，"波涛汹涌"也是"寂"。寂印中所秉承的权能之实正是道体一心绝对无差等的宜无不宜境界。有宜与不宜（有差等）的境界乃是一个为茧心（包括自然的无心作茧和问题心的灵明作茧）所支配的境界，为常道整体之仪元德真机所印的宇宙。断而不断正是茧心运作的特征，也正是《易经》哲学里"易道"之所以为"易"的精义。

读者可能有疑惑了：我们这段关于权能法印的讨论究竟有何用意呢？权能三印和文明人的建构解构行为究竟有什么关系呢？我们可以首先这样扼要地回答：建构解构乃是文明人"诚承行有"的两面，而权能三印则是诚承行有形上姿态的"张本"。

"诚承"就是"诚"其所"承"的意思。从场有哲学的观点来讲，宇宙间一切行有都是一"自诚其承"的权能运作。"承"点出一行有禀受于权能场有之客体义，而"诚"则着重该行有实现（诚）其秉承的权能之实的主体（权能主体）义。故"诚承"也可视为"诚实"与"承实"之省：行有是一"承"权能之实，也是一"诚"权能之实。就此一词之广义而言，文明人行有之诚承与鸟兽行有之诚承是没有分别的——同为生命权能自诚其承的表现。所不同者，鸟兽生命之诚承乃是一自然茧心的自诚其承，而文明生命的诚承则是一为问题化意识心的作茧所主宰的自诚其承。我们这里所着重讲的乃是这含有意识作用的、狭义的"诚承"。不过，不管是广义的或是狭义的讲法，行有的诚承都是不能离开权能法印的观念来讲的。因为"法印"一词所代表的乃是场有者与场有自身或行有与道体权能本身间的"张立"关系。"张立"有由张而立或张于所立的意思。行有乃是由"承实"变为"诚实"的历程。说得明确一点，"张立"一词所指的即是此行有历程中"承实"与"诚实"所张立的关系。这张立的关系究竟是怎样决定的呢？最后分析起来，它是由"三印"所涵摄的权能基本性相来决定的。我们可以说，一行有为权能之分殊性相所张立的乃是断而又断的"动印留迹"（有断即有分界，故有迹可言）；为权能之本体性相所张立的则是绝对无断的"寂印无痕"(只是一个如如作用,故无痕);为权能之场有性相所张立的乃是断而不断的"易印成化"(断而不断正是生生不已的成化历程)。"动印留迹""寂印无痕""易印成化"——此权能三印所共同决定的乃是一切行有自诚自承的基本性格。所以我们说,权能三印乃是行有诚承的张本。

文明人的形上姿态就是在这三印所构成的诚承张本上挺立起来的。故形上姿态也可称为"诚承姿态"。不管是建构的或是解构的,文明人的一切行有和成就,其基本性格就在其诚承姿态与权能三印相契处。他的意识心态、智慧和理性道术和由此而开出的整个文明诚承架构(简称"文明架构")——包括政治、经济、法律、科技、文艺、宗教和哲学等各层面——莫不为其"诚承契印"所支配,或莫不为"诚承契印"的象征意符。譬如意识心态,三印与三大意识心态间的对应关系乃是相当明显的。诚承姿态与权能三印在意识层次之相契可以下文说明之:

诚承契印表现于意识层次的义理架构

动印留迹(断而又断性相):为感异成隔心态所契

寂印无痕(绝对无断性相):为感同成独心态所契

易印成化(断而不断性相):为感一如实心态所契

意识心性乃是曼陀罗智通过人类生命权能发用的媒介。故人类的智能形态和与其相应的理性道术亦当有与权能三印相契的义理架构,如下文所示者:

诚承契印表现于智能形态、理性道术的义理架构

动印留迹：为外向控制性智慧和与其相应的逻各斯理性所契

寂印无痕：为内向控制性智慧和与其相应的瑜伽理性所契

易印成化：为感通直觉性智慧和与其相应的中和理性所契

一个民族所开创的文明，就其在精神方面的表现来讲，乃是一条由作茧问题心与道智理性道术的交互作用在该民族的诚承契印中熔锻出来的曼陀丹道。人是一有意识的行者，意识心态乃是诚承契印所依的转轴。故意识心态的"形成"（成为一民族安身立命所依的稳定形态）与"转依"（转变为另一可依的稳定形态）乃是曼陀丹道成长演变、民族得以慧命相续的关键。那么，意识心态的形成与转依又是怎样决定的呢？这个问题的答案，我们早就在本节前面提出来了。人乃是一"和光同尘"的场有者，人所开创的文明乃是同尘世界场有综合的产物。意识心态的形成与转依正是由十二畴的综合所代表的"文明格局"来定的。人的一切离不开权能场有，也离不开他在和光同尘中所开出的文明格局。而文明格局的精微义理，最后分析起来，乃是在诚承姿态与权能法印之相契处。纵观西方、印度和中国三大文化传统，其间文明格局之差别正可由其各自突显的"契印形态"来表达之：

契印形态与文明格局

西方文化传统：突显以感异成隔心态契权能断而又断性相的"动印文明"格局

印度文化传统：突显以感同成独心态契权能绝对无断性相的"寂印文明"格局

中国文化传统：突显以感一如实心态契权能断而不断性相的"易印文明"格局

一民族的文化心灵所突显的契印形态乃是此民族开创其文明格局的"本位法门"。"法门"就是契印形态所开出的门径或门路。由于权能三印乃是一无法分开的辩证综合体，所谓"本位法门"只不过是从其突显一面（突显的法印）而观的三印辩证综合形态罢了。换句话说，契印形态乃是由三印的互相涵摄关系来决定的。故通过本位法门的观念，上文所涵括的意思可重新表达如下：

本位法门与文明格局

西方文化传统：以动门统摄寂、易两门为本位法门的文明格局

印度文化传统：以寂门统摄动、易两门为本位法门的文明格局

中国文化传统：以易门统摄动、寂两门为本位法门的文明格局

这个表述所涵摄的基本义理架构我在讨论文化心灵、哲学智慧与形上姿态三者间的关系的文章中列述过。不过,那时候还没有发展出契印形态与文明格局的观念。我们绕了这么大的圈子主要就是为了通过对人类和光同尘实相的分析来逐步建立场有哲学中的人道学或文明场有理论。人是权能场有中的场有者,也是文明场有中的场有者。文明人在灵明行沟中所建立的形上姿态——诚承契印的姿态,正是权能场有与文明场有的交汇处。如是,作为场有哲学序论,本编要向读者陈述的中心思想也就大致交代清楚了。可是,在正式结束我们的讨论之前,对我们在上文中所下的结论有略为补充的必要。

首先,表述中所涵摄的权能三印乃是一极为复杂的观念。我们把三印视为诚承契印的张本,亦即是把它们视为文明格局的张本。文明思想(包括哲学思想)在其深层义理结构里不过是三印的组合。文明社会的一切典章制度和(包括文学、艺术、神话、宗教里的)象征意符亦不过是三印"心延"(延续于意识心态)和"物延"(延续于典章文物)的彰显。人的道身正是通过三印所张立的文明格局与其意义世界交接的。

所以,文明意义(人道学的中心课题)的探讨本质就是三印心延物延场有综合的探讨,亦即是"诚承辩证法"的探讨。"诚承辩证法"就是相对于文明人诚承契印的场有辩证法。一般来讲,诚承辩证可分为内在于权能三印间的"印体辩证"和属于心延物延间的"印延体辩证"。"印延体"就是为权能三印所印而延续其权能性相的意识心态和文明事物。譬如,中国传统文化乃是一突显易印成化的文明格局，故"易印成化"就是中国传统文化的"印体"。中国人感一如实的心识倾向正是一契于"易印"的意识心态，而中国文明中的一切典章文物亦莫非易印之所印延。从场有哲学的观念来看，《周易》乃是中国人所开创的文明格局中最具代表性的一部经典。它的中心思想是什么？一言以蔽之，就是我们所谓的"易印成化"。为六十四卦基石的阴阳两爻——中断与不中断的两画——不正是权能场有性相"断而不断"最恰切的象征意符吗？"断而不断"乃是易道成化历程最精简的写照：为易印所印的周易哲学正是一部洁静精微的历程哲学啊！

假如我们肯用心去探索的话，我们实不难发现传统中国文化中处处可以找到易印文明的象征意符。就其所突显的文明格局来看，中国文化只不过是易印成化的印延体罢了。这里"突显"一语至为吃紧。难道在中国文明里找不到动印与寂印文明的成分吗？当然不是。《易·系辞》里"寂然不动，感而遂通天下之故"一语实已涵摄了易印与寂印之间的辩证关系。"寂然不动"所指的乃是寂印无痕中的真如作用，亦即是权能本体性相之绝对无断处。"天下之故"是什么呢？此语所指的乃是动印所留之迹，权能分殊性相断而又断的轨迹。"寂然不动"与"天下之故"在易化历程中的综合，也就是《系传》所谓的"感而遂通"了。在"寂然不动"的如如中感通"天下之故"，这不正是生生不已、断而不断的权能易道吗？这不正是由中国所突显的感一如实心态所当开出的形上思想吗？

《周易》哲学乃是远古以来中华民族在创造易印文明的过程

中依感通智慧和中和理性而纫造出来的思想结晶。不过,由《周易》和先秦儒家其他典籍所开出来的"中和之道"只是一直觉的、原始的、未经大开大合地考验过的"中和之道"。从《周易》传统所代表的中国文明来讲,寂印无痕与动印留迹乃是易印成化所综摄的两面,而非可以独立地为人类安身立命所据的本位法门。不论是道家所向往的"自然成化"或者是儒家所宣扬的"人文成化",以易门统摄动寂两门的"成化之论"乃是中国哲学主流思想的一贯主张。但正由于中国人感一如实的意识心态不容许它把易道成化的动寂两门从生生历程中拆开来看,中国传统哲人对动寂两门只有统合的观照而无独立的观照,因而也就未能深入动寂两门的奥秘而熔锻出相应的慧识。

中国人对寂印文明分立(分开而立)的体验乃是佛教自印度传入中国以后之事;中国人对动印文明本身的了解乃是近世纪西学东渐以后的事。寂印法门对治业障业陷所可能发挥的净化作用乃是文明社会必需的清洁剂,而动印法门循迹建构的宏固创造力更是一切文明进步的基石。经过两千多年来佛教文化的浸润,中国人文明创造的智慧已经深具寂印法门的深度了。但经过西方文化洗礼之后的中国文化心灵,是否已经对动印文明的本质有同样的了解呢?

一个本来以易印文明为本位的文化体系,在吸收了其他文明格局的精华之后究竟会产生怎样的变化呢?要怎样的变化才能使当代中国人获得渴望的民主、科学与富强呢?——或换用比较实际的说法,使"现代文明"的基本条件在演变中的文化里生根呢？最后分析起来，这全都是属于文明格局的辩证问题。文明格局辩证的自觉乃是 20 世纪下半期哲学思潮的一特征。所谓"文明格局辩证的自觉"指的乃是文明架构根源性、历史性与理想性的自觉——总而言之，亦即是文明意义场有性的自觉。我们所处的无疑乃是一个"大开大合"的时代，也只有"大开大合"的智慧与理性道术才能疏解人类当前的困局。对这个空前艰巨的问题，一个哲学家所可能有的贡献终究是非常微薄的。

（本文原为《周易与怀德海之间：场有哲学序论》第八章）

第一编　场有哲学序论

第二编　**蕴徼论**

第三编　新道家场有论

第五章　怀德海与《易经》的时间观念

场概念的凸显是20世纪思想的一个重要特征。在科学和哲学中都发现了它的应用。在科学的语境中,数学物理学里的量子场(将相对论与量子力学相结合)理论以及心理学里的格式塔理论无疑是最显著的例子,而在生命科学和社会科学里场概念同样流行。在哲学中,场思维在詹姆斯、杜威、怀德海和海德格尔等人的思想中占了主导地位。诚然,场概念是研究当代思想的一个有利的立足点。

场是什么？对此问题,我们可以给出一个一般性的回答:就其基本的本体论的意义而言,场概念包含两个根本的观念,即从功能上被组织或建构起来的整体与制约此整体而同时又被其制约的环境。前者描述了场自身,而后者则规定了场自身与在其中运作的部分构成要素(configurations)或裁定因素之间的关系,也规定了场自身与从功能-结构上将此场囊括其中的更大的整体的关系。这些局部性的构成要素可以说是以"实体"(entities)和"位相"(aspects)这两种性能存在于场中。它们"实体性地"(entitatively)存在于其"相对性瞬时"(moment of relativity)中,在此,它们在某种意义上相互分离又彼此独立;它们"位相性地"(aspectively)存在于其"绝对性瞬时"(moment of absoluteness)中,在此,它们是有机地牵涉和依存的。这些构成要素的位相瞬时乃是将场自身与其实体瞬时相联结者。因为在场中,每一位相构成要素在功能-结构上都是其有机整体性的一种透视：它从其自身独特的观点出发包含并反映这个整体性。

因此，场概念的本质要在存在的实体意义与位相意义的统一中去寻找。实体性思维模式与位相性思维模式的辩证关系贯穿于近代物理学的整个历史。场概念最初是在试图克服体与力之间二元论的古典物理学中发展起来的。然而，在经典力学中，超距作用与其所作用的物体间的僵硬联结使得场概念残留着实体性的倾向，这与在法拉第和麦克斯韦的著作中发展起来的电磁场理论的显著的位相性思维恰成对比。20世纪实体性思维模式与位相性思维模式之间的较量在代表前者的量子力学与信奉后者的相对论之间重又展开。最终，这两者在量子场理论中的辩证综合标志着场思维在当代物理学中的胜利[1]。这里，光的现象被认为是一种量子场，其构成要素可以粒子的形式实体性地存在，或者以波的形式介面性地存在。作为粒子，它们"在某处"，在时空中有定位；作为波，它们"无处不在"，到处散布自身。但是，光粒子与光波实际上并非两种不同的东西，因为它们本质上表现同一实在。在量子场的统一体中，实体性的光概念与位相性的光概念在逻辑上是等价的。

做了大半辈子数学物理学教授的怀德海对于场思维在物理学思想中的发展当然是了然的。因此可以预见，他的哲学留下了当代物理学的明显的印迹——这是个没有争议的事实。对于怀

---

[1] 有关物理学中场理论的发展及其与东方思想的关系的扼要说明，参见 Fritjof Capra, "The Dance of Shiva", *Main Currents in Modern Thought*, 29 (1972), 15–20。

德海来说，存有，万事万物存在的场，实际上是一个创造性活动的场，其构成要素的单元就是所谓的"现实实有"（actual entities）。在怀德海的现实实有理论中，我们发现了一种有意识地协调实体性思维模式与位相性思维模式的努力。作为创造性能量的原子性单位，现实实有实体性地存在着，作为合生的事件或历程（process of concrescence），它又位相性地存在着。从而，它们都是量子场理论中量子波的翻版。

怀德海把他的形而上学称为"机体哲学"。这一描述，尽管准确，却赋予了过多的位相性意味。将它称为"创造性"（creativity）哲学［Hartshorne（哈特肖恩）正如此建议］也许更为充分——当然也更为直接。这一哲学的根基是一种场本体论，从某种根本的意义上说，它与海德格尔的哲学在精神上相契合。海德格尔思想中的"存在"（sein），正如威廉姆·巴雷特正确地注意到的那样，基本上是一个场概念[①]。海德格尔始终强调存在与存在者（Seiendes）之间的差异，即所谓的"本体论差异"（ontological difference）——这种区分对场思维十分必要，因为场自身超越其所有的局部性的构成要素。在怀德海的形而上学中，创造性与现实实有之间也存在着一种类似的区分。作为"共相的共相"（universal of universals），创造性（存有自身）不是实有，而是超越一切实在，无论现实的还是永恒的——包括上帝与诸神。对于海德格尔来说，上帝概念实际上是存有者概念，同样，按怀德海的主张，上帝应该被设想为创

[①] William Barret, *Irrational Man*, 1958; Anchor Books edition (New York: Doubleday and Company, 1962), pp. 217–219.

造性之"原初的、非时间性的偶然事件"①。

这里,我们无须过分强调这两位思想家的本体论中场的超越性。因为场自身是既超越而又内在的。如前所述,它的有机整体性被位相性地的包含在其每一个组成部分之中。就怀德海而言,创造性无非是诸现实实有之场,尽管创造性自身(场自身)能够从其各种各样的"偶然事件"中区分出来。而对海德格尔来说,存在——尽管有本体论差异——总是存在者的存在,它们如其所是地存在,只因为存在自身在某种意义上位相性地体现其中。在《存在与时间》中,海德格尔的"此在"(dasein)概念指的不是"实体之人"(man-the-entity)的实存,而是"位相之人"(man-the-aspect)的实存,更具体地说,即构成存有开显之场所的人的位相。在海德格尔的后期思想中,一物之自显其"物相"(things)并通过其自身而显"世界相"(worlds)——暂时扯在一起作为"世界"(geviert)的四个领域(地、天、神、人)的本质,这里的"物"概念显然也是位相性思维的一种表现。

因此,尽管在怀德海与海德格尔的思想之间有着明显的差异,两者间的真正的、根本的亲和性也是存在的:它们都被场概念所辖制。假如说这两位思想家似乎都过于强调位相性的维度,那是因为他们都敏锐地意识到了自荷马——尤其是自柏拉图和德谟克利特——以来就已深扎于西方传统思想洪流中的实体性之偏。海德格尔的矛头指向西方传统形而上学以实体为中心、以

---

① Alfred North Whitehead, *Process and Reality: An Essay in Cosmology* (New York: Macmillan Company, 1929), p. 11.

权力为导向的特征,而怀德海则从简单定位、具体性误置和自然的二歧性等方面严厉批判近代科学与哲学。分析到最后,所有这些批判都衍生自同一源头,即当代西方思想中的反实体主义取向。

正是当代西方思想中的这一反实体主义取向在一定程度上缩小了东西方哲学间的距离。因为当传统西方思想以实体主义为取向时,传统的东方思想都以其位相性倾向另辟蹊径。因此我们会毫不惊奇地看到,如今在西方思想中流行的东西在精神上与古代东方的智慧如此相似。的确,有很好的理由相信,东方智慧与西方思想乃是真实地互为镜像(mirror images)的:它们彼此的发展既并行却又相悖。此平行性扎根于人类存在的普遍条件中;另一方面,历史上的悖反似乎在它们的存在承诺的差异中有其最重要的基础。

上一段论述的内容,已在我的一篇概括性的论文中作了更详细的阐述[①]。为给下面的讨论提供必要的背景,我需作进一步的解释。我已指出,理解人类行为与思想的关键只能到意识心的本性中去寻找,尤其是两条首要的人类意识原理——以对存在之同性的感通为基础的关怀与以对存在之差异性的意向为基础的惊异。从这一有利的观点去看,东西方思想间差别的性质不仅是可以理解的,而且能够借助人类存在的内在逻辑予以解释。相对来说,为什么传统西方思想偏于实体性,而传统东方思想则趋向位相性?我们相信,答案在于它们的存在性取向截然不同。东方思

---

① 参见拙作"Care, Wonder, and the Polarization of Being: An Essay on Human Destiny", *Chinese Culture* (Taipei), September, 1974。

想致力于关怀,而西方思想根植于惊异。因此很显然,位相性思维无非是致力于关怀的意识心灵的理智表现,而实体性思维模式同样是以惊异为取向的意识心灵的自然结果。

哲学家(或思维模式)无论偏于实体性还是偏于位相性,都对其时空理论产生了决定性的影响。实体性思维不可避免地是空间性的,它倾向于把时间空间化。相反,位相性思维模式内在地就是时间性的,它倾向于将空间时间化。这一点在场思维的脉络中也不难看到。因为在自然之场中,空间实际上无非是外在相关性——诸实体之相关性——的场系统;而时间则必然构成内在相关性或位相相关性的场系统。鉴于传统西方思想所突显的实体主义性格,它倾向于将时间空间化——这一点自柏格森最先发难至今已是老生常谈——就是完全可以理解的了。

柏格森之后,怀德海和海德格尔也都攻击西方传统的时间观念,这种时间观念采取空间化了的"现在系列"(now-series)的形式。在海德格尔看来,时间远非"现时点"(now-points)或"非绵延瞬间"(durationless instants)(如在古典物理学中)的持续,甚至也不是纯粹的绵延之流,而是已是的东西的"临现"(arrival of what has been)。海德格尔的这一时间性概念——人为地经验到的时间——从根本上契合于怀德海就现实实有在感知脉络上所言的因果效应学说中以"客体化"为基础的物理时间理论。对于两者来说,过去、现在与未来——海德格尔称之为时间的"绽出"(ekstases)——是内在相关的:目前持存的"现在性"(isness)乃是将在事物的"已在性"(has-beenness)与已在事物的"将在性"(will-be-ness of what has been)之间相互作用的"瞬时"(moment of transaction)。然而这不正是《易经》哲学中时间与时间性的含义吗？

《易经》在中国哲学中占有一个中心地位,这一点毋庸置疑。但它在世界哲学史上的地位却有待恰当地确定。尽管《易经》中所蕴含的思想的复杂性不允许任何轻描淡写,但从当代哲学发展的角度去看,其中最突出的莫过于"时位相关的"(positional-relational)存在概念,在此基础上,由于场思维与过程思维的综合而成为可能的动态的"脉络主义"(contextualism)或"境遇主义"(situationalism)得以确立。《易经》中的这种"时位相关的"本体论,与自柏拉图、亚里士多德甚或更早以来在西方传统哲学中占统治地位的"实体-属性"的思维模式截然异趣。仅就形而上学和宇宙论而言,《易经》的地位堪与柏拉图和亚里士多德在其各自的哲学传统中的地位相比肩[1]。其实,《大传》(又称《系辞传》),《易经》中最富哲理性的部分,极有可能撰于公元前4世纪或前3世纪——从而可以说是与那两位希腊哲学家是同时代的或差不多是同时代的。在柏拉图与亚里士多德的形上体系中达到极致的希腊本体论思想,其历史基本上是清晰的,然而在《大传》的本体论/宇宙论构架中登峰造极的周代或先秦中国思想,其发展过程却有待重新评估与适当定位。这样,我们将处于一个较好的位置同时从平行的一面与背反的一面去理解中西方这两个伟大哲

---

[1] 在道德-政治哲学领域中,柏拉图和亚里士多德的地位一般认为可与孟子和荀子比较。然而,这绝不意味着《易经》哲学中缺少道德-政治的维度。

学传统之间的存在性-历史性的关系。

怀德海曾承认,他的哲学似乎更接近于印度或中国的思维方式,而非西方-亚细亚或欧洲的思维方式①。也许他并没有意识到这种说法有多准确。我们当记得,拒斥实体-属性思维模式(或主谓表达式)并以时位相关的思维模式取而代之,乃是其《过程与实在》②一书自认的核心目标。另一方面,中国传统哲学为其介面感通性所要求而倾向于时位相关的模式,这正如西方-欧洲传统哲学中实体-属性思维习惯的流行乃源自其实体性偏向在逻辑-本体论上的"定位"(fixation)一样。但不单是怀德海一人与东亚的传统智慧有着这样一种似乎令人费解的关联。就中国哲学而论,从《易经》传统沿袭下来的时位相关主义与动态的脉络主义,与詹姆斯的"彻底的实用主义的经验主义"以及杜威的"工具性-实验性的自然主义"在精神上的相似程度,一点也不亚于怀德海的"有机的自然主义"(借用李约瑟的描述)。同样,海德格尔会发现他的"存在性-人文主义"本体论(这里的"人文主义"一词须作适当地理解)与《易经》而非前苏格拉底哲学更投缘。《易经》中有许多地方关注人践行以求完善之意义,这不禁使人想起海德格尔的《存在与时间》;而后期海德格尔基于人与存在的互依性所构想的 ereignis 概念,尤其与《易经》中的"道"概念——圣人为真理的守护者——极为相似。

---

① Alfred North Whitehead, *Process and Reality: An Essay in Cosmology* (New York: Macmillan Company, 1929), p. 11.
② 同上书, pp. viii – ix。

第二编　蕴徼论

在比较怀德海与《易经》之前,我们当记得,对怀德海而言,存在(Being),一切实存的场,本质上乃是创造性活动的场。创造性,而非上帝,是终极的形上原理。我认为,承认存在与创造性的同一,恰恰表明了《易经》的哲学立场。《易经》中的"易"概念与怀德海哲学中的"创造性"概念相对应,因为这两个概念的含义实际上完全相同。《易经》说得很明确:"生生之谓易。"①"生生"意味着"不停的活动",而我认为这基本上正是怀德海所惦念的。《易经》还补充说,"天地之大德曰生"②。这里的"天"(代表"乾"和"阳")和"地"(代表"坤"和"阴")象征着"易"的两极——即创造者与容纳者,它们共同构成了宇宙的场特征。正如在怀德海的宇宙论中,上帝是具体化原理,同时作为潜能之储存者与成就之协作者而发挥作用,《易经》中的天地之"道"决定着"易"的场序,也就是其创造性运作的方式("道")。正如在怀德海那里,存在之可变与永恒的脉构对创造性的场特征而言同样都是本质性的,《易经》中的"易"同时包含变("变易")与不变("不易")于其含义中。因此"易"译成"变化"(通常都这么译)是极不准确的。《易经》与其说是一部"关于变化的书",倒不如说是一部"关于创造性的书",它与怀德海体系的根本吻合性是毋庸置疑的,这我们在后面会看得更清楚。

创造性哲学应强调时间之显著的实在性,这几乎已成为一条公认的真理。时间显然是真实的,因为历程显然是真实的;而历

---

① 《易·大传》,第一部分,第 5 章。
② 同上书,第二部分,第 1 章。

程显然是真实的，因为创造性是最终的实在。创造性无非是其生成的历程，也就是其永不枯竭的创造能量的配制和实现的过程。存在的生成性，就其展现创造的"流动特征"与内在位相性而论，正是构成时间之本质者。从而，时间是存在的变迁，标志宇宙之"创进"(creative advance)。然而存在的变迁是存在的一个组成部分：与空间一样，时间也是创造性的一个内在固有的方面，离开了创造性就不能存在。更准确地讲，与空间共在的时间是创造性之"时间化"(temporalization)的结果。因此它是相对的，而非绝对的。时间与空间并不构成一个可供事物在其中发生的"宇宙容器"。毋宁说，它们是与作为创造性之脉动的事件和实有一起被创造的。

这一相对主义的时间概念当然属于怀德海，不过《易经》也可将其视为已有，至少它蕴含了这一时间概念。我们已注意到，当代物理学在怀德海哲学中所留下的痕迹是何其深刻：他的现实实有理论从某种意义上说不过是量子场理论的哲学重述。然而，怀德海哲学努力的重要性并不仅仅涉及科学，也就是说，并不仅仅是对科学发现的诠释与概括。因为，就其最根本的方面而言，怀德海的努力真正象征着一种哲学传统的顶峰，尽管在西方人的思想发展中他属于后来者，但怀德海哲学最终决定了20世纪西方思想（无论哲学抑或科学）的性格。这就是"有机自然主义"的传统。它当肇始于莱布尼茨的单子论形而上学。多亏了李约瑟，莱布尼茨与《易经》及新儒家（译者注：这里指的乃是宋明理学的传统）的相似之处现在已众所周知。并且正如李约瑟所指出的，

第二编　蕴徼论

我们有理由相信,西方思想中的有机主义传统可能(当然是部分地)在中国哲学中有其渊源[1]。

从有机主义的角度看,莱布尼茨的确在西方哲学传统中占有最重要的地位。因为我们必须承认,他的哲学是西方思想中场思维的正式开端。他的单子论形而上学最先有意识地调和实体性与位相性思维。他的本体论以实体-属性的思维模式与他自己的时位相关的思维方式间的联姻为基础(尽管是一次不怎么幸运的联姻),前者是他从亚里士多德和中古经院哲学那里承继来的,而后者则是他自己部分地受经典力学的影响而采用的。对于牛顿最大的敌对者莱布尼茨来说,时间和空间诚然不是绝对的,却也不是不真实或虚幻的。因为,尽管时空本身不是实体性的,但它们在一种终极上乃是实体性的实在——在单子系统中——有其客观的基础。用莱布尼茨自己的话说,时间和空间是"有可靠根据的现象"(well-founded phenomena)。与单子系统相关,时间代表"连续的秩序",而空间则代表"共存的秩序"[2]。但既然它们是同一实在秩序之两个不同的方面,时间和空间就不可分离地联系着。

莱布尼茨的这种观点立即使人想起汉语的表述,"宇-宙",这个表示时空统一性的词自古以来就被用于指称 cosmos 或 universe。从字面上看,"宇"意指空间-位置与方向的安排;"宙"

---

[1] 参见 Joseph Needham, *Science and Civilization in China*, Vol. 2: *History of Scientific Thought* (Cambridge: Cambridge University Press, 1962), pp. 496–505。

[2] 参见 Leibniz, *The Monadology and Other Philosophical Writings*, trans. Robert Latta, 1898; reprinted edition (London: Oxford University Press, 1951), pp. 101–102。

意指时间——从过去到现在、从现在到未来——的连续。关于这个汉语所表述的哲学意义,方东美有如下精彩的评论:

> 宇和宙放在一起,表现了时间系统与空间系统的原初统一性。没有连字符的"宇宙"本身是一完整的系统,后来才被区分为空间和时间。闵可夫斯基的四维统一体与 S. 亚历山大的"时-空",也不能充分传达汉语"宇宙"中包含的时空不可分的意义。最接近的说法要数爱因斯坦的"统一场"。"宇宙",正如中国哲学家们所设想的那样,乃是"一切存在的统一场"。[1]

方东美所作的这些比较判断在多大程度上是正确的,这是个非常微妙的问题。鉴于我们当前的目标,我们只需指出,相对论中的四维时空连续统概念在其哲学意义上显然更接近于中国的"宇宙",而不是牛顿的绝对空间与绝对时间。牛顿的概念残留着传统的实体-属性思维模式的遗迹,而中国的概念无疑是相对主义的,是中国哲学观中时位—相关主义的内在表述。

就《易经》而论,作为一切存在之统一场的"宇宙"与作为一切位置之提供者的"天地"一样,都是宇宙场的相关性系统:"天地设位,而易行乎其中矣。"[2] 如此看来,《易经》中的"天地"正对应于怀德海宇宙论——为潜在可能性(永恒客体)的现实化之普遍的

---

[1] Thome H. Fang, *The Chinese View of Life* (Hong Kong: Union Press, 1957), p. 47.
[2] 《易·大传》,上传,第 7 章。

相关性系统——中的扩延连续统。按照怀德海的思想,四维时空其实是扩延连续统的一个例示。借用莱布尼茨的说法,它对于当前宇宙时段的必然性是创造性的"假设的必然性",而非绝对的必然性。由扩延连续统构成的可能性的普遍关联系统,宇宙之终极场性的一个方面,才是绝对地、先在地必然的。

这里,处于怀德海本体论与宇宙论之核心的乃是"有机综合"的观念,它同时取代亚里士多德的第一实体和科学唯物主义中的物质概念[①]。就怀德海而论,界定创造性之真实本质的有机综合基本上就是有关存在的场理论的全部内容。因为创造性的存在就是有机综合。创造性的所有统一的原子性活动——怀德海所谓的"现实实有"或"现实缘会"——都是有机综合的活动。就这一点而论,现实实有(现实缘会)同时就是动态的、辩证的、脉络性的。称之为"动态的",是因为有机综合内在于一个需要权能分配的活动与转化的历程。称之为"辩证的",是因为有机综合包含杂多之功能性的对比和对立极运作性的合能(operational valency),它们既对立又互补。称之为"脉络性的",是因为有机综合总在一种存在脉络或情境的限制之下发生。在有机综合的动态性、辩证性和脉络性这三个方面中,后者占据核心地位。因为正是在存在的脉络性中并通过存在的脉络性,创造性的动态性-辩证性才显示其自身。

那么什么是有机综合所依赖之脉络性的终极的原理或根本的

---

① Alfred North Whitehead, *Science and the Modern World* (New York: Macmillan Company, 1925), p. 226.

条件？在我看来，这正是怀德海哲学中最关键的策略问题[①]。怀德海的回答基本上被包含在如下五个层次的分析中：① 纯粹潜能。它由在上帝之先在性中给予的"永恒客体"（柏拉图的理念）的杂多所构成，可以称之为"特性"的根本条件（condition of character）。② 扩延连续统。它形成一切永恒客体之普遍的相关系统，可以称之为"位置"的根本条件（condition of positionality）。③ 实在潜能。它属于在完成后被纳入上帝之"后得性"的过去现实实有的"现实世界"，可以称之为"传承"的根本条件（condition of heritage）。④ 上帝。它既被视为潜能（纯粹的与实在的）的存贮体，又被看作成就的协调者（通过其先在性与后得性的综合），可以称之为"具体化的"根本条件（condition of concretion）。⑤ 实有。它属于从现实世界的权能冲动中产生的创造性的"现行活动"，可以称之为"作用"的根本条件（condition of agency）。从一个正在生成中的现实实有的观点看，存在的脉络性无非是这五个形成其有机综合之环境的根本条件的动态-辩证的母体（matrix）。而从这个环境——其自身的现实世界看，生成中的实有是作为诸摄受的合生而突显出来的，这些摄受活动裁适并组织着在其脉络性中被给予的相关要素。这一裁适与组织的合生历程是"创造性的"，因为它将新异性引入它所综合的诸多要素之中。怀德海指出："终极

[①] 作者的博士论文从脉络主义的观点对怀德海的形而上学有详尽的分析。参见 "Context and Reality: A Critical Interpretation of Whitehead's Philosophy of Organism"（New School for Social Research，1969）。中译本参见唐力权著，宋继杰译，《脉络与实在：怀德海机体哲学之批判的诠释》，北京，中国社会科学出版社，1998。

的形上原理乃是从分离到结合的进展,它创造一个与在分离中给予的诸实有不同的新异的实有。"①正是在现实实有的这一"创进"原理中人们将发现怀德海形而上学中时间的意义。

根据怀德海形而上学,客观的或物理的时间根于创造性的时间化,亦即在现实实有的创进中有其渊源。一现实实有就是一分配着创造能量之不可分割的单元或量子的原子性事件。就这一点而论,其存在恰恰就在于其生成,生成的"原子化"完成了扩延连续中的一个区域。从而时间化也包含原子化的接续,亦即现实实有的接续。而由前后相继地原子化了的扩延区域所建立起来的时间化的序列也就构成了物理时间。需要立即指出的是,对于怀德海,物理时间并不能无限地分割成"瞬间时刻"(instantaneous moments),而是截然分立的,并由连续的"时段"或"时期"组成。无限可分的乃是扩延连续无分划的时空,实际上已分划了的时-空是不连续的。怀德海认为:"连续性关涉潜在的东西,而实有无可救药地是原子性的。"②在此,所谓"时段性的时间理论"中蕴含着某些重要的、值得我们进一步关注的东西。

首先,物理时间的原子性或时段性最终依赖于创造活动的原子性。时间不可无限分割,因为活动不可无限分割。现实缘会本质上乃是由"主体鹄的"的统一性所界定的创造活动的统一体,而这里的"主体鹄的"乃是内在于其权能量子中的合生的目标。为了实现其主体鹄的,这个创造权能的量子"占据"一个时间量子,并在

---

① Alfred North Whitehead, *Process and Reality: An Essay in Cosmology*, p. 32.
② 同上书,p. 95。

空间中延伸。因而,一现实实有原子化的区域(至少对我们的宇宙时段而言)是一个四维"体"(volume)。这就是那个实有的"此地-现时"(here-now),构成了此实有对宇宙的摄受性的观点。

然而,一实有性的"此地-现时"只属于其满足的最后阶段——其"坐标性"特征,而非其"生发性"特征,后者属于生长或合生的内在历程。而这内在历程不在物理时空中。如果我们还记得,怀德海的有机综合是一种场的裁定,从而包含整个宇宙的主体鹄的或本体性抉择的统一,这样就不难理解上面的吊诡。一现实实有实际上无非是宇宙机体之创造性的一个动态的侧面。怀德海说:"原子性现实实有个别地表现着宇宙的生发统一性。"① 现实实有的内在生发的历程不在物理时间中进行,因为宇宙作为一个整体不在物理时间中。

这里,宇宙的生发统一性预设了一切现实实有的内在相关性。实有的这种内在相关性之所以可能是因为一个特殊的现实实有,即上帝的存在,它同时作为潜能的贮存者与成就的协调者而起作用②。在合生的最初阶段,每一突发的现实实有都从上帝处获得其自身的主体鹄的,而在那里,现实存有将要原子化的扩延区域被预先确定了。这样,通过上帝的坐标作用——这取决于其主体鹄的统———在时间性的现实实有之间存在着一种"前定和谐",这与莱布尼茨为其单子系统规定的那种和谐不无相似之处。

---

① Alfred North Whitehead, *Process and Reality: An Essay in Cosmology*, p. 438。
② Alfred North Whitehead, *Modes of Thought*, 1938; reprinted edition (New York: Capricorn Books, 1958), p. 128。

实有的这种前定和谐具体显现在"生成的一致性"中,"生成的一致性"则表征了分有同一物理时间"绵延"的同时期现实实有的"生成的共在性"(unison of becoming)。显然,怀德海试图在此生成的同时期性或一致性的概念中为相对论物理学中的科学性的"同时性"(simultaneity)概念提供一种形而上学的诠释。这里,同时期的现实实有都是"因果独立的"。而这就把我们引向时段理论的另一个主要的含义。

宇宙的有机统一性取决于其内在的和谐,而它的坚实性则依赖于通过客体化了的现实实有在新生现实缘会中的因果效应来保持并重新启动创造能量。这一因果性客体化过程,曾被怀德海生动地描述为"生者对死者的裁适"①,它确立了时间的"流特性"(flow character),亦即时间的连续性与单向性,不过,必须重申,时间之流并非诸无绵延瞬间的接续,而是诸"似是而非的现时"(specious presents)的前进。再者,物理时间的相对性不仅在于其除了实有的生成、消逝与整体化之外别无实在性,而且还在于其允许一个多系列的时间相续秩序。稍加反思便可看到,相对性的第二层含义可以从联系因果独立的实有之同时期性概念中衍生出来。

这一界定了同时期性或同时性之相对条件的因果独立概念,使我们想起荣格用以解释《易经》中的占卜心理学的"同时并发性"(synchronicity)概念②。我相信,荣格的解释包含了一个重要

---

① Alfred North Whitehead, *Process and Reality*, p. ix.
② 参见荣格为 Wilhelm-Baynes 的《易经》英译本撰写的前言。The I Ching or Book of Changes (New York: Bollingen Foundation Inc, 1950), pp. i - xx。

的真理因素，这一点无可置疑。然而从哲学上讲，他的理论应用于《易经》，虽然可能是首次尝试，但并不新奇。因为"同时并发性"（怀德海的"生成的一致性"）是一切有机主义哲学的一个本质特征；而《易经》必须被视为有机主义的原型。当然，相信宇宙中一切存在的相互关联与普遍和谐对于莱布尼茨的单子论形而上学、怀德海的形而上学以及《易经》的哲学来说都是最基本的。

我们当还记得，怀德海的场的存在理论的核心是有机综合概念，它同时有动态性、辩证性与脉络性。《易经》的读者都不会否认，正是有机综合的这三个方面——动态性、辩证性与脉络性——赋予"易"的有机实在性的意义，其可理解的本质就蕴含在八卦与六十四爻的系统中，这里的每一爻都代表着事件-境遇的一种原初形态。那么，如何把《易经》中"易"的宇宙与怀德海的创造性的宇宙相比较呢？想要在这论题较窄的导论性一章中完满地回答这个问题，显然不太可能。下表概括了怀德海与《易经》形而上学体系间的亲和性的诸要点，它足以满足我们的特殊目标。

怀德海与《易经》形而上学体系间之亲和性诸要点

创造性形而上学（怀德海）	"易"的形而上学（《易经》）
1. 作为创造性之分化历程的现实实有与蕴集（nexus 现实实有的复合）	1. 作为事件-境遇之原初形态与象征"易"的分化历程的卦与爻
2. 作为一现实实有的生发性组成成分（作为生成、合生与转化历程）的摄受或感受	2. 象征事件-境遇之动态辩证趋势与作为一位置性的复合体的爻（作为生长、发展与转化的历程）

续 表

创造性形而上学(怀德海)	"易"的形而上学(《易经》)
3. 作为其合生之目标的现实实有的主体鹄的	3. 概括爻的意义并界定事件-境遇的基本类型特征的象
4. 现实实有从生发上可分成生成或合生的初始阶段、增补阶段和终结阶段	4. 爻发展的四个阶段或原则：元(源起)、亨(渗透)、利(推进)、贞(完成)
5. 作为"主体-超体"的现实实有——其自我性乃是在满足时所获得的实体相对性与介面绝对性的统一	5. "主卦"——事件-境遇中变化的关键因素促成生成与完成的实体性—介面性的统一
6. 现实缘会的心极与物极：永恒客体的概念摄受与客体化了的现实实有的物理摄受	6. 六爻缘现的阳极与阴极——阳极指向"天形"(heavenly forms)，阴极指向"地形"(earthly forms)
7. 作为现实实有的有结构、有良好秩序的接续的"社会"	7. 由易的内在逻辑所控制的六爻缘现的接续
8. 永恒客体作为在上帝的先在性中被给予之特性的确定性与终极可能性的理想形式	8. 形而上的或超现象的，在上天确立的"象"("在天成象")
9. 永恒客体构入现实实有的时间性世界(具体事实)，并在完成时纳入上帝的后得性中	9. 居于"有形事物中"(形下)或是现象性的，由地来决定的"形"("在地成形")
10. 扩延连续统作为位置性的先在场系统，由永恒客体的相关性所决定	10. "天"和"地"提供并确立位置("天地设位")
11. 上帝借助其先在性与后得性而成为(纯粹的与实在的)潜能的贮存体	11. "太极"——"道"的一个方面——开创"乾"和"坤"两个原始爻

续　表

创造性形而上学(怀德海)	"易"的形而上学(《易经》)
12. 上帝的先在性——上帝作为纯粹潜能的贮存体	12. 作为纯"阳"的"乾"——天形的领域
13. 上帝的后得性——上帝作为实在潜能的贮存体	13. 作为纯"阴"的"坤"——地形的领域
14. 现实世界之为活动的——现实的作用性	14. 作为男(阳)性的,赋形原理的"阳"
15. 现实世界之为被动的——作为与料的现实	15. 作为女(阴)性的,受形原理的"阴"
16. 合生(主观当下性)的内在历程——内在于实在潜能中的创造性的涌动	16. "阳"作为"易"之展开("乾"为"辟户")——事件-境遇内的"道"之"动"
17. 以现实实有内在历程的满足和客体化为基础的外在的转移历程	17. "阴"作为"易"之收缩("坤"为"合户")——六爻演变关节阶段中的"道"之"静"
18. 作为超体的主体——合生与转化(主观当下性与客观不朽性)之间的间断(interval)	18. "机"——易之"阳"(展开阶段)与易之"阴"(收缩阶段)之间的连续性的间断
19. 上帝(永恒的现实实有)借助其主体鹄的之统一性而作为成就的协调者	19. 作为一切存在的统一原理的"道"(恒存的易之道)
20. 创造性的脉动之为时段性的和有节奏的(存有的时间化)	20. 六爻的历程之为时期性的和有节奏的("一阴一阳之谓道")

这两个形而上学体系就其本质方面而言存在着惊人的相似之处。这可从这张并不完整的比较表中看出，从而可以认为，《易经》中时间的含义应该与怀德海的思想非常接近。的确在怀德海的现实实有（也被称为"现实缘会"）的脉络主义与《易经》的六境遇的脉络主义之间有着显著的相似性。在两者中，空间和时间是脉络性的两个不可分离地联结在一起的场坐标，特性与位置的动态的-辩证的综合在那里发生。怀德海的扩延域的概念在《易经》的"位"概念中找到了其对应者。正如在怀德海形而上学中，扩延域既有空间性的一面又有时间性的一面，《易经》中的"位"也同时包括"时"的含义与"方位"的含义（或狭义的"位"），亦即空间的定位或方向。而且"位"之于"天-地"，也正如扩延域之于扩延连续统。我们不妨重复一下之前引用过的话，"天地设位，而易行夫其中矣"①。若恰当理解，这一说法在怀德海形而上学中也应该是正确的。

《易经》尝言"奉天时"②。这就使我们想到怀德海的主张，扩延连续统经由现实实有的原子化预设了合生初期获自上帝的主体鹄的统一性。《易经》尝言"易"之变化在于"道"之"辟""合"，亦即"阴（收缩）""阳（展开）"之交替。这就使我们想到，对于怀德海形而上学，创造性推进，时间之节奏性的决定者，是由上帝——具体化原理与成就的协调者——规定的。《易经》还提到实在的"开放脉构"、作为六爻之最后两爻的"既济"与"未济"所指谓的相互

---

① 《易·大传》上传，第7章。
② 《易·文言》释乾卦九五（即五位的阳爻）云："夫大人者，……先天而天弗违，后天而奉天时。"参见 Hellmut Wilhelm, "The Concept of Time in the Book of Changes", in *Man and Time* (New York: Bollingen Foundation Inc., 1957), p. 224。

接续。同样,对于怀德海形而上学,现实实有的创进——伴随着秩序与秩序的破坏——是一个无尽的事件。正如在怀德海那里内在的生成历程与外在的转化历程相区别——尽管也相联系,《易经》中同样的原理也适用于六爻演进的内在-外在历程。在这两种情形中,时间的"流特性"都是由有断的绵延之接续的闭合所确立的,而非诸瞬间时刻的连续性所确立的。无论《易经》还是怀德海形而上学,时间都是活动性的一个方面[1]。"瞬间无自然"[2]是因为自然的本质就是不可无限分割的活动性。

在比较怀德海形而上学与《易经》的时候,应该指出,尽管后者分有了前者的"有机自然主义",但它有一个被前者极大地忽视了的实存——人文主义的维度。不要忘记,《易经》最初是一部卜筮之书,并且它的哲学成分中充满着原始儒家和儒家人文主义的道德的-实践的戒律或教诲。这里,人不只是自然界的被动的观察者,而也是其命运的能动的"贞定者"(diviner)。对于这个旁观者或贞定者,天地的坐标必须加入人的坐标以形成天-人-地的存在连续统。因此,存在借以敞开自身的存在的脉络性,就其本身来说不仅包括客观——物理的空间与时间,也包括主观的、人的空间与时间——或"空间性"与"时间性"。就其关注这种主观、人的时空以及它与人的命运、人类存在的本真性的关系而言,《易经》更接近海德格尔的实存本体论而非怀德海的有

---

[1] 参见 Hellmut Wilhelm,前引书,p. 224。
[2] Alfred North Whitehead, *Modes of Thought*, 1938; reprinted edition (New York: Capricorn Books, 1958), p. 200.

机自然主义。

从《易经》的观点去看,实存人文主义的立场与有机自然主义的立场之间不该有任何根本的不兼容性。因为人与自然并不相互排斥。虽然人在宇宙中有特殊的地位,但人也是自然的一个不可分割的组成部分。正如人与非人的自然界相连续,主观的、人的时空也与客观的、物理的时空相连续。把握人——宇宙的这种连续性("研机")恰恰构成了旁观者——贞定者的基本任务。以观察为基础的占卜的目标是要"感通"存在,促成人类主体对其存在的脉络性——基于空间上的"正位性"(right-placedness)与时间上的"适时性"(timeliness)——有一正确的理解。而感通之所以可能,是因为人与自然间的内在和谐。

分析到最后,《易经》中时间的含义可以在适时性的观念中找到,其中,物理时间与人的时间性是合而为一的。时间之为适时性这一层意思不仅隐含在《易经》全书之中,而且也明确清晰地突显在《传》的思想中[①]。的确,以"存在与适时性"作《易经》的副标题也并非不贴切。这里,适时性准确地界定了存在自身("易")与诸存在者之间的关系:适时性是存在者的存在与本体论差异的根据。然而适时性的确切含义是什么呢?存在自身与存在者是以何种方式由适时性联系在一起的?人拥有什么才能对存有作出适时的反应?

这些本身就很重要的问题也是我们理解《易经》的关键。因

---

① 尤其在对豫、大过、颐、坎、豚、蹇、姤及其他诸卦的解释中。

为,在我看来,《易经》基本上乃是一"命运哲学",它关注人的命运的实现。就这一点而论,它强调时间的适时性是完全可以理解的。在《易经》的思想中人同时是创造性的作用者和"意义性/重要性"(significance)的所在地;而适时性正是以人的创造性与意义性/重要性相结合者。

"创造性"与"意义性/重要性"这两个要领可谓概括了《易经》哲学思想的中心内容。因为易的宇宙场内在地就是一创造性的场,也是一意义性/重要性的场。创造性界定"易"之为"动态的";意义性/重要性描画"易"之为"象征性的"。从而作为一命运哲学的《易经》的意蕴应该在其动态的与象征性的通向存有的进路中去寻找。

在本章中,我们仅就"易"的动态意蕴对《易经》作了解释——这是怀德海哲学(即一种创造性哲学)的本性所要求的。当我们进而探讨《易经》与海德格尔的关系时,我们就应该关注《易经》的另一面——其象征性之维;因为海德格尔的实存人文主义基本上代表了一种意义性/重要性的哲学。这里显然意味着,从《易经》的观点看,怀德海与海德格尔都是片面的。但是,无论这两位哲学家间有何关系,在《易经》尚未被挖掘的含义中是否有可能已蕴藏着创造性地调和这两位哲学家的钥匙?

关于这个问题以及其他前已述及的重要问题的探讨必须留待将来。在作结论前,我们不得不承认,在对怀德海与《易经》的这样一个初步的研究中我们所触及的仅仅是其表面上的联系。诚然,在对两个体系中的基本哲学概念作精确的分析之前,本章所归纳出的全部相似点必须被视为仅仅是尝试性的或提示性的。

例如,我们比较了"易"与"创造性""道"与"上帝"以及"天-人-地"(就其构成位置性的场系统而言)与"扩延连续统",然而这些以及其他在我们的比较表中被明确陈述或隐含着的相似点,如何才能得到正确的理解呢?每一对模拟都只是由两个哲学体系间的功能等价性的关系所决定的对应者吗?如果这些模拟不仅仅是对应者——诸如我们所相信的那种情形,那么,在何种程度上其意蕴是同一的?在何种程度上,又是有别的?

无论答案是什么,从关注中西方哲学传统间的实存性-历史性的联系这样一个一般的思路出发,探讨这些问题都将极有意义。我希望我在此至少已成功地传达了我们原先所筹划的研究的意义。

(宋继杰译,本文原载于 *Journal of Chinese Philosophy*,1974,pp. 373-393)

第六章　从《易经》的观点看怀德海与中国哲学

在怀德海的形而上学与由《易经》的宇宙观所显示的中国人的世界观之间存在着一种真正的亲和性,这是我在前一章中所得出的结论[①]。尽管过于简略,我相信是牢不可破的。想要继续在

[①] 本文为有关怀德海与中国哲学间关系的系列研究之二。系列之一参见本书"怀德海与《易经》的时间观念"一章。

怀德海形而上学与中国哲学之间进行创造性的对话，就有必要在此对它们的关系提供一个全面的统观，确认所涉及的哲学课题或问题，并指出我们所要遵循的解释学策略。潜藏在我们以前的讨论中而现在须突显为研究焦点的关键词是生命。在我看来，将实在与生命——而非其任何特殊的方面——相同一，根本上乃是中国哲学与怀德海共同的主张。因此认为它们提出了两种可相比较的生命观将成为我们论证的主要动力以及我们解释学的有利的立足点。然而必须立即补充说明的是，我们不要把怀德海与中国哲学间的关系仅仅视为一种哲学的关系，一种理论上的异或同的事情。因为我们相信，对于这种关系，存在着一个真实的历史的维度，并且是一个具有高度重要性的维度——如果我所提出的有关东西方间精神-历史的相关性的主张是正确的话①。

按照李约瑟的观点，中国传统的世界观根本上是一种"机体自然主义"的形式；当然对他来说，以此来描述怀德海的哲学也是适切的。无论人们是否在实质上赞成李约瑟的诠释，他的主张，即肇始于莱布尼茨，中经黑格尔与恩格斯的发展，而最终在当代的怀德海哲学达到顶峰的整个西方机体主义传统可能有部分的中国渊源，是顶大胆而出人意料又富刺激性与挑战性的。因为，如果李约瑟是正确的，那么，正如怀德海本人所猜想的，怀德海思

---

① 这一主张，在"怀德海与《易经》的时间观念"一章中已有简短的介绍，最初是在《关怀、惊异与存有的极化：论人类命运》一文中提出来的。参见"Care, Wonder, and the Polarization of Being: An Es-say on Human Destiny", *Chinese Culture* (Taipei), XV, 4 (1994), pp. 51–76。

第二编 蕴徼论

想与中国思想间的亲和性就是理所当然的事了①。在这种情况下,两者的关系就不仅仅是思想上的事了。我们相信,它会有一种历史的意义,尽管它实际意味着什么样的历史意义当有待确定。

对于一般的比较哲学学者,尤其是研究中西方哲学关系的学者来说,必须承认和感激李约瑟在科学-哲学思想领域的不朽贡献。他关于中国哲学与怀德海哲学关系的许多评论都极有价值。诚然,李约瑟对这个问题的看法的要点将被融入本章研究中,尽管我们的视野要更为宽广且不局限于其根本的科学取向。李约瑟所迈出的巨大的一步也仅仅是个开端。总而言之,对于怀德海与中国传统哲学,虽然从李约瑟的不朽巨著的第二卷中可以得到许多精彩而发人深省的洞见,但他并没有给出任何精微细致的研究②。而人们又的确可以责问他:"用一种'机体自然主义'的形式能充分地描述作为一个整体的中国传统哲学吗?"我认为,从哲学的立场看,答案必然是否定的。因为中国传统哲学本质上乃是一生命的哲学:而就这一点而论,它同时又是人文主义的,因为人的生命是其首要的关切。它又是自然主义的,因为它承认人与自然的连续性并强调人类生命与伟大的自然生命的统一。最后,说这一以生命为中心的哲学是"理想主义的",不仅因为它是在人

---

① 李约瑟的观点参见其 Science and Civilization in China, Vol. 2: History of Scientific Thought (Cambridge University Press, 1962), pp. 496 - 505。可比较怀德海本人的看法,参见 Afred North Whitehead, Process and Reality: An Essay in Cosmology (New York: Macmillian, 1929), p. 11。
② 李约瑟本人对怀德海的阐释,参见其"A Biologist's View of Whitehead's philosophy",收录 Paul Arthur Schilpp (ed.), The Philosophy of Alfred North Whitehead, 2nd edition (New York: Tudor Publishing Company, 1951), pp. 243 - 271。

类存在的理想完善中去发现生命的意义,而且还因为它高度强调心灵之为生命意义的中心。而在它是理想主义的限度内,中国的生命哲学定向于关怀而非惊异。中国哲学家寻求对生命的一种理解,不是为了满足其好奇心,而是为了从人格上实现生命之道、其存在的真理。这里,知识是至高无上的,不是因为其本身即是一个目的,而是因为其在生命之超升与本真性之成就,亦即在自我超越与自我转化的过程中的核心作用。中国哲学无疑是实存性的与实践性的,而非纯粹思辨的与理论性的。中国哲学的真理不是一种关于生命的可从客观上加以证明的科学的真理,而是一种关于意义(或重要性)的生存性的、可从精神上予以证成的哲学的真理,也就是一种将客观洞见与主观希望融为一体的生命观。它首先关注的不是单纯的事实(如果真有这种东西的话),而是意义与意义性以及价值与重要性。

在形而上学上,中国的这一"意义性/重要性的哲学"(philosophy of significance)将实在与自然、自然与生命相同一。而且它既从机体的整全性上也从前进的创造性中去领会生命的实在性。机体主义与创造主义真可谓构成了中国形而上学或本体论的两块基石。而对于中国人来说,形而上学或本体论本质上无非是一种"道观"(vision of Dao),对自然与生命之道的一种观法。其中,"机体主义"意指万事万物在"道"中的多维度、多层次的内在关联性与相互依赖性,而"创造主义"则强调其无尽的自我转化与生成的历程。中国形而上学既非一元论也非多元论:借助于"一"与"多"在其中得以有机综合的、"对于实在的场观"(field conception of reality)，它超越了一元论与多元论。必须记住，在西方思想中极为流行的二元论倾向在中国哲学中几乎不存在。而中国思想中的非二元论只是其习惯于综合与聚集的态度的另一面。因为中国哲学相信生命的机体整全性，所以它几乎完全避免了二歧性之恶——一与多、灵与肉、心与物、上帝与世界、人与自然、自我与社会，等等——而这些正是徘徊在西方哲学传统中的邪恶的幽灵。这里，如果说中国人的综合态度基于其机体主义的观点上，那么"策略主义"则扎根于其创造主义的概念中。中国思想家一般都策略性地探讨生命的问题（包括思想的问题），因为在他们看来，这些问题根本上乃是策略和艺术的事，而非法则与逻辑的事[①]。他们这么做，是因为他们相信实在中存在着一种根本的不完全性与不确定性。这种根本的不完全性与不确定性对于生命来说不是偶然的——它其实是其自由创造的必要条件。这并不意味着策略性的探究必然是非逻辑的或独断的。它所要求的乃是承认法则与逻辑之道的有限性。

概言之，中国的生命哲学根本上是以关怀为取向的意义性/重要性的哲学，它同时又是人道主义的、自然主义的和理想主义的。这种哲学，其形而上学观点根本上乃是机体主义与创造主义的，其方法则是综合与策略性的。如果接受对中国哲学的这样一种概括，那么任何涉及中国哲学的比较研究都必须赋予《易经》以

---

① 当然，这并不意味着法律与逻辑在中国人的生活与思想中毫无作用。在中国传统内部，策略——艺术之道与法律——逻辑之道的对比可以从强调"礼"的儒家与重视"法"的法家之间的冲突中看到。不过，也可以主张，甚至法家的"法"分析到最后，也是策略——艺术的事情而非法律——逻辑的事情。

关键性的地位。因为我们上面所认同的中国哲学的主要特性并不特别地属于任何个别的思想学派,而属于中国哲学传统的永久的背景。而这一永久的中国哲学,如果不是从一开始就由《易经》所或隐或显地包含着的哲学所决定的话,至少也是最典型地由它所代表。认为《易经》只是一部儒家经典的观点是错误的;因为此书具有许多层次与方面,而在其最古老的层面里包含着中国人的原初直观。即使假设那构成《易经》中哲学思想最明显的部分的《易传》为儒者所撰,它们所包含的中国思想的普遍性远甚于儒家思想的特殊性。它们很可能是由一些具有折中融合心智的儒家思想家所撰,这些人热衷于把圣人教诲与中国传统的原初智慧合而为一,而非护教式地以宗派旨趣去割裂它们。我们发现,嵌于《易经》的思想母体之中并构成中国哲学之共同源泉的中国人的这一原初智慧,比片面裁汲这一原初智慧所形成的各种思想派别对它的不同阐述,具有更开放的心灵和灵活性。因此很明显,当儒家过分强调人与自然这两极中的人的一极时,道家恰恰反其道而行之。另一方面,中国佛教却无限度地夸大了心的作用。从《易经》的观点看,中国哲学史无非是对原初智慧的辩证的自我反思。清晰的区分对于中国精神之历史性的自我实现来说是必要的,这种自我实现就在于对其原初直观的透彻了解与自我认识。作为这种区分之后果的各种不同学派的观点冲突乃是中国精神为其最终完成所必须付出的代价。这一原初智慧在新儒家[译者注:这里指宋明理学,下同]——尤其是新儒学之最伟大的综合者朱熹的哲学学派的教义中得以辩证、自觉地重构。从某种意义上说,新儒学真可谓中国哲学在其现实历史发展中的完成。但这可能不是中国原初直觉之真正的理想的完成,其本真的实现最终依赖于对其他民族所作之原初智慧的跨文化、跨哲学的反思。

如是,在《易经》之后,我们必须赋予新儒家在中国哲学史上的另一个关键的地位。李约瑟正确地强调了朱熹在其比较的诠释学中的重要性,并将朱熹视为与怀德海最切近的一位中国思想家。但是他没能把握住中国哲学本质上乃是一种以关怀为取向、以生命为核心的意义性/重要性哲学的全貌,而且由他的科学偏向所误导的对《易经》的评估妨碍他对怀德海与中国哲学间的关系形成一个正确的判断。李约瑟把《易经》的特征界定为"管理性的研究"自然现象,其方法是以卦的象征系统形成一个"巨大的档案汇集系统、概念的贮存库,几乎可以指涉所有的自然现象"①。虽然他充分肯定了作为《易经》之主要贡献的场概念与"相关-协调思维"(correlative-coordinative thinking)的重要性,但他对此经典的判断一般都是否定的。李约瑟总结说:"我恐怕我们不得不承认,阴阳五行理论有助于而非有碍于科学思想在中国的发展,但《易经》繁复的符号系统却几乎从一开始就是一个恶劣的障碍。"②

无论这种观点能否从科学史的角度获得证明,我们从哲学的

---

① Needham, *Science and Civilization in China*, Vol. 2: *History of Scientific Thought*, pp. 332, 335 – 337.
② 同上书,p. 336。

立场对《易经》的评价显然大不一样。作为中国生命哲学的原初的代表,《易经》在其哲学上的重要性并不局限于自然主义的维度上。因为其完整性恰恰在于人文主义、自然主义与理想主义这三个主要维度得以统一的方式上。毫无疑问,《易经》的生命哲学是机体主义的,但这也只是事实的一半。像《过程与实在》一样,《易经》所包含的创造性的哲学不亚于其所包含的机体或机体主义的哲学。对我们而言,《易经》精致的符号系统与其说是抽象概念的贮存库,不如说是一种寓于生命之道("生")、对生成变化与历程的原初实在性极为重视的思维方式。李约瑟受机体主义的迷惑是如此之深,以致全然忽视了怀德海与中国哲学中的这另一个维度。我们发现,李约瑟比较的诠释学中最缺乏的乃是两类机体主义哲学的重要区分,即一类是由莱布尼茨的单子论形而上学所代表的决定论的机体主义,另一类是《易经》与怀德海的历程哲学中的创造主义的机体主义。按照我们的看法,不仅要从机体主义与机械原子论之间的对立,而且还要从决定论与创造主义之间的对立去看中国传统形而上学与西方传统形而上学之间的差异,前者是李约瑟所惯于强调的,而后者他或者忽视了或者至少未曾给予足够的重视,尽管对此他显然并非毫无意识。这一理论上的疏忽还削弱了李约瑟这样一种主张的力度,即中国哲学经由其对莱布尼茨的影响而可能对怀德海产生影响。无论莱布尼茨实际上从《易经》与新儒家的教诲中学到了什么,他完全忽略了作为后者思想方式之核心的创造主义。并且无论怀德海在多大程度上受惠于这位18世纪的哲学天才——他们有共同的背景、训练、理智兴趣甚至学术理路，他的机体主义实际上却截然不同于他的前辈，仅就机体主义方面而论，斯宾诺莎对怀德海形而上学的影响至少不亚于莱布尼茨。怀德海在《过程与实在》中公开承认他之受惠于并相似于斯宾诺莎的地方[①]。如果西方机体主义历史开端是全然可确定的，那么我们相信，第一位真正的奠基者必定是斯宾诺莎而非莱布尼茨。要知道，作为一个太富于独创性的思想家，莱布尼茨实难以让我们用剽窃之罪苛责于他（而他的同时代人正是这样指控他的），但他的哲学之受惠于斯宾诺莎似乎无可置疑。而李约瑟仅仅在其不朽巨著的一个脚注中提到了这一重要的事实[②]。而且，尽管李约瑟认识到了斯宾诺莎与中国思想（尤其以朱熹为代表）之间的相似性，斯宾诺莎之为西方机体主义运动真正奠基人的事实却彻底被忽略了[③]。

不管怎么样，无论中国的机体主义可能对西方的机体主义有何贡献，在20世纪两者交汇之前，他们在基本精神上却始终处于对立的两极：一个是创造主义与策略性的，另一个则是决定论与机械性的。然而随着它们跨入21世纪以来，两种机体主义传统间的鸿沟已变得越来越窄，这极大地归因于西方机体主义在过去的几个世纪里已越来越趋近于中国机体主义的地位。我们相信，机体主义思想在西方的这一转变，其背后的推动力基本上是在西方文化传统之内产生的，虽然由于其对启蒙运动的影响，中国可

---

① Whitehead, *Process and Reality*, p.10.
② Needham, *Science and Civilization in China*, Vol. 2, p. 504 (g).
③ 同上书，p. 505 (a)。

能曾有助于它。我们都知道,怀德海深受英国浪漫主义诗人——特别是华兹华斯与雪莱——的影响。这些醉心于自然的浪漫主义者在其著述之时恰逢欧洲普遍崇拜中国的文化:其人文主义的哲学、其统治形式中的理性主义、其艺术(包括园艺)与诗歌中的自然主义。华兹华斯和雪莱,正如李约瑟所指出的,经常是完全中国式的,他们本人对此却毫无知觉[1]。而假如怀德海哲学的终极直觉真的受到了浪漫主义的终极直觉的影响,那么我们或许可以一种迂回的方式确立怀德海与中国哲学思想之间的某种历史的关联。

但是,显然没有人能深受诗歌的影响而其本人却对诗歌缺乏高度的敏感。正是诗人——而非逻辑学家和数学家——在怀德海那里最终促成了其最根本的哲学洞见:他对感受、情绪以及作为最终实在之要素的主观当下性的强调;他的诉诸直觉与想象力;他的将存有与历程和生成相同一;他的根本的功能-关系(取向)的形而上学进路;他对以和谐为基础的美的极度崇尚;他对上帝之为世界诗人的不同寻常的界定。而这些洞见暗示或意味着什么呢?它们意味着一种"生命的形而上学"——而这正是怀德海所给予我们的。与作为生命之一种崇高形式的诗歌一样,生命本质上也是一种情绪性的活动。而且,情绪与活动的结合恰恰就是他用术语"感受"(feelings)或"摄受"(prehensions)所意指的东西,而"感受"或"摄受"则是生命的终极"细胞-事件",现实存有的

---

[1] Needham, *Science and Civilization in China*,李约瑟引证了罗素、布莱克、荷尔德林与雪莱,但未提华兹华斯,但后者可能比其他人都更为中国式的。

各种不同的组成活动。在《易经》和新儒家的形而上学中,作为内在地就是一种情绪性活动的生命概念蕴含在"感应"的观念中,亦即活的事物对攸关生命的宇宙环境的"感受反应"。中国哲学总是与诗歌这种心灵和感受的语言紧密相连。孔子的"仁"、孟子的"恻隐之心"、道家的"慈"、墨家的"爱"以及佛家的"悲悯"——中国思想的各种不同的学派中这些核心概念都蕴含在"情之宇宙"之中,无论中国哲学家还是怀德海都坚信生命本质上乃是一种"情感活动"(emotional activity),这一事实可以在他们的"mind"或"心"的概念中清楚地看到,他们强调非认知性的"心"胜于认知性的"心",强调直觉的"心"胜于理智性-概念性的"心"。值得注意的是,无论怀德海或中国哲学都不存在任何精致的意识理论,从而也缺乏在西方哲学传统中——尤其是近代——如此显著的认识论或现象学的兴趣。对于怀德海而言,意识是一种主观形式,一种只属于较高级生命之情感活动的形式。这就与通行的以情感为一种意识形式的笛卡儿主义的观念形成鲜明的对比。而且,虽然中国哲学家实际上从未忽略心灵的认知功能,尤其是它的直觉能力,但他们所谓的"心"首先是非认知性的或至少是非概念性的。作为我们肉体存在之主宰的"心"是感受性的心和意志而非理智或理性,亦即概念化与推理的能力。或许对中国和怀德海的"心"或"mind"概念的一种更准确的阐释乃是与生命本身一样,"心"也是一种机体的实在,而非诸如官能心理学所处理的可以划分为不同区格、功能自主的单元。心的功能是交叉重叠、相互依赖的。在较低的生命形式中,甚至在我们不理智的时刻,认知性的与非认知性的"心"也是须臾不可离的，它们都融入了生命的基本活动——"直觉感受"之中。

现在，如果生命的本质就在于情感活动，并且如果没有什么东西比生命本身更为真实，那么存有或存在就必须具有这样一种基本的内涵，即参与生命中去——对怀德海来说是，最终参与现实存有的活生生的历程中去。术语"实在"（reality）与"实在的"（real）在怀德海的形而上学中有多重含义。就其最宽泛的含义而言，一切都是实在的，因为任何事物都是某种以其自身的方式在宇宙的创造历程中发挥功能的东西。但是从一种特殊的含义来讲，作为特许的存在模式，"实在"指的是最具体的活过的或活着的生命"时刻"，亦即现实存有之满怀情感的"主观当下性"。怀德海对于作为生命之终极事实的"美感时刻"或攸关生命的此时-此地的这种强调，与中国哲学的精神完全一致，而中国哲学始终是一种"当下（或现场）的哲学"（philosophy of the Present）；它与印度和西方形而上学的永恒论观点恰好相反。对怀德海和中国哲学来说，永恒的东西，即在相对于世界而被等级化了的潜能的无限财富中存在并从而形成上帝或"太极"（生命的无限极）的先在性，只是活的现在的一个方面，反之则不然。其根据在于，永恒的东西是生命之最抽象的方面，而抽象是被包含在具体之中（即从具体之中抽离出来）的，在《易经》与新儒家的形而上学中，生命的这种先在的——无限且永恒的——方面被称为"天"，而与"地"相对，"地"是生命之无始无终、囊括一切方面，相应于怀德海的上帝的后得性。正如在怀德海形而上学中，上帝的存有在于其先在性与后得性的统一,同样在中国形而上学中,"天"与"地"协调一致构成具有统一性意义的"太极"。并且,正如生命之道在天地与万物之间斡旋,同样,创进的秩序在于上帝与世界的互依性。无论怀德海的上帝还是中国的"太极"都意指自然界的场特性,它造成了"生"或创造性的流变特征。生命的连续性取决于由"地"上的实在条件所限制之"天"中无限潜能的获得,而这些条件是对创造性存在的每一实现的中心而言的。朱熹认为每一事物都有一"太极",它与相对于那个事物的永恒的"太极"是同一的,这种理论与怀德海有关现实存有之无时间性上帝与时间性世界之间的关系的理论十分接近,怀德海主张,现实存有在其生成的初始阶段,摄受上帝的主体鹄的,以获得其自身的主体鹄的。这只是意味着,创造性的每一个活的中心都把其存在的"给予性"(givenness)归功于普遍的"生命根地"(ground of life)——上帝或太极。然而这种上帝之"恩典"(providence)——新儒家形而上学所谓的"天地之仁"——不是绝对地决定着的。它是内在地无限且不定的;而这种无限性与不定性的要素,道家和某些新儒家哲人视其为生命之"虚"或存有中的非存有,为自由创造制造了空间。用怀德海的话来说,一现实存有的存有就在于其给予性从无限性到有限性、从无定到有定的自我转化。在《易经》的形而上学传统中,这是一种"自我证成"(self-justification)的活动:所谓"各正性命"是也!

在怀德海和中国的形而上学中,上帝或天地的护佑特性经常是用各种想象或隐喻象征性地描画出来的。就中国的形而上学而论,最普遍的象征是父母的关怀——"天"的"父亲般的关怀"与"地"的"母亲般的关怀"。相反,怀德海上帝概念中最突出的比喻是"世界的诗人"①。诚然,这两类比喻或象征之间有着微妙的差别。不过,如果我们更切近地考察一下怀德海的上帝形象,我们将会发现,它根本上也是用关怀的语言来设想的。譬如他提到"上帝本性的运作生长"像一种"亲切的关怀"(tender care),"无物被遗漏";上帝作为"明智的审判,利用了时间世界中仅仅是残骸者",作为世界的拯救者"以他对真、美和善的观照温柔耐心地引导世界";作为"伟大的伙伴——善解人意的难友"②。在怀德海的上帝的诗喻中,没有任何东西本来就不可适用于中国的以天地为父母的象征。另一方面,上帝之为世界诗人的比喻也并非形上功能的充分表征。如果我们正确地解释了怀德海的形而上学就其真正动机而言乃是一生命的形而上学,那么上帝与世界之间的关系或者"天地"与作为实在与自然之基本结构的万物之间的关系用父母—孩子的比喻来设想,似乎就更好了。说上帝"不创造世界,他拯救它",如怀德海所言,根本就不是事实。因为,作为我们给予性的提供者,我们的确都是上帝或"天-地"——我们"永恒的父母"——的孩子,尽管同样真实的是,从某种意义上说,我们是包括我们自身与上帝在内的所有造物的共同创造者。因为,当我们为我们生命的原初给予性而依赖于上帝时,上帝也为其永恒生命的连续创造性而依赖于我们,其方式是,在我们时间性存

---

① Whitehead, *Process and Reality*, p. 526.
② 同上书,pp. 525 - 526, 532。

在(我们的客观不朽性)的终端将我们接纳入非时间性的"母亲"(上帝的后得性)怀里。因此,怀德海又说:"说上帝创造世界是真的,就如同说世界创造上帝是真的。"①

这种上帝与世界之为生命的互依的共同创造者的概念为怀德海与中国哲学所共有,而与西方流行的片面依赖的上帝-世界关系的概念截然相反。正如李约瑟已经注意到的,上帝作为一绝对的、超越的造物主-立法者以其神谕从虚无中创造了世界,这种观念完全不同于中国人的心灵。另一方面,怀德海严厉批判传统神学和哲学所阐释的基督教上帝的绝对主义甚至帝国主义的特征。他曾抱怨道:"教会将专属恺撒的属性给了上帝。"②

这里,在怀德海的自然神学中所缺席的不仅是那全然阳性的绝对的造物主-统治者-法官的概念,而且也见不到完全理性主义的完美的逻辑学家-数学家的概念,前者是西方哲学从犹太-基督教遗产中引申出来的,而后者则是传承自希腊的传统。莱布尼茨的将绝对主义与理性主义要素结合在其上帝概念中的太上单子与怀德海的世界诗人的确有一种根本的差别。事实上,如果上帝与世界的创造的互依性是机体主义世界观之本质,那么莱布尼茨的单子论形而上学就绝不是机体主义的,更不用说是西方机体主义的先驱者了。作为一个完美的逻辑学家-数学家,莱布尼茨的太上单子乃是宇宙的程序规划者,而远非世界诗人。在这个可计算化的宇宙中,万物的发生都是机械性的,至少对于这个至上的程序规

---

① Whitehead, *Process and Reality*, p. 528.
② 同上书,p. 520。

划者来说，一切都是可预知的。难道这就是生命的实在本性吗？

中国哲学和怀德海都承认"极性"(polarities)对于充分理解自然的重要性。事实上，中国与怀德海世界观的独特性（与西方传统哲学中的绝大多数形而上学立场形成鲜明对照）最好在他们用场概念辩证地构想极性概念的方式中去寻找。这里，实在的对立绝不相互排斥，而是内在地互依和互补的，亦即互为根源而内在地相关的，即使从某种意义上说也是对立的。这种辩证的极性概念在"阴阳"观念中表露无遗，无疑地自《易经》开始已成为中国形而上学最显著的特征。中国哲学寻求生命之"道"，但发现它，既不在"根地"(ground)中也不在世界中，而是在根地与世界的相依性中；既不在"阴"中也不在"阳"中，而是在阴和阳的交互作用与相互转换中；既不在生命之极端或抽象的这一面中，也不在那一面中，而是在辩证作用与所有对立极统一得以发生的自然之场中。

在什么限度内，极性论或阴阳的思维形态可适用于怀德海的哲学？这是个非常有趣的问题。但是这也不是个简单的问题，因为这需要对怀德海的机体主义/创造主义的形而上学进行通盘的考察。不过，我们仍然可以确信，它发挥了一种核心的作用，因为怀德海至少把它应用于构成其实在理论之基本结构的上帝与世界的关系中。另一方面，人们同样可以相信，极性论在怀德海的以生命为中心的自然哲学中是不完整、不彻底的。在怀德海那里，机体主义并不必然蕴含彻底的极性论：生命在总体上不完全由极性所涵盖，因为在生命中并非所有的关系都是以辩证互依性为特征的内在关系。因此对于怀德海来说，同时期的实有是由彼此的因果独立界定的,而活的实有则片面依赖于客观化了的实有从其现实世界的裁适。事实上,这一同时期独立与今-昔片面依赖的架构构成了怀德海宇宙论中时间性的真正结构。而且,对于怀德海来说它既是朝新异性创进——此乃其历程实在观的支柱——的必要条件,也是个体性与自由的必要条件。我们可以说,怀德海的创造主义严格上正在于机体主义与彻底极性论的差异中。怀德海的机体主义哲学不是彻底地极性论的,因为它还是创造主义的。

那么机体主义与非机体主义的实在概念的本质差异是什么?换言之,确认一种哲学为机体主义的最低条件是什么?就怀德海而言,答案也许就在所谓的"创造的关涉性"(creative relevance)中,这个概念界定了宇宙中任何两个存在或事物之间的最小联系。怀德海的机体主义显然蕴涵了普遍的联结性,虽然不是普遍的互依性。而任何两种存在或事物间的联结性是由其创造的关涉性构成的,亦即相对于自然之创造历程其彼此的关涉性。"存有"或"存在"对于怀德海就意味着参与生命的某个部分。既然自然的生命经由上帝这个一切生命与创造性的终极根地而形成一机体的统一性,那么任何存在或事物都在宇宙中与任何其他的存在或事物创造性地关涉,无论这关涉是如何隐微和间接。正是在这种宽泛意义上,怀德海断言"作为任何生成的潜能属于一个'存有'之本性"[1],"作为生成的潜能"只不过是创造历程中的任何可

---

[1] Whitehead, *Process and Reality*, p. 33.

辨识的因素。未来实有在现在活的实有的生成中是潜能,因为它们是后者生命中的因素——因为它们是创造性地关涉的。

这样看来,机体主义观点显然也存在于中国思想中。事实上,中国人的心灵受自然之机体—元性和万物生命中之创造关涉性的影响如此之深,以至于有一种彻底极性论实在观的倾向,如在强调普遍和谐与互依性的华严宗哲学里所突出地表露者。然而彻底的极性论不属于《易经》的原初智慧。旁观者-贞定者能够控制并改变其命运以趋善避恶,这一事实证明了创造的自由与因果独立性作为生命实在性之本质也是《易经》所认可的。换言之,《易经》的机体主义中的创造主义意味并不比怀德海少。而且,生命之机体主义一面与创造主义一面相结合的方式在《易经》中与在其西方后继者中同样复杂。

可以说,这种创造主义的机体主义在机械原子论与彻底极性论之间——外在相关、极端独立的哲学与内在相关、极端互依的哲学之间——占据了一个中间的立场。应该指出,当这个中间立场为个体自由制造空间时,那两个极端却各自以其自身的方式倾向于决定论的。我们相信,正是《易经》所代表的这一中间立场构成了中国形而上学的主流。相比之下,创造主义的机体主义在西方思想的发展都是姗姗来迟——或许可以说肇始于黑格尔。就这两个极端而言,其在中西思想史上的相对力量是无需多辩的。机械原子论,正如李约瑟指出的,在中国思想中全然阙如[1],因为

---

[1] Needham, *Science and Civilization in China*, Vol. 4: *Physics and Physical Technology*, Part 1 ("Physics"), p. 1.

它更倾向于彻底极性论，尤其在受到佛教哲学的影响之后。相反，机械原子论从公元前5世纪始就已在西方思想中形成强大的态势，而中国类型的极性论却微不足道，尽管也有特例（突出的有斯宾诺莎）。这是东西方之间在哲学中的"历史倒转"的一个例子，我们已在他文中作了简要的讨论①。实际上，机械原子论与彻底极性论作为两种哲学倾向分别界说了西方与中国的思想，两者的对比仍然停留在"东方-西方倒转"的表面上。因为原子论-极性论的对比最终以人类两种根本的态度之间的实存上-精神上的对比为基础，这两种态度涉及其各自的代表性的思维模式，亦即具有实体性倾向的惊异与具有位相性取向的关怀。

实体性思想强调存在的分离性与独立性：它以"实体"（entities）的形式构想存在者或事物，而"实体"的定义恰恰是只就其自身而言它是什么，内在地脱离于宇宙中其他的实体，尽管也能够外在地相互联结。相反，位相性思想重视存在的不可分离性与互依性：存在者或事物在此是以"位相"（aspectities）来解释的，而"界面"则意味着不只就其自身而言它是什么，而是在本质上可认同于与其内在相关的其他介面。这是对"道"（赋予存在者或事物以其存在整体性者）的两种可能的体验方式，两种可能的本体化途径之间的对比，各自都有其特殊的认知模式以及适切的"逻辑"（在方法的意义上）。"实体主义"（entitativism）与理性主义密切相关，偏重理智的推论力量以满足其概念的可理解性与确定性的

---

① 参见本书"怀德海与《易经》的时间观念"一章。

要求；相反，"位相主义"（aspectativism）不可避免地与直觉主义联姻，在其对实在的理解中依赖直接当下的把握力。实体性思想的逻辑必然是分析的、计算的，是一种自我同一性的逻辑；而位相性的思想则要求一种综合辩证的逻辑、两极相关的逻辑。我们认为，这两种思维模式之间——具有理性主义的分析推理逻辑的实体主义与具有直觉主义的综合辩证逻辑的介面主义之间——的对比最终根植于作为人类满全之基本"激发结构"（motivational structure）的惊异与关怀的对比之中。西方哲学中的实体主义偏向源于西方人最初的惊异感，其中，客体被经验为在本质上不同于、分离于、独立于主体的"他性"（otherness）。相反，中国思想的位相主义反映出其原始智慧之根深蒂固的关怀倾向，其中，主体与客间之间并不分离，后者是在与前者的亲和性、共在性与互依性中被经验的。既然关怀与惊异属于普遍的人性，那么无论实体主义还是位相主义都以不同的比例或分量存在于一切思想传统之中。对于比较哲学的研究者来说，重要的是它们在各自传统中的相对力量。就西方哲学而论，毫无疑问，实体主义的相对主导地位反映着惊异的首要性。西方传统哲学由实体性偏向所支配的程度可以从 20 世纪西方思想中各种反传统潮流中看出来，其中尤以怀德海的创造主义-机体主义哲学最为显著。重要的是，他对西方传统哲学批判的要点几乎都直接或间接地与实体性偏向相关：① 亚里士多德逻辑与实体-属性形而上学所默认的主-谓表达模式；② 二元论与自然的二歧性；③ 简单定位、具体性误置与虚空实有；④ 官能心理学；⑤ 感觉主义的知觉理论（强调表象的当下性而牺牲因果的效应性);⑥ 相信语言是命题的一种充分表达①。在这些或其他相似的批评中,第一点无疑是最根本的;因为其他几点多少都源于此。怀德海从未倦怠于攻击主-谓逻辑及其必然后果——自亚里士多德始就已完全统治西方哲学思想之主流的实体-属性的形而上学。诚然,构成主-谓与实体-属性思维模式之要旨的实体主义并不肇始于亚里士多德:可以将它从柏拉图、德谟克利特追溯至巴门尼德和阿那克西曼德——甚至直到欧洲思想之开端的荷马。事实上,正是在荷马的命运概念——由命运之神(Moira)的原初开天辟地把自然割裂为分离独立的诸神统治领域的神话概念中——我们找到了实体性思维的开端。但是,正是在巴门尼德的理性主义那里,实体性思想获得了其最初的哲学辩护,同时或许是最纯粹的表达。因为,正是巴门尼德最早提出了"绝对实体"(perfect entity)的概念——这个被提升到"真正实在的"地位的所谓的"存有"(being)或"一"(one)是完全自我包含的、不被创造的、不可分割的、不可毁灭的、有限的(完全限定的)和同质的。对于巴门尼德,存在的"道"或"整体性"就在于其逻各斯或理性可理解性:"一"其实是由理智的要求所假定的。有时很难相信西方哲学传统——从柏拉图到萨特——受巴门尼德魔咒影响的程度。正是巴门尼德的实体性的理性主义而非赫拉克利特的位相性的动力论最终决定了西方哲学——尤其是形而上学——思想中实在与真理的基本标准。柏

---

① 参见 Whitehead, *Process and Reality*, p. viii。并见他的 *Science and the Modern World* (New York: Macmillan Company, 1925), pp. 84-85。

拉图的"理念",德谟克利特的"原子",亚里士多德的"不动的推动者",阿奎那的"上帝",笛卡儿的"非被造的实体",莱布尼茨的"太上单子",黑格尔的"绝对",萨特的"自在的存在"(en-soi)——无一不是在巴门尼德"一"这个绝对实体的阴影下被构想出来的。甚至西方哲学史的所曾冒出的某些反实体主义思想也仍然深深陷入实体主义的强有力的把握之中。例如,大卫·休谟在严厉批判经院哲学的实体概念的同时,在其本人的印象与观念学说中又保留了实体主义的偏向。而黑格尔的辩证法显然反对亚里士多德的逻辑,但黑格尔的辩证法也依然是用主-谓语言表达出来的。最后,萨特对"自为"(pour-soi)与"自在"(en-soi)的区分也只有在反对传统哲学的实体主义背景下才可被理解。总之,公允地讲,直至当代,西方哲学才能够超越其实体主义偏向——但也只是在较激进的思想家中,著名的有博格森·詹姆斯、杜威、海德格尔、布伯、晚年的维特根斯坦以及最为重要的——怀德海。这些思想家之所以能做到这一点,是因为他们抱有一种与传统极为不同的哲学观念。诚然,哲学在他们那里仍然是对真理的自我反思性的探究。但是真理不局限于能确切认知的东西、清楚明白的东西——不局限于概念的可理解性的范围之内。相反,真理——或"道"的真理维度——在于存在者在其创造意义中的开显。对于怀德海来说,如果并非所有对在此激进思想家团体中的其他人都同意的话,这恰恰意味着生命中的创造意义。怀德海并没有像理想主义者所做的那样强调意识心而牺牲肉体或物质的维度,因为这将夸大其创造的意义。另一方面,怀德海使理智活动附属于直觉感受，因为这对他来说也表现了一种生命的真理。无论怀德海还是20世纪西方其他激进的思想家都主张，绝对的概念的可理解性只是一种不可能性。相对于理智之眼，我们对于实在与生命的看法必然是模糊和暧昧的，这正是生命与实在存在的方式。但这无损于哲学的努力。因为分析到最后，真正重要的不是在其概念可理解性中的真理而是在其直觉透明性中的真理。因为，正如中国哲学家所言，"道"之最内在的本质只对直觉开显；那个被概念化的"道"是残碎或表面的"道"——而非道本身。那么道的真实本性、真正的生命之道又是什么呢？对于怀德海和中国哲学来讲，它就是机体-创造的活动之道。诚然，生命中有一秩序，它存在于其层系性地机体化了的活动的确定性之中。换言之，"理"作为生命的秩序，是其机体统一性的形式。在中国思想中，道的这一面是由概念"理"来表达的，它与希腊和西方哲学中的逻各斯相对应。"理"与逻各斯都属于实在之理性的一面，但无论两者之间有何相似性，其微妙的差异正好显示出中国世界观根本上不同于西方之所在。逻各斯把理性阐释为一种法则与逻辑的事情，而"理"则从策略与艺术的角度说明理性。前者将秩序等同于确定性和准确性：从而它把合理的东西认同为概念上可理解的东西，亦即可以合理地（从逻辑上和数学上）操纵的东西。相反，后者将秩序等同于生命的运动节奏，它伴随着创造综合的辩证法。它认为实在之不确定的与不准确的、模糊的与含混的方面属于"道"之最内在的本质，属于在其创造自由之真正可能性中的生命。尽管缺乏概念的可理解性并且不服从理智的操纵，但它可以通过策略与艺术的直觉力量来达到。分别代表中西方的理性秩序概念的"理"与逻各斯之间的这种差异,也明显实例化在这两个传统各自构想作为理性秩序之根地的至上存有或终极实在的方式中。作为绝对审判者或至高的逻辑学家-数学家——规则与法律的终极执行者的上帝概念,在西方的上帝理论中是如此突出,而在中国哲学中则几乎全然阙如。中国思想中的生命之道可被最适切地描画为一个至高的艺术家或策略家,他虽不受规则与法律的束缚,因为这些正是其本人的创作,却在自由创造的旨趣中自由地、自发地运用它们,而这恰恰构成了其"理"的真正意蕴。

怀德海宣称:"只诉诸直觉。"①鉴于其高度技术性、系统性的哲学奠基于其上的那个巨大的概念框架,怀德海的这句话越发显得突出。不过这里实际上并无矛盾。对于怀德海,理性主义乃是思想的澄清中——而非教条的裁定中——的一种实验性的冒险②。在敏锐地觉察到其陷阱与缺点的同时,他也没有像一个神秘主义者般把理智的价值放到直觉的祭坛上祭祀。他说:"至少,人们用系统化的方式做他们所能做的,并且最终获得了某些东西。正当的检验不在于结果而在于过程。"③

我们早已说过,在怀德海那儿,是诗人而不是逻辑学家-数学家造成了其哲学的最根本的洞见。但我们现在必须补充,这并不意味作为逻辑学家-数学家的怀德海是不重要的。事实上,要充

---

① Whitehead, *Process and Reality*, p. 32.
② 同上书,p. 14。
③ 同上书,p. 21。

分理解怀德海,就必须从适当的透视去统一其哲学的这两个方面。无疑,这里的统一不是一种对等的统一。正如理智从属于直觉,其哲学的逻辑-数学的一面也当可置于诗歌之下。

一面是逻辑与数学,另一面是诗歌,这两者间的关系恰好对应于实在中确定、准确的东西与不确定、不准确的东西之间的关系,亦即逻各斯与"理"的关系。把逻各斯从属于"理"——或把自然的"机械的"或静止的形式秩序从属于其"机体的"或动态的、辩证的秩序,怀德海就与西方传统哲学中的一个根深蒂固的要素分道扬镳,而靠近了《易经》和新儒家的不变立场。这里必须强调,在当代西方及传统的思想家中间,怀德海绝不孤独。有理由相信,从以逻各斯为取向向以"理"为取向的转变表现了——甚至界定了——20世纪西方的一个普遍的特征。它意味着惊异转向关怀,实体主义转向位相主义,科学转向生命。

因为逻各斯乃科学之道,从广义上它可以界定为推论思想试图表象性地把握存有的确定性与准确性。科学必定是理性主义的,因理智或推论理性就其本性而言就是一种严苛的计算工具,对此,(形式)逻辑与(纯粹)数学既是其运作的方式又是其自然的产品。借助于理智的这种计算-推理能力,西方人试图通过对实在的"精确化"(exactivization)来克服人的限度。但是,如果存有就是生命,从而内在地就是不完整、不准确的,那么(推理)理性的绝望就是不可避免的了。另一方面,作为生命之整秩原理的"理"则是艺术之道、道德之道、宗教之道——而且的确也是我们文化生命之所有事物之"道",我们的文化生命不得不面对在其烦人、迷人又宜人的模糊性与暧昧性中的存有。这里,推理-计算-表象的思想必须让位于直觉-沉思-象征的思想;逻辑和数学必须让位于辩证法和策略。研究中国文化的人都能注意到其哲学思想中逻辑-数学取向的明显缺乏以及哲学与道德(如在儒家中)、艺术(如在道家中)、宗教(如在墨家和中国佛教中)的亲密关系。和西方同道不同,中国哲学从未曾被认同于科学的观念。这当然不意味着我们不能言及中国哲学的理论的一面。既然哲学必须以思想为媒介来表达自身,那么一切哲学就其本性而言都是理论的———一种"理论"只是看事物的一种方式,把握存有的内在特性的一种方式。但是,既然存有的内在特征既非完全不准确,也非全然缺乏准确性,而是既准确又不准确,所以理论的东西绝不应局限于科学的领域:理论思维不能等同于计算-推理思维。因为一种理论也可以用沉思-象征思想的语言来表达,对此中国哲学家习以为常。毋庸置疑,中国传统的思想家总是倾向于朝着"理"的方向而非逻各斯的方向去"理论化"。这种倾向与中国哲学中理论与实践的不可分紧密相关。因为对于中国人来讲,理论意味着对"理"——生命之整秩原理——的一种看法,而"理"是体现在、活动于实践性存在的策略与艺术中的。毫无例外,中国哲学家也对理论感兴趣,但不是为了理论本身的目的,而是为了其创造的关涉性。对"道"的"观"总是不充分的,除非它源于生命特性的创造转化中,而后者总是需要对"观"进行"再观"。这一创造的转化历程既是理论的又是实践的:理论,作为实践的指导,受制于实践的检验。理论与实践的这种互依性与其在西方传统文化中的分裂截然异趣。此间的重要性是不会被过分强调的,因为中国传统中"哲学"的含义恰恰应该到理论与实践之间的联系中去寻找。

更准确地说,就中国的意义而言,哲学就在于理论与实践相协调中来实现人-宇宙在人类存在之具体脉络中的"道"的统一。中国哲学的这一永恒理想最初是由《易经》的作者在中国哲学传统开创之时提出来的。这时的哲学家(圣王或君子)同时担负着理论与实践的双重使命。在理论上,哲学家是"道"之为逻各斯的永恒真理的追寻者和沉思者,追寻和沉思"易"之永恒不变的本性。哲学的这一方面由《易经》以其创造性形而上学为代表,而此创造性形而上学又以阴阳辩证法为根据,它试图通过有或多或少精确性的推理思想的语言捕捉。然而,按照《易经》,哲学家不能只是永恒真理的沉思者。他还有一个重要的实践功能,即作为命运——"道"之为"理",以及"易"之变化和创造一面——的贞定者。"道"的这一面,动态真理或生命整秩原理,就是借助于想象、象征和隐喻而生动鲜明却又是谜一般不可思议地被刻画出来的。哲学的贞定是可能的,其根据在于"性"与"命"的可协调性。并且,哲学贞定的目标就在于回忆性地穿入过去的辩证事实性以获取对未来辩证性的一种想象性洞察。哲学确实关注与现象相对的实在。但是在《易经》以及一般中国哲学思想中,实在与现象间的划分并不具有与在西方形而上学脉络中相同的含义。对于中国哲学来讲,实在完全是动态的、辩证的和脉络性的。无论实在还是现象都指涉一种境遇性的意义与权能母体的辩证特性,这一母体被视为过去与未来、性与命之间相互作用的焦点。现象指的是表面的特性,而实在指的是深刻的、超越现象的特性。无论在现象中还是在实在中,"特性"(character)乃是"性"朝"命"的变化曲折(inflection),"理"在逻各斯中的运动以及理论与实践之间的交叉。如此看来,实际上只有特性("德")而非本性("性")才是中国哲学的首要关切,它试图理解"性"以获取"德"。而西方哲学则反其道而行之:它将"本性"(physis)置于"特性"(ethos)之上①。

这一以特性为中心的哲学使命观最初是在《易经》中被提出来的,却决定性地形塑了中国哲学发展的整个过程,特性的存在性实现——"本真特性"(authentic character)——乃是儒家、道家、墨家和中国佛教的共同目标,尽管每一学派都有其自己的本真性概念。从存有论上讲,特性不过是实在事物的实在性或具体事物的具体性,按照周敦颐的受《易经》影响的形而上学,它奠基于"诚"(或自我诚明的生命历程)与"生"(或创造性)。而用怀德海的话讲,"诚"乃是促成(或取得)现实实有的特性或实在性者。这个"诚",除了在此时此地的主观当下性中、在合生与自我实现的活的历程中,无处可寻。

怀德海曾言:"对当下经验的澄明对任何思想来说都是唯一的证成。"②构成其哲学之概念框架的所谓"范畴总纲"本质上衍

---

① 当然也有例外——其中尤以赫拉克利特最为著名,其富于洞见的残篇(如"人的性格就是命")似乎与《易经》和《道德经》极为接近。
② Whitehead, *Process and Reality*, p. 6.

生自对当下经验的分析,亦即对我们的存有或构成我们自身实在之"特性"的分析。不过这种思辨性的对特性的关注仍然停留在理论的层面上。从中国哲学的立场来看,怀德海的以特性为中心的哲学既不充分也不恰当。它之所以不充分,是因为它的特性理论过于一般:它没能公正对待人类特性的独特性与复杂性。而它之所以不恰当,是因为它从根本上缺乏存在性的取向:它没能辨识出理论与实践之间、特性观与其真实生命成就之间的正当关系,站在中国哲学的立场看,一种纯粹思辨的生命哲学在语义上差不多是自相矛盾的。正如中国哲学家所强调的,没有一种生命哲学配得上生命哲学这个名称,除非它是一种可践行的生命哲学:任何以生命为中心的哲学的真理都必须到活生生的生命本身中去寻找。

那么,怀德海的语言又如何呢?其对于实在问题的高度理性主义的进路又如何呢?这一进路所伴随的厚重的"表象性—假设性"(representational-postulational)思想风格似乎完全遮盖了其以对当下经验的直觉把握为焦点的沉思性的思想倾向。姑且承认逻各斯的确实性与精确性乃是"道"的一个重要方面从而服从概念性的操纵,但"道"作为生命之统一方式能否只用假设性—表象性的理性主义的思想语言来表达还是个大问题。尽管在怀德海那里,诗歌对于逻辑-数学——情感与直觉对于理智——具有首要性,但很不幸,诗歌的象征性语言在他的哲学著作中虽并非不存在,却显然被忽略了。从怀德海的观点看,《易经》突出的象征性进路——在表达上具有明显的模糊性与暧昧性,以理性主义的思维标准去衡量似是缺乏理智的精确性。但另一方面，怀德海的高度系统化的语言以及术语的严格性是否必然是一纯粹的优点，这也是值得讨论的。从《易经》的观点去透视，怀德海在"范畴总纲"里概念化了的体系，对于一种生命和历程哲学来说，显然过于严苛了。事实上，怀德海的体系化冲动可能造成了其形而上学中的某些主要困难。请让我以永恒客体理论为例，在上帝的先在性中包含着纯粹潜能的无数最单纯的单元，这一理论对于实在之历程概念来说并不是必然的。我们认为，它似乎与创造性的真正含义相矛盾。根植于创造性宇宙的存有场中的无限潜能在一定程度上虽然是可以分析的，关键在于能否可以完全彻底地分析它，即使只是原则上。关于这一点，皮尔士-哈特肖恩的突现共相理论（Peircean-Hartshornian theory of emergent universals）是显然较为可取的，这些共相，本身已在创进到新异性的过程中演进了。然而在宇宙历程中已进化了的实在潜能必然是模糊和暧昧的，内在地就是无法作彻底而精确的规定的。这正是《易经》中以"象"来指涉之的原因。现在，如果纯粹潜能不能被彻底地分析，那么实有又如何呢？实有还可化约为终极单纯之物，或如怀德海所言的现实存有？这的确不是个容易回答的问题。但是我们相信，最后分析起来，答案也还是否定的。实有不可彻底地被分析，因为确定性不是由明确可分的单位构成的。此外，在实有可分解为简单单元的范围内，整体与部分间的关系是机体的而非数学的。整体与部分是互依的，但整体的特性不可化约为部分的特性。作为逻辑学家-数学家的怀德海在其哲学思考中起的作用是如此之大，以至于他经常把机体分析与数学的分解方法相混淆，以至于甚至有化约主义之嫌。至少，怀德海对人的处理——对他而言人只是现实存有的"社会"——有许多不足之处。

尽管怀德海注重术语的严格性，但他的哲学著作中仍有许多模糊性与暧昧性，这模糊性与暧昧性乃是内在于系统语言的真实本性之中。尤有甚者，怀德海试图找一条中和的实在进路，结果却使事情进一步复杂化了。理解怀德海的关键实际上就在于直觉与理智、诗歌与逻辑-数学、特性与本性、位相性与实体性的思维模式、一与多、上帝与世界以及许多其他诸对立极之间的暧昧与紧张关系，而这些对立极的创造性综合从策略上构成了其思辨努力的目标。比较怀德海与中国哲学，就需要提出一种涉及所有这些对立极的辩证对比。这是我们今后要做的工作。

我们相信，怀德海的概念体系将极大地增进我们对《易经》和中国哲学的理解。不过我们也可以期望，从两者间的对话中受益的不只是其中的一方。我们把中国传统哲学界定为一种以关怀为取向、以生命为中心的意义性/重要性哲学。有保留地说，这种界定也可适用于怀德海哲学。作为西方传统终结阶段的代表性思想家[1]，怀德海既是西方传统哲学的顶峰又是其超越者。而这就意味着，一方面西方传统的惊异精神在作为其最完美表现之一的怀德海哲学中仍保持着生命力，另一方面，惊异在怀德海那里已经历了一种根本的转化：不再与关怀疏离，其本身已变为以关

---

[1] 有关"西方传统的终结阶段"的意义与重要性，参见拙作《关怀、惊异与存有的极化：论人类命运》，特别是 pp. 73-76。

怀为取向。仅就怀德海的反传统一面而言,这就是他与中国哲学的观点越来越接近的缘由。或许,我们有理由相信,怀德海的真正目标是这样一种思维方式,它不片面地反映于惊异或关怀,而是两者的合理综合、创造性谐和①。如果这一点不假,那么他所努力做的无非是在一种全球哲学的创造中统合性地超越东方和西方,而这种全球哲学将以关怀和惊异引导我们进入英勇新世界。

(宋继杰译,原文载于 Journal of Chinese Philosophy, 1979, pp. 297–321)

第七章　哲学沉默的意义:对中国思想中语言使用的某些反思

何谓沉默?这个问题或许从来未曾被人提过——至少未曾被人视为一个严肃的哲学问题,也未曾出现于西方传统之中。就传统西方哲学来说,这个问题之所以未出现,主要是因为西方哲学家,即使有的话,也很少有人曾实践过沉默。由于对它没有真切的体验,因此很难看出它真实的意义,遑论了解它的必要性了。而西方哲学家之所以未能领悟沉默的积极含义,与他们未能掌握无或空无的真实含义有密切的关联。对他们来说,沉默只是言说之阙如而已,正如空无只是存有物的否定一般。直到最近,西方

---

① 有关"西方传统的终结阶段"的意义与重要性,参见拙作《关怀、惊异与存有的极化:论人类命运》,特别是 pp. 73–76。

哲学家才逐渐对沉默与空无的真正意义有些微的认识。这种新趋势的产生，应分别归功于维特根斯坦和海德格尔的著作。对维特根斯坦来说，沉默很明显地具有一种积极的意义，是哲学思维所不可或缺的部分。它不再被认为只是言说之阙如，而是言说之超越；这种超越之必然性，完全由于语言的限制而产生。他认为有许多东西无法用文字表达：它们是神秘的；又说："我们所无法谈论的，必须付诸沉默。"[①]

以沉默为言说之超越（而非只是言说之阙如），这种想法对研究东方思想的学者来说是非常熟悉的。如果东方思想家并无企图探讨此一沉默之性质，那并非由于他们缺乏真切的经验，而是由于这种经验对他们来说太直接了，以至于被视为当然。沉默——积极的沉默——一直是东方哲学的根本关怀；我们甚至可以说，这是东方各种哲学所环绕的主题。由于在东方思想中，真理之所在，并非哲学家的言说或表达，而主要是他实践沉默的方式；因此所谓真理——不论是儒家圣人的至诚、道家真人的纯任自然或禅师的顿悟——并不是称述或命题的性质，而是统合于沉默中的实存事态之实在性。当然，这并非表示言说没有它的功用，只是其功用是次要的，甚至是消极的。在东方哲学中一个哲学家所不得不说出以及已说出的话，其重要性与意义，必须根据他的沉默（他的言说之超越）来判定。

然而，哲学的沉默——哲学家所实行的沉默，其意义是什么

---

① 维特根斯坦：《逻辑哲学论》，D. F. Pears 与 B. F. McGuinness 英译。

呢？假如我们想在中国哲学的脉络中回答此一问题，必须先知道言说与沉默是两个相关的概念。凡言说必有沉默，凡沉默也必有言说之可能性。就如同存有物来自非存有物（存有自身之性质）且回归非存有物；言说也是发自沉默且平息于沉默之中。沉默，不仅不是言说之阙如，事实上，它正是言说可能性之条件，是言说实际存在之体现。套用《易经》的形上术语，我们可以这么说，言说是沉默的"阳"，沉默是言说的"阴"，"一阴一阳之谓道"。言说与沉默的交替，即是"易"此一宇宙法则的例证，是创造性此一宇宙终极实在界的原初历程。

因此，即使就其一般存有论意义而言，沉默也是积极而非消极的。不过，哲学家的沉默还有另一种积极的意义。哲学的沉默是意向性的——清醒与故意的。这种哲学沉默的意向性可分解为三点，即"何者""为何"以及"如何"。意向性的"何者"是指哲学家所沉默的东西，意向性的"为何"是指他沉默的原因，而意向性的"如何"则指他实践或成就其沉默的方式。因此，对维特根斯坦来说，意向性的"何者"即是所谓"奥秘的事物"；意向性的"为何"可以从言谈的限制中得知，这种限制是语言固有的性质；至于意向性的"如何"，吾人则难以确定，它大概是存在于对奥秘事物的沉默的领会之中，这种奥秘事物虽然无法名状，却可以显现于诗、艺术与宗教等非哲学性的活动之中。

在中国思想中，哲学沉默的意向性，其意义为何？不消说，这是一个庞大而复杂的问题，可以有多方面的答案。本章中，我希望仅处理其语言学的向度，亦即就哲学之沉默关联于语言之性质和功用这方面来探讨①。从中国哲学的观点来看,一般所谓的言说,其本质是什么？特别是,哲学言说的本质是什么？这是本章所要探讨的主题。

首先,"言说行动"(speech act)本身即是一种存有物——是宇宙中的发生态或事件。它本身即预设了一种为其发生之基础的世界事态。这个作为前提的事态是一种沉默的事态,亦即言说行动是从它而生。那么,这个作为前提的沉默事态又是由什么所构成的呢？一方面,它是一种语言事态,本质上是一种意义领域；另一方面,它是一种实在界的事态,本质上是一种重要性的领域。每一个言说(写作也可以视为一种纸上的言说或空间化的言说)都是实在界和语言的一种功用。实际上,言说行动是对道的一种运作,亦即道是意义与重要性之综合领域的存有。因此,言说的本质在于"陈述"的行动。诚如海德格尔所见,陈述基本上是一种展现。在言说中,实在界借语言而被展现,其重要性体现于意义之中。因此,每一个言说都是存有之陈述。在中国,"道"这个字的本义是路；因此,所谓存有即是事物所循或所应循的路。但是道也有陈述的意思,因此,言说(至少在其本来的形式上)成为一种"道道"的事情,亦即一种使存有陈述存有之陈述。哲学的言说是最认真的。哲学的陈述是存有在它整体与真实之整体情况中的一种陈述。这就是道言的真正意义。因此,哲学的言说离不开

---

① 哲学的言说与沉默当然不只是一个语言上的问题。如同其他所有的哲学问题,它涉及灵魂与存有之间,或者用中国哲学术语来说,心与道之间的基本关系。因此它不只是语言上的问题,更是实存与存有论上的问题。

哲学家的心——心灵或能知的心。的确,哲学作为一种"道道"之事,可以说是一种心的事务。"言为心声"——言说是心灵的声音,这句中国寻常的成语所表达的,也是中国语言哲学中的一个公认真理。对中国思想中所有主要学派而言,言说与论述的根本性质不见于语言之性质,而见于心灵与语言的关系之性质之中。所谓言说行动,本质上是一种以语言为媒介且表现于语言之中的行动。言说是心灵的一种表现,借此,此人所陈述的信息乃能抵达他人的心灵之中。

这种言说的概念,我们可称之为言说的实存性概念,它与中国哲学家对语言及语言之运用的态度有决定性的关系。他们基本上视语言为表达与传达的媒介,因此比较强调语言的实用性而轻乎其逻辑性。语言的逻辑性关乎其形式结构,亦即其语法,而语言的实用性则与它的用法和作用有关,主要是语意学上的问题。由于以上的缘故,文法——指语法而非"语形学"(morphology)——在中国对语言的看法中,自然成为最不重要的部分。众所周知,在中国并没有发展出形式逻辑(发展出语言的句法向度)与文法这两种密切关联的科学;相反,早在孔子的时代,甚至更早,中国思想家与学者便很注意语意的问题,例如孔子的"正名",基本上即是一种伦理语意的学说,而名家的诡辩论证基本上也是语意而非语法的性质。

在中国语言哲学中,语义学之所以重于文法与语法,部分原因来自中国语言的性质。如果与大部分欧洲语言相比较,按照语法学的说法,中文可以说是单纯语言的一个典范。它几乎完全没有语尾与动词的变化,也没有多少严格的规则来支配句中字词的功用。同样一个字,字形完全不变,却可以有时当名词,有时当动词,有时当形容词,有时当副词,等等,其功用全依文脉而定。在中文中,对于语言功用的判定,文脉确实比规则更重要。但是一个字的文脉关系除了在语法上决定它的格之外,也在语意上决定它的意义。语义学纯粹是研究意义的脉络;如果说,语言基本上是表达与传达的媒介,那么,中文重语意轻文法是有些道理的,或者至少是可理解的。我们知道,一个人如果想充分表达自己的意思,必须能正确地了解字的意义以及它们在各种情况下运用的方式;但是一个初学某种外文的人,虽然对此种语言的文法所知有限,却总是设法想让外国人懂得自己的意思。总之,重语意轻文法以及重文脉轻规则,似乎是实存且实用的语言概念之必然结果。

这种语言概念普遍存在于中国所有思想派别之中;与它形成强烈对比的是早年维特根斯坦的见解,认为语言的意义由其逻辑性质与指称功用来判定。在《逻辑哲学论》中,维特根斯坦认为,所谓世界(实在界)是事实的总和,而语言则为命题的总和。指称功用显示出语言与实在界之间的关联。一个命题是一个事实的图像——一个基本命题是一个原子事实的图像。由于图像与图像所描现者之间具有符号上的同形关系,亦即具有形式上的逻辑同一性,因此,一个图像描现一个事实是可能的。而从中国哲学观点来看,维特根斯坦的静态存有概念(实在界与语言)与指称的图像理论都是难以接受的。世界并非事实的总和,而是道的变化。语言也非命题的总和;一种语言是一种意义的动态化领域,正如实在界是一种重要性的动态变化领域。中国人可能较能同意怀德海的看法,对怀德海来说,语言与思想是互赖互生的①。实际上,言说行动与其说是一种指称作用,倒不如说是一种说话的活动,也就是一种展现的活动。关于展现活动,维特根斯坦只承认奥秘物的自我展现。他未能了解展现是言说本质的展现;在言说中,实在界的重要性体现于语言的意义之中②。在说话时,心灵与语言合为一;说话既是一种"心灵的语言",同时也是一种"语言的挂念"(minding of language)。这种合一性的终极基础是建立在人类心灵的性质之上,亦即视心灵为一种挂念的实存物。因此,说话基本上是心灵的一种活动,亦即是一种挂念的活动;对说话本身以及对世界的关注,是人类多面性活动的基础。

对怀德海与中国哲学家来说,言说行动是创造之一实例。晚年维特根斯坦也明显是趋近此种观点。在《哲学研究》一书中,维特根斯坦认为指称只不过是语言诸功用中的一种。语言,或者更精确地说,语言的使用,对他而言只是一种"游戏"——一种生活样式。语言游戏有很多种,正如生活样式也有很多种。早年维特根斯坦虽然专注于逻辑与语言之形式,但晚年则强调语言在日常使用中的实际功用。图像理论被放弃,代之以意义即用法的理论;语言的哲学问题变成语意的问题,文脉成为高举的口号。然

---

① Alfred North Whitehead, *Modes of Thought*, Capricorn Books, New York, 1958, p. 57.
② 此处应注意,"语义学"(semantics)。semantics源于希腊文的"*semantikos*",意思是"意义";而 *semantikos* 又源自"*semainein*",意思是"展现"。因此,"产生意义"(making sense)的活动(亦即言说活动即是一种展现活动)。

而必须留意的是,晚年维特根斯坦虽然强调语言的文脉关系,但是文法在其思想中仍占据主要地位。把意义视同用法以及语言游戏的概念,使维特根斯坦在其反形而上学的论证中极度依赖规则概念。维特根斯坦晚年时相信,形而上学问题的产生,乃是由于对日常语言之规则的违反或误解。

从中国哲学观点来看,语言的使用确实是一种生活样式,但这种生活样式并非游戏的样式,而是实现的样式;所有生活样式都是实现的样式。虽然可以用某一组特定规则加以定义的游戏性质来构成每一实现样式的重要部分,但本质上,实现是一种创造的过程,在这种过程中,"因应"(tactics)是一个关键因素。生活是一种因应事态而非机械事态——形式逻辑、数学与机械皆属后者,机械事态全受制于规则;生活因不受制于严格、固定的规则,故不属于机械事态。任何一种生活样式的实现都是一种需要因应策略的创造活动,而所谓"因应",是指完成某一目的的巧妙技术,而非只依照规则来行事。因此,因应必然受限于脉络;而且,因应的斟酌未必——事实上很少——能有一个最佳的应付办法,因为任何一种情况都可能有两个以上同样好的因应方法。

以上这种机械性与因应性的区别,可以用来解释大部分中西思想文化的差异。西方心灵受规则概念所宰制——传统西方哲学对真理的追求,实际上是(至少大部分是)寻求合乎律则或"机械必然性"。反之,中国心灵则受制于存有的脉络关联性——传统中国哲学所关切的主要是"道"的因应效力。我们必须承认,晚年维特根斯坦多少带有一点中国精神;《哲学研究》所采用的基本研究途径是因应式而非机械式的——尽管在此书中,规则概念仍具有显著的地位。

因此,我们可以说,中国有关语言和言说的哲学概念,其特性为因应的、实存的与实用的。实用的态度在《论语》中表现得很明显。子曰:"辞达而已矣。"①在《论语》中,孔子的言辞表达非常精简,这似乎表示孔子不仅要求自己且实际上遵守如"奥康的剃刀"所主张的经济原则。对孔子来说,言说是很重要的,因为它不仅是社会的必需品,也是道德与精神之实现所不可或缺的工具②。依据他的观点,言说不是权利或特权,而是责任或义务。其"慎言"与"正名"的学说,只经由此种道德与精神的透视,才能得到适切的理解。慎言是用道德来限定因应,而正名则在语意中体现道德。分析到最后,两者都要源于"诚"的观念。"诚"是人与宇宙朝向真实的过程,在这种过程中,天之道与人之道是合一的。

慎言是诚德之因应性言说。诚字在英文中恐无相当之字眼,此处勉强译为"真实"(sincerity)。作为孔子哲学之一主要用语,它(类似希腊语的 *aletheia*——无隐藏)同时暗指了道的实在性、人类存在的真实性、意志的真实、思想的纯净、行为的良正,以及最重要的——言说的真诚。总之,诚的意义是真,是儒学之最高统合原理;它是构成道的本质,也是人与宇宙的道德创造过程。就我们对表意文字之构造的了解,诚字的原始意思是指文字或言说的

---

① 《论语》,15:40。
② 对孔子而言,正确的言说或适当的语言使用,是德性不可或缺的一部分(《论语》,14:5)——因此必然有"正名"的主张。

完成（成言）。它同时完成了人类语言的语词以及天地的信息（这种"诚"之过程是一种因应的事态）。真实言说的因应是指适用恰当的语词、时间、对象、论题，以及最重要的，具有正当的动机①。因此，诚可说是一种由沉默中引出言说的开放无偏之原理；或者由另一面来看，是区别言说与沉默的限制原理。如此，在孔子的哲学中，言说与沉默之别以及言说与行动之别，乃具有不可分割的关联性。的确，这两种区别几乎是完全相同的。因为，沉默的体现是行动，言说起自行动之沉默且归于行动之沉默。儒家的哲学绝非只是一种理智的工作，更不只是语言的问题。只有"道思"（Tao-thinking）与"道言"（Tao-saying）并不够，它们只不过是"道生"（Tao-living）的两个重要切面；道之真理不是被思想与言说，更重要的是要被实行与践履。

在此种道生的脉络中，我们必能判定儒家的哲学沉默之意义。依照《论语》的记载，孔子对两种问题保持沉默——他很少讨论诸如人性与天道等形上的东西，而且不语"怪、力、乱、神"②。关于后者，我们可以很安稳地说，孔子之所以不语怪力乱神，乃是因为这些东西对孔子而言与道德生命并无本质上的关联。但是他为何很少论及形上事物则很难判定原因。人性与天道都和道德生命有明显的关联。在儒家的终极分析中，道德与形上是同一的，都具有最高的重要性。既然如此，孔子又为何对它们保持沉默呢？

---

① 这些可视为"礼"——基本上是一个因应的概念的部分含义。
②《论语》，7：20；9：1。

不管这个问题的答案是什么,此一哲学沉默不可能有类似早年维特根斯坦所主张的那种语言性的理由。我们相信,孔子之所以对形上事物保持沉默,是由于他的深度谦虚以及重视真理;这两项在西方也被视为苏格拉底之智慧的本质。孔子的沉默以及苏氏的自承无知,两者所透显的,都是《中庸》所说的"至诚"之精神,这种精神使圣贤或哲学家只表达自己真正了解的东西①。就儒家思想而言,圣贤在生活与智慧中表现至诚精神,才是真正对形而上学的"实行"。因为至诚就是天道,表现在个人的例证上——过一种至诚的生活——即为人之道。这种道,这种人们可在实际生活中实行的道,是能够被人们所真正认识的。不用说,这种真理(既是道德的又是思想的,既是实存的又是形上的)无法只靠讨论而获致,因为这种真理必须被实践以及在生活中实行才能被真正认识②。因此,孔子之所以不愿讨论形上事物似乎是完全可以理解的。对于提升道德生命而言,形上思辨顶多只是一种工具,而且有时会产生误解与混淆。孔子对道的关切,比较偏爱用范例来表达其真理。这种表达方式实际上是一种"道言",亦即不通过文字的媒介而是在沉默的行动因应中表达了道。就此意义而言,孔子的生活实在可被视为一篇雄辩动人的形而上学"论述"。

如果我们把儒学看作是诚的信条,则道家之学便可视为"纯

---

① 《论语》,2:17("知之为知之,不知为不知,是知也")。
② 这点是孔子与苏格拉底之间的一个根本差异:孔子并不重视"辩证法"(通过问答来寻求真理与知识的方法),而苏氏则为辩证法的代表人物。

任自然"的信条。而作为生活与创造形式的言说之因应,对道家而言便是自知天性所自发的因应。道家所说的真人能与道合一,是最高的艺术家与因应家,能绝对纯任自然地完成所有事情。绝对纯任自然而发的言说已经具有沉默的性质——不是不出声,而是一种含义极深的沉默,也就是庄子所说的"忘言"。在忘言的境界中,言说与沉默被先验地统合了。言说者所说的,不再是人类语言的语辞,而是"道"自身的言语。如果有两位"真人"从事绝对纯任自然的对话,他们所听到的不是有限言说的声音,而是无限的沉默,这种沉默就是"道"的声音——"天籁"。

对道家而言,宇宙万有是一种自然秩序而非道德秩序:在此,形上超越了道德。"道"既非善也非恶,而是天真。作为终极的实在,"道"只能被称为"自然",此词在中文的意思是"本然"(self-so)。道的这种自然性或"本然性"是绝对纯任自然的,是无法用一般论述加以表达与传达的本质。能被言说——用一般语言——的道,不是真正的道。因为,一般语言是一种事物语言、一种设计出来的语言;这种语言无法充分表达本身为无限物且为统摄一切存在之基础的"道"之本质。"道"是一种非存有物的存有,因此无法用专为存有物而设计的语言来谈论。

但是"道"也并非绝对无法名状。它虽然不能被一般论述的语言说出,却可以用非一般的语言——诗的语言——加以表达。在诗的言说中,虽然仍用一般语言来描述事物,但这些事物的存有境界已被完全改造。经过诗人想象的召遣,这些事物已非原来实际的意义,成为一些象征。诗人不把事物看作事物,而是看成道的载舟,通过事物状态的超越,道显现了自己。因此,如维特根斯坦所说的,诗以展现"道"的方式来谈述"道",以展现事物的非事物性来显现"道"。

庄子所使用高度隐喻性与夸张的语言,本质上是诗的语言。他无疑是一位最善于运用语言的因应性与诗意以表达哲学思想的大师。就中国传统而言,庄子就是哲学的诗篇,哲学的诗篇就是庄子,这应该不是夸张的说词。庄子确定了中国哲学诗篇的基本意义,其本质存在于"去知"(unlearning)与"忘言"的艺术与过程之中。一个哲学诗人如果想真正地体验"道",必须去除一般知识的拘束和限制,在文字的事物性与俗义中掌握忘言的境界。如同得鱼而忘筌,在理悟"道"之真义后,文字亦被忘掉。庄子的这个比喻,使我们立刻想到《逻辑哲学论》中著名的"梯子之喻"[1]。不过两者之间有微妙的差异。在庄子的比喻中,筌是自然地被忘记,但是在维特根斯坦的比喻中,梯子是刻意地被抛弃。从道家的观点来看,《逻辑哲学论》中的沉默(当一个人登上梯子之后)不是真正哲学上的沉默,因为它仍然记着先前的言说(必须刻意地抛弃梯子)。对道家而言,真正的沉默是指言说的超越,但是这种超越与《逻辑哲学论》中所说的超越并不相同,亦即不是持续哲学论述直至语言的逻辑极限。真正的沉默是一种纯任自然的沉默,亦即是与道合一的沉默;我们只有借着展现语言的原初真实性才能理解这种沉默。正如存有物的原初真实性存在于涵摄存有之

---

[1] 逻辑哲学论,第151页。至于鱼筌之喻,参见 *Chuang Tzu*:*Basic Writings*,Burton Watson,Columbia University Press,New York,1968,p. 302。

完满性的"非有"之中,语言的原初真实性亦同样地存在于"道"纯任自然而自言的沉默之中,这也是最丰富健谈的言说。这种最丰富健谈的言说正是哲学论述的目的,而一个哲学家只有在自然而非刻意地忘掉普通言语时,才能发出"道"之言语。

就以上所讨论的内容或许可以作如下的总结。就中国思想传统的主流而言,语言的哲学运用通常可以看作是一种实存与实践的以及因应与脉络的事态。这种普通的特性不只适用于古典时期(汉朝以前)儒、道两个主要学派,即使在佛教传入中土之后的儒道的一些后续发展中,如新道家、禅宗、新儒家等,也同样具有此种特性。这些后续发展也如同它们所源自的古典原型,把语言的使用当作一种生活样式,是人之实现所不可或缺的一部分。毫无疑问,语言的实存性功用主要是实践性的。语言是表达与传达的媒介,而不是实在界的逻辑表象(如早年维特根斯坦的看法)。然而,中国思想家或那些企求觉悟者的实存论述中所表达与传达者,不论是儒家的诚之道、道家的自然之道或佛家的涅槃之道,都不是有关"真实体验"——道的生活真理——的理论或主张。真实体验的这三种主要形态,分别构成中国传统思想的三个主流。它们之间当然有许多差异,但是有一项基本观点是相同的,那就是它们都取认"心"是真理之所在。真实的心是所谓的"道心",它是道之心,同时也是心之道。在这三派思想传统中,哲学都有"实存的证成"(existential justification)的意义,在道心之中且通过道心去领悟真实的存在。在这种实存的证成中,思想、论述与行动实际上是不可分的,因为它们不过是某一有机体验整体的不同切面而已。因此，表达与传达的意义必须被适切的理解，亦即必须由统合思想、论述实存与实践性观点来理解。在最后的分析中，被表达与传达的东西是道心。的确，在真实的体验中领悟与传达道心，可说是中国思想哲学言说与沉默之旨意所在。

如同其他众多情况，在以上的探讨中，中国的方式既非西方典型的逻辑方式，也不是印度独特的超逻辑方式，而是因应的方式，这种方式必然意味着脉络的重要性。因应主义与脉络主义确实是中国思想文化的表征。在中国的传统中，与脉络相关的语言之因应使用，虽然在新道家典雅的清谈与儒家热诚平实的论述中也具有相当的重要性，但最显著的莫过于在禅宗尖刻问答中所表现者。禅宗以深刻有趣的方式融合中国与印度的精神。佛教原本是印度心灵的产物。其教义不论在观点或方法上都是超逻辑的。其观点之所以是超逻辑的，乃因其目的在逻辑之超越；其方法之所以为超逻辑，乃因其得用且依靠逻辑去征服逻辑，亦即借着展现逻辑的限制以及论究逻辑的可能性来征服逻辑。这就是为什么虽然佛教普遍主张以"破言"为论述的根本目的，但是在佛教的经典中，形式逻辑仍然占有如此高的地位。禅宗在超逻辑的观点与实际生活的戒律两方面确实与印度佛教相同，但是它的方法是因应性的，基本上仍属于中国式。禅宗也像佛教其他派别一样，以超越逻辑为目的，所不同的是，禅宗不是让逻辑去自我摧毁，而是因应性地规避了逻辑。这种"规避"的因应当然是源自古典道家哲学——一个高明的因应者能如水般柔弱与有力，这是道的最佳因应。不过禅宗的规避因应实际上也确是一种最有效的面对方式;因为借着规避逻辑,行禅者马上直接面对真正超逻辑的东西,亦即"本心",此即为吾人之佛性。禅宗所说"直指本心"的真义应该是如此吧!①

道家与禅宗都曾被人拿来与维特根斯坦的哲学相比较②。就晚期维特根斯坦的因应主义与脉络主义而言,如果能适切地掌握道家与禅宗独特的中国特性,那么这种比较是很有意义的。从方法的角度来看,早晚年的维特根斯坦的确有根本上的差异。因为,《逻辑哲学论》是逻辑与机械的,却企图达到超逻辑的境界,而《哲学研究》则是因应与脉络性的,试图规避逻辑。不论早年或晚年,至少就方法上来说,维特根斯坦的哲学可说逸出了西方(欧美)文明的主流;他自己也承认这一点③。不过他并未明确承认,或者未能了解到,他实际上已走入东方文化的主流之中。在《逻辑哲学论》中,仍属于西方式的维特根斯坦已逐渐趋近印度的观点;在《哲学研究》中,不再如此西方式的维特根斯坦则已明确地

---

① 关于禅的语言之性质及其逻辑性,请参见成中英所著具有启发性与高度原创性的论文《论禅的语言及其吊诡》,《Journal of Chinese Philosophy》第 1 期(1973),第 77—102 页。
② 例如 K. R. Fann 曾对《逻辑哲学论》与《道德经》以及《哲学研究》与"禅宗"作过比较研究,见其所撰《维特根斯坦的哲学观念》,加利福尼亚州大学出版部,伯克莱与洛杉矶,1971, p.3, n. 1; p. 110。但是他的见解过于粗率,恐无帮助。对于维特根斯坦与禅宗有关语言功能的问题,其进一步的分析可参考 Henry Rosemont, Jr.,《意义即使用:作为禅师语言工具的公案与问答》,《东西哲学》第 20 期(1970),第 109—119 页。另外,H. Hudson 曾以批判的观点,对维特根斯坦与禅宗作过全盘的比较,请参见他所撰《维特根斯坦与禅宗》,《东西哲学》第 23 期(1973),第 171—181 页。
③ 参见维特根斯坦《哲学诠注》前言。

进入中国的领域。从东西会通的观点来看,这是一个很特殊的现象。我们相信它必然具有重大的意义,但限于本章的篇幅,在此无法对它作进一步的探讨。

[赖显邦译,原文载于《中国哲学季刊》(1976),第169—183页]

第八章 蕴微论:场有经验的本质

哲学乃是一种自觉性的智性活动。这种智性活动来自吾人对经验的反省——存有经验的反省。一切哲学理论都有一个存有论的立场,或都有一个基本的存有信念;而所谓存有论(或存有学),最后分析起来,只不过是一种存有的自反灵明,一种存有经验的剖析与描述罢了。从场有哲学的观点来说,存有就是场有;存有论就是场有论,亦即是场有经验的反省、剖析与描述①。场有经验的本质在哪里?场有是怎样的一个真实?本章将对这两个问题作一个扼要的回答。

我们所要陈述的大意是:场有基本上是一个"蕴微"的真实。这是一个怎样的真实呢?它是一个互相涵摄的真实,一个虚机了断的真实和一个境界开显的真实。"互相涵摄"是场有的"实质/超切义","虚机了断"是场有的"造化/历程义",而"境界开显"则是场有的"处境/开显义"。此三义合言也就是我们所谓的"蕴微"

---

① 有关场有哲学的基本义理架构,读者可参阅拙著《周易与怀德海之间:场有哲学序论》(或简称《序论》),台北:黎明文化事业公司,1989。

或"场有综合"了。贯通此三义而为一切场有或蕴徼真实和义理所本的则是"活动作用"一观念。蕴徼真实乃是一个活动作用的真实。宇宙本体乃是一个"蕴徼地"永恒无限的活动作用——我们所谓的"蕴徼大用"或"永恒之行"。"蕴徼地"活动作用，这正是场有经验本质的所在啊！

如是从存有论的观点来讲，场有论就是蕴徼论，场有哲学就是蕴徼学。这门学问的基本内容就是"蕴徼三义"的剖析与陈述。由于它所牵涉的哲学义理与哲学问题至为深邃与广泛，本章只能视为蕴徼存有论的一个纲要，详细的义理探究留待以后逐步开展。

一、场有与场有哲学

什么叫作"场有哲学"？

"场有哲学"，顾名思义，乃是一种以场有为本、以场有为研究的对象和以场有的义理为依归的哲学。那么什么叫作"场有"呢？"场有"就是场中之有、依场而有和即场即有的意思。一切万物都是依场而有的，一切有都是场中之有，而场本身也是有。这里"场"乃是一个哲学的名词，不是一般含义的"场"，也不是科学上所谓的"场"（如重力场、电磁场等）。我们这里所谓的"场"乃是一个存有论上的、比一般和科学含义的场都更为普遍和彻底的"场"观念。"场"就是事物的相对相关性和为此相对相关性所依据的根源所在。事物的相对相关性乃是事物的"存有本性"。"场有"正是合事物与其"场性"——相对相关的存有本性——而取义的观念。即场即有，有与场之不可分，这就是"场有哲学"或"场有论"最基本的观点了。

从这个观点来看，宇宙间的任何事物都是一依场而有的"场有者"，都是不可能外于场有而存在的。事实上，事物本身就是场有；宇宙间的任何一物都是一个"小场有"，都是一相对相关的所在，都是场有自身的分殊。譬如，三角形乃是由其三个边或三个角的相对相关所构成的小场有；一个城市的气候则是由其气流中的气候因素的相对相关所造成的小场有。前者是抽象的场有，后者是具体的场有。但不管是具体的或是抽象的，宇宙间的一切小场有或场有者都有内外场有之分。"内场有"就是内在的相对相关的有，"外场有"就是外在的相对相关的有。譬如，三角形与其他几何图形的相对相关就是三角形的外场有，一城市的气候与其周围其他气候群的相对相关就是此城市气候的外场有。很明显，内外场有之分乃是为分析的观点所决定的。譬如，在一个几何系统中，各图形的外场有（或相互外在的相对相关性）正是此系统之内场有（或内在相对相关性）的所在。而地球上各气候群的相对相关不也正是构成地球气候大场有的内在因素吗？如是场中有场、场外有场、场场又场场——这就是宇宙场有蕴徼大用的蕴构格局了。

二、结构与势用：场有综合的第一原则

一切场有者都是相对相关的，此相对相关的关系我们称之为"蕴徼关系"。"蕴"有蕴摄、蕴藏、会聚、结集和结合等意思。"徼"

的原意是边界,引申为可分或分别。一切事物都是相对相关的。相关(有内在的关联)是谓"蕴",相对谓之"徼"。盖有相对则必然有分别,而内在关联则是一种"蕴"或结合的状态。"蕴"与"徼"合言——相关与相对的统一——也就是我们所谓的"蕴徼"或"场有综合"了。譬如,一个水分子乃是由两个氢原子与一个氧原子结合而成的,故在水分子中氢原子与氧原子的结合状态就是"蕴",氢原子与氧原子在水分子中的关系就是一个"蕴徼关系"。这是一种"结构性"的蕴徼关系,因为氢原子与氧原子的结合状态亦即是水分子的内在的具体结构。但事物之间不仅可以有结构性的蕴徼关系,也可以有"势用性"的蕴徼关系。氢原子与氧原子未结合之前何尝没有一种内在的关联?这种关联在哪里呢?它就在氢原子与氧原子结合的"虚机"或可能性里,在水分子的"潜能"或潜在结构里。那么这个虚机、可能性或潜能又在哪里呢?不在别处,它就在氢原子与氧原子在场有宇宙中的功能势用里。这个场有的功能势用我们也称之为"蕴"。总而言之,事物结合的状态是"蕴",事物结合的可能性也是"蕴"。事实上,结构性的"蕴"与势用性的"蕴"乃是不能分开的:没有无结构的势用状态,也没有无势用的结构状态。譬如,在氢原子与氧原子结合而成水分子之前,氢原子是一具体的结构状态,氧原子也是一具体的结构状态,水分子的结构潜能也就存于两个具体结构状态的相对势用之中。如是结构中有势用、势用中有结构、结构与势用的互相涵摄,这就是场有综合的第一个基本原则了。

三、氤氲与断机：场有综合的第二原则

"徼"是相对，"蕴"是相关：蕴徼合言指的乃是事物在相对相关中的结构势用，这是"蕴徼"或"场有综合"的"实质/超切义"。"实质"者，真实的本质也。场有宇宙的真实在哪里？它就在事物相对相关的结构势用里。而一切结构势用，最后分析起来，莫不在一个永恒无限的造化权能或蕴徼大用之中。所谓结构势用只不过是此造化权能生生不已的虚机氤氲与虚机了断的表现罢了。"虚机氤氲"指的是结构潜能（未结合前的水分子）在事物功能势用（等待结合的氢原子与氧原子）中的孕育。此结构潜能的实现（氢、氧原子结合成水分子）乃是造化权能或断机（虚机了断）活动（氢、氧原子的结合活动）所成就的"事功"或产生的"效果"。虚机氤氲谓之"蕴"，虚机了断谓之"徼"。氤氲起断机（俗语所谓"时机成熟"），断机熏氤氲（生出新的"虚机种子"），氤氲再起断机：一蕴一徼、一徼一蕴，这蕴与徼（氤氲与断机）相因相续的造化历程——"蕴徼"的"造化/历程义"——也就是场有综合的第二原则了。

从一个断机活动的观点来看，造化历程——或称"蕴徼事件"——乃是一个从因地或前蕴入于果地或后蕴的变化过程。"因地"或"前蕴"指的乃是断机活动所缘起的"先行宇宙"，"果地"或"后蕴"指的则是虚机了断或潜能实现之后的"继起宇宙"。因地与果地、前蕴与后蕴，或先行宇宙与继起宇宙之间的差别也就是造化权能或断机活动所成就的事功或所产生的变化所在。"造

化"者,创造变化之谓也。断机活动不但改变了事物的具体结构(把氢、氧原子的结构改变为水分子的结构),也孕育了新的潜能势用或虚机种子(如水熄灭火的可能性)。然而一事(蕴徼事件)之因(因地/前蕴)也就是前事之果(果地/后蕴);一事之果也就是后事之因。因地与果地的相因相乘,现实结构与潜能势用的互为依转,这就是生生不已的造化权能所蕴徼地形成的因果脉络了。《易传》曰:"生生之谓易。"又曰:"一阴一阳之谓道。""阴"就是"蕴"(虚机氤氲的因地或果地)的属性,"阳"则是"徼"(虚机了断的造化活动)的属性。生生的易道正是造化权能所蕴徼地(一阴一阳)形成的氤氲断机的因果脉络啊!

兹以 A_1、A_2 与 A_3 分别代表三个前后相续的断机活动,则造化权能的蕴徼或因果脉络可表示如下(小结一)。

造化权能的蕴徼或因果脉络(小结一)

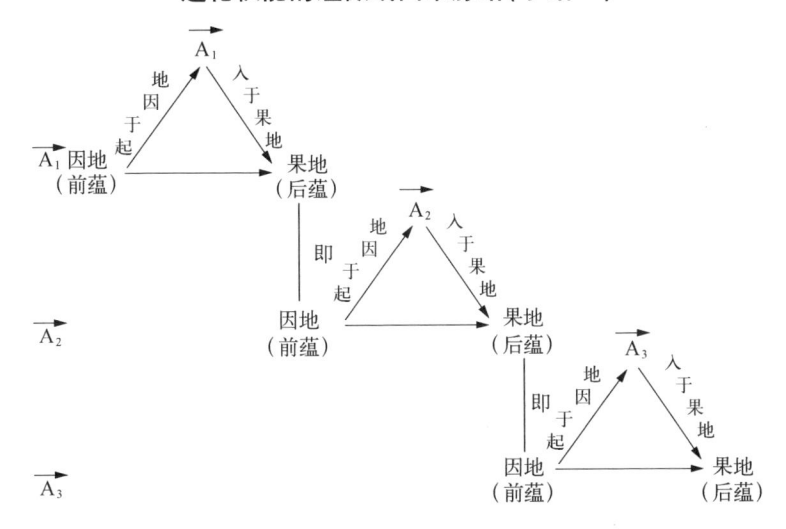

四、内延与外延：场有综合的第三原则

场有宇宙中的一切事物都在一结构势用的状态之中。但一事物的结构势用必须从内延与外延两方面来看。所谓"内延"与"外延"就是向内场有与外场有延伸的意思。譬如，水分子（内场有）中氢原子与氧原子的结合状态就是水分子的内延结构势用（或简称为"内延"）；水分子与其外场有中其他事物，如火分子的结合状态就是水分子的外延结构势用（或简称为"外延"）。场有事物的结构与势用是不可分的；其内延性与外延性也是不可分的：有内延则必有外延，有外延则必有内延；内延与外延的相对定位，内延与外延的互相涵摄，这就是场有综合的第三原则了。

必须立即补充的是，当我们把一断机活动放在因果脉络中看时，它的内延与外延还可以作"当下延"与"前后延"的区别。"当下延"就是一断机活动当下的内外结合状态，"前后延"则是此场有者在当下脉络前后的内外结合状态（"前延"或"后延"），亦即是此场有者在因地（前延）与果地（后延）的场有"身份"或"面目"——俗语所谓的"前因后果"或"来龙去脉"是也。在因地中的场有者（氤氲中的虚机或尚未成熟的断机活动）是"待用"的身份，在果地中的场有者（已了断的虚机或已完成使命的断机活动）也是"待用"身份。不同的是，前者是"潜能待用"，后者则是"不朽待用"。"潜能待用"是势用生结构，"不朽待用"则是结构生势用。此结构与势用的互为依转也就是场有者处于因果脉络中的转轴了。

对一个正在当下延（进行中）的造化主体（断机活动中的造化

权能)来说,内延与外延、前延与后延中的一切事物都是"客",都是它感通裁化的对象。在结构与势用的互为依转中,内延与外延、前延与后延的会合处也就是当下(延)主体的脉络处境或观点的所在。

内延是"蕴",外延是"徼";前延是"蕴",后延是"徼"。内延与外延("内蕴"与"外徼")的合一,前延与后延("前蕴"与"后徼")的合一;内延外延、前延后延会合于当下"延"的结构势用之中,一个场有的境界也就于焉开显了。如是一蕴一徼,境界开显,是之谓场有综合的"处境/开显义"。

五、蕴徼合一谓之道:场有综合的基本含义

蕴徼者,蕴与徼之合一也。蕴徼合一谓之"道"。"道"者,场有综合之道也。据上文的剖析,场有综合的基本含义可总述如下(小结二)。

场有综合的基本含义(小结二)

1. 蕴＝相关,徼＝相对:结构与势用的互相涵摄(蕴徼的实质/超切义)——场有综合的第一原则。

2. 蕴＝虚机氤氲,徼＝虚机了断:氤氲与断机之相因相乘(蕴徼的造化/历程义)——场有综合的第二原则。

3. 蕴＝内延结构势用,徼＝外延结构势用;蕴＝前延结构势用,徼＝后延结构势用:内延与外延,前延与后延的相对定位与在当下延处境中的统一(蕴徼的处境/开显义)——场有综合的第三原则。

有实质,才会有格局:结构势用者,蕴构(或超切)格局之所本也。有造化,才会有历程:氤氲断机者,造化流行之所本也。有处境,才会有开显:内延外延、前延后延之综合,境界开显之所本也。蕴徹合一谓之"道"。蕴构格局、造化流行、境界开显——这就是蕴徹大用、场有综合(道)的基本内容了。

六、蕴徹三义之一:场有综合的蕴构格局(实质/超切义)

宇宙中的一切事物都是在结构势用上相对相关的,因为它们都在一个永恒无限的活动作用之中,都是此永恒无限的蕴徹大用的分殊。此永恒无限的活动作用——或称"永恒之行"——就是场有自身,亦即是一切场有者之所以相对相关的根源所在。

而事物既然相对相关也就必然有一个互相涵摄的超切关系。所谓"互相涵摄"就是互相限制、互为条件的意思。这个意思又可分作两方面来讲,一是存有上的"互为依存",另一是观念或认知上的"相互内在"。如 A 与 B 为两个场有者,则 A 与 B 的超切关系(互相涵摄)可定义如下:

(1) 存有上的互为依存:没有 A 就没有 B,没有 B 就没有 A。

(2) 观念上的相互内在:在 A 的观念或认知里有 B,在 B 的观念或认知里有 A。

譬如,没有氢原子就没有氧原子,这是氢原子与氧原子的互为依存;在氢原子的观念或认知里有氧原子,在氧原子的观念或认知里也有氢原子,这是氢、氧原子的相互内在。

互相涵摄可以是结构性的,也可以是势用性的;而事物的结构性、势用性也有一个互相涵摄的超切关系。譬如,在水分子中氢原子与氧原子的互相涵摄就是一个结构性的(互相)涵摄,而氢、氧原子在未结合前的互相涵摄则是一个势用性的涵摄。但这个涵摄关系也同时是一个结构性(氢与氧原子的结构)与势用性(水分子的潜能)涵摄关系。

互相涵摄可以是内延性的,也可以是外延性的;而事物的内延与外延之间也可以互相涵摄。譬如,水分子内场有中氢、氧原子的互相涵摄就是内延的涵摄,而水分子与外场有中其他分子(如火分子)的互相涵摄则是外延性的涵摄。至于一水分子中氢或氧原子与其外场有中其他原子的互相涵摄则是一个内延与外延间的超切关系了。

互相涵摄可以是前延性的,也可以是后延性的,而事物的前延与后延之间也可以互相涵摄。如上文所示(第三—四节),前后延的涵摄乃是因果(或历史)脉络中的涵摄关系。前延的涵摄就是当下的断机活动(现在)与其因地场有(过去)的互相涵摄,后延的涵摄则是此当下的断机活动(现在)与其果地场有(将来)的互相涵摄。通过当下的断机活动,前延与后延当然也是互相涵摄的了。

场有者除了上述的结构势用、内延外延与前延后延上的涵摄之外,还可以有其他方面的涵摄关系。譬如,我们可以根据(下节讨论的)理数、事数与象数的蕴徵分类而区分为理数涵摄、事数涵摄、象数涵摄及理事象三数的相互涵摄等涵摄关系。总而言之,场有者之间的涵摄或超切关系是多类别、多层面的,抑或是无法穷尽的。当我们通过这些种种的涵摄关系来看场有的事物时，我们所看到的宇宙就是我们所谓的"蕴构格局"了。

七、超切辩证、易数同尘：蕴构的形式与内容

所谓"蕴构格局"就是由场有者的结构势用综合而成的一个"超切辩证的格局"。如上（第六节）所示，"超切"一词指的乃是事物互相涵摄（互为依存、相互内在）的关系。一切涵摄关系，最后分析起来，莫不基于蕴与徼——相关与相对——的互相涵摄。相对中有相对，相关中有相关；相对不离相关，相关不离相对；相对中有相关，相关中有相对；徼中徼，蕴中蕴；徼不离蕴，蕴不离徼；徼中有蕴，蕴中有徼——这就是蕴徼超切最抽象和普遍的辩证形式了。但蕴徼或场有综合不仅有形式上的意义，也有实质上的意义。场有综合的实质在哪里？它就在结构势用的易数同尘里。一切事物的结构，从其根源处来看，只是一个无断与有断的活动作用的结合——"易数"的结合。"易"者，活动作用或活动变化之谓也。"数"者，（作用之）无断与有断（或常与断）之结合形态也。而易数的结合，从结构势用的内容来讲，也就是力量与信息的结合——"同尘"的结合。"同尘"者，力息交汇之隐喻也[1]。如是蕴徼大用或场有综合从形式方面来讲就是"超切辩证"，从实质方面来讲就是"易数同尘"。当我们对一个蕴徼关系从超切辩证与易数同尘的结合处来看它时，它就是场有宇宙的一个"综合蕴构"

---

[1] 《序论》中以"同尘"为权能之迹的蕴合，基本上就是力息交汇的意思。见《序论》，p. 403。

了。每一个超切（辩证）关系都是一个（综合）蕴构，而一个超切关系与另一个超切关系之间的超切关系也是一个蕴构。这是蕴构的蕴构，或者是蕴构的蕴构的蕴构。此蕴构的重重相因相叠也就是"场有综合"的超切方式或形式了。"综合"者，蕴徼之和也。蕴徼之和就是超切关系之和或蕴构之和。场有的宇宙乃是一个由无数的超切关系或蕴构所综合而成的周遍圆融的"蕴构格局"，一个蕴徼大用的和中之和。这个场有大综合的"和中之和"也就是《易传》所谓的"太和"了。

太和是无所不在的。宇宙间的每一事物都在场有的蕴构格局之中，其本身都是一个场有综合，一个蕴构之和。几何系统中的椭圆形是一个蕴构之和，行星环绕着太阳运行的轨道是一蕴构之和，一粒沙子是一蕴构之和，人的身心体是一蕴构之和，一幅图画或一种语言也是一蕴构之和。总而言之，一切场有者都是一蕴构之和。而蕴构之和也就是太和。场有宇宙是一太和，每一场有者也是一太和。抽象的事物如此（如几何图形），具体的事物（如一城市的气候）也不例外。不同的是，抽象的场有综合是理的综合，而具体的场有综合则是事的综合。理的综合本身是无虚机可言的，但虚机了断却是事之所以为事的本质。

八、理数蕴构、事数蕴构与象数蕴构：蕴徼真元的三数与三界

"理"与"事"是相对的观念。"理"就是场有综合的道理、理型或理则。场有综合是"理"也是"事"。"理"是场有综合的抽象原理，而"事"则是场有综合的具体表现。

场有综合乃是一个超切辩证、结构势用的综合，故场有综合的理与事也就是超切辩证、结构势用的理与事。譬如，地球循着椭圆的轨道环绕着太阳而运行，这是一个循环不已的断机活动。这个断机活动就其所成就的事功或产生的效果而言就是事，就其活动的原则或运作的方式——椭圆的轨道——而言就是理。几何图形（如椭圆）其实都是场有综合的理型，断机活动的抽象模式。理型是超越的，也是内在的。理型的超越来自它的普遍性（不仅是行星的轨道是椭圆的），但相对于场有自身而言，一切理型都是内在的，因为它们都在一个永恒无限的蕴徼大用之中，在这个永恒无限的活动作用里已涵摄着一切活动作用的可能性。理与事的场有综合正是永恒之行的蕴徼本质啊！

　　这里"事"乃是"蕴徼事件""场行事件"或"缘会事件"之省。"蕴徼事件"乃是一个"虚机了断"或"潜能实现"的造化过程。这个造化过程乃是由相关事物通过场有综合所生发的相互作用与活动变化来完成的，所以也可称为"场行事件"。"行"是相互作用、活动变化的代名词。"场行"就是造化权能行于场中的意思。断机活动不是无中生有的，而是一个起于场有宇宙的无限背景的"缘会事件"，一个由无数的因子或因素（场行的参与者）在一个特殊的因果脉络中所汇聚而成的蕴合或结集（佛家所谓的"因缘和合"）。"缘"是条件限制的结合，而"合"则是活动作用的结合。"缘"与"合"合言也就代表了一个蕴徼或场行事件的"因地"或"背景"。蕴徼或场行事件的因地场有或缘会背景也就是此事件所要了断的虚机或所要实现的潜能所在。"虚机"或"潜能"乃是蕴涵于场有蕴构格局中的真实可能性。为什么称这些真实可能性为"虚机"呢？对比生虚：这些可能性乃是生于理数界与事数界源源不绝的无限对比；此由理事对比所生的虚机就是象数界的超切内容了①。

让我们来作一个更详明的阐释吧。有怎样的涵摄关系或综合形态就有怎样的蕴构。蕴构或场有综合的类别乃是被场有的超切内容（互相涵摄的事物或场有者）所决定的。有纯以具体的场有者（如两股气流，炉上的火和在上面煮着的水）为超切内容的"事数蕴构"，也有纯以抽象的场有者（如三角形与圆形）为超切内容的"理数蕴构"，更有以具体场有者与抽象场有者的相混或对比（如一个人与他尚未实现的理想）为超切内容的"象数蕴构"。必须立即指出的是，在"理数""事数"与"象数"三个词语中的"数"乃是一个胜义的——比数学上的"数"更为普遍和基本的——"数"观念。这里所谓的"数"指的乃是"有断"与"无断"或"断"与"常"的超切关系。断不离常，常不离断；断中断，常中常；断中有常，常中有断，这就是"数"或"数蕴构"之超切辩证的本质了。这胜义或超切义的"数"乃是超切关系中之超切关系，蕴构中的蕴构，场有综合最抽象、最普遍的蕴微形式。不管是抽象场有的"理数界"，或是具体场有的"事数界"，或是半抽象半具体的"象数界"，从超切数的观点来看，场有的宇宙只是一个有断与无断（或断与常）的活动作用罢了。这就是为什么在"理数""事数"与"象数"三个词

---

① 参阅《序论》，pp. 86-90。

语中都有一个"数"字了。《易经》六十四卦的卦图，最后分析起来，只是"有断"与"无断"两叠，正是"超切易数"最简明的象征啊！

"超切易数"就是易的超切数，造化权能的超切数。《易传》曰："生生之谓易"，指的正是造化权能断而不断（生而又生）的活动作用。场有的真实乃是一个活动作用的真实，场有自身就是活动作用自身。宇宙的一切事物——包括理数界、事数界与象数界中的全部蕴构——最后分析起来，只是一个纯一而自蕴、无限而自徼的活动作用。此自蕴自徼的活动作用或场有自身我们别名之曰"蕴徼真元"或"蕴徼大用"。"真元"是就活动作用自身之为一切场有之根源来讲，而"大用"则是就活动作用自身表现为理、事、象这"三数"与"三界"的无限功能来讲。如是场有宇宙的蕴构格局也就是一个"真元三数"或"真元三界"的超切（辩证）格局了。

九、蕴徼法界与蕴徼范畴：场有者在场有综合中的蕴构定位

宇宙间的任何场有者都是蕴徼大用的参位者，都在场有综合的蕴构格局中占有一特殊的位置。"参位"中的"参"乃是"参与造化"之省。"位"就是一个场有者参与造化所立的"德位"，指的乃是场有者在造化流行中所扮演的角色或生发的功能，亦即是其在理数界、事数界、象数界三界圆融的蕴构格局中所占有的位置。"德"者，得也。场有者之所得是什么呢？就是蕴构之和、场有综合之和，蕴徼大用之"太和"。此场有者之"德"（所得于太和者）也就是场有者的本性之宜。场有（依场而有）乃是一个"宜其所

宜"的"本事"。离开了事物所参的"德位之宜",也就没有场有者可言了。

场有的宇宙乃是一个三界圆融的蕴构格局。为什么说"三界圆融"呢？因为理数界、事数界、象数界并不是三个可以分离的世界,而实是同一个蕴徼大用所开显的三个境界——三个互相涵摄、相互内在的境界。故虽说三界,其实只是一界。这个三界圆融、沐于太和的蕴构格局我们就称之为"蕴徼法界"吧。

这里"法"乃是场有者或事物的同义语。一切"法"都是蕴徼大用的参位者,都在一个三界圆融的境界之中,故以"蕴徼法界"名之。不过"法"一般有方法或进路的意思。如是"蕴徼法界"也可视为相对于"蕴徼法"或"蕴徼进路"而呈现的境界,亦即是场有哲学或蕴徼学所要研讨的物件。如是场有的分析或是蕴徼的分析也就是蕴徼法界的分析、蕴构格局的分析了。

蕴徼法界或蕴徼格局的分析是必须通过蕴构分析的范畴来进行的。譬如,通过一与多或整体与分殊的范畴就是"一多蕴构"或"整殊蕴构"的分析、通过同与异的范畴就是"同异蕴构"的分析、通过根本（基础）与流末（上层建筑）的范畴就是"本末蕴构"的分析、通过因与果的范畴就是"因果蕴构"的分析、通过主体与客体的范畴就是"主客蕴构"的分析,等等。上面所列的只是一些存有学（论）所依赖的蕴构范畴罢了。事实上,蕴构范畴和蕴构类型（超切关系的种类）一样是无法穷尽的。每一门学问都有其所关注和研讨的蕴构范畴。譬如,重力场与电磁场是物理学所要探讨的蕴构范畴、意识活动与无意识（或潜意识）活动是心理学所要探究的蕴构范畴、经济发展与资本累积是经济学所关心的蕴构范畴,等等。从场有哲学的观点来说,一切学问在其存有基础上来说都是"蕴徼学",原则上所有这些蕴构范畴都是蕴徼法的物件。

十、蕴构同息、蕴构同力与蕴构同元:场有系统、场有生命与场有自身

从蕴徼学的观点来看,我们所参位的宇宙乃是一个由场有综合、蕴构重重编织而成的超切辩证关系纲;最后分析起来,只是一蕴一徼,一个无穷无尽的相对相关罢了。但场有的根源在哪里呢?场有中的事物或场有者之间究竟有什么内在的关联呢?这个问题,我们大致地可以这样回答:事物的内在关联,最后分析起来,不外下列三种性质,即① 蕴徼信息的关联;② 蕴徼力量的关联;③ 蕴徼真元的关联。内在关联在信息,这是场有系统性之所本;内在关联在力量,这是场有生命之所依;而内在关联在真元,这则是场有自身的所在了。我们的意思是这样定义的:

场有系统、场有生命与场有自身(小结三)

1. 场有系统的定义

假设 X = 蕴构格局(超切辩证综合体)

$\{A\infty B\}$ = X 中任何一个蕴构("∞"代表 A 与 B 互相涵摄的关系)

$\{C\infty D\}$ = X 中任何另一个蕴构

√AB = {A∞B} 所蕴含的全部信息("√"代表全部信息的蕴含)

√CD = {C∞D} 所蕴含的全部信息

若 √AB = √CD (蕴构同息)

则 X 为一"场有系统"

2. 场有生命的定义

假设 X = 蕴构格局

{A∞B} = X 中任何一个蕴构

{C∞D} = X 中任何另一个蕴构

∮AB = {A∞B} 所蕴含的全部力量("∮"代表全部力量的蕴含)

∮CD = {C∞D} 所蕴含的全部力量

若 ∮AB = ∮CD (蕴构同力)

则 X 为一"场有生命"

3. 场有自身的定义

假设 X = 蕴构格局

{A∞B} = X 中任何一个蕴构

{C∞D} = X 中任何另一个蕴构

√AB = {A∞B} 所蕴含的全部信息

√CD = {C∞D} 所蕴含的全部信息

∮AB = {A∞B} 所蕴含的全部力量

∮CD = {C∞D} 所蕴含的全部力量

若 √AB = √CD (蕴构同息)

$\oint\oint AB = \oint CD$（蕴构同力）

$\sqrt{}AB = \oint AB$（蕴构同元）

$\sqrt{}CD = \oint CD$（蕴构同元）

即 $\sqrt{}AB = \oint AB = \sqrt{}CD = \oint CD$（蕴构同息、同力、同元）

则 X 为"场有自身"

总而言之，场有系统是蕴构同息的，场有生命是蕴构同力的，而场有自身则是蕴构同元的。譬如，十进制元数就是一个系统，因为十进制元数中的任何两个蕴构（譬如，3 与 4 和 7 与 20）所蕴含的全部信息是相同的。欧几里得几何当然也是一场有系统，因为在欧几里得几何里，任何两个图形的蕴构（如圆形与椭圆形和方形与梯形）所蕴含的全部信息也是相同的。事实上，在一个场有系统中，每一个蕴构所蕴含的全部信息就是系统本身的全部信息，此系统整体的信息正是（在此系统中）场有者与场有者之间内在关联的所在。

蕴构同息是场有系统性的定义，但有系统性的场有不一定有生命性。譬如，十进数或几何系统都不是生命（性）的场有系统。这里所谓"生命"指的乃是广义的或胜义的"生命"，乃是一个比一般或生物学所谓的"生命"更为基本的观念。"系统"只是蕴构同息，但"生命"却不仅是蕴构同息而且是蕴构同力。譬如，一个活着的人，他身体上任何两个细胞或器官的蕴构都是同息的，所以人体是一个场有系统。但这个系统也同时是一个"生命的"系统。为什么呢？因为人体中的每一个蕴构都为一个同一的力量在支持着,离开了此同一的"生命力"也就没有在此人体中活着的人了。

　　从这个胜义观点来说,"生命"乃是自诚生命或自诚系统的同义语。"自诚生命"者,一个有一致性可言的力量或权能向量也。每一个断机活动都是一个自诚生命的活动,因为它的断机使命就是其权能向量的一致性。一个"活着"的气流和一个活着的人一样,同是一个场有的自诚生命或自诚系统。当然,在这个"自诚"概念的基础上我们可以作有机的自诚生命与无机的自诚生命和有意识的自诚生命与无意识的自诚生命之分。事实上,对任何一个对现代科学思潮有基本认识的人来说,"无机(的自诚)生命"已经不是一个自相矛盾的概念了。

　　现在我们要问的是,什么叫作"蕴构同元"呢?"同元"中的"元"指的是什么呢? 不是别的,它就是上文(第 8 节)所谓的蕴徵真元或活动作用自身。力量与信息并不是两种不同的实体,而实是场有自身的两面——互相涵摄的两面。换句话说,力量与信息也是一个相对相关的超切关系,而活动作用自身正是一切力量与信息的内在关联。元者,力(力量)息(信息)之源也。场有自身就是活动作用自身,就是场有宇宙一切蕴构所共之"元"或"源"。此活动作用自身的力息交汇也就是造化权能体性之所在了。

十一、蕴徵三义之二:场有综合与造化流行(造化/历程义)

　　宇宙的一切事物都是在结构势用上相对相关的,相对相关也就是相互内在、互相涵摄,这是场有的实质/超切义。从这个观点来看,场有综合就是蕴构综合;场有宇宙乃是一个无穷尽、无边际的超切辩证与易数同尘关系网,一个重重涵摄的蕴构格局。但这样的讲法是不足的。因为事物的相对相关可以是静态的,如理数界中的抽象蕴构(三角形与圆形);也可以是动态的,如象数界中的超切关系(观念与语言)。事实上,场有的蕴构格局永远是一个虚机氤氲、虚机了断的权能茧实。"茧实"者,作茧的真实也。权能的运作,好像春蚕作茧一般,乃是一个永恒不息地自蕴自徼——自我闭隐(或自我内在)和自我开显(或自我超越)——的造化过程。"蕴"者,虚机之氤氲也;"徼"者,虚机之了断也。《易传》曰:"一阴一阳之谓道。""阴"就是蕴,"阳"就是徼。一阴一阳也就是一蕴一徼,这正是场有综合的造化之道啊!(见第五节)

什么是自蕴自徼呢? 前面说过,它就是我们所谓的"(蕴徼)真元"或活动作用自身。真元乃是一个理数、事数与象数的结构势用综合体;场有综合本质上就是此"真元三数"的综合。此真元三数的综合体从(事物)相互涵摄与内在的意义上来说就是"蕴构格局",从虚机的氤氲与了断的角度来看就是"造化流行"。但蕴构格局就是造化流行,造化流行就是蕴构格局,此场有综合之两面均是真元之所化。超切造化,此真元的"本事"(本体之事)也。超切之本事以辩证结构为形式,造化之本事以权能茧实为本质。此中义理可归纳如下:

**真元(活动作用自身) = 理、事、象三数的
结构势用综合体(小结四)**

理数界：抽象的事物或静态的场有

事数界：具体的事物或动态的场有

象数界：半抽象半具体的事物或非静非动(亦静亦动)的场有

```
        /                              \
场有综合的超切义              场有综合的造化义
(事物的相互涵摄/内在)       (事物的虚机氤氲/了断)
        ↓                              ↓
   蕴构格局                        造化流行
   (辩证结构)                     (权能茧实)
        \                              /
              真元之本事
              (超切造化)
```


十二、权能与场有：蕴微大用即权能场有

所谓"权能"就是使事物产生变化、造成差别的"权"与"能"，"产生变化、造成差别"正是"造化"一词的基本含义。故"权能"者，造化之功能也；它既是运作变化的总称，也是运作变化的根源所在。但事物之运作变化与事物的相对相关是分不开的，譬如水与火(水权能与火权能)由相互作用所产生的变化正是源于水与火的内在关联。故权能与场有——运作变化与相对相关——乃是二而一、一而二的一对观念：权能不离场有，场有不离权能；权

能是场有的权能,场有是权能的场有。故"场有"一词实是"权能场有"一词之省,而"权能"一词则是"场有权能"一词之省。如是场有论之另一面就是权能论;场有哲学亦可称为权能哲学——或应该说是"权能场有(或场有权能)哲学"。

而权能场有自身也就是我们所谓的"蕴徼大用"了。如前文所示,蕴徼大用或权能场有乃是一个本于真元的"三数综合体"。它既是一个超切辩证的蕴构格局,也是一个权能茧实的造化流行。如是场有综合就是权能综合,事物相对相关的根源也就是事物运作变化的根源。故最后分析起来,此"三数综合体"只不过是真元自蕴自徼的本事罢了。

十三、权能的分析(一):乾元与坤元

此真元的本事,从造化方面来讲,只是一个不断而断、断而不断的权能运作,一个永恒的虚机氤氲与虚机了断。《易传》曰:"生生之谓易。"讲的正是此"不断而断、断而不断"的造化流行或蕴徼过程。又曰:"易有太极,是生两仪。""两仪"是什么呢?不是别的,就是造化真元虚机氤氲与虚机了断的两方面。"太极"就是真元,就是蕴徼大用或权能场有自身。造化真元从其虚机氤氲方面来看就是"坤元",从其"虚机了断"的方面来观就是"乾元"。坤元是造化之蕴,乾元是造化之徼。"易有太极"点出造化流行(易)的根源(太极)所在,"是生两仪"则进一步指出造化流行乃是一个一蕴一徼的蕴徼大用和蕴徼历程。这句话与"一阴(蕴)一阳(徼)之谓道"基本上是同其所指的。

必须立即补充的是,这里"虚机"或"潜能"都不是西方形而上学传统中的"实体"(substance)观念,也不是一个局部性的观念。造化流行中氤氲的虚机或潜能乃是属于整个权能场有的,而不是属于局部场有或所谓"实体物"的。虚机氤氲是整个场有宇宙的功能,虚机了断也是整个场有宇宙的功能。易学的"乾元"与"坤元"正是扣紧这个整体场有的观念来取义的。

十四、权能的分析(二):信息的传承与力量的绵延

在易学的语言里,乾元所运的宇宙谓之"天",坤元所伏的宇宙谓之"地"。"乾坤"就是宇宙的权能,"天地"就是宇宙的场有。但权能就是场有,场有就是权能,故乾坤与天地乃是两对可以互换的观念。天地交感,乾坤合德:宇宙权能茧运于宇宙的蕴构格局之中,这就是真元三数蕴徼大用的一个概括的写照了。而权能茧运、造化流行,从其实质内容来讲,又只不过是信息的传承与力量的绵延罢了。有信息的传承才会有结构的重演,有力量的绵延才会有真机的再续。"真机"者,断机活动之机缘、契机或生机也。宇宙间的一切断机活动都是一个自诚力量的发挥,而一切自诚力量都是蕴徼真元的分殊。故生命力量之真机也就是真元自蕴自徼、自我分殊的造化之机。此造化之真机,一方面是根于真元之自感,另一方面则本于真元之自爱。宇宙间的一切信息莫不来自真元的自感,宇宙间的一切力量莫不起于真元的自爱。离开了真元的自感自爱,也就无信息与力量可言——换句话说,也就一无所有了。

但所谓真元的自感自爱也就是真元的了断性（虚机了断的一面）与氤氲性（虚机氤氲的一面）的相互作用。此了断性（乾元）与氤氲性（坤元）的相互作用乃是造化流行的真机、权能茧运的枢纽、与信息得以传承和力量得以绵延的关键所在。这个造化的真机从信息的传承方面而言就是"天地交感"（真元的自感），从力量的绵延来看就是"乾坤合德"（真元的自爱）。以行雷闪电这个场行事件为例。在这个气候现象的背后乃是一个自诚力量的发挥，一个蕴徼生命的完成。在这事件尚未生发之前，行雷闪电的虚机或潜能早就氤氲于此事件的因地场有之中。此因地场有既是蕴涵着了断此虚机或潜能的乾天，也是氤氲着此虚机或潜能的本身的坤地。行雷闪电的现象尚未显现之前，一个造化的真机已萌发于真元的旋乾转坤的权能运作之中。此造化的真机一方面是氤氲于坤地中的一个不朽待用的虚机或潜能，另一方面则是出于乾天的一个新生的自诚力量，了断此虚机或实现此权能的力量。天地交感、乾坤合德，真机中新生的自诚力量也就摄受了因地场有之中一切有关的信息，因而也就决定了此自诚力量的蕴徼使命和断机活动的方向。

　　摄受的信息决定了行雷闪电的蕴徼使命，也就有行雷闪电的断机活动与行雷闪电的现象；决定了花开结果的蕴徼使命，也就有花开结果的断机活动与花开结果的现象；决定了（生起）七情六欲或想象思考的蕴徼使命，也就有生起七情六欲或想象思考的断机活动与七情六欲或想象思考的（意识）现象。总而言之，没有信息的摄受也就没有造化（蕴徼生命）可言。但信息的摄受也就是信息的传承——信息的传递与承接。一个新生的自诚力量或断机活动从其因地的场有中摄受了有关的信息,这就是《易传》所谓的"感而遂通天下之故"。每一个蕴徼生命都是一个"感而遂通"的权能向量,一个"诚仪隐机"的场行事件或造化历程①。"诚"指的是一新生的力量在造化真机中决定了的蕴徼使命,也兼指此自诚力量或造化权能朝着其蕴徼使命所决定的方向而运作的一致性。行雷闪电的活动朝着行雷闪电的使命所决定的方向发挥其蕴涵的力量,这就是运作此行雷闪电事件中的力量之"诚"。但有其"诚"则必有其"仪"。这里所谓"仪"指的乃是一蕴徼活动在力量发挥或权能运作时所表现的姿态或情状。行雷闪电活动的姿态就是行雷闪电权能之"仪",花开结果活动的姿态就是花开结果权能之"仪",七情六欲活动的姿态(心理状态)就是七情六欲权能之"仪"。"诚"与"仪"合言也就概括了一个蕴徼生命(真元活动)的特质。一个蕴徼生命完成了它的造化使命之后(行雷闪电之后)也就以不朽场有者的身份隐于继起的宇宙或果地场有之中而待用,而成为未来断机力量活动作用的因子或因素。此蕴徼生命的不朽与待用也就是我们所谓的"隐机"了。"隐"指蕴徼生命的退隐与不朽,"机"指蕴徼生命之待用与再生(成为造化的因子或因素)。如是造化流行也就是一个诚仪隐机、因果相续的生生历程。

十五、权能的分析(三):实理与虚理

用中国形而上学传统的观念来讲,这个蕴徼大用、造化权能

---

① 关于"诚仪隐机"的阐释请参阅《序论》,pp. 16 - 18。

的生生之流从信息的传承方面来看就是"理",从力量的绵延(力量的生生不已)来说就是"气"。蕴徼之理是虚理也是实理。"实理"就是蕴徼传统或"天下之故"中所涵摄的结构信息,"虚理"则是此蕴徼传统中所涵摄的造化真机——创造性的真机。但实理与虚理乃是不可分离的,抑且是互为表里的。创造性的真机起于场有的蕴徼传统,这是造化之诚仪;从信息传承的角度来看就是虚理出于实理。一个蕴徼的生命完成了,它的结构信息也就隐于造化的不朽怀抱之中而成为蕴构传统的一部分,这是造化之隐机,亦即是实理出于虚理。造化流行的诚仪隐机,虚理实理之互为表里,这就是易学家所谓的"易理"了。

十六、权能的分析(四):物质与心质

造化流行、诚仪隐机一方面是信息的传承,另一方面则是力量的绵延。信息的传承,其关键在于实理与虚理的互为表里;力量的绵延,其本质则系乎物质与心质的相辅相成与相即相入。"物质"与"心质"都是"质"。"质"者,活动作用的性质也。活动作用的性质在哪里?不在别处,它就在力量的"有为"处。一切场有事物的性质,最后分析起来,莫不来自力量的"有为性"。在一切场有事物的背后都有一个自诚的力量在发挥着作用;这个自诚力量是怎样地有为,事物就有怎样的性质。那么力量的有为性在哪里呢?它就在自诚力量的业行与行沟里。一切力量都是一权能的或力息的向量,都有"事功"的"成就"可言。行雷闪电的力量所成就的就是行雷闪电的事功;花开结果的力量所成就的就是花开

结果的事功;七情六欲或想象思考的力量所成就的就是七情六欲或想象思考的事功。力量的发挥是"行",力量所成就的事功是"业",合而言之也就是"质"之"物质"义。"物质"者,力量的"行业"也。但这是胜义的"物质",不是一般或物理学上所谓的(俗义的)"物质"。俗义的"物质"乃是来自力量的凝聚,"行业"的凝聚。故没有胜义的"物质",也就没有俗义的"物质"。

但有物质则必有心质。胜义的"物质"代表力量行业或成就事功的一面,而胜义的"心质"则指向力量行沟或感通裁化的一面。"感通裁化"者,信息的摄受与处理也。一个自诚力量的使命(所要成就的事功)来自对因地场有(蕴徽传统)信息的摄受;而一个自诚力量在完成其使命时所作的决定则来自对此摄受信息所作的处理——对此信息所作的分判与取舍。此力量"感通裁化"的作用就是"沟"。如是力量的发挥是"业有为",也是"沟有为"——是"行业",也是"行沟"。正如胜义的"物质"不同于俗义的"物质",胜义的"心质"或"茧心"(或称"造化心")也有别于一般或心理学上所谓的"心""心理"或"心灵作用"[①]。胜义的"心质"或"茧心"(行沟的"造化心")乃是扣紧力量的"沟有为"这方面而取义的,而俗义的"心"则是人或高层动物生命所禀赋的意识作用。胜义的"心质"或"茧心"乃是无所不在的,它在有意识的自诚生命活动里,也在无意识的自诚生命活动里。七情六欲或想象思考中固然有感通裁化,有信息的摄受与处理,行雷闪电或花开结果之事又

[①] 有关"茧心"的讨论及其与"道心"的关系,见《序论》,pp. 53-59。

何尝没有感通裁化，有信息的摄受与处理？如是物质与心质——行业与行沟——之遍在，力量的性质也就统摄在此胜义的"心物观"里了。

（胜义的）心与物乃是不可分割的，乃是永恒地相辅相成、相即相入的。没有感通裁化，就没有事功的成就可言，而感通裁化本身不也是一种事功吗？茧心直接在行业的过程中发挥作用的当下也间接地成就了它自己。造化流行一方面是结构信息的传承，另一方面则是业沟（心物）力量的绵延。茧心或造化心本身是物质，但它的对象却是信息。故茧心乃是中介于力量与信息——中介于权能之理与权能之气——的活动作用。虚实结构信息的互为表里，这是权能理性之所本；业沟力量（或心物）的交汇，此则是权能气运之所系。理之虚实表里代表造化权能"静"的一面，气之心物交汇则代表造化权能"动"的一面。但所谓"一动一静，互为其根"，气与理——业沟力量的心物交汇与结构信息的虚实表里——正又是一个互相涵摄、相辅相成的关系。如是蕴徼或造化权能的历程义也就全部概括在"虚实表里，心物交汇，与动静互根"这句话中了。

十七、权能的分析（五）：体与性

"体"者，蕴徼之积也；"性"者，蕴徼之和也。"积"是凝聚的意思。力量之积谓之"凝"，信息之积谓之"聚"。场有宇宙中的一切事物都在一蕴徼大用的造化流行之中，最后分析起来，莫非真元（活动作用自身）自蕴自徼的分殊表现。此真元之自蕴自徼，就力量与信息之凝聚来看就是"体",就其蕴构格局之圆融周遍来说就是"性"。前者《易传》谓之"太极",后者《易传》谓之"太和"。太极是场有的"本体",太和是场有的"本性"。故太极是太和之"体",太和是太极之"性"。真元或太极不仅是一个自蕴自徽的活动作用,也是一个自感自爱的活动作用。自蕴自徽,这是真元的"本性",也就是"太和"之所以为"和"的意思了。而感爱之宜也就是力息交汇之宜。这个站在场有本体本性上立论的胜义"体性观"与俗义的"体性观"是很不一样的。俗义的"体性观"基本上是针对着意象世界所开显的事物来讲,而胜义的"体性观"则是直接扣紧场有的本体本性来讲。当然,没有胜义的"体性"也就没有俗义的"体性"。意象世界中呈现的"物体"往深处看正是这一力量与信息的凝聚,而一切"物性"也莫不在场有综合力息交汇的超切和谐之中。离开了蕴徽大用的超切造化,哪里还有世俗义的体性可言?

如是归纳以上数节之讨论,权能——造化权能——一观念的全部义蕴可总述如下。

(造化)权能的义蕴(小结五)

1. 权能是信息也是力量

信息:真元之自感

力量:真元之自爱

真元:活动作用自身(自感自爱)

2. 权能是体也是性

体:蕴徽之积(力量与信息凝聚)

本体：真元本命的自蕴自徽（＝太极）

性：蕴徽之和（力息交汇之得宜）

本性：真元三界的圆融周遍（＝太和）

3. 权能是乾也是坤

乾：了断虚机的权能

坤：氤氲虚机的权能

真元之自感：天地交感（自信息方面言）

真元之自爱：乾坤合德（自力量方面言）

4. 权能是理也是气

理：结构信息的传承：实理（蕴徽传统中的结构信息）与虚理（造化流行中的创造性真机）的互为表里

气：业沟力量的绵延：物质（行业或成就事功的自诚力量）与心质（行沟或感通裁化的自诚力量）的相即相入权能是理（虚实表里）与气（心物交汇）的互根——"动"（气之绵延）与"静"（理之传承）之互根。

十八、蕴徽三义之三：场有综合的境界开显（处境／开显义）

事物的相互涵摄、相互内在，这是场有综合的实质／超切义。权能的虚机氤氲与虚机了断，这是场有综合的造化／历程义。场有宇宙是一个蕴构重重却又周遍圆融的蕴构格局，也是一个权能的茧运、诚仪隐机的造化流行。这个超切造化的蕴徽法界是怎样被我们体认的呢？场有经验是如何可能的呢？从知识论的立场来讲,场有宇宙是怎样的一个真实呢?这些都是属于蕴徼第三义的问题;蕴徼第三义就是场有综合的处境/开显义。所谓"处境"就是一个当下的断机活动、造化权能或场行事件所处的蕴徼或因果脉络。而所谓"境界"则是场有宇宙相对于此当下的"蕴徼现行"(让我们这样来称呼它吧)的开显。蕴徼现行与相对于它而开显的场有宇宙乃是一个"主"与"客"或"观"与"景"的"主客关系"或"景观关系"(亦称"透视关系")。"观"就是"观点","境"就是相对于这一观点而呈现的境界。"观"与"境"乃是扣紧蕴徼现行的处境而取义的观念。说得明确一点,一个蕴徼现行的处境或立场就是它的观点。离开了一个蕴徼现行的处境、立场或观点也就没有开显可言。而没有开显也就没有场有经验,当然也就没有场有的真实可讲了。因为场有的真实正是在场有经验中开显的真实啊!

十九、蕴徼现行与蕴徼脉络

所谓"蕴徼现行",让我们重复一次吧,就是一个当下的断机活动、造化权能或场行事件,亦即是一个活着的、正在成就其事功或虚机了断的自诚力量。从一个蕴徼现行 A 的观点来看,宇宙间其他的任何一个断机活动、造化权能或场行事件只有三种可能性,即不是一个① 在 A 因地中的"蕴徼先行",就是一个② 在 A 果地中的"蕴徼后行",或是③ 在 A 化地中的"蕴徼并行"。如是场有宇宙也就相对于一个蕴徼现行的观点而形成了一个"蕴徼脉络",一个由"先行""后行"与"并行"的断机活动、造化权能或场行事件的因果秩序所形成的一个时位结构。这个时位结构的定义如下。

蕴徼脉络与场有境界(小结六)

蕴徼脉络：相对于一蕴徼现行而形成的一个因果秩序的时位结构

场有境界：相对于一蕴徼现行而开显的场有宇宙

使 $\vec{A}$ = 蕴徼现行：一个当下的断机活动或造化权能("→"代表正在发挥的自诚力量或正在了断的虚机)

$\hat{A}$ = 蕴徼先行：一个过去的断机活动或造化权能("⌒"代表已完成使命的自诚力量或已了断的虚机)

$\breve{A}$ = 蕴徼后行：一个未来的断机活动或造化权能("⌣"代表尚未生发的力量或尚未了断的虚机)

$\Sigma\hat{A}$ = 因地场有：$\vec{A}$ 所从出(或所诚仪)的缘会背境或先行宇宙("Σ"代表集结或蕴徼之积)

$\Sigma\breve{A}$ = 果地场有：$\vec{A}$ 所隐入(或所隐机)的不朽前境或继起宇宙

$\widetilde{A}$ = 蕴徼并行：一个与 $\vec{A}$ 同时相偕既不在 $\vec{A}$ 的因地($\hat{A}$)之内也不在 A 的果地[(A)之内的蕴徼现行("～"代表另一正在发挥的自诚力量)]

$\Sigma\widetilde{A}$ = 化地场有：一切与 $\vec{A}$ 同时的当下自诚力量——即蕴徼过程中的场有宇宙

$\Sigma\hat{A}\widetilde{A}\breve{A}$ = 场有境界：相对于 $\vec{A}$ 而开显的场有宇宙

如是相对于蕴微现行 A 而形成的蕴微脉络即可表示如下：

$\vec{A}$ 的蕴微脉络：$\Sigma \widehat{A} \vec{A} \widetilde{A}$（"|"代表信息传承方向）

$$\Sigma \widetilde{A}$$

先行　并行　后行

（因地）（化地）（果地）

上列"小结六"中的"A"是一个具有多重含义的符号，既代表一个自诚力量（造化主体），也代表此自诚力量的处境、立场与观点。什么叫作"处境"呢？很明显地，它就是一现行或发挥中的造化力量在其蕴微脉络中的位置。此位置也同时是该现行在场有宇宙中的观点或立场。在上表中，A 是 $\vec{A}$ 的观点或立场，而 $\Sigma \widehat{A} \vec{A} \widetilde{A}$ 则是 A 的场有境界。$\vec{A}$ 的是主（或能），$\Sigma \widehat{A} \vec{A} \widetilde{A}$ 是客（或所），$\vec{A}$ 的是观，$\Sigma \widehat{A} \vec{A} \widetilde{A}$ 是景。$\vec{A}$ 的与 $\Sigma \widehat{A} \vec{A} \widetilde{A}$ 的主客关系（能所关系）或观景关系也就是蕴微大用造化真机的所在。

二十、异时因果与同时因果：蕴微脉络中的因果秩序

在一个蕴微脉络之中现行与先行或现行与后行都是一个异时因果关系。先行宇宙中的蕴微传统乃是现行造化主体信息摄受的对象。现行的断机活动完成其使命之后也就以不朽待用的身份闭隐于继起宇宙之中而为后行主体摄受的数据。如是现行继先行而起后行，此"承前启后"的行行相续与因果相乘（$\widehat{A} \to \vec{A} \to \widetilde{A}$）也就是蕴微脉络中的"异时因果"了。场有宇宙中的一切断机活动或造化权能在一蕴微真元的自感自爱之中，因此莫不在蕴构同元

的基础上存在着一个感爱的内在关联。在宋明儒的形上思想中，这个感爱的内在关联就是充塞于天地之间的"一体之仁"。此一体之仁，从信息的方面来讲就是"感"，从力量方面来看就是"爱"。感与爱之相即相入，也就是"情"之为用了。由于蕴徼处境之不同，断机活动间的感爱关系也就有别。异时因果中的断机活动的感爱乃是一个"亲子传承"的摄受关系，而在同时因果中断机活动的感爱则是一个"同情共感"的相应关系。"同时"正是不存在一摄受关系的意思。假如有两个现行的断机活动 $\vec{A}$ 与 $\vec{B}$，如 $\vec{A}$ 不摄受 $\vec{B}$ 也不为 $\vec{B}$ 所摄受，那么 $\vec{A}$ 与 $\vec{B}$ 就必然不在一异时的因果关系之中而是一同时的因果关系了。蕴徼同时则必有某一程度的同情共感，某一程度的信息相应。如是同时的断机活动之间就可以有沟通的可能。蕴徼同时的断机活动是如何沟通的呢？"立场相交"谓之"沟"，"境界相合"谓之"通"。"沟通"者，同时的断机活动以立场相交所求得之境界相合也。如是蕴徼生命之行沟——造化心力之感通裁化——既是一"亲子传承"的摄受之事，也是一"同情共感"的相应之事。摄受与相应——异时因果与同时因果——的错综和合，场有宇宙的蕴徼脉络也就显现出真元感爱的无限风姿了。

二十一、有情主体蕴徼子的观念

前文（第十八节）说过，蕴徼现行与相对于它而开显的场有境界乃是一个"主"与"客"或"观"与"景"的"主客关系"或"观景关系"；现在我们看得清楚，这个关系基本上乃是一个由异时因果与同时因果的时位结构所构成的脉络关系。而这个因果脉络或时位脉络,从其具体内容来讲,又只不过是断机活动的摄受(亲子传承)与相应(同情共感)的错综和合罢了。摄受与相应乃是真元感爱的两面,亦即是心物交汇的两面。自诚生命从业沟力量的心物交汇处看就是"主体",从因果脉络的摄受与相应处看就是"有情"。"自诚生命"者,有情之主体也。心物交汇所开显的乃是造化权能动静互根的感爱本质,摄受相应所反映的则是造化权能因果相乘的脉络处境。每一个当下的(自诚)生命活动都是一个造化权能的"有情主体"——或我们所谓的"蕴徼子"。这个名词中的"子"乃是"母子"之"子"。"蕴徼子"就是蕴徼之"子"。那么蕴徼之"母"是什么呢?当然就是那个自蕴自徼、自感自爱的蕴徼真元。《道德经》曰:"无,名万物之始;有,名万物之母",用的也是这母与子的隐喻。这句话中之"无"与"有"指的正是为万物根源的"道"——或我们所谓的"蕴徼大用"啊!

二十二、蕴徼大用及其分殊(一):蕴徼唯用论

宇宙间的一切事物都是依场而有的场有者,因此也都是蕴徼真元的表现,蕴徼大用的分殊。蕴徼真元所开显的乃是一个理、事、象三数(超切)的综合体,故蕴徼大用的分殊(或简称"殊用")也相应地有理数分殊(如几何图形),事数分殊(如行雷闪电),与象数分殊(如语言图画)的区别。此三面殊用乃是不可分割的,抑且是互相涵摄、相即相入的,因为真元的自蕴自徼、自感自爱的活动作用正是通过这理、事、象三(数)界的周遍圆融而造化流行而自我开显的啊!

由于三界中的一切事物都在真元所开显的权能场有之中,都在蕴徼大用的造化流行里生发起用,故任何事物或场有者都是一"蕴徼的用体"(或简称"蕴徼体")。所谓"用体"就是以用为体的意思。宇宙间的一切事物都是有用或作用可言的;有用或有作用正是场有最显著的标志——事物之所以为事物的本质。"用"或"作用"正是"权能"与"场有"得以统合为一的中介观念。权能(事物的运作变化)是用,场有(事物的相对相关)也是用。场有哲学不是一元主义的哲学,也不是多元主义的哲学;不是唯心主义的哲学,也不是唯物主义的哲学,而是一个彻底的"唯用论"的哲学——"蕴徼唯用论"的哲学。所谓"蕴徼唯用论"就是唯蕴徼之用为真实的意思。而蕴徼之用也就是权能场有的超切造化之用。力量是用,信息也是用。理数是用,事数是用,象数也是用。"一"是用,"多"也是用;"心"是用,"物"也是用。行雷闪电是用,鸟鸣花开是用,感觉记忆是用,想象思考是用。总而言之,一切事物都在真元自蕴自徼、自感自爱的活动作用之中,都是蕴徼大用之殊用。用外无体,用即是体;一切事物都以蕴徼大用之用为用。场有即用有。离开蕴徼大用的超切造化也就无事物或存在可言。一般人所谓的"体"只不过是蕴徼之积——力量与信息("力用"与"信用")的凝聚罢了。

二十三、蕴徼大用及其分殊(二):蕴徼唯情论

但有用并不等于有情,有情则必有用。场有的一切事物都是用体或蕴徼体,但只有当下的自诚生命活动——正在了断虚机的造化权能——才是有情的主体,才是蕴徼现行中的蕴徼子。而用

体与主体——或蕴微体与蕴微子——的分别也就是"唯用论"与"唯情论"的分别。场有哲学不仅是一个"蕴微唯用论"的哲学,更是一个"蕴微唯情论"的哲学。"唯用"是客观地讲,"唯情"则是主观地讲。"主观"者,主体之观点也。离开了一个有情主体的观点,场有宇宙也就没有开显可言了。

场有经验的本质在哪里?在唯用与唯情之间。

二十四、蕴微大用及其分殊(三):蕴微单子、蕴微复子与蕴微社团

蕴微子的定义是:运作于当下断机活动(蕴微现行)中的造化权能。但断机活动可以是简单的,也可以是复杂的,盖虚机之中可以有虚机,活动作用之中有活动作用,蕴微子之中有蕴微子。譬如,一幢正在建造中的华丽大厦,这是一个虚机了断的蕴微现行。主宰于此场行事件或建造活动中的造化权能就是蕴微子。但这明显地不是一个单纯的断机活动,因此也不是一个单纯的蕴微子或"蕴微单子"。此乃因华丽大厦建造的事功乃是一个复杂的事功,一个由无数的"子活动作用"或比较单纯的断机活动的缘会结集(佛家所谓的"因缘和合")所成就的事功——包括建筑师的活动作用、电工的活动作用、水泥匠的活动作用等等。说得更明确一点,华厦建造这个造化活动其实是一个蕴微子的连续体;其本身(内场有或内延结构)乃是一个由摄受与相应的因果关系所综合而成的蕴微脉络。这样一个有脉络性(内延结构为一蕴微脉络)的蕴微子或蕴微(子)连续体,我们谓之"蕴微复子"。"复

子"乃是与"单子"相对的观念。蕴徼子中有蕴徼子,是之谓"蕴徼复子"。与此相对,我们所谓的"蕴徼单子"当然就是一个没有蕴徼子内容(不能分析为蕴徼复子或蕴徼连续体)的单纯蕴徼子了。换句话说,蕴徼单子乃是最微细的造化权能;此最微细的造化权能所成就的当然是最微细的事功了。

在吾人的意象世界中开显的事物(如花草树木、飞禽走兽、日月星辰等)都不是蕴徼单子,而是由具多层次、多向度脉络性的蕴徼复子所集结而成的"蕴徼社团"或"蕴徼社会"①。每一个"蕴徼社团"或"蕴徼社会"都是造化流行中的一个因果势位的连续体,都在场有宇宙的蕴徼脉络中占有一特殊的位置。所谓"意象世界"就是在吾人感觉经验中开显的场有宇宙。"意象"者,造化流行中的蕴徼社团(或社会)通过我们的感觉意识所呈现的事象或物象也。"象"者,造化权能开显之相也。场有宇宙乃是通过吾人的感觉意识作用而开显的,所以说是"意象"。若以一个波涛汹涌的大海来比喻场有宇宙的造化流行,则大海水的波动就是蕴徼子或蕴徼社团,而海面上呈现的浪波就是意象世界中的事物了。讲得明确一点,造化流行与意象世界——或蕴徼子/社团与感觉意象——的关系乃是权能与其效果或活动作用与其表现的关系。

故意象世界虽非造化流行本身,却是造化流行的表现或效果,正如海面上的波浪乃是大海水波动的表现或效果一样。站在蕴构

---

① 蕴徼存有论中的"蕴徼单子""蕴徼复子"与"蕴徼社团"(社会)分别相当于怀德海历程哲学中的"现实存有"(actual entities)、"蕴集"(nexus)与"社会蕴集"(social nexus)。

同元的观点来看,现象世界与造化流行——感觉事物与蕴徽子/社团——乃是同样真实的,因为它们都是同出于蕴徽真元的啊!

二十五、蕴徽大用及其分殊(四): 蕴徽子的自由独到与因果定位

场有宇宙中的一切断机活动或蕴徽子莫非蕴徽大用造化权能的分殊,莫不在其自体性中具有一个既相对而又绝对的双重性格。每一个蕴徽子都是"绝对的",因为在其内延的自诚生命乃是一个永恒之行的"自由独到",就好比大海水的每一个波动均来自大海水的整体运动一样。绝对地来讲,蕴徽子与蕴徽大用的关系并不是一个局部与整体的关系,而是整体的一面与整体自身的关系。正如大海中的每一个波动,最后分析起来,都是整个大海的波动,故每一个蕴徽子的断机活动都是永恒之行的断机活动——在某一义来说,已经是永恒之行本身了。

但断机活动之外有断机活动,蕴徽子外有蕴徽子。不错,每一个蕴徽子都是绝对的,但这是"相对的绝对",而不是"绝对的绝对"。每一个断机活动虽然是直接地生于永恒之行,却又不可避免地受到蕴徽脉络中因果条件的限制。每一个蕴徽子都是(脉络)处境中的断机活动,正如大海中的每一波动都是波动群中的一个环节一样。如是内延的自由独到,外延的因果定位,这就是蕴徽子既绝对而又相对的双重自体性的所在了。

二十六、蕴徽大用及其分殊(五): 场有的终极性相

既绝对而又相对,既无限而又有限,此蕴徽大用之终极特质

也。我们所经验得到的宇宙,往最深处看,只是一"纯一而无限"的活动作用罢了。此纯一无限的活动作用,从权能方面来说,就是永恒不息的运作变化(权能自身);从场有方面来讲,就是永恒无尽的相对相关(场有自身)。此合权能自身与场有自身而取义的蕴徼大用,我们名之为"蕴徼真元"或"永恒之行"。蕴徼真元者,蕴徼大用之纯一无限也。但蕴徼大用是纯而自蕴(结),无限而自徼(限)的;故蕴徼真元只是蕴徼大用永恒和绝对的一面,而非蕴徼大用本身。那么"纯一而自蕴,无限而自徼"这句话究竟何所指呢?自蕴自徼的权能场有究竟是什么呢?不是别的,它就是蕴徼大用的造化流行和在此造化流行的意识介面里所开显的意象世界。蕴徼真元是绝对无断的,因为它乃是一个永恒的活动作用。意象世界中开显的事物却是断而又断、分而又分的;简别外在的分别相正是意象最明显的标志。至于造化流行本身却是一个不断而断、断而不断的生生历程。"不断而断、断而不断",这正是《易传》所谓的"易"或"生生"。如是蕴徼真元的绝对无断,造化流行的不断而断/断而不断,和意象世界的断而又断三面性相的综合,也就是权能场有的终极性相了。此中义理可总括如下:

场有的终极性相(小结七)

蕴徼真元:蕴徼大用绝对无断的一面(权能场有的永恒无限)

造化流行:蕴徼大用不断而断/断而不断的一面(权能场有的生生历程)

意象世界：蕴微大用断而又断的一面（意识现象的简别外在）

这三面性相之间究竟是怎样的关系呢？假如我们可以用一棵树来比喻，那么蕴微真元就是树之根，造化流行就是树之干，而意象世界则是树之枝叶。权能场有乃是一个由此三面终极性相所构成的蕴微真实，正如一棵树乃是一个由根、干、枝叶合成的整体生命一样。

二十七、蕴微的回用

蕴微真元、造化流行、与意象世界——这蕴微大用的三（终极）层面乃是从场有自身方面来区分的。宇宙间的一切事物或场有者都是蕴微大用的分殊（都是一蕴微的殊用），故都在这三层面中有其意义。假如蕴微大用可比作一棵树的整体生命的话，那么蕴微殊用（蕴微子/社团）就可比作在此树的整体生命中生起的生命活动。这些树中的生命活动一方面是生于根、行乎干而贯于枝叶，另一面则是起于枝叶、行乎干而复归于根的。蕴微的殊用也与此相仿。宇宙间的一切断机活动都是造化权能的一个向量，都是通过造化流行而始于（蕴微）真元（生于乾天）而又向真元回归（隐于坤地）的。一切有情主体，都有一个适合于其主体性的力息情用的"感爱介面"；在人而言，这个感爱介面就是虚灵明觉的意识作用。"意象"乃是断机活动在意识的感爱介面上所开显的事相与物相。当一个意象在意识介面上呈现时，一个断机活动或造化权能已经完成了它的使命并已隐入于蕴徼真元的氤氲坤地之中而不朽待用了。此造化权能在真元与意象世界间的回向运转我们称为"蕴徼的回用"。从蕴徼真元流向意象世界，这是一权能向量的开显；从意象世界回归蕴徼真元，这是此权能向量的闭隐。用易学的语言来讲，造化权能的开显是"阳"，造化权能的闭隐是"阴"。《易传》曰，"一阴一阳之谓道"，讲的正是造化权能蕴徼回用之"道"啊！

二十八、场有宇宙的曼陀罗格局

宇宙的一切事物都是相对相关的，都是在其内在的关联处互相涵摄的。这个互相涵摄的关系，读者当还记得，就是"蕴徼"一词的"超切"义。蕴徼真元与造化流行是互相涵摄的，造化流行与意象世界是互相涵摄的，意象世界与蕴徼真元也是互相涵摄的。此三面终极性相的互相涵摄也就是蕴徼大用"三相一相"的整体性的所在。但蕴徼大用是不能离开蕴徼殊用来讲的，因为没有场有者就没有场有自身了。事实上，蕴徼大用与蕴徼殊用——或场有自身与场有者——之间的互相涵摄关系乃是一切场有分析的轴心。这个轴心涵摄关系的一边就是众殊用或场有者彼此间的涵摄关系，另一边则是蕴徼大用或场有自身的自我涵摄关系。此三面涵摄关系的相即相入也就是场有宇宙曼陀罗格局的所在了。

场有宇宙的曼陀罗格局：超切曼陀罗的
整殊义（小结八）

蕴徼殊用（场有者）间的互相涵摄

> 蕴徼殊用(场有者)与蕴徼大用(场有自身)的互相涵摄
> 蕴徼大用(场有自身)的自我涵摄(即自我超越与自我内在的互相涵摄)

权能场有乃是一个永恒的自我内在(自蕴)和永恒的自我超越(自徼)的蕴徼大用。此蕴徼大用自我涵摄的具体内容也就是上文所谓的"三相一相"的超切内容。

场有宇宙的曼陀罗格局：超切曼陀罗的本末义(小结九)

> 蕴徼真元与造化流行的互相涵摄
> 造化流行与意象世界的互相涵摄
> 意象世界与蕴徼真元的互相涵摄

所谓"曼陀罗格局"乃是由场有终极性相的整殊本末的超切关系所形成的蕴构格局。"曼陀罗图形"(mandala)乃是文明人类用来思维形上道体或存有终极性相的一个最普遍的象征意符。我们认为,这个意符所象征的正是一个自蕴自徼、自感自爱的永恒道体——我们所谓的蕴徼大用或权能场有自身。"曼陀罗"代表场有整殊本末的终极性相,我们是从终极性相的超切关系上来讲,所以谓之"超切曼陀罗"[①]。

就其同为权能场有蕴构格局的综合而言,上列"小结八"和

[①] 参阅《序论》,第55—56页。

"小结九"所蕴含的义理是没有什么不同的,基本上是相通的。不同的是,"小结八"所显示的乃是蕴构格局的"整殊"义,而"小结九"所阐释的却是蕴构格局的"本末"义;前者是以场有的整体与分殊的蕴徼关系为中心的蕴徼分析,而后者则是以场有的本源与流末的蕴徼关系为依据的蕴徼分析。若以一棵树的生命来比喻场有的蕴徼之用(如上节所言),则"小结八"(蕴构格局的整殊义)乃是环绕着树的分殊生命活动与整体生命活动的涵摄关系来讲,"小结九"(蕴构格局的本末义)则是针对着树根与树干与枝叶的涵摄关系来讲。这两种分析虽然观点不同,对象却并无两样。事实上,整殊涵摄与本末涵摄的蕴徼综合正是场有蕴构格局的真实所在。整殊本末,圆融周遍,这就是场有的超切实相了。

二十九、超切实相与超切如实观

哲学是追求真理的学问。对场有哲学来说,终极的真理就是场有的超切实相。"相"就是场有的开显,"实相"就是场有真实的开显。场有的真实在哪里呢?如上节所述,它乃是在场有整殊本末、圆融周遍的曼陀罗格局里——所谓"三相一相,谓之实相"。此三相一相,就场有的本末义来说,就是本(空)、末(假)、行(中)的超切圆融;就场有的整殊义来论,就是整(全)、殊(别)、脉(处)的超切圆融。对此场有格局整殊本末、三相一相的如实观照也就是场有哲学所坚持的"超切如实观"了。三相一相,是谓超切实相。那么相对而言三观一观,就是超切如实观。请看:

第二编　蕴微论

三观一观：超切如实观的本末义（小结十）

观本（空/无相）：观蕴微真元之绝对无断

观末（假/物相）：观意象世界之断而又断

观行（中/事相）：观造化流行之不断而断/断而不断

三观一观的本末蕴构是：（小结十一）

观本与观行的互相涵摄

观行与观末的互相涵摄

观末与观本的互相涵摄

三观一观：超切如实观的整殊义（小结十二）

观整（全）：观蕴微大用或场有自身之整全

观殊（别）：观蕴微殊用或场有者之有别

观脉（处）：观蕴微之用的（因果）脉络（场有者的处境）

三观一观的整殊蕴构（小结十三）

观整与观殊的互相涵摄

观殊与观脉的互相涵摄

观脉与观整的互相涵摄

　　三观一观者，观整（全）、观殊（别）与观脉（处）三观之超切圆融也。

　　由于整殊三相与本末三相又是一个互相涵摄的关系，所以总体来说就是"六相一相,是之谓超切实相"。如是由整殊三观与本末三观的互相涵摄,我们也就可以相应地说"六观一观,是之谓超切如实观"了。

三十、超切如实观与超切心灵

我们对场有的曼陀罗格局何以能有如实的观照呢？超切如实观的根据在哪里呢？这个问题的答案基本上只有一个,即人是有灵觉性(虚灵明觉的意识作用/感爱面)的场有者或蕴徼者(蕴徼子/社团)。人对场有超切实相的领悟或了解来自他所禀赋于蕴徼大用的超切心灵。"灵"者,觉也。心灵就是对超切实相了悟的觉性。此觉性来自人实存的场有生命——来自人的蕴徼体性中的虚灵明觉。人所了悟的超切实相就是场有超切真实在人的蕴徼灵明中的开显。人就是人的生命活动,蕴徼真元(纯一无限的活动作用)也就开显于人的生命活动之中。人是一蕴徼体,人的身心是造化权能的一部分,故蕴徼大用的造化流行也就开显于人所参与的权能运作里。造化流行乃是生生不已的权能向量,一个断而不断的活动变化、成就事功的因果场行或蕴徼历程,故意象世界——造化流行的物相或事功相——也就开显于人的有执(对意象的执着)心灵之中。一切蕴徼者或场有者都是蕴徼大用的分殊,人的自我开显也同时是蕴徼大用或场有自身的开显。事实上,在人的无意识的生命活动里——在身心场有的深层灵觉里——正是蕴徼大用、场有自身整全体性的所在。当然,人对场有超切实相的观照乃是一个境界的观照,相对于人的生命立场而有的观照,故人的超切觉性或领悟也相应地是一个境界的觉性或领悟,为其生命立场所限制和决定的觉性或领悟。一切场有者都在一蕴徽脉络的处境中;人的超切心灵本身正是在此脉络处境下开显的心灵。如是相应于场有终极蕴构格局的六相一相和对此蕴构格局如实观照的六观一观,我们也可相应地讲一个"六觉一觉"的义理架构。

三觉一觉:超切心灵的本末义(小结十四)

超切直觉:对场有本相、空相或无相(蕴徽真元)绝对无断的觉性

超切曲觉:对场有行相、中相或事相(造化流行)不断而断/断而不断的觉性

超切执觉:对场有末相、假相或物相(意象世界)断而又断的觉性

三觉一觉:超切心灵的整殊义(小结十五)

超切圆觉:对场有整体性相(蕴徽大用或场有自身)的觉性

超切统觉:对场有分殊性相(蕴徽殊用或场有者)的觉性

超切方觉:对场有脉络性相(蕴徽立场或处境)的觉性

本末三觉与整殊三觉乃是互相涵摄的,故曰:六觉一觉。

三十一、场有的方所与根本时空

"小结十四"中的"直""曲""执"和"小结十五"中的"圆""统""方"这六个字的用法是颇具特殊意味的。假如用几何图形来代表的话，那么"直"就是直线，代表"绝对无断"的观念；"曲"就是曲线，代表不断而断/断而不断的观念；"执"就是直线或曲线上的点，代表断而又断的观念。任何几何图形都是由断与无断这两个原理决定的。所谓"断"与"无断"就是活动作用的断与无断，基本上是权能运作的观念。权能运作是蕴徵的因果也是蕴徵的方所；是信息的传承，也是力量的绵延。断与无断乃是力量绵延（以后或简称"绵延"）最基本的原理。纯粹数学——包括几何学——的对象就是力量绵延的抽象形式。力量的绵延，最后分析起来，只不过是断与无断两个易数的超切综合罢了。此断与无断的超切综合也就是我们所谓的"方所"或"绵延结构"。数学者，力量的"方所之学"或"绵延结构之学"也。易学中的"数"的观念，正是从泰古人对权能方所的领悟中来的。

"方"者，方向、方式、方法或规律也。力量依一定的方向和方式、方法或规律而绵延，其所形成或描述的轨迹或轨道就是"所"。譬如一个力量依椭圆形的方式而绵延，其依此方式而运作所形成的就是一个椭圆形的轨道。故这个力量所表现的也就是一个由断与无断的超切综合所形成的绵延结构。

在"方所"一词中"方"字与"方觉"（小结十五）一词中的"方"字是同义的。为什么称我们对脉络性相的觉性为"方觉"呢？"方觉"者,"方所"之领悟也。蕴徼大用造化流行的时位脉络乃是由权能运作的绵延结构形成的,而方所或断与不断的超切综合乃是绵延结构的普遍形式,故称脉络性相的觉性为"方(所)觉"。权能运作是蕴徼的因果也是造化的方所:方所相续(绵延结构)是造化的形式,因果相续(力量的传承)是造化的内容。所谓"脉络性相"乃是方所相续与因果相续的综合性相,亦即是蕴徼的超切义与造化义的综合。场有宇宙是一个无穷尽的方所脉络,也是一个无穷尽的因果脉络。这个无穷尽的"因果方所"也就是蕴徼大用造化流行源远流长的"根本时空"了。我们所感觉到或理解到的时空只不过是此根本时空在我们生命活动的处境中所开显的一个有限的时位脉络或因果方所的境界罢了。

那么"圆觉"中的"圆"又是什么意思呢?为什么称吾人对场有的整体性相的觉性为"圆觉"呢?"圆"指的是循环往复的权能运作,此乃是人类蕴徼思想最古老的一个象征意符。"圆"所象征的就是权能场有自身的整体性。场有自身的整体性在哪里?不在哪里,它就在造化权能本末循环无穷无尽的蕴徼回用里。用"圆"来名对整体的觉性早已是宗教哲学史的惯例了。

而圆觉之"圆",亦即是场有的蕴构格局中蕴徼真元、造化流行与意象世界的相互涵摄的周遍圆融。蕴徼大用与蕴徼殊用的分别,在心觉的层次上来讲,也就是圆觉与统觉的分别。如以圆的圆周代表圆觉和场有的整体性,那么圆的直径就代表统觉和场有的分殊了。为什么以我们对场有分殊性相的觉性为"统觉"呢?"统"就是统一的意思。每一个蕴徼殊用都是本相、行相与末相三个终极性相的统一,正如一棵树里每一生命活动都是根、干与枝叶的统一,或圆中的每一直径都通过中心把整个圆连贯起来一样。树的整个生命乃是无数分殊(生命)活动的总和,好比通过圆的中心可以有无数的直径;如是即分殊即整体,这就是"统"字所代表的超切义蕴了。直觉、执觉与曲觉,这是本末义的"三觉",圆觉、方觉与统觉,这是整殊义的"三觉"。本末义的三觉或整殊义的三觉乃是互相涵摄的,心灵之运用乃是一个"整殊本末,六觉一觉"的超切综合。这个超切心灵在觉性上所表现的综合姿态也就是我们所谓的"超切心态"了。

三十二、正觉、正慧与正行:性善论与向善论

"综合"者,蕴微之和也。场有的真实乃是一个整殊本末相互涵摄的真实,这个整殊本末相互涵摄的圆融周遍就是"和"——曼陀罗蕴构的太和。场有宇宙既是蕴微大用的造化流行,也是蕴微大用的超切综合。再用《易传》的语言来讲,蕴微大用从造化流行方面来看就是"太极",从超切综合方面来看就是"太和"。"太和"者,造化流行在其整殊本末圆融周遍中所开显的和谐也。太极是无尽的场行,太和是遍在的境界。六相一相,这是太和所表现的超切实相;六观一观,这是本于太和的超切如实观;而六觉一觉,此则是禀于太和使我们得以如真观照的"超切正觉"了。此六觉一觉、禀于太和的圆融觉性乃是心灵的超切本质,也是内在于一切意识而为人类智慧心灵本源的心性作用。有"正觉"才会有"正慧",有"正慧"才会有"正行"。所谓"正慧"就是本于正觉的智慧,

第二编　蕴微论　　　　　　　　　　　　　　　　　　　　　　　　341

所谓"正行"就是本于正觉与正慧的生命活动与价值活动。由于禀于太和的正觉乃是心灵心性的超切本质,正慧与正行不仅有其可能性,抑且是潜在地作用于身心场有的虚机茧网中最恒常的价值取向或善根①。"善根"者,禀于太和而为一切价值根源的正觉正慧也。假如我们单从价值活动的根源和取向来看人性的话,那么这里的"善根说"既是一"性善论"也是一"向善论"。"善"是正觉、正慧与正行的统称。人性是"善"的,因为禀于太和而为一切价值根源的正觉乃是心灵心性的超切本质。但人性也是向善的,因为人的善根乃是心性中最恒常的价值取向。换句话说,"性善"是从善根之禀于太和来讲,"向善"则是从正慧正行之为一可能性价值取向方面来讲。然而向善本于性善,而性善必然向善,"性善论"与"向善论"只是分析观点的不同罢了②。

三十三、超切心灵与超切心态: 正觉与偏觉——真理追求的经纬

六觉一觉,谓之正觉——这句话讲的是超切心灵的本质。我们不妨说,正觉乃是一切心灵心识作用的超切本能。但这本质或本能的发用却是不能离开人的蕴微处境——离开人的生命活动所处的身心场有(包括自然世界、文明社会与历史文化所构成的整个背景/环境)来看的。超切心灵在某一特殊生命处境中所呈现的觉性或(如上一节所言)所表现的综合姿态也就是我们所谓的"超切心态"了。正觉(六觉一觉),就其为心灵心识的超切本质

---

① 关于"虚机茧网"的意义,见《序论》,第 87—90 页。
② 有关时贤"性善"与"向善"之争辩,见《哲学杂志》(台北)第 5 期,第 78—107 页。

或本能而言是圆融周遍的,因为它乃是一个无偏颇的、直接本于太和的觉性,但是在一个特殊生命处境中所呈现的超切心态却是一个"正觉分裂、觉性争衡"的局面。这时候的超切心灵已经不再是一个六觉一觉的太和,而是一个为觉性的争衡所决定的"偏觉心态"了。假如"正觉心灵"是人性中的善根的话,那么"偏觉心态"就是人性中的恶根。有"偏觉"也就有"偏慧",有"偏慧"也就有"偏行"。有偏觉、偏慧与偏行也就有执而不返、远离太和的可能性——这就是"恶"的根源了。

正觉正慧是善根,也是真理追求的正根。真与善的价值取向是同源的,同出于蕴徼大用的"太和之美"。此太和之美不仅是道德活动的最后根源,也是哲学活动的最后根源。六觉一觉的正觉性是道德心灵的本质、本能,也是哲学心灵的本质、本能。但是整部哲学史却是一部"偏觉争衡"史,正好像文明道德是一个"偏觉争衡"的道德一样。偏觉争衡基本上是一个"觉性分裂"和"觉性争胜"的状态。而分裂与争胜的心态也就必然会有所突显,有觉性的强弱分判可言。此在争持局面中突显的偏觉——在超切心能中占上风的觉性——也就是(在哲学史上出现的)一个哲学派别或哲学体系所从出的慧根了。譬如,哲学史上的神秘主义和一元主义乃是出于直觉偏胜的哲学心态,而现象主义与分析哲学则同为控觉偏胜的表现。整体主义的精神代表圆觉性的突显,而二元论和多元论的思想则无疑是方觉性的流别。曲觉性特强的哲学必然是一变易主义的规模,而统觉性偏胜的哲学家则必然有处境主义或脉络主义的倾向。如是五花八门的哲学派别也就涵摄在一个偏觉性的"分布图"中。

偏觉争衡与哲学思想的形态或派别(小结十六)
(偏觉性的分布)

1. 本末三觉的分布

直觉偏胜：突显蕴徼真元之绝对无断相(神秘主义、一元主义)

控觉偏胜：突显意象世界的断而又断相(现象主义、分析主义)

曲觉偏胜：突显造化流行的不断而断/断而不断相(变易主义)

2. 整殊三觉的分布

圆觉偏胜：突显场有自身或蕴徼大用的整体相(整体主义)

方觉偏胜：突显场有者或蕴徼殊用的分殊相(二元主义、多元主义)

脉觉偏胜：突显场有立场或蕴徼处境的脉络相(处境主义、脉络主义)

三十四、偏为正用，心统性情：哲学智慧的形成

现在我们要问的是，正觉与偏觉之间究竟是一个怎样的关系呢？我们的答案是：这个关系可以用一句话来描述，那就是"偏

为正用,心统性情"。正觉是超切心灵的本质、本能,也可说是一切心识的"本性"。"情"就是情状,指的乃是心灵在一特殊生命处境中所表现的超切心态,为偏觉争衡所主宰的心态。直接本于太和的正觉本性乃是恒常地在心识中发用的,不然它不成其为心灵的本能、本质了。不过,在偏觉争衡的心态生起之后,正觉的作用也就为偏觉性的争衡局面所蒙蔽,也就隐而不显了。故正觉与偏觉并不是一个"有你无我"的对立关系,而是一个"互为其根"的隐显关系。偏觉之显也就是正觉之隐,正觉之显也就是偏觉之隐。不过这样讲法仍是不够恰当的,因为事实上正觉与偏觉乃是一个体用的关系。正觉从其为心灵的本质来讲就是"体",从其为心识的本能来说就是"性"——它是心的"本体"也是心的"本性"。但此超切心灵的本然体性必须在生命的特殊处境中"缘情"起用。一切生命活动都在造化流行的因果脉络中,因此都是有条件的。有条件就有限制;这些条件和限制就是此生命活动之"缘"。"缘情"者,心灵的(本然)体性在生命的条件与限制中作用时所呈现的姿态或情状也。正觉本性在脉络处境中的缘情起用,这就是我们所谓的"偏为正用"的意思了。故偏觉也是本于太和的,不过它是"间接地"本于太和,在"蕴徹之命"(即生命的条件与限制)中开显的太和。故"缘情"其实就是"缘命"。而与"缘命"相应的就是"复性"。"性"就是心灵的正觉,一切心识的本然体性。"复性"就是向太和正觉的回归。"缘命",是正觉之隐,"复性"是正觉之显。智慧的作用——哲学智慧的作用——也就生于此缘命复性之超切中道里。

三十五、缘命复性，自诚致曲——超切中道与场有哲学

"六相一相，是谓超切实相"，这是"真理论"的语言，也是场有哲学所肯定的实在与真理。"六观一观，是谓超切如实观"，这是"方法论"的语言，也是场有哲学对场有实在与真理所采取的态度。"六觉一觉，谓之超切正觉"，这是"心性论"的语言，也是场有哲学对觉性本质的认识。"偏为正用，心统性情"，这是"功夫论"的语言，也是场有哲学对心灵智用的领悟。"缘命复性，超切中道"，这是"智能论"的语言，也是场有哲学的终极关怀所在。场有哲学是一个立于蕴徼真实的哲学，也是一个以超切中道的安身立命为其终极关怀的哲学。场有哲学所向往的乃是一种"圆融周遍"的太和境界，这是六相一相的境界，六观一观的境界，亦即是为超切正觉（六觉一觉）所涵摄的境界，缘命复性所复的境界。但此对太和的向往本身并不就是我们所谓的"超切中道"，因为缘命复性是不能离开人的生命活动来讲的——"缘命"正是缘生命活动中之"命"啊！而有生命活动则必有所偏。生命活动，从其为觉性和智用所决定的方面来讲，基本上正是一偏为正用、自诚致曲的蕴徼历程。偏为正用、自诚致曲之"得其宜"，这才是超切中道的真义所在。所谓"自诚致曲"就是一个活动作用弯曲转折地"自直"或实现其目的的意思。有偏就有曲。"偏觉争衡"这是觉性之"曲"。正觉的心性通过偏觉争衡的曲折来完成它自己，成就它自己，使心性回复到一个圆融周遍的太和境界，这就是心性"偏为正用、自诚致曲"的意思了。自诚致曲的结果也就是正觉的重显，本

性的重显。但这不是自外于偏觉的正觉，或是自外于缘情的本性。自诚致曲后的正觉乃是开显于偏觉之宜的正觉，在缘命或缘情中显其真面目的本性。说得更落实一点，我们不妨说，偏觉之宜就是正觉，缘命之真就是本性。"宜"者，超切综合之无碍也。场有事物在互相涵摄(超切关系)中相对相关之无碍处谓之"宜"。场有哲学所向往而坚持的就是这个超切综合之宜，自诚致曲之宜。而"得宜"也就是"得中"。超切综合之得其宜，这就是"超切中道"的真实含义，也同时是场有哲学的终极关怀所在。如是作为一种超切中道的哲学来看，场有哲学的内容可具列如下。

场有哲学：超切中道的哲学(小结十七)

六相一相，超切实相：场有哲学的真理论

六观一观，超切如实观：场有哲学的方法论

六觉一觉，超切正觉：场有哲学的心性论

缘命复性，自诚致曲：场有哲学的工夫论

偏为正用，综合得宜：场有哲学的超切中道

三十六、场有哲学与实体哲学

场有哲学是一种蕴微主义的哲学——一种以超切中道为其终极关怀的哲学。我想读者心中对这句话所涵摄的义理已有一个概括的认识了。不过直至目前为止，我们对场有哲学的阐释乃是一种正面的、直诠的讲法。这样的讲法是不足以看出场有哲学所坚持的特色的。要看清楚场有哲学的特色,我们必须辩证地同时从正反两方面来讲,亦即是从场有哲学与其反面思想的对比上来讲。场有哲学的反面思想是什么呢？它就是两千年来主宰着西方人的文化心灵,在西方的哲学传统中占有主流位置的"实体哲学"——"实体主义"的哲学。而对实体主义的批判却正是场有哲学所必须承担的思想任务；理由很简单,因为"非实体主义"正是蕴徼主义的本质所在啊！

实体主义的哲学,顾名思义,乃是一种"实体论",一种奠基于"以实体为存在的真实或真相"的哲学。"实体"或"实体有"这个观念原是从"一物自身"这个带有逻辑意味的观念中引申出来的；事实上它正是"一物自身"这个观念的逻辑化与绝对化。"绝对"就是绝其所对的意思。事物本来是相对相关的,本来是不能单独地、孤立地来看的。但实体主义者偏要将一物从它与其他事物的相对相关性里抽离出来,然后把它逻辑化、僵固地理性化,这就是一切实体观念、实体思想的根源了。故所谓"实体",说得明确一点,即是一个本质上独立自存和同一不变的存有——一个可以让我们孤立地来观察,孤立地来捕捉、衡量与确立其实在与性质的存有。换句话说,在一个实体事物的定义里是不包括（也不能包括）其他事物的。在一个实体的宇宙里,实体事物间只可能有外在的关系而不可能有内在的关联,而事物间有本质上的内在关联却正是场有论或蕴徼存有论的精义所在。实体哲学基本上是有徼无蕴的,场有哲学却是有徼有蕴的。这两者之间的分别就在这"一字之差"上。

"有徼无蕴"这句话很重要，因为实体主义思想的许多特色都可以从这句话的含义里导引出来。首先，最明显的是，实体主义与场有主义乃是南辕北辙的两种思想。实体哲学是没有（也不可能有）场有这个观念的，正如场有哲学没有（也不可能有）实体或实体有这个观念一样。由于在实体主义的思想中事物间只有外在的关系而无内在的关联，故实体哲学必然是一种分裂主义、离隔主义或超越主义的哲学。有徼无蕴，则事物相对的关系也就很自然地演变为对立的关系，故实体论必然发展出"二元论"或"二分对立"的思想。主体与客体的对立、物质与心灵（或精神）的对立、现象与物自身的对立、文明与自然的对立、人与神的对立等——这些二分对立的思想对任何一位对西方哲学史有基本认识的人来说已经是老生常谈的了。西方文化传统的主流哲学基本上都是实体主义的哲学，这就难怪它终于变成了一个二元论或二分对立思想的"世家"了。

二分对立基本上是一种不稳定的、异隔对峙和分裂争胜的心态。有争胜就有强弱分判可言。故实体哲学，不管是在思想的层次或是在其影响所及的实践层次来讲，都或显或隐地有"强权主义"与"暴力主义"的倾向。分裂争胜最后必然导致"绝对主义"与"独尊主义"的产生。我们已经说过绝对就是绝其所对的意思。一事物、心态或思想既已经绝其所对，那么当然是"惟我独尊"的了。西方传统宗教和形而上学思想里出现的上帝，在某一义上来说，就是由这种绝对主义、独尊主义的心识塑造出来的。

"异隔对立"是有徼无蕴（无内在的关联），"绝其所对"则是有蕴无微。但什么是"有蕴无微"的呢？它什么都不是，只是一个"漆黑一片"的混沌与虚无。混沌与虚无，这不正是上帝或神的反面吗？是的，绝对主义与独尊主义进一步的发展就是"混沌主义"与"虚无主义"。说得正确一点，"混沌主义"与"虚无主义"只不过是"绝对主义"与"独尊主义"的另一面罢了。由二分对立到绝对与虚无，这正展示超切心灵在实体主义心性中的辩证历程啊！

三十七、超切心灵的歪曲：实体思想的辩证历程

场有哲学是"有微有蕴"的超切中道，而实体哲学却代表此超切中道分裂的两极端——不是"有微无蕴"的二分对立主义和异隔主义，就是"有微无蕴"的绝对主义和混沌主义。表面上看来，场有哲学与实体哲学是南辕北辙，互为参商。但当我们找出实体主义超切心路的辩证历程之后，我们就不难发现实体哲学其实应该看成是场有哲学的一个特例。为什么呢？因为不管是有微无蕴或是有蕴无微，所有实体主义的思想原来都是以有蕴有微为出发点，原来都是从蕴微经验的觉性太和里萌芽的。实体主义思想基本上是一个从"缘命有执"到"二分对立"，然后从"二分对立"到"绝对独尊"（上帝的绝对或混沌的绝对）的辩证过程。这个过程从起点到终点——从有执之前到极执之后——其实都是孕育在超切心灵正觉太和的觉性里。一切智——包括哲学的智慧——莫非是一个偏为正用、自诚致曲的心性作用。实体哲学的智能当然也不例外，它也是一个"偏为正用"的例子啊！

必须立即指出的是，有蕴无徼的绝对混沌可不是老子《道德经》和《庄子》书中出现的"混沌"或"道"。老庄的"道"虽然也是一种"寂兮寥兮、惟恍惟惚"的一个混沌的蕴成，其中却是"有象""有物""有精""有真""有信"的。换句话说，老庄的道只是一个相对的混沌，而不是一个绝对的混沌。老庄书中的道正是我们所谓的"纯一而自蕴，无限而自徼"的蕴徼大用啊！

场有哲学是不容许有"绝对"或"绝对实体"这个观念的。在"场有的思想里，没有绝对的一，也没有绝对的多；没有绝对的超越，也没有绝对的内在；没有绝对的创造者，也没有绝对的被创造者；没有绝对的主体，也没有绝对的客体；没有绝对的心，也没有绝对的物——总而言之，所有相对的两极都是互为依存而非可以独立的存在。所以一中有多，多中有一；凡超越者也必同时内在，凡内在者也必同时超越；创造者也必是被创造者，被创造者也必是创造者；主体本从客体来，客体本来就是主体；没有无物之心，也没有无心之物。"这一段话可说是总括了场有哲学之所以为"非实体主义"的含义。在场有哲学中，"蕴徼体"或"场有"取代了实体哲学中"实体"或"实体有"的观念，"场有综合"（蕴与徼的统一）取代了"实体组合"的观念，"蕴徼大用"或"蕴徼太和"取代了"绝对"或"绝对实体"的观念。场有哲学当然也可以讲"超越"，讲"绝对"。但这是"相对的超越""相对的绝对"，而不是"绝对的超越""绝对的绝对"。什么是"相对的绝对"和"相对的超越"呢？当然就是"纯一而无限"的活动作用自身——我们所谓的"蕴徼真元"了。但蕴徼真元是不能离开造化流行与意象世界来讲的。

蕴徼真元的超越正在其与造化流行与意象世界的相对上。我们正是在场有的整殊本末、六相一相的圆融周遍处来讲蕴徼大用、蕴徼太和的。场有超切圆融的绝对不正是一个相对相关性的开显吗？

三十八、超切心灵的歪曲：实体哲学的心性根源

实体思想是怎样产生的呢？是怎样萌芽的呢？对这个问题，我们必须扣紧心灵觉性的超切本质来回答。在超切心灵六觉一觉的觉性结构中，方觉与控觉偏胜所主宰的意识心乃是文明人最普遍的心理状态。事实上由方觉与控觉的结合所蕴成的"方控意识"，正是实体思想的根源所在。读者当还记得，"方觉"乃是一种偏于场有分殊性相的超切觉性，"控觉"则是超切心态寓于意象世界断而又断性相的觉性。"方"就是"方所"，泛指场有分殊或局部的性相，"控"就是"控制"。"方控"合言也就是局部控制的意思；"方控意识"也就是一种局部控制的意识心态，亦即是佛家所谓的"有执"。有执，说得明确一点，就是对"有"的执着——对意象世界分殊性相的执着。在意象世界中开显的事物本来只是造化流行的迹象，而非造化流行自身，更非造化流行所本的蕴徼真元自身。故意象世界的分殊性相只是蕴徼"迹象的分殊"而非蕴徼"大用的分殊"。大用的分殊，好比贯通一圆的直径，是必须统贯权能场有的整体来讲的。但人类为了生命活动的需要，必须经常地停留在方控偏胜的有执心态之中，以求通过蕴徼迹象的分殊来取得对局部场有的控制。这不仅是控制性智能与逻辑理性的起点，也

是实体思想的心性根源。换句话说，实体思想与控制性智能和逻辑理性乃是同源的，原都是生于方控觉性、有执心态的亲兄弟。在向文明社会的演变过程中，由长期的方控偏胜的有执心态所形成的僵固封闭的实体思想已经根深蒂固地深植在文明人的意识结构之中，已经是积重难返的了。

由于方控觉性的偏执和逻辑理性的误用，实体主义所本的哲学心态乃是一个超切正觉遭受到严重歪曲的破裂支离心态。这种心态和超切心觉相应地遭受到的歪曲可以下列的描述来总括之。

超切心灵的歪曲与实体思想的缺失与迷惘（小结十八）

蕴徼真元的僵固：直觉性的歪曲

造化流行的贬抑：曲觉性的歪曲

意象世界的倒置：控觉性的歪曲

场有自身/蕴徼大用的遗忘：圆觉的歪曲

场有者/蕴徼殊用的断根：方觉的歪曲

场有立场/蕴徼处境的失落：统觉的歪曲

实体哲学生于对造化流行局部迹象的绝对化与本体化。蕴徼真元本来是纯一无限的活动作用，但在实体主义形而上学里，本体（绝对实体）乃是一僵固而不活动的存在。故真元的僵固也就是直觉心性的歪曲。

有执心态必然表现为一个控制性的意欲。实体思想意欲捕捉它的一切对象,控制它的一切对象。故实体思想必然忽视场有造化流行和事物活动变化的一面。这就是为什么实体的形而上学必然对变动不居的宇宙加以贬抑、视之为幻而不真的了。对造化流行的贬抑也就是对曲觉性之歪曲。

意象世界中开显的事物只是造化流行的迹象,不是造化流行本身,当然也不是蕴徼真元本身。现象是末,不是本。但实体观念却正是从意象世界之断而又断处引申出来的。实体形而上学里的绝对实体其实是意象世界的投影。此意象世界与蕴徼真元的本末倒置正来自控觉性的过度膨胀——换言之,也就是对控觉性的歪曲了。

实体思想来自方控意识对局部场有的控制意欲。故实体形而上学关注的是场有者,而非场有自身。实体哲学的语言和范畴骨子里乃是为分析场有者的需要而运用的语言与范畴。对场有自身的遗忘乃是实体形而上学最显著的特色。而场有自身或蕴徼大用的遗忘也就等于对圆觉的歪曲了。

蕴徼大用是母,蕴徼殊用是子。离开了蕴徼大用又哪里有真实的殊用可言?实体哲学所看到的场有者乃是断根的场有者。蕴徼殊用的断根也就是方觉的歪曲了。

一切(真实)的场有者都有其特殊的性格。而殊用之特殊性乃是来自其特殊的蕴徼立场或脉络处境。然而处境的失落与殊性的丧失却正是逻辑理性、实体哲学的通病。因为立场与殊性的抽离乃是逻辑理性得以运作的先决条件。不把事物的脉络处境与殊性抽离又怎能对它们加以分析与控制呢？然而处境的失落与殊性的丧失也就是统觉的歪曲了。

总而言之，由于方控意识的过度膨胀，六觉一觉的超切心灵也就在有执偏胜的心态中遭受到严重的歪曲，正觉体性也就隐而不显了。

三十九、向正觉太和的回归：场有哲学缘命复性的努力

从场有哲学的立场来说，方控意识、有执心态所投企的实体观念根本是一个空中楼阁，一个子虚乌有的东西；它只是一个为满足人类生命活动的需要和认知的方便所设施的一个逻辑理性的虚构罢了。实体语言若作为一种蕴徼语言的"缩写"是可以的，但若把它作为场有真实的描述那就绝对不能被接受了。

从场有哲学的观点来看，实体思想和实体主义的哲学虽然有其实用的价值，虽然在人类文明演变和理性思想的发展过程中扮演过一个非常重要的角色，却绝对不是真理。正如主宰在其背后的有执意识、控制性智能、与逻辑理性一样，它只是吾人蕴徼经验的一环——执着于场有局部迹象的一环。但场有的局部迹象岂能代表蕴徼大用圆融周遍的真理？要讲真理就必须在吾人的超切心灵上作缘命复性的努力以求得太和正觉的回归。这就是场有哲学的使命，场有哲学自我承担的抱负了。

［原载《场与有：中外哲学的比较与融通（一）》（北京：东方出版社，1994），第 21—75 页］

第九章　行为、符号和意识
——与利科一起思考

孔子曰:"人之生也直。"①译成英文是：Man is born upright。"right"被包含在"upright"里，因为站直立起来对于人来说是最适当、最正确、最应该做的事情：It is right to stand upright。"uprightness"的语义以这个词的字面意思——人的直立姿态——为核心，铭记的无疑是原初的"裁化经验"(experience of appropriation)。从语源学上讲，裁化就是自成。无论集体还是个体，人之为人只在他学会了站直立起来以后。人性就发端于直立的获得。

人性在何种程度上是由最初的站起、原始的裁化经验决定的呢？这是我在我的关于怀德海的书中着重要解决的主要问题之一②。尽管在那本书里，我的思想是由一种与利科哲学用以表达的语言概念媒介极为不同的概念框架和表达模式熔铸成的，但界定人性得以裁定之方式的裁化概念却是我们共同的中心论题。那么，在本章中，我想要做的是：针对同一课题，顺着利科的思路，以一种我希望会有创造性对话特性的方式与利科一起思考，重铸我的思想。

利科认为人是有缺陷的存有。因为，与自然界中本身总是自

---

① 《论语》,6:17。
② 《周易与怀德海之间:场有哲学序论》,台北:黎明文化事业公司,1989;沈阳:辽宁大学出版社,1991;北京:中国友谊出版公司,1994。

我同一的任何其他事物不同，人的存有严格上是以存有的缺乏、（奥特伽所谓的）"构成的同一性"（constitutive identity）①的缺乏为特征的。从一种根本的意义上讲，人不是他自身；人的存有中的这种不一致性或内在破裂就是利科所谓的"缺陷"②。人身上的这种缺陷或分裂不仅构成其存有中的"否定性"，而且还构成其一切思想和活动的根据。因为人不是他自身，所以他不断地受裁化自身的意欲与努力的驱动，使自己再成为自己本身。

因此，裁化——或更准确地说，人的自我裁化——是永久、普遍的哲学主题。在东亚的文化传统中，关于裁化的哲学实在可等同于哲学本身。因为在这些传统中，哲学思想几乎全然受本真存在与非本真存在或——套用利科的说法——无缺陷存在与有缺陷存在之间的区分的支配③。更特别的是，东方哲学中对"自我裁化"（self-appropriation）的追求根本上就是对真实自我或人的完满的追求。一般来说，完满的境界也只在人与存在的终极本源合而为一时才被认为是可获得的，不管这本源是"梵"（brahman）、"佛性"（buddhahood）、"天"，还是"道"。如是，作为本质上乃是对完满或本真存在的追求的自我裁化就不可避免地具有自我超越和自我克服的双重特性。被克服与超越的

---

① Jose Ortegay Gasset：" 人无本性 "（Man has no nature），载 Kaufman 编《存在主义：从陀思妥耶夫斯基到萨特》（New York：New Ameri-can Library，1975，第二版），第 156 页。
② "有缺陷"（fault）概念是利科三卷本著作《有限与罪》（*Finitude and Guilt*）中的核心主题，其第一卷《可能犯错的人》（*Fallible Man*）关注于犯错的可能性，亦即人的可错性；错误的具体显现则是第二卷《恶的象征》的主题；计划的第三卷未出版。
③ 这里的"本真"与"非本真"不必局限于它们在存在主义哲学中的通常含义。

当然是有缺陷或非本真的自我——也就是由"幻"(maya)、"无明"(ignorance)、"道德上的麻木"(moral inertia)或文明社会的人为矫饰所控制的自我。这些代表着有缺陷的或非本真的人在其存在的否定性中的符号或表达构成了利科所谓的"恶的象征"(symbolism of evil),就这样,它们处于人的一切自我理解的中心——也是反思的原动力。

"反思"(reflection)是在意识中"我在对我在的追寻"(the I am in search of the I am)。反思思想简单地说就是作为一自我理解事项的自我裁化。这就必然提出这样一个问题,自我裁化与自我理解是一样的吗?对这个问题的回答当然取决于我们所用的普遍义的理解与特殊义的自我理解分别指的是什么意思。如果"理解"被理解为首先是概念性(有分别)的把握,一如西方理智传统中的普遍看法,那么对上述问题的回答——就东方思想而论——显然是否定的。因为,在东方传统中,自我裁化首先是存在上——精神上的实现,而非概念性的把握。自我裁化是一种生命之道、具体生活之道——而不仅仅是推论思考的练习。事实上,即使仅就意识来考虑自我,严格来说它也不能被概念性地把握。因为自我终究是超出推论思想控制之"神秘"(the mystical)。

利科的哲学很多都依赖于一个由马塞尔(Gabriel Marcel)作出的著名区分,即"问题"(problem)与"秘密"(mystery)之间的区分。一般来说,如果能获得足够的数据的话,"问题"是能被解决的疑问;而"秘密"则超越一切探究,原则上在现在或未来都难以处理、不可解决。比如,作为科学研究对象的身体是一个问题,而我们肉体存在的本性——"活着的身体——以及此活着的身体与作为对象的身体之间的关系实质上却是不可解的秘密"①。因此,马塞尔把秘密界定为对问题的否定。问题屈从于语言或概念的控制或操纵,而秘密则不然。然而,我们所谓的"神秘的事物"(the mystical)却既不同于有问题的事物,也与秘密的事物有别。因为神秘的事物严格上超越了这两者间的真实区分。有问题的事物与秘密的事物都是由人的把握力——实质上是"受拘束的姿态"(posture-bound)——的精确眼光知觉到的实在,而神秘的事物,尽管本身超出一切把握力,却依然是一切把握力——人的或非人的——的超越源泉。这一点在《道德经》里表达得很清楚,"道"作为神秘的事物,虽然"无名""无象""无有",却又是"根"、是"万物之母"。与此相似,《奥义书》及吠坛多以梵为即无限即有限和大乘佛学以真如为即空即性的概念都是这同一种思维模式的实例。几乎在东方反思传统的每一个地方我们都发现了终极本源与神秘之物同一的主张。然而,我们不妨立即注意一下,东方思想中所谓的神秘之物不是以一种被假定的存在物来构想的,相反,它是可深入体验的实在,某种在自我裁化的历程中能从存在上或精神上加以现实化的东西(尽管不能从概念上进行把握)。因为此神秘之物实在不是某种异在于我们的东西,相反,它在本质上构成了我们自身的存在:它的确是存在本身的精髓。

---

① 见 Gabriel Marcle,《存有与拥有:一个存在主义者的日记》(*Being and Having: An Existential Diary*), trans. Katherine Farrer (New York: Harper Torchbooks, 1965), pp. 100 - 101、117 - 118;再参见 Walter Lowe 给《可能犯错的人》所写的导言(New York: Fordham University Press, 1986), pp. xi - xii。

利科称他的哲学为"我在的解释学"(hermeneutics of the I am)并且直接置身于西方哲学的反思传统之中。既然他的解释学奠基于胡塞尔的现象学的方法,则他的反思哲学就有一种"解释学的现象学"(hermeneutic phenomenology)的方法论风格[1]。尽管在他的哲学中思想的方法与内容不能有任何割裂,但事实依然是,利科的反思哲学根本上恰如其分地是存有论的。而一种反思哲学又如何可能是别的什么东西呢?的确,利科强调,存在在解释学哲学中"始终是一种被诠释着的存在"[2],而反思——我在对我在的追寻——只在意义层面上——或更准确地说,只在语言层面上进行操作。不过,尽管利科的哲学也在意义、语言和诠释的层面上操作着,但它自始至终向存有保持开放。在利科那儿绝没有像胡塞尔先验现象学中那样的永久的存在括号(存在只为方法上的目的而暂时被加括号);但他也没有追随海德格尔,将关于存有的存有论还原为关于存有感受的存有论——一种关于理解的存有论。而且,对于利科来说,尽管存有论"绝不能与诠释相分离"[3]并且是解释学哲学家们可望不可即的"天堂"[4],但存在显然不仅仅是语言的事。因为事实是,通过意义与象征之镜言说的乃是某种先于意义象征并且比意义象征更为根本的东西:即存在本身的行为。

---

[1] 见"主体问题:符号学的挑战",载利科《解释的冲突》(*The Conflict of Interpretations*), ed., Don Ihde (Evanston: Northwestern University Press, 1974), pp. 262-266.
[2] 参见《存在与解释学》,载《解释的冲突》,第24页。
[3] 参见《存在与解释学》,载《解释的冲突》,第23页。
[4] 同上书,第24页。

在研究意识与人的主体性中，利科遵从纳伯特(Jean Nabert)，在行为与符号之间作出了区分①。人的主体或自我首先是一种行为——更准确地说，是一种自我贞定的行为，此自我贞定的本质在于意欲并努力去达到。相反，符号则是这种原初的或始源的存在行为的表征或客体化：符号是自我的铭文，其内在自由、其意欲并努力去存在的一种表现。当然，行为(行动和活动)与符号或权能(能力与权力)与开显之间的这种区分不是什么新东西。就其一般形式来看，它实际上是一种几乎与哲学本身一样悠久的观念。诚然，就东方传统而言，表象隶属于行为或显现依从于权能从一开始便是基本的存有信托。譬如，这种所谓的"权能/行为存有理论"或"权能/行为主题"既是儒家和道家世界观的本质，也是以《奥义书》的智慧为基础的哲学的根本。而就西方传统而言(我们不妨仅限于近代)，正如利科本人已指出的，同样的存有信托出现在斯宾诺莎、莱布尼茨、叔本华、尼采、弗洛伊德——以及(我们应该增加)怀德海的思想中②。在纳伯特和利科那里，权能/行为理论更多地不是作为存有(或实在)理论本身，而是作为一种意识理论——或更准确地说，意识之为一存有样态的理论来考虑的。这样，利科跟着纳伯特，也谈到了意识的"基本行为"(founding act)与"能动和能产的意

---

① 有关利科与纳伯特的关系的讨论，参见 John W. Van Hengel；S. C. J.，《意义的家园：保罗·利科的主体解释学》(Washington, D. C., University Press of America, 1982)，第 15—17 页。笔者对利科反思研究的理解极大地获益于他对利科哲学的清晰说明。
② 参见《纳伯特关于行为与符号》(*Nabert on Act and sigh*)，载《解释的冲突》，第 211—212 页。

识"①。这种表述所强调的不是意识本身就是能动和能产的,而毋宁说,意识的内在实在性——权能——乃是某种能动和能产的东西。意识的基本行为建立了意识:意识是行为的扩延,也是其能动性与能产性的体现。

如是,权能/行为主题作为一种意识理论,必须基于行为(或权能)、符号(或象征)与意识间的三重关系来予以解说。在此关系中最关键的是意识的功能地位,它似乎在行为与符号之间占据了一个中间位置。这样,一方面是意识与行为之间的关系问题,另一方面是意识与符号之间的关系问题。就意识与其赖以被建立的基本行为的关系,我们能说些什么呢?而从意识与通过其意向性操作而被设定的符号的关系中,我们又能推断出什么呢?这两个问题,尽管也可以分开来考虑,但对于利科来说,却是终极的不可割裂的问题。因为符号在意识中的设定与基本行为建立意识作为其内在自由之体现出于同一姿态。意识的符号就是最初的贞定——存在的始源行为——如何裁化自身。

不过,即使大致的目标遥遥在望,还是分开研究这两个问题可能会更有益。首先,把意识的表象隶属于行为,利科显然认识到,从最根本的意义上说,意识并不是它赖以建立的基本行为的本质。不管怎么样,利科承认弗洛伊德的存在的潜意识或前意识扩延——原始的本能或驱动力之场,在那里,原初的贞定第一次开显自身,亦即,显示其最初的欲望并努力去达到,不过,提及原

---

① 参见《纳伯特关于行为与符号》(Nabert on Act and sigh),载《解释的冲突》,第211、214页。

始的本能、驱动力或欲望并非要设立一种精神之外的存在秩序。因为且不管他对存有的开放性,利科自始至终忠实于他的现象学态度。的确还有像无意识的欲望、本能或驱动力那样的东西;但它们也仅仅被视为意识场中的决断或姿态——而非意识之外的实在。它们代表着对最初的权能有意识地加以把握并从语言上进行阐述的"力量"。

与怀德海(或在他之前的莱布尼茨)不同,利科在被视为具有存有论差异的经验与意识之间没有作任何区分。怀德海的实有理论代表了权能/行为主题在 20 世纪形而上学中的最高运用,在那里,行为实在性的本质是经验而非意识,意识只构成经验的一种特殊样态,即一种较高层级的实有所有的经验样态。实有——怀德海称之为"现实存有"或"经验缘会"——被明确地等同于活动[1]。因为根据怀德海的想法,"经验性"(experientiality)乃是动态的行为实在性的真正本质。

利科不顾他对现象学态度的信托,坚持承认向存有开放的必要性与重要性。但在我看来,除非我们承认行为内在固有的经验特性,否则就很难理解向存有开放何以是全然可能的。的确,没有这种认识,无论意识与行为的关系还是行为自身的性质都是不可理解的。因为,如果是行为而非意识才是基本的实在,那么一切开放性分析到最后也就是行为的开放性。但是,如果行为根本就不具有经验的能力,那么行为又如何可能将其自身向"其他性"

---

[1] 见怀德海《观念的探险》(*Adventures of Ideas*)(New York: Macmillan Company, 1933), p. 226。

(otherness)——构成其他人或自然界中其他活的事物的存在行为——开放呢？而最初的贞定又如何可能用众多的表达——记录它与其他行为的相互作用和举动的各种符号——来铭记它自己呢？的确，即使意向性概念本身似乎也隐含着构成行为之内在特性的普遍的经验概念。因为，除非在意识与其意向对象之间存在一种内在关联，否则意识如何可能是对某种非意识的东西的意识呢？我们认为，此内在关联同一于基本行为的经验权能，亦即其容受性与开放性的权能。

这自然就把我们带到另一个问题上——意识与符号的关系问题。利科说："意义的家园不是意识而是某种与意识不同的东西。"[①]尽管是步笛卡儿主义的后尘作哲学探究，但同怀德海以及其他当代哲学家一样，利科是从批判近代欧洲哲学中广为流传的"主观主义偏见"(subjectivistic bias)(怀德海语)开始的。虽然利科承认笛卡儿的"cogito"(我思)作为转折点对于反思思想的必要性，但他坚决否认意识作为意义之源泉与核心的特殊地位(尽管他保持特殊的开放样态)。诚然，意义的家园是在人的存在中——实在的主体或真实的自我中——被发现的。但实在的主体不同于意识——"我在"不同于"我思"——却与意识的基本行为一致，亦即与最初的贞定、我们欲望与努力之根一致。正如一位评论家所注意到的，这就是为什么，在利科学术生涯的第二个阶段，即解

---

① 见保罗·利科《弗洛伊德与哲学：论诠释》(*Freud and Philosophy: An Essay on Interpretation*), trans. Denis Savage (New Haven: Yale University Press, 1970), p. 55。

释学时期,尽管迂回曲折到分析各类对话与本文世界这样更具理论性的领域,但他的反思哲学根本上依然是一种实践哲学——一种关于意志、自由和行动的哲学。不过,这是一种极为注重符号功能和创造性想象之角色的实践哲学。因为意识与其对象间的关系现在不再被设想为首先是认识论上的关系,即理论的旁观者与其景观之间的关系,而被认为根本上乃是行为与符号之间关系,或更精确地说,是在意识中并通过意识行动的原初贞定与其众多表达之间的关系①。利科反思哲学关注的不是认识论而是解释学——对实在主体(不是 cogito)借以有意义地客体化自身的符号的诠释。

这样,行为与符号间的关系就取代了传统哲学中的主客对立。呈现在当下意识经验(怀德海所谓的直接表象)中的现象或客体不再是柏拉图哲学中的理论旁观者看到的景观,或笛卡儿哲学中的"再现的"(re-presentational)客体(根据海德格尔的说法),或胡塞尔哲学中的与先验自我的意向性行为相关的意向对象。因为站在意识立场上的客体或现象。就其构成原初贞定的符号或表达而言,根本上已经是主体——意识本身的基本行为。余者就是自我,虽然是客体化中的自我;因为符号或符号化的客体,尽管并不完全等同于主体,却是其行动的轨迹②。

现在我们可以更严密地考察一下自我裁化在利科反思哲学中的意义。反思,如我们已界定的,乃是我在对我在的追寻。正是自

---

① 参见《意义的家园》,p. xiii, n. 9。
② 同上书,第 17 页。

我裁化采取了有意识抗争的形式：自我有意识地寻求占有或把握自身。不过，这"我在"中的"我"——试图占有自身的自我裁化者——不同于笛卡儿的 cogito，当下意识的自我。"ego cogito"（反思）在自我设定的行为中虚构的所谓自我占有的确定性，对于利科来说，既是空泛之论又是虚幻之觉——这是他与马克思、尼采、弗洛伊德（他称他们是"怀疑的哲学家"）以及符号学运动的思想家们的共识。真正的自我或实在的裁化者不是 ego cogito，而是后者由此而被建立的权能，亦即意识的基本行为。既然真正的自我本质上是一种自我贞定的意志，它首先将自身表现为欲望与努力，所以我们把自我裁化描述为一种爱罗行为。

在《会饮》（*Symposium*）中，柏拉图把爱罗设想为"贫乏"（poverty）与"充足"（plenty）的结果。因此它也是利科的原始主体性概念的一种裁化符号。因为自我之自体性就在于盈（充足）与亏（贫乏）的爱罗联结。的确，自我裁化的意义正是在原始主体性的爱罗两极间的辩证暧昧与张力中被发现的。

人在其整体性中寻找自己。利科所设想的寻找乃是一种有意识的抗争，他采取了解释学行动的方式，亦即反思的诠释活动的方式。而人之所以从事诠释活动是因为他试图理解自己——不仅仅是部分地而是要从完整的整体上理解自己。而人的整体简单地说就是在基本行为的充实性中的真正的自我，因此它同时构成自我追寻或解释学活动的"arche"（基础）与"telos"（目标）。那么，这个试图在其整体性中理解自己、认识自己的自我追寻者、诠释者的本性又是什么呢？答案是现成的：自我追寻者乃是一爱恨交加、满怀矛盾的存有，因为其存有是由盈与亏的辩证张力构成的。如果自我追寻者本身已经是充实的，则他就无所追寻。另一方面，既然他的一切活动（包括思想活动）都是基本行为的投置，那么他本身就始终——尽管不那么明显——已经在其充实性中了。自我追寻者存有中盈与亏间的这种差异——我们可称之为"形上差异"——为自我追寻的诠释行为确定了存在空间或开放性。自我追寻者既是真实自我又不同于真实自我。我们可以说，自我追寻者是真实自我在其自我相关性中假定的一个角色。在假定自我追寻者角色的过程中，真实自我使自己向自己敞亮：通过解释活动，反思就具有了自我开显的特性。对于利科来说，作为这种反思活动之基础的存在姿态是我们人性最大的特征——海德格尔会说，这是一种界定人之为"此在"（dasein）、之为"在那里"的存有的姿态。

我用"存在姿态"来普遍指涉在盈与亏间运动的自我的性情：它表示终极上受形上差异场中的自体性的辩证张力制约的内在相关性是怎样的。这就说明，存在姿态乃是确定爱之特性者，只要爱被根植于自我相关性的权能与热情之中。如果，人因为其人性被拉展越过了形上差异的裂缝而且是内在有缺陷的存有，那么在相同的程度上他也是一种爱的生物。因为一切爱均以克服形上差异为目标。这就是为什么在我们遇到恶的象征地方，我们还发现了爱的象征。

柏拉图的爱罗是爱的最显著的象征之一，但圣经——基督教的"阿加配"（agape）与孔子的"仁"也一样。尽管所有这些名词都表示自我相关性的存在权能,这种权能终极上又源于原始贞定行为的权能,但它们的基本存在姿态的定向却极为不同。这是因为,柏拉图的爱罗本质是以向上的存在姿态——从亏到盈的运动——为特征的爱,而基督教的阿加配和孔子的仁却是由向下的存在姿态——从盈到亏——所支配的爱的体现。在后一种情况下,贞定权能并不源于有限的人而来自一切贞定的终极本源——作为生命与存有之基础的"纯粹行为"(pure act)。

现在的问题是,作为我的人性与个体性之基本行为的原始行为和构建一切行为的纯粹行为——我们都参与的终极贞定——之间的关系是什么?尽管所有的反思思想传统实际上均假定了有限与无限——人与上帝、天或绝对——之间统一或联合的可能性,东方与西方在反思思考中还是有一个显著的差异:作为东方思想之最大特征的人与无限本源的终极同一性在西方哲学中是不被承认的。由于这个缘故,无限只作为"秘密的东西"(the mysterious)而非"神秘的东西"(the mystical)进入西方思想。并且,即使对秘密的承认在西方哲学的主张中也是罕见的现象;因为纵观西方哲学史,哲学家们都试图像把握问题那样把握秘密。当人真正试图把握它时,秘密本身却隐退了。

关于神秘的东西我们能说些什么呢?神秘的无限之物与秘密的无限之物之间的区别何在?而这种提问与一般的反思思想以及利科本人的反思哲学——尤其是他的解释学的现象学——又有何关涉呢?要回答前两个问题,我们不妨先回到刚才讨论过的存在姿态概念上去。我们都会记得,存在姿态乃是基于盈与亏之辩证张力的自我相对性状态。既然自我作为活的主体总是陷入于辩证的张力场中，那么就不存在任何有意识或无意识的自体性的活动或表达——从存在上说，它不是"受拘束的姿态"(posture-bound)，而作为受拘束的姿态的行为仅仅是在其自身必然性的界限之内的自由运动——此必然性是其姿态性的真实本性中固有的。有多少姿态性形式就有多少存在的活动类型。如是，以艺术为中介追寻自己的人本质上就与解释学的思想者受着不同姿态的拘束，而这两者的姿态性也不同于那些以其他活动或表达形式与自身相关者。但是，实在主体本身不是受拘束的姿态；作为主体的一切具体活动或表达之基础的基本行为本身是"无姿态的"。或者，我们应该说，基本行为的姿态是最柔韧、最不确定的——它为所有其他（多少有点确定的）姿态制造空间（即制造可能）。换言之，就基本行为而言，完整性与柔韧性之间没有任何差异：因为其完整性就在于其柔韧性。在《道德经》的语汇中，完整性与柔韧性在自我权能中的这种同被为"德"，这种内在性质是从无限本源——"道"——那里继承来的。在我们这里，这个"德"被描述为具有"无"或"虚"的特性，不过，"无"并不包含西方思想脉络中通常具有之存有的匮乏或阙如的意思，相反，它毋宁是指最柔韧的存有，正如"虚"并不是空无本身而是最广大的开放性。自体性的基本行为实质上就有"虚"和"无"的神秘"德"性。

　　自体性的基本行为是其一切活动的源泉。不过，在源泉与具体行为之间有一根据，即具体化原理。具体行为是受拘束的姿态,而源泉——行为本身——则是使一切不同的行为成为可能的开放性;根据正是具体行为借以与源泉相区别者。更准确地说,根据乃是作为个体性之有机本质的基本行为,而非基本行为本身,它同时构成自体性的"arche"(本原)、"telos"(目标)与中心。如果源泉可被称为"纯粹行为",则根据就是"总体行为"。具体的(有差别的)行为是可把握的,纯粹行为是不可把握的——它是神秘的东西,而总体行为则既可把握又不可把握。作为自体性的有机本质,根据在其总体活动中是不可把握的。能被把握到的不是总体化的自我本身,而是其总体化活动的轨迹或符号表征。根据的这种暧昧性正是我们指称的神秘者。

在利科的哲学中,根据被称之为原始的或最初的贞定,亦即将自身表现为爱罗的个体化原理。在儒学及《道德经》中,相同的原理被称为"仁"。作为自体性的有机本质,"仁"与爱罗一样都表示自然赋予的自我贞定意志,它形成自我的生命存在的总体化基础。这就是"仁"在《论语》中经常被译成"人性"而在现代用法中又获得"种子"义的原因。因为"仁"实在是我们人性的种子啊!不过,在儒学中,人的完满状态依靠自我对"仁"的有意识的培养,并在文明化了的"义"与"礼"的存在中臻于成熟,而《道德经》却以一种全然不同的方式看待本真的人性。因为道家所谓的"真人"是自然的(德)人而非有人性的(仁)人。而道家的"德"与儒家的"仁"之间的区别根本上是由有意识的自我的功能所决定的。自然是一种存在状态,在那里,自我生活在与终极本源——"道"——的绝对和谐之中;但这样一种完满状态仅当有意识的人为干涉不存在时才是可获得的。从《道德经》的观点看，意识意味着失——而非得。当人察觉到自己的自然之性（德）时，他就不再是自然的了。当人最初对自己天然完整性的觉识被人性（仁）的觉识及人类自身的种族影响所代替时，他就远离了"道"；而当普遍的人性之爱被群体道德的狭隘旨趣与偏见（"义"）以及——最坏的——仪式化的行为规范（"礼"）的单纯实践所代替时，人与道之间就更疏离了。这一疏离过程由《道德经》的作者作了最简明的概括，他说："故失道而后道，失德而后仁，失仁而后义，失义而后礼。"[①]

"疏离"（distanciation）概念，作为裁化之显示，当然也是利科解释学的现象学的核心。利科跟随伽达默尔，将疏离界定为我们的参与存有的外在化或客体化，或者用《道德经》语汇来表达则是，我们的参与"道"的外在化或客体化。不过，对于伽达默尔和《道德经》来说，为了裁化，即为了真正理解存有或为了本真存在与道的和谐，我们要消除我们自身与存有或道之间的距离，但利科却寻求疏离以使理解成为可能。因为，在利科看来，疏离是裁化历程中的本质时刻，它构成了了解存有的先验条件。正是在这里，利科发现了语言的存有论意义。作为存有的基本的外在化，语言不仅是我们的参与的外在化，也是我们疏离的外在化。在显露存有的同时，语言还在言说者与所说之间制造了一段使描述实在成为可能的距离[②]。

而利科最感兴趣的"实在"——构成其反思哲学的基本关切

[①] 《道德经》，第三十八章。
[②] 参见《意义的家园》，第109页。

者——当然不是物理科学的实在,而是由人的自我理解的样态以及他的参与存有的样态所决定的人的生命的实在。简言之,它是用诗的语言——诗的文本——诗的符号与象征铭记的实在。"文本"(text)概念在利科那里实际上比它的通常用法要宽泛得多,因为它不局限于文学著作的文本,事实上与象征媒介的概念是一致的,包括任一具有文本性质,即可用符号以作品的形式铭记的一般的活动、对象或现象①。在诗的文本中所铭记的不只是语言或符号,更重要的是人类实在与人类境遇的最生动、贴切的象征。分析到最后,诗的文本中记载的是人的反思活动——有意识的自我对自身的追寻——的真正意蕴。

正如海德格尔认识到前苏格拉底的诗化语言在存有开显中的特殊地位,利科也设定"意志的诗学"(poetics of will)作为其我在的解释学的首要工具。通过更严密的分析,我们发现,在利科的整个解释学——关于诗的语言的解释学——冒险中,有某种非常实实在在、不加渲染的东西。利科已开始认识到,人就是语言。而语言的问题又是一个关于人类主体的问题②。然而,离开了他的肉体根身以及他在文明状态中的境遇,就不可能有什么人的主体性。利科强调:"我属于我的文化正如我被我的身体所束缚。"③

---

① 参见《意义的家园》,第 110—111 页。
② 参见 Don Ihde:《解释学的现象学:保罗·利科的哲学》(*Hermeneutic Phenomenology: The Philosophy of Paul Ricoeur*)(Evanston: Northwester University Press, 1971),第 23 页。
③ 保罗·利科,"Le Chretien et la civilisation occidentale", *Chris-tiansme Social* (October-December, 1946), p. 424。转引自 Don Ihde 的《解释学的现象学》,第 233 页。

自我其实就是在肉身与文化的交叉点上诞生的。一切诗的语言的本质都是我所谓的"生命曼陀罗"(vital mandala)的原始语言。

曼陀罗是我们的反思的人性的一种普遍象征：它是有意识的自我追寻其自身、追寻其本真自体性的象征。因此，"生命曼陀罗"在我们心中不是象征，而是实在，反思意识的活生生的实在。更准确地说，"生命曼陀罗"应该包括以下意蕴：

（a）自体性及其内在自由的基本行为；

（b）作为源泉（纯粹行为）与根据（总体行为）的基本行为；

（c）行为、符号与意识的三重关系；

（d）亏与盈之间的形上差异；

（e）作为"arche"（本原）、"telos"（目标）与中心的基本行为；

（f）由于肉身与文化的交叉，基本行为成为有效的；

（g）作为意义家园的基本行为；

（h）意义家园本源上是由最初的升起——人的躯体的垂直撑开或站直立起来——建立的。

此意义复合构成了生命曼陀罗之为根本的、蕴含一切的诗的本文——关于我们的疏离与再栽化以及我们反思的人性的活生生的本文（人性被视为反思意识的作品）。描述或阐明此活的本文是一切反思哲学的任务。或许，我们可以把利科的解释学的现象学看作是 20 世纪西方思想中提供清晰的生命曼陀罗结构的最有自我意识的尝试。譬如,基本行为之为基础(arche)、目标(telos)与中心(center)的三重本文性在利科的存有论中作为相应的三重任务来予以阐明:首先,他对弗洛伊德精神分析学的诠释与批判分析是要显露主体的考古学。其次,通过复活黑格尔的精神现象学,利科志在更为公允平和地研究人类主体性,这种研究反对精神分析向古代的回归,而赞成一种代表意识预言的解释学,亦即一种主体的目的论。最后,考古学与目的论被统一于一种以宗教现象学为基础的自我的末世学中,这种末世学也就是对隐秘之物——arche 与 telos 借以在无限希望中同时定位的中心化权能——的符号的一种诠释[①]。

而希望是何时开始成为人性的一个维度的呢?它开始于幼儿学习站立时对跌倒与失败的第一次体验。在最初的站起来期间,生命曼陀罗的活的本文第一次被题写,但这最初的站起来的非凡的重要性却已被哲学的所有传统所忽视——更不用说了解了。但是,如果哲学——特别是反思哲学——坚定地脚踏实地,那么它最终必然会接受这样一个不可抗拒的事实,即一切思想均始于人坚定地站起来——实实在在地脚踏实地。诚然,离开其直立形躯的肉体基础,普遍的人性甚至都不可思议。在前苏格拉底哲学家以及印度、中国和其他文明世界的哲学传统中的同道的诗的语言之先,思想尚处于最初站起来的震撼体验的支配

---

① 参见《解释的冲突》,第 21—24 页。

之下的原始人也有诗的语言——尽管深埋在语言的层层积淀之下,其意蕴仍可以模糊地为我们所理解,如果我们尽力去显示它的话。

虽然这里显然没地方让我重述我在近著中的发现,但我还是愿意阐述一下这些发现何以可能涉及利科的反思哲学研究。那么,就让我用下列评论作一总结。

首先,我赞同利科,意义的家园不是意识而是某种先于意识的东西,我已称之为自体性的基本行为。然而,利科忠实于他的胡塞尔现象学的立场,把基本行为设想为最初的意识根据,而对我来说,它是肉身活动——可能是有意识的也可能是无意识的——的源泉与根据(利科在这两者间不作区分)。所以,虽然意识依然是哲学研究的出发点与特殊区域,但从存有论上讲,它只是我们肉身存在的扩延:因为所有意识都是肉身的意识。

并且,肉身活动与肉身意识的基本行为本质上也是由控制人的形躯之出生、垂直化及死亡的生长规律建构的。这样,原初的贞定——存有的欲望与努力——也仅仅是在一内在必然性的限制之内的一种自由贞定。肉身活动与肉身意识间的关系在利科意志哲学的第一卷《自由与自然:有意与无意》中得到了最佳处理[1]。尽管这本书中有许多发人深思和有价值的东西,但总体上却不能令我满意,因为它对人的意志的全部研究由于对在意志内

---

[1] 保罗·利科:《自由与自然:有意与无意》(*Freedom and Nature: The voluntary and the Involuntary*),trans. Evazin V. Kohak (Evanston: Northwestern University Press,1966)。

在实现的整个过程中制约并形塑意志行为之最初站起来的重要性和本质性疏忽而有了瑕疵。

人生于站直立起来。最初站起来是我们生命中绝不意外的事件，但又是我们人性必然的"入会仪式"。我们认为，升到直立地位实在构成了生长（汉语的"生"，希腊文的 *physis*，梵文的 brah-man）与存在（existence，源于拉丁文 ex-sistere，意为升起来或站出来，to emerge）的泰古原义。在泰古语言中，最初的"十字撑开"行为——直立生长的形躯在潜明意识中的突显——实际上作为诞生时刻被记录下来：人及其人性、天与地（上与下、高与低）、自我与世界、时间和空间以及无数事物的诞生——其实也是有间意识本身的诞生。这样，一方面是有间意识从"根身"（被视为意识之肉体基础的形躯）中突显出来，另一方面是"现象身"（外显的形躯）在意识心中的突显。由最初的"十字撑开"事件造成的有间意识与现象身的同时诞生乃是生命曼陀罗——在自我与世界、肉身与文明的相交中产生的身心体验的整体复合——开始运转的标志。这最初的事件在我们的人性特征的裁定中起着如此决定性的作用，以至于我们生命与思想的任一方面都无不带着生命曼陀罗在其最初始源中的印迹，而对它的表达就形成了文明人的各种语言的语义核心。诚然，我们哲学名词与范畴的最基本的含义都是从对此原初体验的这个或那个侧面的表达中阐发或概括出来的。有理由相信，我们哲学语汇中的很多关键术语——诸如"道""*logos*"（逻各斯）、"brahman"（婆门）、"一""arche"（基础）、"太极"等等——原本都是由向上生长、向上直立的人的名称，在最原初的语义中同时指谓曼陀罗总体的开始、终结与中心。它们后来各自都获得一种特殊含义则是语义分化的结果。"道生一"①，《道德经》中这看似谜一般的表述——其中"道"和"一"的含义是有区别的——能够用泰古语言予以最简明的诠解：肉身的人（"道"）已成为直立的人（"一"），最初站起事件是一切意义的开始。

这只不过是对描绘在泰古语言画布上之人性画面的微微的一瞥。这是一幅值得反思哲学的所有追求者密切关注的图画。

附：

对唐力权的答复

保罗·利科

因为唐力权，我有幸与东方思想进行一次真正的对话，我在讨论 Bernard Stevens 的论文中曾表达过这个愿望。处理作者（指唐力权——译者注）所谓的"创造性对话"的最佳方式是依次指出其整篇论文中的趋同点与分歧点，并以一种更严密的方式在这条道路上来回运动。最坏的相遇形式莫过于脆弱的综合与含混的折中。照此看来，寻找合适的距离才是最恰当的姿态。

在第一段里，作者从"直立性"（verticality）的角度描述人性的特征，这就不仅将他自己置于我所熟悉的语汇之外，而且也

---

① 《道德经》，第四十二章。

超出了在其中我能容易地辨认自己的问题之外。人是站直立起来的动物,这可能是老生常谈了,但把它与我所谓的"裁化"(appropriation)进行比较却让人大吃一惊。结果怎样呢?很显然,对于作者来说,裁化并不具有那种由语言活动、符号和文本的使用所造成的疏离作为其对立面,简言之,它没有由作品的外在性质所生的迂回曲折。与直立性概念相关,裁化具有所有迫使我们远离我们存在的活的源泉、我们自身存有之基本行为的活的源泉的东西作为其对立面,简言之,它有所有把我们与我们自身分解开来的东西。作为疏离的裁化关注自我与其自身的关系。当作者坚持把存在放到一个比意识与语言更深的地方时,我准备与他结伴而行。我所谓的"我在"的解释学——作者也赞许地提到——同意这个看法。我甚至乐于承认胡塞尔的召唤肉身主题的计划。然而,当作者将"神秘的"与不能被问题化的"秘密的"相对立时,他与胡塞尔正好相反,距离又拉大了。作者所需要的远远地超过我们这些存在者的参与,对此,即使在胡塞尔那儿,也保留了全然其他的东西:在我看来,他要求的是人的存在行为与原初行为的一种融合。在这一方面,作者声称所谓的"权能/行为存有理论"同时为儒家、道家及《奥义书》的智慧所共有。这我就困惑了,在什么范围内,我还能沿着这个方向跟随这位作者呢?他本人建议我重温一下我受惠于斯宾诺莎、莱布尼茨、叔本华、尼采和弗洛伊德的地方;并且,他恰当地在这串名单上增加了怀德海,关于怀德海他已奉献了一部重要著作,而怀德海又是他在西方思想中的真正同道,可是我很遗憾,对于怀德海我还不够熟悉。事实上，承认意识从属于经验并且像纳伯特那样把存有的欲望与存在的努力放到经验的中心，对于我来说也毫不困难。

朝基本行为的方向一起运动的不仅仅是上述这些哲学家，而且还有在《会饮》中庆祝盈与亏的孩子爱罗的柏拉图。由于柏拉图，我们就处于这样一种思想的核心，它升华了作者所谓的"原始主体性的爱罗两极之间的辩证暧昧与张力"。而正是此两极对立产生了术语"自我裁化"所表示的原动力。在这一点上，我们极相契合。由于有《会饮》的柏拉图的支持，我们甚至可以欢呼柏拉图的"eros"（爱罗）、《圣经》中的"agape"（阿加配）及孔子的"仁"之间的趋同性。但是，作者本人也承认，当东方思想设定被称为纯粹行为的"人与无限本源的终极同一性"时，这些传统间的差异又出现了。从作者为其论文所选择的标题"行为、符号与意识"来看，这差异并不是无关紧要的。在此，我们注意到一个我受惠于纳伯特并已在讲演集Ⅱ中作了单独研究的论题。在一种宣称皈依了"神秘"思想的哲学中，能给奠基于符号——或更确切地说，行为与符号间的区分——的问题提供什么位置呢？如果符号得到承认，那么在我看来，必然还有"别的东西"在"外在性"中冒着被遗失之险。正是这种向外迂回的方式妨碍了一种反思哲学在作者所推举的"存在姿态"中辨认出自己。而在别的标题之下，我以为，人们所理解的必然不仅仅有外在现象的世界，而且还有人的作品的世界，最终还有其他心灵的世界。在这个意义上，"原始"语言或许不在我们之后，而在我们之前，处于伽达默尔所谓的也正是这一向外的迂回把我所考虑的辩证的裁化与疏离和作者所提出的相区别。被同化为一种诞生行为的最初的直立化行为——至少在此本文中——似乎并不要求任何其他种类的确认。作者正确地注意到了我与胡塞尔及纳伯特共有的关于原始贞定的论题，我所说的论题在我这里得到了肯定，而不是被我所断言，这是对的。而这里，在这一点上，我们又走到了一起。不过，作者提议将无限本源与"无"或"虚"相同一，而我则想尽可能地把所有否定性均隶属于原初贞定，这时候，一道新的裂缝又撕开了。关于这一点，当东方思想家告诉西方思想家"虚"不表示空无本身而是"最广大的开放性"而且自体性的基本行为实质上就有"虚"和"无"的神秘"德性"时，后者只能设法倾听前者。正是在这一点上，神秘的东西不同于秘密的东西。

这样，就有大量的原因促使我接受了采用"生命曼陀罗"的诗性象征——一个普遍的象征——的建议，它作为一种共同的语言被表述着；对曼陀罗的清晰的结构的解释又使得这一象征明显可普遍化。对此，我会答复如下：我认为所有伟大的哲学传统都有能力超越自己，也就是说，它能够制造出超越其构成的有限历史条件的普遍原则。这里，一种潜在的普遍的广延肯定要被历史的广延所纠缠。

惟有伟大的思想传统间的相遇才会解放这一普遍原则，幸亏有一种可被称为主张的交换的东西，也惟有经过一段漫长的相互接受与相互教导的历史过程，才可能"证明"这些主张各自的合法性以成为一具体的普遍——黑格尔可能会这么称呼它。相遇才刚刚开始。

[宋继杰译。原载"在世哲学家文库",第22卷《保罗·利科的哲学》。*The Library of Living Philosophers*, 22, ed. Lewis Edwin Hahn, The Philosophy of Paul Ricoeur (Chicago: Open Court, 1995), pp. 511-525。中译原载《场与有:中外哲学的比较与融通(三)》(北京:中国社会科学出版社,1996),第45—63页]

第一编　场有哲学序论

第二编　蕴徼论

第三编　**新道家场有论**

第十章　裁化的艺术：通往
　　　　场有的哲学观念

一、作为"修道"(Dao-Learning)的哲学：至上的裁化艺术

修道至于极限的"求索"(pursuit)即是哲学。其处于我们哲学智慧"证成"(manifests)的透视范围之内。

何谓"修道"？"道"对于我们又意味着什么？"道"即"道路"(the way)，是事物"是其所是"，存有成就其自身的道路。"修道"是在"道"中其自身发生的一种修炼，是一种透视性、超越性地导引其自身置于此"道路"的活动作用。其并非一种科学，而是一门艺术——一门至上的裁化的艺术。

裁化是一种活动作用，一种引导其自身，成就、制造其自身的方式。依其自生成形式，"表出"(articulate)其自身。裁化就是"自证成"(self-affirmation)和"自定义"(self-definition)。活动作用在其"自生成"(self-becoming)中的自证成和自定义中，其自身行事最恰当、最正确、最裁适：其赋予其自身以形式、"特征"(ownness)和独特"本体"(identity)。但是自裁化不能独立于其他事物的裁化。在自生成中的自证成和自定义中，一活动作用必须在与世界的关系中，在与其先验"馈赠"(endowment)的关系中，与其环境"遗存"(heritage)的关系中，即与所有集合性地构成其存有的"场补充"(complement)的其他活动作用的关系中适当地实施或运作。说"我"的活动作用只能通过在"非我"中来"设

准"(addressing)其自身。"我在"只有在与"它们在"的关联中才是可能的。

我们说裁化的艺术是"至上的艺术",这是因为它是所有艺术的艺术——是构成所有活动作用最内在的本性或本质的艺术。它即是"道"本身。事物所是之道路、存有自身所是之道路,无外乎活动作用之道路。"道"即活动作用本身。

因而,"修道"不只是任何活动作用,或活动作用中的一种活动作用。它是构成活动作用之真正本性的内在活动作用。每一特定种类的活动作用都有其自身之"道"——特定类型的活动作用裁适其自身的"道路"。木工之道是木工活动裁适其自身的道路,歌唱之道是歌唱活动裁适其自身的道路,统治之道是统治活动裁适其自身的道路,等等。在每一特定类型的活动作用都是至上的裁化艺术的一个实例的范围内,有一种与在考虑中的特定类型的活动作用相裁适的修道。修木工之道恰恰属于木工活动,正如修统治之道恰恰伴随着统治活动。现在的问题是,根据对哲学的定义,那个与哲学活动相适应的修道究竟是什么?

问题的答案既有"超越的"(transcendental)意义又有"广域的"(horizonal)意义。在超越的方面,作为修道的哲学是导引其自身达于活动作用之内在本性的活动作用,达于就其本身而论是所有活动所固有的裁适的艺术。这就是我们称一活动作用为"超越的"的意思。超越地理解,哲学必然是一"反思"(reflexive)其自身的活动作用——一种折叠弯回其自身的活动作用。哲学活动的"自我裁化"(self-appropriation)发生于对活动作用的"反思"(reflexivity)中。

哲学不仅是超越的事务,也是广域的事务。每一活动作用都发生于一活动作用的广域中,极似驶向地平线的海中航船。更确切地说,我们将活动作用的广域设想为在其自生成过程中的裁化的动力学舞台。活动作用自身导向的广域是在其事物的"动力学秩序"(dynamic order)中,在其"拓扑域"(topological region)之中,正如我们曾说过的,在其"生成演化的巨大海洋"(great ocean of becoming)中的"处境"(situatedness)的一种功能。哲学活动与其他类型活动的区别不仅仅在于其超越的性质,亦在于其"广域-拓扑条件"(horizonal-topological conditionality)。在所有特定的活动作用都在其自身处境中裁化其自身的同时,哲学活动在自裁化中自觉地、断然地导引其自身至最大极限。然而,在广域极限处,其自我揭显的又是什么呢?那不过是道的最内在的本质,不过是反思地、拓扑地完成其自身的至上的裁化艺术。修道之极限构成活动作用超越的和广域的极限之间的交叉点。这就是我们所谓的透视性极限。

因此,正如我们在此所设想的,哲学是一种独特的活动,一种超越地、广域地内在于所有人类活动中的活动。在其是修道至于极限的求索的范围内,任何人类活动都是哲学的。就本身而言,在修道之极限,没有事物存在,因为宇宙中的所有事物均转变为一种"事物自身"(thing-in-itself),一种"永恒的示例"(instance of eternity)。正如我们将要描述的特征,不再有这样或那样的与其他事物相分离的特定事物,而是,从场拓扑域的立场来看,只有在其独特的绝对性中的存有本身。修道之极限是个性在其自身特有的透视整体中,对普遍性真理的统领和具体化之点。修道智慧给予其自身的超升,处于我们独特透视性的极限。

在场有哲学中,这里既表现为一种生命与实在观又表现为一种思想实验,"存有"意为"太一"(the one being),即那包容一切又创生一切的无穷的活动作用之"大全"(plenum)。那道路即是太一的道路。每一透视都是一种太一的透视。修道就是修炼至太一本身。我们所谓的至上的裁化艺术,一切艺术的艺术,只不过是太一的艺术。我们将回想到,裁化的艺术即是活动作用自身的艺术。

二、真理、现实与善:场有的三重世界

在此后现代的时代,"太一"一词听起来确实有点怪异和"陈旧"(antiquarian)。在西方传统涉及的范围内,20世纪没有哪位重要的哲学家拥抱它。无论是在胡塞尔、海德格尔、杜威、怀德海还是在维特根斯坦的哲学中,太一的观念都未被发现。从太一之被遗忘的事实精确地勾勒出现代(至少在西方)哲学灵魂特征的角度来看,这是可以理解的。然而,让我们赶紧附加说明,此遗忘并不等同于海德格尔的"存有的遗忘"。海德格尔专门从"真理—过程"(truth-process)和"存有的"(aletheia)或"揭蔽"(unhiddenness)来设想存有,而迷失于揣摩真理过程本身的终极来源和基础。无论是海德格尔还是怀德海都未曾有过将太一设想为终极实在的观念。两位哲学家根本上都是多元论思想家。

正如在海氏哲学中,凭借现象存有的多元性变成富有意义的开显,太一被作为意义原理的真理过程所取代。而在怀氏哲学中,凭借现实实体[包括作为"非时间性"(nontemporal)的现实实体的上帝]的多元性变成动力学的完成,太一转变为作为"现实过程"(reality process)原理的"创造性"(creativity)。确实,在他们的本体论和宇宙论的观点中都有一种整体论——在海氏世界中是存有的统一,在怀氏的宇宙中是实际实体的统一。但是,对两位思想家而言,此种整体论或存有的统一仍然建立在根本的多元性基础上:是一种根本多元性的统一。进而,他们的整体论或者被"单向地"(one-sidedly)设想为基于意义多元性的意义的整体论,或者被单向地设想为源于现实多元性的作为权能效用之"作功"(work)的整体论。从场有立场来看,此单向性需被纠正。存有的统一既是意义的统一,亦是作功的统一。此种统一确实是一种多元性的统一,但是,此种多元性的统一仅仅是因为此多元性是一种建立在统一基础上的多元性,此基础既是弥散于一切又是给予一切以超生的太一。

那存有的统一,有其在太一中的终极源泉,并且,那多元性的统一建基于一个不可分割的整体,一个源于我们称之为"场原理"的太一的基础上的统一体。正如我们在此所理解的,该场是所有存在的"一般母体"(the universal matrix):统一性和多样性,太一和其"多种多样的开显"(the universal matrix)或"呈现"(emanations)是"超差别"(trans-differentiated)的。确实,在其在所有事物的根基上证成了太一的现实性的范围内,场有哲学是彻底的一元论。但是,该一元论也是一种依据场原理来认识所有事物的独特性和现实性的"一般的透视主义"(universal perspectivism)。每一在场有宇宙中的存有或事物都有其自身存在的拓扑域,都有从其自身的立场或透视角度所感知的场或一般母体。我的拓扑域是我的场,你的拓扑域是你的场,袋鼠、树木或恒星的拓扑域是它们各自的场。但是,我的场与你的场不是两个分隔的场,而是你我(袋鼠、树木或恒星)透视性地处于其中的同一个存有之一般母体。

现在,我们把一般母体称为对我们开显和意味深长地揭示其意义的世界,即是在以某种方式被物理感知或概念理解的感觉中的经验。意义世界的彰显过程就是我们所谓的真理过程。我们马上会看到,仍会有未在经验中开显的部分,仍会有在感知主体或权能的透视范围之外的部分。因为,对我们而言,经验既是物理的事情,又是精神的事情,既包括物理意义的认知,又包括精神意义的认知。真理过程不能像海德格尔所认为的那样仅限于精神的维度。被物理感知和精神理解的任何事物都是有意义的。但是,意义的世界和作功的世界是不可分割的一个世界,作功的世界就是权能分配、物质—能不断制造或产生事实和效果的场。这里,"物质—能"(matter-energy)具有特定的意义,不能和通常的物理意义相等同。"物质—能"是"振动能"(vibrant energy)和"业报物"(karmic matter)的简写形式,所谓业报物是指由过去行为所累积的效果或结果。通过振动能所实现的业报物的裁化定义了场有中主体性的意义,此业报物的裁化构成于通过"业报劳动"(karmic matter)实现业报物的创造性的转变之中。这一与生成演化过程相一致的创造性的转变过程,即我们所谓的现实过程,即以"权能构结"(power concrescence)的"茧化运作"(cocoonization)为标志的动力学运动。被茧化的是超切主体,是凭其在"业报歪曲"(karmic warp)中的原始切入,实现自我超越的业报劳动者,是以现实、以可能性的限制来定义的"大全"(plenum)中的活动作用状态。(关于业报歪曲的更多内容,请参阅本章第七节)基于业报劳动和创造性转变的主体性概念意味着真理过程、现实过程和"善的过程"(the process of the good)是密不可分的。善的过程是一般母体采取的作为"重要性世界"(the world of importance)的第三维度。正如意义世界基于意思的表出(物理上的和概念上的),作功的世界源于物质—能的配置,善与重要性的世界是实现的公正与价值所表出的全部。善是意义的作功,也是作功的意义。一般而言,对于裁化主体或裁化主体的社团,与其公正和重要性测度相称的任何事物都是善的。在标示出善的普遍性的同时,我们亦应强调所有价值的主观性和相对性。因为,活动作用处于真理、现实和善的不可分割地纠结在一起的本质裁化之中。

因而,此场有的三重世界不是三个相互分离的世界。但在此同一世界,同一场或存在的一般母体中,这些不可分割的方面却是可辨知的。除非依据经验、物质—能和意义的"审美复合"(the aesthetic complexity),就不可能有"公正与价值"(rightness and values)的完成。这三个方面是在场有意义上定义了实体概念的审美权能的三个纠结在一起的组成部分。这里的实体概念要和传统西方形而上学的实体和权能的实体化概念进行严格区分。从场有观点来看,事物之实体即是其审美权能,即在经验、物质—能和意义相互纠结、相互作用的复合体中构成的审美权能。如此理解,"审美实体或权能"(aesthetic substance or power)就是活动作用的具体中介,构成所有事物的基础材料。

三、场有之大全:作为场潜能和行为的终极活动作用

场有哲学的核心是一种关于活动作用的审美的和场拓扑的理论。"审美的"一词在此有两层基本含义:(a)经验、物质—能和意义相互作用的统一体,和(b)建基于和构成于相互作用的复合过程的裁化的艺术。此过程即是超切主体的生成演化,即是"审美权能"(aesthetic power)散射着的灵魂。它们都是由一种场个体与场秩序的"独特彰显的相互作用"(unique diremptive transaction)所构成和塑造的。在场有方案中,从本原知觉上讲,所有个体都是"场个体"(field individuals),所有秩序都是"场秩序"(field orders)。场秩序是"张力系统"(systems of strains),其取代了传统形而上学的一般性概念(包括柏拉图的形式和怀德海的永恒客体)是该系统处于场构成中的"彰显力"(diremptive tensions),此场构成即是在一般母体中"先予的形式演化条件"(the pregiven formal conditions)。例如,圆周运动的形式即是由使事物运动呈圆形的张力系统或彰显力决定的。感知苹果的形式即是对苹果的知觉的可能性被置于此张力系统或彰显力中。

由彰显力决定的开显行为定义了场个体。更精确地说,场个体是在一般母体中的"权能构结"(power concrescence)的过程,而一般母体通过振动能和业报物的联合作用决定着彰显力的达成。在茧化运作的构结条件下,在此动力学的联合作用中,浮现出超切主体。彰显力的"裁定"(resolution)是由业报物的积极的、创造性的转变所"裁定"(determined)的业报劳动的"代理者"(agency)。"超切主体"(transfinite subject)的生命即是业报劳动者的生命。

场即是一般母体,即是所有场个体与场秩序(传统西方形而上学的特殊与一般)的子宫。此场个体和场秩序是在场有大全中的存有的两个基本形态。当我们将场视为在彰显行为中一切现实与可能的源泉时,此时的场就是场潜能。当场潜能为所有特性(所有特殊的作用和功能,当然任何特定的作用和功能都是不可鉴知的)提供舞台时,所有事物的根基都是虚无,即所谓的"太虚"(radical nothing)。但是,作为太虚的"场潜能"(the field potential)亦可被认为是"使其是"(let-be),被认为是在宇宙中所有实存彰显的源泉和根基的"终极活动作用"(the ultimate activity)。

在场有方案中,是或存有即是从太虚中的呈现;一存有或一事物即是由"使其是"成就"其所是"(what is let to be)。此成就其所是的行为(终极活动作用)即是我们所谓的从太一中呈现的彰显、过程或运动。换句话说,此成就其所是的行为,即是我们称之为太虚的,处于绝对纯一、简明的功能态的场潜能的彰显。就其本身而言,"使其是"不是那太虚也不是成就其所是的行为,而是两者都是并且两者都不是。使其是的现实是"终极模糊的"

(ultimately paradoxical)。

由太虚和"使其是"行为的模糊性所成就的终极活动作用的思想，在哲学史上并不新鲜。的确，该思想就根植于绵延不绝的世界范围的形而上学传统之中。在此，"形上"一词应就其本源意义上来理解。形而上即形质之上，即在从太虚中彰显的东西之上。正如希腊语 physis 一词在词根、词源学上是"生成、呈现"的含义一样，其与我们今天的 physical 没有任何关系。作为整体和作为本身的呈现者，是什么置于形质之上呢？其无外乎就是在一切实有的源泉和根基中，在其太虚中的终极活动作用罢了（拉丁词根"exsitence"其原意也是"生成、呈现"）。依此一最原始的意义，形而上学一定应被理解为终极活动的思想，或此终极活动的尝试。世界上所有伟大的哲学传统都是在其本源上的形而上学。前苏格拉底哲学将终极活动作用说成 arche。这在道家的《道德经》和婆罗门教的《奥义书》中都可以找到相对应的概念。在《道德经》所涉及的范围内，太虚指的是"无"，行为活动指的是"有"。道的模糊性指的是无与有的根本模糊性。而婆罗门教的《奥义书》中的模糊性又是什么呢？难道其不在 nirguna 婆罗门和 saguna 婆罗门的区别之中，不在有质的婆罗门与无质的婆罗门的区别与《道德经》中无与有的区分非常接近之中吗？

四、场原理：反思(reflexion)、表出(articulation)和本体论同一(ontological identity)

现在，我们把包含了活动作用的模糊性的现实和思想领域称为"使其是的内在动力学"。就其本身而论,其必须被认作是所有形而上学不竭的源泉。在场有中,此思想可通过场方程来表达,符号化地表示为 Q.Q = Q.q 的标记架构,其中 Q 表示使其是或终极活动作用,而 q 表示各彰显或呈现(场个体和场秩序),呈现者呈现或彰显于 Q.q[之所以选择字母 Q(q),是因为,使其是的内在动力学终极地是在形而上学和哲学的问题中]。

在此标记架构中的点可有多种解释,这依赖于符号 Q 和 q 彼此之间的关系。我们称此点为"可怕的场介面"(awesorne field interface),这是因为场中的所有裁定(包括所有条件和差别)都是超差别的,按场原理的要求,其既有区别又有联系。这样,虽然场潜能和行为活动都在方程左边用 Q.Q 表示,但在不同情况下,此点具有不同的含义。如果终极活动作用被构想为绝对的"纯一和简明"(purity and simplicity),那么,Q.Q 中的点表示了太虚的状态,即纯然的行为活动状态。另一方面,如果"使其是"被设想为在其活动作用中的彰显运动,那么,该点表示终极活动作用反思其自身,是表出的行为活动状态。"使其是"在成就其所是的行为活动中(成就其所是的一切都在此行为活动中被清晰地表出),反思、折叠或弯转回其自身。

场方程中的等式两边,是行为活动两重意义的内在关联,是场活动的两个瞬间,即在反思(Q.Q)意义上的场活动和在表出(Q.q)意义上的场活动。反思即表出;表出即反思;这就是场方程所要表明的。在此标记架构中所提到的被简单表述为"使其是"(Q)依其自身而行,宇宙中的所有事物(q)都是被成就的其所是。

依据反思和表出的同一性所表达的这一存有之统一，我们称之为"本体论同一"。让我们重新写下此标记架构，提出场原理的第一个原则：

场方程一：Q. Q = Q. q（本体论同一）

场方程右边的点是表示在场有中存在的一般意义，即是作为表出、彰显和呈现的事件的存在。一事物或存在即是在"使其是"的行为活动中所表出的，其是一场行为的彰显，一终极活动用的呈现。因为作场活动一直是内在动力学的一种功能，是纯活动和反思——表出活动的一种动力学关系，所以存有从属于终极活动作用的彰显事务。的确，"存有"（existence）被设想为处于在彰显场活动中开显出的事物（q）一极的彰显。但是，在终极活动作用的彰显中所开显或呈现的在场行为中的呈现者，并不是通常语言意义中的事物。严格地说，在场有宇宙中没有任何事物。场有意义的宇宙不是毫无生气的、实体性的事物的集合体，而是活动作用的大全或"连续统"（continuum）。在此大全之外没有任何事物：在其内或其外没有任何其他的东西。在大全的发生中没有绝对的时间，也没有容纳或设置大全的绝对空间。场有中的任何事件，时间与空间是活动作用的一种功能或裁定，一种由大全构设或演示的作用、状态或特性。因而，时间是大全演示的时间性的功能，空间是大全构设的空间性的作用。简短地说，在场有宇宙中，不存在我们能够思考或谈论的非功能性（一种活动作用的功能或裁定）的事物。每一概念都是一活动作用的概念，每一词语都是一动词。在本原的意义上,除了行为活动的时间,不存在时间,除了行为活动的空间,不存在空间。简短地说,在场有构架中,有与做没有区别:有即是做,做即是有。一切都是活动!一切都是活动!

五、作为虚无、作为演化和作为思维的存在:没有对立

现在,如果一切都是活动作用,那么,传统形而上学中存在与虚无、存在与演化、存在与思维之间的对立就没有根据。在场有连续统中的虚无是现实的虚无。我们称之为"太虚"的,不是真正的是在指虚无:它绝对纯然和简明中的场潜能或活动作用的静止状态。太虚中的虚无保有一种功能或作用的概念:此由所有特定功能所默认的功能仍是其自身的一种功能,此为所有特定功能制造舞台的功能仍是其自身的一种功能。在典型、独特的亚洲哲学中,尤其在道家和佛学传统中的"无"(nonbeing)或"空"(emptiness)的否定论或虚无论的语言经常被误解。实际上,无和空既非否定论的又非虚无论的。相反,它们和那些指称萦绕于彰显场活动(所有存有之超切源泉)根基的太虚的所有词汇或概念一样,是在最正面、最肯定的意义上被使用的。

同样,既然一切都是活动,那么,与西方形而上学相似的对立、存在与演化的矛盾就不可能存在。如果存在是活动,并且演化又恰恰是活动作用的本性,那么,这两个范畴的矛盾又何以存在呢? 存在即演化,演化即存在不是很明显吗? 对于将存在设想为不是活动作用的某种东西的西方形而上学,存在与演化的对立是根本的。事实上，这是因为活动作用的绝对化，通过专注于那些活动作用的符合分析智慧口味的现实或想象的方面而产生的结果：那就是，作为绝对永恒的、绝对统一的、绝对确定的、绝对完整的、绝对清晰的、绝对不可穿透的活动作用。是的，在某种意义上，可将所有这些特性归属于活动作用本身。但是，关键是，那不是活动作用的全部性质。我们不能仅从绝对性来思考活动作用，相对性也同样是活动作用的本质。在最终的分析中，应该强调一点，活动作用的本性就是特有的模糊性：其既是绝对的，又是相对的；既是恒长的，又是不断变化的；既是统一的，又是多样的；既是确定的，又是不确定的；既是完全的，又是不完全的；既是可穿透的，又是不可穿透的。此模糊本性根植于"使其是"的内在动力中，根植于终极活动作用之超切构成的纯然活动与表出活动的动力关系中。绝对的性质属于作为纯然活动的终极活动，而作为表出活动的"使其是"则不可避免地是相对性的。在唯我论的影响下，使其自身永恒的表出活动的内在倾向，分析智慧的倾向，支持活动作用的绝对性，这是因为其需满足其概念的可知性。表面上，分析智慧好像是被在相对性中探险的渴望所驱使，但在其核心却不能容忍一切相对性的东西：实际上，暗地里其被导向对相对性的否定。分析智能其自身是唯我论的、绝对控制欲的专制主义的工具。

再者，如果一切都是活动作用，存在又怎能和思维相对立？思考不是一种活动作用的形式吗？无论将思考与意识等同，还是如在场有中将其与一般经验等同，存在与思维是不可分离的。在场有架构中,一切经验都是某种意义上的认知:其是一种直接或间接的信息接收和传递,是一种在物质和精神的审美复合中的意义的裁定。在此一般意义中,海豚的经验丝毫不比人类的经验缺少认知,因为在构成活动作用的审美复合中,经验是权能的一个组成部分。在场有中,笛卡儿的"我思故我在"应该颠倒过来:不是我思考,所以我存在,而是我存在,所以我思考。我是一活动作用的中心,其他什么都不是:我即是我的活动作用。在存在中,我被给予思考(在放大的场有经验中)。对于经验的认知,那是我的权能、我的审美复合的一个组成部分。现在应该清楚了,在场有架构中,不仅没有存在与虚无的矛盾、存在与演化的矛盾、存在与思维的矛盾,而且实际上没有任何传统对立面之间的矛盾和对立。在存在的统一中,在其不可分割的整体的活动作用之大全中,只有区别,没有对立。在场原理中我们所声称的,从方法论的角度,亦可成为本体论原理。其是活动作用的一种根本一元论,区别和对立和谐地统一于终极活动作用之中。这是一元论的唯一形式,不过,我们应承认,这不能排除相对性和多样性:事实上,场有需要相对性和多样性。在场有中,根本一元论和根本的透视论是同一的。

　　植于太一和活动作用之大全的根本的和谐,在《易经》传统中被称为"太和","伟大的和谐"(the great harmony)。在此伟大和谐的领域,所有作用和思想观念既区别又等价;所有词汇和话语既充满意义又累赘冗长。在最终的分析中,没有事物,没有实体,仅有终极的活动作用。此活动作用既是场潜能又是场活动,既是根本的虚无又是"使其是"的行为。那就是终极的事件、终极的考问,我们所能终极谈论的。

六、场原理二:无理(the surd)或本体论差异(ontological difference)

场有的批评家们现在一定不耐烦了。我们谈论一现实和世界的方法似乎没有引起他们多少感知。这里的感知是他们所谓的常识的感知。无论是街上行人的常识感知,抑或是训练有素的哲学专家的有特权的常识感知,在常识感知中的所谓的常识即是主导的现象学意识的认知,此意识支撑着在我们生命世界中的存有和日常的活动与实践。认识到事物存在和实体存在,这即是常识的感知。对于此日常感知的主导认识,场有思想家又何以为对呢?在否定此种智慧和高声宣称的现象学意识的裁定中,又有何正当的辩护理由?是场有思想家被给予了花哨、夸张的思辨,来武断地宣称没有事物、没有实体吗?他或她是严肃负责的吗?他的或她的日常感知的基础又是什么呢?

一开始,对我们日常经验中的事物和实体的否定似乎是难以理解的、过分的。但是,必须正确理解我们这里否定的是什么。在我们自己和世界的每日经验中,当然存在像苹果、树木、机器和动物肉体等的"事物样"(thing-like)或"实体样"(entity-like)的现象。它们以作为在显现的世界逗留片刻的持久个体来表现它们自身。关键是这些事物样的现象并不是事物自身,不是我们日常所赋予它们的那种方式,当然更不是实体主义哲学家使它们所是的那种方式。场有思想家在日常感知或事物的主导认知中所否定的，并不是现象本身，不是它们事物样或实体样的显现，而是我们习惯性地赋予它们的刻板同一物的观念架构。在此场有中所否定的，不是现象本身，而是这些现象的观念性的赋予物。更精确地说，场有所否定的是实体性的实体的存有和现实，事物或存有被设想为在其自身中的存在，其是全无生气的、异隔的、自足的和独立的，每一个都与生俱来般具有一刻板同一物。但没有在其自身中的事物：没有自我完全的整体。有的仅是活动作用之流，不是实体的刻板同一物。宇宙不是实在实体的集合，而是一永远流动、永未完成的、无穷的活动作用连续统。大全其自身既不是一"数字系统"(digitum)，也不是一可分析的数字元化的集合。由场有立场来看，那是真理之所在，是太一所揭示给我们的。

最后，就其本身而论，场有所否定的不是现象世界，而是现象世界的实体化。关键是，不仅大全不能数字化为现实实体或自满自足的整体（实体主义者的数字宇宙），甚至表出的呈现者全体（由场方程中的 q 代表，在场有中定义的世界，*physis* 本原意上开显的全体）也是不可识别的。大全不是数字系统，并且永远大于此世界。构成太一的活动作用的无限连续统处于其多产的、用之不竭的自身中。这种在太一与存有之间，在"使其是"与"使其所是"之间，在 *arche* 与 *physis* 之间，或用场有语言更准确地说，在场潜能与场潜能之呈现之间的区别，我们称之为"无理"或"本体论的偏离"。从场活动与场活动之表出的全体之间的区别来理解，存在统一体缺乏完全性和自我同一性，这构成了场原理的第

二原则。如果 Q.q 表示场活动的表出全体(呈现者之全体),那么,场原理的第二个公式可表述如下:

场方程二:Q.Q - Q. q = Surd(本体论差异)

源于拉丁语 surdus 的"surd"一词,在其数学意义上被使用,是希腊语 alogos 的拉丁语误译,其意思是"非理性的"或"不可言说的"(依据牛津词典)。此 surd 即是彼 alogos,即是在存有中我们不能言说的非理性因素,因为其否定理性解释。而理性解释又意味着什么呢?在西方实体主义者的传统中,理性无外乎就是实体性的技术表达或结果:理性解释的本质恰恰构成于存在的实体化之中,在对大全的理智把握、计算和对数字世界的实际可控性之中。现实的数字化(以计算机的发明达到其成功的最高峰),在其本性和内涵中,已经被 20 世纪的一些伟大思想所预见到,尤其包括在伯格森、杜威、詹姆斯、怀德海和海德格尔的思想中。但是这些对当代西方实体主义的卓越批判,仍然不能满足场有或非实体主义思想家的终极期望,那就是以真诚的哲学态度,对模糊性的接纳和拥抱。尽管他们渴望脱离分析思维,他们(可能伯格森除外)至少还有一只脚踏在理性分析的传统之中。

我们这里所说的"理性分析传统"包括任何以消除模糊性为代价的理性至上的哲学思维模式。因为,对于场有,模糊性的领域既属于大全,属于太一,也属于生成演化的巨大海洋,所以,任何怯离或拒绝承认此大全的哲学家一定是非模糊性的思想家,其恰恰属于理性分析传统。任何保有理性分析思维的思想家将发现其被实体主义的幽灵以其无声的、魔幻的声音所困扰：仅有事物，仅有实体！

七、作为"表征歧出"（profiling delusion）的实体主义："唯我论和业报歪曲"（the ego principle and the karmic warp）

但其实没有事物，没有实体，只有活动作用！在我们的日常经验中所谓的事物或存有，确是"活动作用持久的中心"（enduring centers of activity）。活动作用的表出行为带来了人、动物、树木、苹果、椅子、岩石、风、海洋、行星、银河系，简短地说，在现象世界的无数的各种各样的事物的显现。我是活动作用的持久的中心，而组织、器官、细胞、分子、原子，这些组成我肉体的东西，以及所有思想、欲望、感觉和其他精神内容，这些构成我精神世界的东西，都是持久的活动作用的中心。实际上，我们日常认识的存有和事物并不是活动作用的持久中心，而是由它们的表出活动的结果产生的它们的表面现象。作为被感知的一苹果是表出活动的效果，表出活动所表现的是我们认为是一苹果的表面现象。作为被感知的计算机键盘是由表出活动产生的被称为"键盘"的效果和表面现象。一场被经验的飓风是产生飓风的表出活动的效果和表面现象，等等。在场有思维中，这些表出活动的表面现象被认为是动力学表征。更精确地，那是审美与超差别的权能构结的表征。一动力学表征即是一现实、一透视性宇宙之流（活动中的一般母体）的反射的移动胶片。其被描述成审美的，这是因为移动胶片是经验、物质—能和意义的审美复合的形态。其是超差别的,这是因为权能构结的表征是通过场个体和场秩序的连续不断的作用完成的,这些场个体和场秩序构成了一般母体之流的场活动的关系网。此超差别的活动作用之网,是所有动力影像或表征发生于其中的生成演化的巨流、大洋的基础。正如海洋表面生成和消退的涟漪和波浪不是产生它们的活动作用的中心一样,在生成演化之大洋中呈现的表面现象不能和产生它们的表出的场活动相等同。例如,表现出被感知的苹果的表征的场活动,实际是一大量复杂的权能构结事件,包括不可计数的活动中心的参与。这些活动中心,通过表现拷问中的此被感知的苹果,拓扑性地被指引到其所汇聚的活动网中的该时间和区域。此被感知的苹果不是其自身与表征场活动相分离的一事物或实体性的实体。在其自身内,从场活动中抽象出来,此被感知的苹果是一非实体,一非事物。正如佛教徒说的,所谓事物在其自身的空无之中,无自性。

表面现象的事物属性或实体属性是一种表征歧出的结果,是一种受确定性和掌控与占有(唯我论是在表出活动本性中所固有的)积习的诱惑的错误认识。每一表出活动都渴望使自身永恒,在其自身表出形式中不断地证成其自身。因而,有一种尼采所说的权利意志作为每一表出活动的持久中心的基础。此持久中心首先是一自我中心。其确是依据固有的唯我论或权利意志(一获得其持久特性的持久中心)。事物表象的稳定性、牢固性和连续性,在最终的分析中,是一种唯我论的效用。在本性同一的背后是权利意志。

有效地导致确定性诱惑的是权利意志(作为掌握、持有和控制的意志)。例如,在一苹果的呈现中,感知主体习惯性地被导引至苹果表出活动的确定效果,而不是活动作用本身。表出活动从感知主体的感知的这种退缩,在表出活动恰恰是不可掌握的范围内,是完全可以理解的。在一表出中能被掌握的,不是表出活动本身,而是其在某种程度上的表出形式,其被确然性地被呈现在一感知效果的表征中。例如,在呈现中,苹果确定的颜色、确定的形状和确定的气味。表面现象的表观性质(表出效果的复合表征),部分地依赖于透视主体的透视性。我感知苹果表征的方式与你的感知是不一样的。但我们依在创造此事件的权能构结中的我们各自的份额,依在以场活动为基础的表征中的审美复合的我们各自的份额,都对苹果呈现事件的表出全体有所贡献。

在权能构结和表出活动的表征中起基础性作用的,无外乎是唯我论,让我们重复一下,永恒化其自身的活动倾向是表出活动本性所固有的。其是在活动作用中心(产生为苹果之持久性与连续性负责的表面的苹果现象)固有的唯我论。在表出它的活动作用的持久中心的抽象中,苹果自身什么也不是。并且,探究中的活动作用的持久中心,不可与在大全中、在生成的大洋中已经产生的活动作用的其他中心相分离。每一活动作用的中心都是一个一般母体的动力学时刻,一个不停地自反思、自表出、自组织、自转变和自表征的场行为的一个方面。作为动力学的和流动的场活动的表出全体,是不能被数字化为一现实实体的集合,或被组装成由机械零件构成的一部机器的,虽然实体性或机械性的组装是奇异而有序的。

那么,在现实的实体性中(在大全被截断、分叉和实体化为数字系统中),唯我论又是怎样操作的呢?在机械的自然表征中,权利意志又是如何意欲其自身?答案是:通过业报歪曲的轮回,唯我论既客观又主观地处置其自身。"业报歪曲"的意思是现实可能性的拓扑极限、业报物或过去行为的累积效果。场或一般母体被理解为在对我们称为"轮回"的业报歪曲的把握中的存在的领域,歪曲可能性的领域。但是,此歪曲可能性的领域也是生成和超切主体自我裁化、振动能和业报物的统一的业报劳动构成的领域。它是通过能与物的交互渗透,以权能的永恒循环为标志的历程。一方面,振动能客观化为业报物;另一方面,通过完成的主体性的永恒交叠,使振动能中的业报物的复活成为可能。这种在业报歪曲领域中的物质—能的循环,即是我们所谓的轮回周转。在此,我们发现了唯我论的内在意义。表出活动至自我永恒的固有倾向一直受制于业报物的影响。唯我论的确塑造了歪曲可能性的实现。现在,在唯我论到业报歪曲的限制表示一本性统一的范围内,唯我论的操作是一客观的事务。在裁定超切主体的主观性和透视性中,权利意志是业报束缚。在此范围内,唯我论是主观性的。换句话说,业报的征服是客观统一性和主观导向性的共性。

八、业报因袭:主体性的两翼

更精确地,业报的影响主观地发生于两个相反的方向。我们分别所指的因袭意志和背离意志,是在业报物影响下的两种裁化态度和倾向的一种基本功能。业报因袭意思是与其过去的牢固性和连续性,其在业报物中,在完成的过去行为的现实中,在对重复表出的确定性形式的渴望中,表达其自身。另一方面,业报背离表示了一种在相反方向的态度和倾向;它是一种从过去中、从在过去行为中的业报建设中,获得独立与自由的渴望。在裁定主体倾向性的构成中,这主体性的两翼可以各种方式相结合,存有之能力被分析为因袭强度和复杂性的不同层次和维度。为阐述方便,我们将断然地把因袭意志指为右翼,把从一致中背离的意志指为左翼。因而,设想两翼之辩证互补裁定了活动作用中自我中心的主观操作。尼采倾向于强调左翼的效用,而场有恢复了其两翼丰满的整体:权力意志是两极力、两翼的现实。

但是无论是右翼还是左翼,权力意志是一掌控意志,握持住确定性的形式,以便以这样或那样的方式使其永恒化。这是实体化历程中的内在动力。因其使在业报歪曲之轮回内的生命形式的生存和发展成为可能,所以唯我论是场有中的个体性原则。从此透视角度,世界之实体化,在某一重要意义上,是必须的、不可避免的。为了生存,我们需要一个实体化的世界。

然而,作为个体生存和控制的手段,理解和认识实体性的现实必要性是一回事,被在投身于截断世界的现实中的欺骗性所蒙蔽又是另一回事。在场有中,依个人对世界的实体化的态度,作为两种世界观的实用实体主义和教条实体主义是有区别的。不像教条实体主义者,实用实体主义者并不把截断的世界看作真实,而仅仅将其视为一种权宜的建构。后者是在其不可分割的整体中的场有的认知,是真理的认知:他或她在其内心,在他的或她的智力托付中,是一非实体主义者。

实际上,在活动作用持久中心中,唯我论不是唯一的固有操作力量。比在表出活动的表面水平承担大部分工作的唯我论更深层的,是场原理,现在其被理解为代表存有整体的"力"(the force)。该存有之整体在整体性的活动中心中,默默地、无意识地操持着最大部分。我们内在地与"道"相联系的,与"使其是"之内在动力学相联系的,位于我们存有的全部中心。通过现象学意识的主导认知,揭示给我们的是唯我论和权利意志,只有通过冥想意识的直觉脉络和超切关联,场原理或力才能呈现于我们面前,这些直觉脉络和超切关联在其实体化和试图掌控时,将被切断。对于道的不可分割的现实仅能通过自发的直觉而了解:其不可能被精确地掌控。

确定性的诱惑在冥想活动的极乐静默中失去其魔力。这样,通过直觉跳跃,又与道的无穷现实,与在终极活动作用的场潜能中的太虚,与行为的内在动力学相联系。这是唯我论自身在第一位置得到滋养并获得创造活力的领域。对于权利意志,其自身建基于作为其个体性的场原理。它代表了一种对太虚的行为责任:权利意志生于此力并对其负责。在唯我论和场论之间、在权利意志和力之间相关联的,此现实与思想的领域被认为是思辨意识的领域。在思辨意识中,现象学意识的真或假可在冥想意识的烛照下,被检验和评估。这是作为修道者的哲学家的领域,是在场有意义上的思辨哲学的领域。其是思辨意识(修道至于极限的探求)的领域。

九、在思辨意识中,现象学意识和冥想意识的综合

现在,如我们在开始提到的,修道是一门艺术,而不是科学:其是一切艺术的艺术,是至上的裁化艺术。其处于思辨意识的领域,在该领域中,现象学意识和冥想意识的关联被建立或重新建立并使之成为整体。至上艺术的真正意义和意图是到达人类认知的最前方,并处于其真理的反思澄明之中。在本质上,那即是在我们面前所呈现的道自身。

在真理、现实和善中的至上的裁化艺术即是"那道路"作为至上艺术的探求和具体化的思辨哲学的观念,将场有直接置于绵延不绝的全球哲学传统中,并使其与迷失于西方形上学传统的实体主义相分离。在绵延不绝的全球哲学智慧中,最本原的是根本的直觉,该直觉是对在终极现实的自我彰显中的不可分割的整体和模糊性的认识中的直觉。这要与理性分析观作严格的区分,处于西方形而上学的困境的占统治地位的实体主义者的理性分析观,是其现实的截断观点,并最终抛弃了模糊性。在实体主义的形而上学中,过度膨胀的唯我论篡夺了场论的领域,权力意志冒充为力。海德格尔不加辨析,是不会将尼采称为"最后的形而上学家"的。

因而,尽管在场有意义上的思辨哲学和属于西方理性分析传统的实体主义者的形而上学之间,有着表面的相似性,但在他们对真理、现实和善的分别探求中,仍然有一差异的世界。前者忠实于场论和唯我论的思辨的和谐,相反,后者恰恰置它们于异隔的空隙中。作为真理的追求者,场有中的思辨哲学家是一个模糊性的导引者,相反,实体主义的形而上学热切希望通过消除模糊性而达到其完全占有。作为主要的美学家的思辨的修道者乘巨流而行,安然地在生成演化的大洋中自我裁化。相反,实体主义形而上学家追求在一种"自欺"(self-deluded)的生成之遗忘的状态中,对被截断的世界的征服,依实体化和数字化的可持久的结果,建设他的人造王国。对场有而言,哲学在原初上是一种生存的生命样态,相反,在实体主义传统中,其必须在基础上被看作是控制的工具。

十、新形而上学和业报劳动的裁化

为了保有形而上学的本原意义[于"本性"(physis)之上的模糊的终极实在],我们应称在场有意义上的思辨哲学为"新形而上学"。在此脉络中设想,新形而上学家在其核心即是"美上学家"(meta-aesthetician),修道或至于极限的裁化艺术的实践者。作为"美上学"(meta-aesthetics)的思辨哲学的观念,可依其与场有三重世界的关系进一步精确化。首先,当修道之求索在真理过程或意义世界中被考察时,"美上学"假定了"知上学"(meta-episteme)的作用。在此,至上裁化的艺术作为产生意义的艺术而证成其自身。作为"知上学",思辨哲学的确是产生意义直至极限的艺术。但是,如我们提到的,意义世界与作功的世界、真理过程和现实过程,都是不可分离的。当"美上学"从被业报劳动之工作所定义的业报现实的维度来观察,裁化的艺术转变成"用上学"(metapragmatics)的艺术,组织权能的一般艺术。该艺术将其自身导引至人类生命与其环境或业报遗存的实践关系上来。"知上学"与"用上学"的关系就是产生意义的活动与指向权能之实践应用的活动之间的关系。这粗略地与西方哲学中理论与实践的传统区分相对应,虽然在场有脉络中,这种区分应从实体主义和非实体主义之间的对立来考察,从置于"业报遗存"(karmic heritage)和业报劳动的思想上的着重强调来考察。确实,作为本质上的业报劳动者,修道者的特征是思辨哲学家场有观念的特色。

正因为真理过程和现实过程是在善的过程中联系起来的,公正与价值的实现是依据业报物的创造性转变而被测度的,所以相应地,"知上学"和"用上学"的求索被展望于它们审美的和谐中,在作为重要性世界中的至上的裁化艺术的"德上学"(metaethics)的实践中。这是思辨哲学全部的、终极的天职,是作为德上学家(在业报劳动的裁化中的公正与价值的工匠)的美上学家的全部的、终极天职。真理和现实统一于善中,主体性、生命和存在之内在联系彰显于他们的澄明的整全中,其存在于作为业报劳动者的思辨哲学家的观念中。

在场有方案中,主体性、生命和存有都是在与业报劳动的概念的联系中被定义的。首先,业报劳动是所有超切主体(如我们提到的,他们呈现的存有的振动能与业报物统一)的劳动。因而,超切主体的主体性即是业报劳动者的主体性。其以如下方式构成:其在积极的创造性的业报转变过程中执行和处置其自身。

此过程即是自生成的过程,超切主体依据他们各自的权能构结的茧化运作完成其自身。茧化运作是一表出活动在其自生成(依其自我幽闭和自我限制)中超越其自身。从茧中浮现(飞出)的蝴蝶与作茧是同样的表出活动。作茧和将其自身限于其中,作为依其自身的自我限制的自我浮现(此蝴蝶),此基础活动已带来了其自身的超越。我们应承认,茧化作用所隐喻的此自我限制与自我超越的内在关联,即是生命的全部。因此,一般地说,一生命形式即是一茧化样态,一种依组织和非组织的区别,贯穿普通的、科学的生命概念的观念。在场有观念中,生命形式属于物质能、组织或其他的所有层次的超切主体和存在。

场有中存在的意义现可被更准确、更恰当地定义。如我们已指出的,存在表示的是 Q 与 q 之间的内在关系,即是终极活动作用的使其是与呈现者的使其所是。因呈现者本原上由场个体(超切主体)和场秩序(张力系统)构成,其相互作用和超差别构成了作为一般母体流的场,所以去存在就是参与到场活动的动力过程中,就是在自生成和超切主体的业报劳动中起一定的作用。通过他们各自的业报劳动,超切主体成为其所是。业报劳动的现实是他们作为在场有大全中呈现者的存在的现实。所有呈现者都是,在一般母体的动力网络中,在承担了场活动彰显拓扑的超差别的巨大网络中的,条件性、拓扑性的场。一切业报劳动都发生在此大网中,在一权能构结的茧化运作的拓扑域中。并且,在此部分业报劳动者的网事务中的超切浸没的样式,是一场拓扑管理的事件,是一先验自由和业报必要性的功能。在最终的分析中,这是业报劳动和超切主体性所是的全部。此自生成的故事即是网浸没的故事。

十一、"此在"(dasein)的场拓扑观念：对海德格尔的一种批评

按场有观点，一切在他们存在的先验阶段的超切主体，自由地并自发地呈现为太虚中纯能之脉动。他们在世界中突现的存有开始于，以在业报歪曲条件下的一般母体流中纯能的先验入口为标志的命运时刻。这即是本原的业报劳动的开始，指向它的、命定的、场性的超切主体，在大网中被给予一地址，其自身拓扑域的场址。此场址的拥有和拓扑域的占有裁定了其超切存在的具体意义。超切一词意指对从先验到本原，从本原到表出活动的现象状态的限度的穿越。其是一领引从先验馈赠的被给予性到环境业报遗存的被给予性的转变的运动或过程。采纳海德格尔的用词，我们可将此超切主体的具体存在称为其"此在"(dasein)。超切主体之 dasein(此在)中的 da 是其场有(sein)的位置或所在地，那就是，其场址或拓扑域。此在或超切存在之生命就有场拓扑"事务"(occupation)的意义。我的此在是我的场拓扑事务。你的此在是你的场拓扑事务。袋鼠的此在是袋鼠的场拓扑事务。凭借它们各自的场拓扑事务的独特性，一切超切主体都是独一无二的。不仅依据其生命形式或茧化作用性质的不同，其与其他是不同的，而且，依据它们各自的拓扑立场的透视性的独特性，其与其他也是不同的。然而，超切主体的独特性并不意味着不能与它们的宇宙伙伴和谐相处。有一种由所有超切主体分享的场拓扑

事务的共性,那就是,它们都是本质上忙于业报物的积极的、创造性转变的业报劳动者。

无需说,此作为场拓扑事务的此在观念与海德格尔哲学中的此在的意义是极为不同的。对海德格尔而言,此在专属于人类:只有人类是此在。相反,场有中有多少超切主体就有多少此在。进而,在一切超切主体本质上都是业报劳动者的范围内,人类此在并不比袋鼠或其他非人类此在有更多的本体论特权,像海德格尔认为的。事实上,由于每一场拓扑事务都与其他每一场拓扑事务(像场原理所要求的那样)内在地联系着,不能仅赋予某一事务以本体论的特权,而其他的却没有。凭其自身透视性的独特性,每一场拓扑事务均被赋予本体论的特权。每一此在,人或非人,都以其自身的方式,从其自身特有的立场来反思存在的场拓扑的统一。

因而,在海德格尔本体论中此在与非此在实体的对立(前者被给予一种专有特权的本体论地位),对场有是不能接受的。单靠现象学意识的功效,海德格尔未看到或拒绝了解,他所称的"实体"不是真正的实体,而是在其自身中的活动作用的持久中心。它们是有其自身权利的此在。它们在现象学意识中的实体化是它们自身表征歧出的结果,不是它们自身所是的方式。我们感知和使用的似乎无生命、仅是一事物的锤子,并非现实中的锤子,而是我们自己构造、制造的锤子。真理是,我与之一起工作的锤子是一种场活动的实用的相互关联;它是包括作为活动作用贡献中心的锤子和我自身的权能构结的结果。锤子实体化为异隔的事物只是从权能构结的庞大复合体中的一种抽象,是现象学意识的实用主义语言中的一种速记法。

因而,场有不说此在和实体,而说人的此在和非人的此在。当我们确要说实体时,它们应被认为是抽象的概念、速记手段或表征的歧出。现在,海德格尔主义者可能在此点上反驳说,在场有宇宙中是否仅有本原的此在,事实仍然是,是人的此在提出了赋予存有以意义的问题,而不是袋鼠。脱离人的此在的存在,何以有对存有本体论的理解。

无论是否有与人的此在相似的非人的此在来访问存有,我们的确想强调地承认,真理过程不仅限于人类(像海德格尔所认为的)。存有在其存有中的对我们的开显,是在每一超切经验和认知中被给予的道的一个方面。每一活动作用中心以其自身的方式,在其自身透视的经验的给予性之内,感知、解释和裁化其自身至于道。因而,在场有哲学中,概念、理解和知识意指组织信息;一概念是一组织信息的样态。我们在此的位置是,在此放大的意义上,概念和理解是所有作为审美权能和活动作用复合体不可分割的一部分的生命形式所固有的能力。因而,我们可以说,每一此在,人或非人,都有其自己对存有的概念和理解。

但是因为所有经验都是一透视的经验,所以一切概念和理解被其自身的透视性的经验的被给予性所限制。对一人的此在的存有理解和一非人此在的存有理解是有区别的,这是一种简单的老生常谈。然而,对场有的彻底的透视主义而言(所有透视都是对共性的透视,对既包围所有又产生所有的太一的透视),这是基本的。这意味着所有存有都是相互依靠和彼此构成的:它们本体上是互为补充的。正如在一海洋中的每一波动或涟漪与其他波动或涟漪或海洋运动是不可分割的，但这仅是同一基础的海洋性场活动的一个方面，这样，每一人的行为或经验都仅是生成演化之大洋中宇宙母体的一个侧面或时间片段。因而，非人此在的存有不是单向依赖于对人的此在的存有理解（像海德格尔哲学中所实际暗示的）。相反，因为所有此在都是在它们的存有中本体上互补和彼此构成的，所以人的此在的存有依赖于对非人此在的存有理解，正如其反着说也同样正确。这只是应用于真理过程的场原理的简单重申。

十二、修道与"场统觉的统一体"(the unity of field apperception)

所有此在的本体上相互依赖的感知和理解，是我们称之为"场统觉的统一体"的一个方面。场统觉是场拓扑现实的独特的透视统觉，该透视统觉与对每一超切主体的经验权能的各种程度的反思，有着密切联系。就其本身而言，场统觉的统一体不是一统治着一个自我隔绝和自治的人类认知领域的先验原则，如在康德先验分析中所阐明的，而是超切的互为主体性的统一体。对场有，这是知上学涌出的泉水，宇宙意识的终极开显。正因为现实过程形成于在伟大歪曲、业报物和在一般母体中的歪曲的或业报化的可能性中的场有连续统，所以作为真理过程的大全在"大心"(the great mind) 或宇宙意识中彰显其自身，该大心或宇宙意识即是自我反思澄明中的一般母体。并且，正因一超切主体的现实性是一在与其场拓扑域的关系中的伟大歪曲的"交叠轮廓"

(enfolded contour),所以此超切意识即是那大心或宇宙意识的一个场拓扑瞬间。在实体主义形而上学中的作为自我隔离实体的心的概念在此被完全抛弃。

现在,再次强调,我们绝对不能将真理过程和现实过程从善的过程中分离出来。确实,在善的过程中,场有的真理与现实是统一的。在本质裁化中,所有表出活动都是公正与价值的事件。在场有宇宙中的所有存有都在那大网中,在那被设想为包围一切的超差别之域的一般母体中,被场拓扑地裁化。在那大网中,一切公正和价值都是产生于超切存有的内在要求所成就的功绩。这些具体构成重要性世界的成就的功绩,依照它们各自拓扑域的内在关联,被超差别地裁化。善是在其不可分割的整体中的重要性的世界,是所有正义与价值的裁化的表出的全体。道即是超差别地理解的善。

我们称之为"哲学"的活动作用,修道至于极限的求索,现可给予一总结描述。作为知上学,哲学是对意义的一种探求,在真理烛照下的意义生成的活动作用。作为用上学,其是对现实过程中的功效的求索,一种依权能的审美复合的作功的活动作用。最后,作为德上学,哲学活动是一种对重要性的探求,一种在不可分割的善的整体中的产生正义的活动作用。但是,生成意义、作功和产生正义是同一基本活动作用,是作为美上学的修道,是作为一切艺术的艺术的裁化的内在活动的不同方面。

更进一步,此内在的裁化活动即是业报劳动的裁化。在业报劳动的裁化中,像其他超切存有一样,作为修道者的哲学家永远忙于场拓扑的管理，在业报必要性的压迫下，先验自由被剥夺。在此，在先验自由与业报必要性的场拓扑的和谐中，超切主体性的极点在场统觉的统一中被搜寻。亦在此，在裁化和统觉的极限处，哲学的修道求索的真正意义被理解。

早些时候，我们根据此在的本体的相互依赖，或超切的互为主体性的统一，已经定义了场统觉的统一。但是，这只是通过此词语我们所要表达的部分意思。通过场统觉的统一，我们更多的意思是大心或宇宙意识（在自我反思的澄明中的场活动）的统一。虽然其场统觉的统一总是被以超切主体的"小心"（每一个都是一宇宙意识的场拓扑瞬间）为基础的审美复合的局部或狭隘的条件所歪曲，统觉仍是在我们中的"大心"。在生成的超切过程中场有的三重世界相互交叉于场拓扑的场统觉的统一中。所统觉的就是一真理、现实和善的统一体。

十三、场原理三："本体论等效"（ontological equivalence）——作为"永恒示例"（instance of eternity）的"事物自身"（the thing-in-itself）

仍有此问题：作为超切主体性的极点，在场统觉的场拓扑统一中，什么精确地彰显其自身？或者，哲学智慧被说成是自我证成，在此裁化的极限中，道又意味着什么？

答案是：在场统觉的场拓扑的统一中和在裁化的极限中彰显其自身的是事物自身，或作为永恒示例的存有统一体。这是道的真正意义，是修道的哲学求索的目标。求道至于极限就是在道的真理之光的照耀下终极地探寻事物,并且在场统觉的统一中审美地生活。但是,什么是事物自身呢?什么又是我们所谓的永恒的示例?

在场有意义上,事物自身不是一事物,不是一实体性的实体。其既非洛克的"我知不是什么"(I-know-not-what),亦非康德的超切主体性的极限。场有中的事物自身简单地即是被在绝对性瞬间中的超切主体的业报劳动所表出的大全自身。那瞬间即是依其彰显力的创造性裁定,其在其自生成中场拓扑地成就其自身的瞬间。通过其独特的超切整体性的获得,业报劳动者转化为一永恒示例,即是在此绝对性的瞬间。它也是那个"点",此点表示既分离又统一的"使其是"和"使其所是"的可怕的场介面,表示在彰显过程中的终极活动作用和呈现者的可怕的场介面。该点为世界留下了一个"自己的位置"(a niche of ownness)。场原理的第三个公式现可表示如下:

$$\text{场方程三}: (Qq)_i = (Qq)_j \text{(本体论等效)}$$

在此标记架构中,相等的是两个永恒示例,分别用$(Qq)_i$和$(Qq)_j$标明,每一个都表示从它们自身在场中的拓扑域的独特立场,对存有统一的一种透视,分别用下标i和j表示它们的场拓扑标记。场方程三的含义是:任意两个对大全的透视是本体论等效的。每一透视都是一事物自身或永恒的示例(正如我们所称之的)。可怕介面的标记,在场方程一和场方程二中Q.q中的点,在此已经消失。表示自身位置的括号,在场方程三中,取代了可怕介面的点。隔离于括号内的 Qq，无外乎是在其模糊性中的活动作用，或如我们的解释，一在差别中的无差别：Q 既是 q 又不是 q，q 既是 Q 又不是 Q。在进入一自身位置的绝对性时刻（我们称为"赎回"的过程），此可怕介面的撤销是超切主体性极点的标志。此从彰显到赎回之路的"超切穿越"（transfinite traversion），在《道德经》中称为"返回道"。在作为一永恒示例的返回道中，超切主体，在大全中自身位置的获取中，已经获得了其业报劳动的回报。在其自身位置中，纯粹的未实现的先验自由变成实现了的超切自由。这是在场有意义上的"涅槃"（nirvana）的意义，不是作为没有业报的自由状态（业报劳动与业报必要性），无论其究竟是否可能，而是以业报为根据的一种自由状态。在此积极的涅槃状态中，如我们愿赋予其资格，纯活动的先验自由已在表出活动的超切自由中完成其自身。因而，在积极意义上，涅槃即轮回，轮回即涅槃，如《心经》所言。因而，达到涅槃境界不在世界之外，不在生死轮回之外，而就在其中。

十四、结论

本章中我们所做的，是在深深的慰藉中表明场有观念框架，并精确阐述哲学在其中的地位的一种尝试。我们关于此观念的解释是建立在一切均是活动作用和存有之大全是一彰显的、审美的和场拓扑的事务的根本直觉的基础上的。此本体论集中围绕三个场方程所分别代表的本体论同一、本体论差异和本体论等效的三个观点的场原理进行解释。借助唯我论（场有中的个体性原则)与场论的对立和权力意志与力的对立,此概念结构被进一步详细说明。如我们所见,此对立是思维中实体主义与非实体主义之间对立的本体论基础。穿过此概念框架的统一性的中心线,是超切主体或业报劳动者的自我裁化和生成的理论。生成和超切主体的自我裁化,分别依它们的茧化作用和场拓扑事务,被理解为生命形式和此在。在此精细的概念框架中,我们试图理解哲学的作用和意义以及其在场有宇宙中的地位。哲学观念,或更精确地,在此,作为至上的艺术和裁化的内在活动作用,作为求道至于极限的思辨哲学被战略性地置于与活动作用和存有的内在本性的关系中。作为思辨意识(现象学与冥想意识的统一)结果的哲学的特征描述,被建立或重新建立,并且使之成为整体,其对场有方案的知识和方法的定向是关键的。因反对本原地依赖于实体化经验和现象学意识表现(牺牲冥想意识)的实体主义者和理性分析传统,场有方案欲纠正此单向性,并拥抱中间道路——实体主义和非实体主义之间、现象学意识和冥想意识之间的超差别的中间道路。确实,从场有立场来看,思辨意识中的现象学与冥想意识的综合,精确地认识了哲学修道者中的场统觉的统一。指明场有并不对实体主义和理性分析传统宣战是重要的。相反,它承认它的价值和重要性,并且在真理趣味和理想的价值创造中,寻求对它的批判地裁化、恰当地理解,中间道路应是善的道路。

现在,通过基于生成和超切主体自我裁化的"轮回周转"(the samsaric cycle),在此世界中,善的道路是唯一可实现的。在本章计划的续篇中,我们将更仔细地看到轮回周转的现实和构成人类此在透视性的基本元素。无论在关怀中,还是在惊奇中,在喜悦中或希望中,作为一业报劳动者和修道者的人的此在,都必须穿越,在其生成和自裁化中从彰显到赎回的道的三位一体。道的三位一体是构成所有超切主体和此在的运动之路的场有的三个领域,分别称作"在其第一中的行为""在其第二中的行为"和"在其第三中的行为"。从先验的生成到命运的瞬间(第一个),从命运的瞬间到绝对性的瞬间(第二个),从绝对性瞬间到交叠的不朽(第三个)(这些定义道的三位一体的活动阶段构成了轮回周转之轮)。在穿越道的三位一体中,哲学的修道者将逐渐理解权能或物质能的分配和再分配,是怎样与由唯我论和场论的相互作用决定的意义系统相结合的,正如在由他或她的此在承担的动机结构的形态中左边和右边偏好的作用。但是,首先作为穿越道的三位一体的哲学的修道者将必然面对神圣中的最神圣,在场有中以太极中的圆的方为标志的,是合理性与模糊性被同等裁化和超越的现实与思想的领域。这是留给神上学(引导其自身至神圣的场有的修道的原则)的思想领域。在场有思想中,区别了唯我论的神圣和场论的神圣。在流行宗教意识和在多数传统宗教思想对它的失败认识中,神圣的这两个意义的混淆,主要关涉神上学家。

在场有意义上的理解,神上学就是搜寻神性的美上学。神上学如何与寻求意义的知上学、关涉公正的德上学和倾向功效的用上学相联系,是一超出本文范围的课题。我们也不在攻克场有概念中某一最奇异和最具挑战性的课题的位置上,那就是,作为场拓扑域和业报劳动介面的时空概念。在场有架构的大量本体论和方法论的内涵中的这些和其他众多问题,必须留待他时了。在他的或她的智力与精神实验中忠实于他的或她的观察、灵活性和责任,场有思想家在思想历险中快乐着。

[原文"The Art of Appropriation: Towards a Field-Being Conception of Philosophy",首次刊载于 *The International Journal for Field-Being*(《国际场有学刊》)的创刊号,译者不详]

第十一章　无相实有与中国哲学:
《道德经》的场有思想

中国哲学的智能是功能性的智能,而不是结构性的智能;是通情的智慧,而不是运格的智慧,这种智慧所表现的是道的理性,而不是逻各斯的理性,中国哲学是一个彰显道之德的传统,而不是一个突出逻各斯之德的传统。通情与运格、功能性与结构性、道之德与逻各斯之德——涵摄在这些关键性的对比中的也就是中西哲学分野的所在了。

作为中国哲学最具代表性的词语与理念,道乃是从人类最原始的经验——分别意识心萌生时的经验——引生出来的。人类最原始的经验是什么呢?就是走路说话的经验,一个自我活动作用的经验或体验。事实上,我们有理由相信,道的泰古原义指的可能就是走路说话的人,或是走路说话这个行为所能体验得到的一切。这个假定是相当合理的。走路说话乃是人在意识开始时所感受或体验得到的最原始、最核心的行为。人类的一切经验与认知正是通过这最原始的行为开显出来的。所以从哲学的观点来看，道的概念最具涵摄性的意义就是行为的开显。"行"是事物活动的进行或展开，"为"就是活动所产生的后果或发生的作用。有行必有为。行与为合言，中国哲学智慧的精髓也就隐伏在这里。

没有行为就没有开显。"道"就是行为的开显。这里"行为的开显"指的不仅是行为本身的开显，也包括自然世界与意义世界通过行为的开显。这就是为什么道虽然基本上是一个活动性、功能性的概念，却可以有那么广泛的含义。行为的开显是可以涵摄一切的啊！是的，如何通过道的活动性、功能性体验宇宙人生，这就是中国传统哲人的用心所在。

应该立刻指出的是，我们所谓"行为"指的乃是广义的行为，而不是狭义的、与思想或意识相对的行为。广义的行为包括一切物理的、生理的和心理层次的——一切有意识、无意识或超意识的——活动作用。走路说话是行为，感觉、记忆、想象、思维、禅定等都是行为。中国哲人就是通过这广义的行为体验存在，体验本体的。

有些学者以为由于中国语言中没有与西方语言中的 being 或 be——存在或存有义的"是"——相当的动词，所以中国哲学没有存在论，也不可能有存在论。这是很荒谬的说法。中国哲学当然有存在论，因为存在正是行为的开显，中国的存在论就是"道论"，"道"就是世界通过人的走路、说话和思想的开显。这个胜义的、原始的存在观念在西方哲学中一直晦暗不明，一直到现代的海德格尔才被郑重地、深刻地揭示出来；不过，从我们所定义的道论观点来看，海德格尔对存在即行为的开显这个核心理念的把握仍然是不足的、不够彻底的，抑或是颇有偏差的。严格地说，海德格尔的哲学中只有开显论，而没有行为论，或活动作用论。由于他自始至终囿于现象学的观点，把开显定义为相对于意识的意义的揭现或解蔽（unhiddenness, *aletheia*），他的哲学基本上还是一种意识哲学，而不是胜义的行为哲学。但离开行为就没有开显，意识只是行为中呈现的一种作用，并不等同于行为本身。在现象学是意识先于行为，在道的哲学、道的存在论里却是行为先于意识。

意识作用无疑是现象学的思想底线，因为对现象学来说没有什么可以超越意识的了。但现象学所体认的意识乃是一种"有格"的意识，一种建立在主客对立的存在格局上的意识——简而言之，就是以"对象化"为能事的意识作用。而现象学家的所谓"对象"并不是具体的实在，而是一个意义单位——一种概念性的、抽象的东西。譬如，我们看见一个苹果，在现象学语境里，对象指的不是那个被看到的具体的苹果，而是在意识心中依附概念性语言而起念、而开显的意义上的"苹果"。这个"意义的苹果"（the apple as meant）一方面把能见的意识主体和所见的具体实在分开，也同时把两者连接起来。这就是对象化存在论在现象学中的真义了。

显而易见，现象学在这个对象化存在格局的主宰下是不被允许、不能讲为东方哲人所乐道的纯粹体验或纯粹意识的。当然，胡塞尔的现象学里也有"纯意识"的名词和概念,但这仍然是对象化存在论格局下的纯意识,而非东方哲人所讲的——直观的、超越对象化的——纯粹意识或体验。东方哲人所讲的、所向往的乃是一个泯灭主客对立的、一通无碍的境界。对于这个一通无碍的理想境界的追求所表现的就是我们所谓的道的理性。这和西方哲人所服膺的、在对象化存在格局的主宰下所表现的逻各斯理性是有根本上的差别的。

通情是道之德,运格是逻各斯之德。从场有哲学的观点来讲,道的理性与逻各斯的理性所指向的、彰显的都是场有或行为宇宙的真实。相关的无碍谓之"通",相对的互限是谓"格";这两种德性分别代表场有或行为宇宙蕴与徼的一面,功能性(蕴)或结构性(徼)的一面。没有相关的无碍活动作用也就不能发挥它的功能,而没有相对的互限,一切事物也就没有结构性可言。场有是一个"蕴"的真实,也是一个"徼"的真实。我们是通过功能性之通与结构性之格来分别规定蕴与徼的含义的。

如是从场有哲学家的立场来看,中国哲学与西方哲学,在其主流传统的相对表现上,可说是各有所得的,但也是各有所偏的。中国哲人用心于行为宇宙蕴通的真实,所以中国哲学的智能基本上是功能性的,而不是结构性的。中国哲人对事物的分格与由事物的相对互限所展现的结构性并没有浓厚的兴趣。而后者正是西方哲人锲而不舍地追求的目标。此中西哲学的分野很明显地在形而上学中表现出来。形而上学乃是在存在论基础上寻求最大普遍性的学问。但普遍性是可以有功能性与结构性的区分的。

功能的普遍性在于通,在于道之德的拓扑系统性的内蕴与涵盖;结构的普遍性源于格,在于逻各斯之德的形式系统性的规限与超越。在道的存在论里,最大的普遍性就是行为宇宙的大通,亦即是活动作用一通无碍的境界;这和逻各斯的存在论以一个永恒结构的大宰为其普遍性之终极理念是很不一样的。

但功能与结构是无法分开的;两者乃是场有或蕴徽真实之两面,活动作用本质之两面。行为宇宙不仅是一个拓扑系统,也是一个形式系统。此两面的关联在哪里呢?行为宇宙的拓扑系统与形式系统在场有哲学之中是如何统一的呢?答案的关键就在事物的特殊性上:特殊性正是功能性与结构性之统一,拓扑系统与形式系统之统一。"拓扑"是希腊文 topos 的音译,原义是地方或所在地。在场有的形而上学里,"拓扑"指的是一物在宇宙统一场中所占有的地方或位置,这个地方或位置乃是由生发权能的蕴徽变化而决定的,故此词语亦兼指生发权能蕴徽变化的情状。一切事物或场有者都是行为的开显,都是活动作用蕴徽变化的产物或表现。从行为宇宙功能性的一面来看,所有具体事物都有其特殊的拓扑场域,都是其特殊的拓扑场域的变化中心。在这里普遍性与特殊性乃是相互内在的,因为作为一个活动作用的变化中心,特殊事物的特殊性乃是其所在的拓扑场域所决定的;而其所在的拓扑场域,借用宋明理学的术语来讲,只不过是行为宇宙或场有真实的"理一分殊"罢了。这是蕴的或功能义的理一分殊,普遍性与特殊性的相互内在正是蕴徽真实之所以为蕴的所在。但理一分殊也是可以从场有的徽的或结构性的一面来取义的。因为具体事物不仅是一个变化中心,也是一个具有某一程度稳定性和确定性的蕴徼真实,一个形式系统的实例。在这里,普遍性与特殊性——形式与实例——乃是相互外在的。这基本上是一个超越者与被超越者和规范者与被规范者之间的关系。所以我们称之为结构性或徼的理一分殊。中西方形而上学的主要差别与内在的理论关联就在拓扑系统与形式系统,或蕴的理一分殊与徼的理一分殊的对比上。

那么这两个系统的内在关联究竟在哪里呢?蕴的理一分殊与徼的理一分殊在场有的形而上学里是如何被统一起来的呢?这个问题就涉及存在论与本体论的关系了。在场有哲学的体系里,存在与本体这两个概念的界定是非常明确的。存在是行为的开显,活动作用的开显;本体则是存在的最后根源,活动作用的终极根据。存在与本体不是相互外在的;存在乃是本体的本事或分内事。"本事"者,本然之事也。行为的开显其实就是本体的自我开显。那么本体是什么呢?不是别的,就是行为自身,活动作用自身。我们所谓活动作用自身指的乃是一个终极的、无限的本根活动。本根就是自本自根的意思,亦即是老子《道德经》所谓的"自然"。存在乃本体的分内事,因为一切开显都是源于本根活动的。事实上,宇宙间的一切事物,最后分析起来,都是这本根活动的化身。化身者变化之身也,本根活动正是通过它的自我变化来开显它自己的。我是本根活动的一个变化之身,我当下看到的苹果也是此本根活动的一个变化之身。而看到这一个当下的认知活动又何尝不是它的一个变化之身。这本根活动是绝对无外的。

它是一个无限的自我变化与自我开显罢了。而我们的所谓宇宙就是这本根活动的变化与开显的统一之场。这个本根活动的统一场即是蕴徼真实的所在,也是一切活动作用和事物的无限背景。它既是一个功能性的理一分殊,也是一个结构性的理一分殊。一切事物既从此无限背景来,也回到此无限背景去。这就是生灭在场有哲学中的胜义。生就是无限背景里的呈现,灭就是向无限背景的回归。一生一灭之相续不已也就构成一个无限的生生之流。这就是场有的本事,本根活动统一场的事。《周易·系辞传》以生生来定义"易",指的不就是这个场有的本事吗?

是的。自从《系辞传》把生生这个关键的概念捻出来之后,这个词语也就几乎成为中国形而上学或宇宙论的代名词了。中国哲人不是惯常地以"生生不已"或"生生不息"来总括地说宇宙吗?在《系辞传》的思想体系里,易或生生与天地或乾坤的关系正是开显变化的场有本事与统一场的关系。天与地或乾与坤不是两个各自独立的实体而是宇宙统一场的两极。而为天地万物或一切活动作用终极根源的太极当然就是我们所谓的本根活动了。《系辞传》曰:"易有太极,是生两仪。"两仪就是天地或乾坤。《系辞传》作者所诠释的《周易》哲学,不是一种很明显的场有哲学吗?

中国哲人最喜欢用体用这个概念来解释和统一哲学范畴。那么用体用的语言来讲,场有哲学究竟是哪一种形态的哲学呢?它是有体的呢?还是无体的呢?体与用在场有哲学之中究竟是怎样的关系呢?根据不同的体用定义这些问题可以有不同的答案。假如体指的是一种非活动作用的"实体"的话,那么场有哲学是"无体"的。我们以场有哲学为一种非实体主义的哲学，其最基本的含义就是建筑在对非活动作用实体概念的否定上。体是用的根据或凭借，也就当然是无体可言的了。

不过本根行为虽然没外在之体，却有内在之体可言。这个内在之体是什么呢？不是别的，就是宇宙的统一场，本根活动开显变化的内在依据或凭借就好像人的身体是人的活动作用的内在依据或凭借一样。这个以统一场为义的内在之体，我们称之为"场体"。这就是场有哲学本体一词的含义了。场有哲学不是实体主义，而是"场体主义"。场有哲学以场为体，可说是顺理成章的。

如是统一场是体，开显变化是用。而离用无体，离体无用，这不就是传统中国哲学体用相即的意思吗？但是体用相即是如何可能的呢？在场有哲学的体用论里，体与用是如何连贯起来的呢？体用的的连贯就是统一场与开显变化的连贯。这个问题的答案就在本根活动的蕴徼本能里。这里本能指的是本根活动的本然之能。这个本然之能，最后分析起来，只是一个功能结构力量的发挥，亦即是一个蕴徼性理的开显。这个蕴徼本能或性理，就其功能性之相关来讲就是"蕴"，就其结构性之相对而言就是"徼"。在场有哲学的体系里，蕴徼是性的定义，也是理的定义。性是蕴徼之宜，开显为功能结构的向度；理是蕴徼之权，开显为功能结构的确定。如是蕴徼本能者，本根活动自我权宜之本能也。故就本根活动而言，统一场是本体，开显变化是本事，蕴徼权宜是本能。场有形而上学的真谛也就被包括在里面了。

这个场有形而上学的真谛可以用一些符号的组合清楚地表

达出来,如下:Q.Q = Q.Q。在这个我们称为"场方程"的公式里,Q 代表统一场或本根活动[Q 是英语 quintessential(本根性)的第一个字母],Q 代表统一场或本根活动的场体。这个方程的左边 Q.Q 我们称之为左式,代表本根活动的内蕴。场方程的右边或右式 Q.Q 则代表本根活动的外徼。场方程以左式等同右式是什么意思呢?简单地讲就是内蕴与外徼的相即。内蕴与外徼是相互定义的;它们乃是本根活动相即不离的两面。有内蕴则必有外徼,有外徼则必有内蕴。这内蕴与外徼相即不离的真谛就涵摄在场方程中我们称为"超切符"的一点(.)里。为什么称为"超切符"呢?因为内蕴与外徼相即不离正是场有哲学里超切的定义啊!

由超切符点示的左右两式的哲学涵义都是非常丰富的。内蕴 Q.Q 一方面指本根活动的自我作用,也兼指蕴摄在此自我作用中的"蕴徼本能",即开显变化所凭借的生发力量。故本根活动的内蕴乃是一切功能的起点,可说是功能中之功能。一切物质的、心灵的或信息的性理都在内蕴的本能之中,当然也是精神修养、禅定功夫的源泉。《中庸》曰:"诚为万物之本,不诚无物。"这句话正是内蕴最佳的写照!《中庸》所谓的"诚"指的正是内蕴的、自我作用(Q.Q)的本根活动。诚者,自诚也。不是讲得很明白吗?

那么外徼,场方程的右式(Q.Q),又有什么重要的含义呢?徼乃是相对于内蕴而取义的。内蕴是本根活动的自诚或自我作用,蕴徼本能的发挥。外徼就是这个自我作用所产生的成果或效应,右式中的 Q。这是一什么样的效应或成果呢? Q 究竟代表什么呢? 不是别的,就是我们上面所谓的场体,由蕴徼本能的拓扑运动所结构而成的开显变化之身,也就是一般所谓的宇宙和哲学义的天地了。所谓"诚于中则形于外"(《中庸》),这句话是有其存在论或本体论的含义的。《道德经》曰:"道生一,一生二,二生三,三生万物。万物负阴而抱阳,冲气以为和。"(第四十二章)用场有宇宙论的语言来解释,道生一就是内蕴,一生二就是外徼。所生之二当然就是天地或乾坤了。那么二生三呢? 所生的三指的是什么呢?

我们的看法是,"三"指的是由蕴徼本能或生发权能的拓扑暧昧所开显的原始或本根混沌。宇宙间的一切事物都是由此原始混沌生发出来的,所以说是"三生万物"。这里所谓"拓扑暧昧"可以从三个方面来讲。一是蕴徼的暧昧,内蕴外徼的暧昧,即功能与结构的暧昧和相关性与相对性的暧昧。二是纯能与业能的暧昧。三是德、相、用的暧昧。此三种暧昧都是内在于本根活动的,为其蕴徼本能所本具,所以称之为"原始混沌"。我们称之为"原始",不仅是因为此混沌乃本根活动所本具,也同时因为它乃是吾人一切体验或经验,一切心理或精神作用的源泉。存在正是本体或本根活动通过场体的原始混沌的自我开显啊!

在道的哲学语言里,场体就是道体,内在于道的开显变化之身。相当于由道之一(道之内蕴)所开显的二和三。这个宋明儒学之后相当普遍的术语,其实是可以有非常明确的定义的。《道德经》对道体或场体的原始混沌有这么一段精彩的描述:

道之为物,惟恍惟惚。惚兮恍兮,其中有象;恍兮惚兮,其中有物。窈兮冥兮,其中有精。其精甚真,其中有信。自古及今,其名不去,以阅众甫。吾何以知众甫之状哉?以此。(《道德经》第二十一章)

原始混沌是没有特殊形貌的,所以说是惟恍惟惚。恍惚就是没有形貌的意思。不过虽然没有形貌,却是有象或有相可言。所以《道德经》(第十四章)以恍惚为"无状之状,无物之象"。但既然是无物之象,为什么又说它是其中有物呢?这里指的不是一般的所谓物,有特殊形貌或特殊形相可言之物,而是"窈兮冥兮,其中有精"中之精。"精"字应作"情"解,古字"精""情"相通。《庄子·德充符篇》中"夫道有情有信,无为无形,可传而不可受,可得而不可见"一语乃是《道德经》此章的翻版。此语中之"情"也就是"其中有精"中之精。那么这个情字究竟何所指呢?用场有哲学的术语来讲,"情"就是本根活动在原始混沌中开显变化的情状,亦即是生发权能或道的内蕴外徽的本能自我发挥所呈现的状态。但这生发权能或蕴徽本能不正是宇宙和一切事物的精华所在吗?如是精作情解不仅说得通,抑或是一个天衣无缝的巧合啊!

是的,《道德经》哲学语言不仅是毫不含糊的,抑或可说是井然有序、清楚得很的。它明白地告诉我们,这个在原始混沌中开显的道是一个无形无状,却又是有情有信的真实。有信就是不假,可以被体验的意思。用场有的术语来讲,道或道体乃是一个无相的实有。无相实有并不是绝对的无相,而只是没有分别相或特殊相。这个无相实有的理念乃东方哲学的一个最明显的共通点，也同时是东方哲学的精华所在。在道的大传统里这个理念乃是由老子在《道德经》里首先明确地提出来的。无相实有的相就是原始混沌；在上面的引文里就是包含一与二在内的三。这个有情有信的道体是一个可被体验或验证的真实，抑或是真实中的真实，却也是一个不可言诠的真实。所谓"道可道，非常道；名可名，非常名"，指的正是这个原始混沌，这个"惚兮恍兮"和"窈兮冥兮"的道体。在古人的意识里，名与实是不可分开的，这两个字是可以互换的。"名可名，非常名"这句话中第一和最后的两个名字都应该作真实解。这句话的意思是，可以找到与其真实性（名）相当的真实（名可名），就不是恒常的真实（非常名）了。为什么呢？此乃由于一般的名指向的都是有分别相的真实，而常道却是一个无分别相的真实。那为什么称之为道或常道呢？这不是自相矛盾吗？不是的。称之为道并不代表道之名相当于那个无相的真实，而只不过是勉强给它一个名字罢了。"吾不知其名，字之曰道，强为之名曰大。"这不是说得很清楚吗？

不过既然字之曰"道"，那么道就代表那个无相的真实了。所以名与字对《道德经》来说是有分别的。名是相当于实的，字却只是象征性或代表性的。所以"自今及古，其名不去"中之名必须作真实解。其名不去就是其实不去；不去的当然就是自今及古、恒常地存在的常道或常名了。而正因为道是唯一的恒常的真实，所以它才能成为"以阅众甫"的甫。"甫"就是父，在这里乃是始的意思。阅者，出也。宇宙间的一切事物莫不各有其始或根源（甫或父),而常道则是众甫之甫,一切根源之根源(以阅众甫)。这个无名之名(真实)的常道或常名乃是"天地之始"啊!现在,让我们把《道德经》那千古传颂的第一章重温一次吧:"道可道,非常道。名可名,非常名。无,名天地之始。有,名万物之母。故常无,欲以观其妙。常有,欲以观其徼。此两者同出而异名,同谓之玄。玄之又玄,众妙之门。"

首先,"始"与"母"是不同义的,是有分别的。"始"是相对于天地而言的常道,而"母"则是相对于万物而言的常道。在道的存在论里,无与有的对比并不是存在与不存在的对比。中国的形而上学根本没有西方形而上学所谓的存在的问题。常道乃是一个恒常的存在。无与有乃是常道不可分割的两面,当然也是恒常的了。那么为什么以"无"来名天地之始呢?天地之始是什么呢?根据上文的说法,天地就是"一生二"一语中所指之"二"。那么天地之始,指的当然是此语中之"一"了。我们现在要问的是,《道德经》为什么以"无"来诠释这个"一"呢?

这个问题,从场有哲学的观点来看,是可以有一个相当明确的答案的。以无来释一,因为一所代表的乃是常道或本根活动之内蕴,本根活动之在其自己,乃是原始混沌中最纯正的境界——一个无碍无断的纯能境界。无碍是就这纯能境界的功能性来讲,无断则是就纯能境界的结构性来讲。在纯能境界中的常道乃是完全地通畅无碍的,也是绝对无断的;而无碍无断正是《道德经》中指向常道之一的无的哲学胜义。如是无即一,一即无;无者,一之所以为一之无上德性也。这个内蕴的、即一即无的纯净境界乃是一个最奥妙、美妙的境，所以说是"常无，欲以观其妙"。常无，即是从常道之无的一边来看、来体会的意思。不过即一即无的常道既然是无碍无断的，也就不可能用一般的、分别相的语言来形容它，因为分别相的语言乃是分解理性的语言，正是描述有碍有断的现象世界语言。

不过，无的纯能境界虽然不可通过分解理性来了解，并不表示我们对它无法体验或体会；而不能用分别相的语言来诠释并不等于完全的不可说。由于常道的一或无乃是绝对地无碍无断的，所以它必然是一个超越主客对立的境界。我们对这样的境界只可以有直观的体会，而不可能有理性的、概念性的了解。而描述直观体会的语言也必然是隐喻的或直观的语言。《道德经》以水或玄牝来譬喻常道就是最明显的例子。即一即无的常道并不是一个静止的、枯槁的、寂灭的境界，而是一个像活水一般的、自由自在和无碍无断的生生之流，只有这样一个动态的、活活泼泼的真实才有资格成为一切活动作用的活理和终极根源。这个活理和终极根源就是《道德经》所肯定的上善或至高无上的德性。所谓"上善若水，水善利万物而不争"，讲的就是这个意思。

有些学者由于《道德经》追求"致虚极，守静笃"，就误以为它主张的乃是和佛家一般的静态的哲学。殊不知《道德经》所谓的虚极静笃指的乃是一种纯粹自然的、无私欲无造作的精神境界。《道德经》认为私欲造作乃是生命中一切争乱的根源。有私欲造作就必然有凝滞，亦即是有碍有断了。如是生生之流就不能像活水般的长流和自由自在。常道也就失去了它的上善，失去了常道之所以为常道的无上德性了。这难道也是一种静态的哲学吗？

但常道是不会失去它的上善的。失去上善是有私欲造作的人，而不是常道自身，即一即无的常道之在其自己。对《道德经》来说，无碍无断的常道不仅是一个理想境界，而且是一个"其精甚真，其中有信"的真实。常道乃是恒恒地保持它的上善的，因为常道之在其自己乃是一种纯能的活动作用，而无碍无断正是纯能的特质。用场有哲学的语言来讲，纯能乃是蕴徼本能内蕴的内容。蕴徼本能乃是本根活动开显变化的内在的、终极的根据，其本身乃是一个无限的、取之不穷、用之不尽的生发力量。这个无限的生发力量在哪里呢？它就在本根活动内蕴的纯能里。用《道德经》的语言来讲，它就在即一即无的常道里。这个无限的生发力量乃是"虚而不屈，动而愈出"（《道德经》第五章）的。"屈"者，尽也。内蕴于纯能的生发力之所以用之不尽，乃由于它的虚的特质。虚就是没有固定的结构性。宇宙间的一切事物莫不具有某种程度的结构固定性，所以都是实的，不是虚的。而纯能乃是无碍无断的，不可分割的，所以它只具有功能性，而无结构性。或者可以说，纯能的无固定结构就是它的结构。正因为它这个虚的特质才能蕴涵无限无尽、动而愈出的生发力量。这个常道纯能即一即无的涵虚特性，《道德经》第六章又以谷神的譬喻来描述它："谷神不死，是谓玄牝。玄牝之门，是谓天地根。绵绵若存，用之不勤。"

谷神就是生养之神，乃是常道的别名。"谷"在古语中与"浴"通，乃是生养的意思。即一即无、虚而不屈的常道纯能乃是一切开显变化的终极源泉,故《道德经》以谷神名之。这里神不是宗教意义的神,而是一个形而上学的神,指的正我们所谓的生发权能或常道开显变化的力量。这个虚而不屈、动而愈出的生发权能乃是一个恒常存在的真实,所以说是"谷神不死"。而由于它是宇宙间一切事物得以生养的母力,所以又称之为"玄牝"。那么"玄牝之门"指的是什么呢?它是怎样成为天地根的呢?为什么《道德经》不说玄牝是天地根,而说玄牝之门是天地根呢?

《道德经》形上思想的精妙就在这里了。首先,应该指出的是,此章中"玄牝之门,是谓天地根"这句话与第五章"天地之间,其犹橐龠乎?虚而不屈,动而愈出"一语是互相呼应的,而且是密切相关的。但玄牝之门相当于天地之橐龠,却并不等于后者。因为天地乃是常道统一场的两极,橐龠是属于统一场的,是统一场两极交感的作用;而作为天地根的玄牝之门却是超越统一场的,是统一场得以成立的根据。为了清楚地区分这两个不同层次却又密切相关的形上概念,我们称"玄牝之门"为生发权能的"超切门",而称天地之橐龠为生发权能的"两极门"。如是生发权能的形上胜义就在超切与两极二门的关系上。

现在回到上文所谓的拓扑性的暧昧这个极为重要的场有理念上了。"拓扑性"乃是本根活动生发权能得以发挥其蕴徼本能和开显变化力量的本质或内在凭借。这个本质或内在凭借在哪里呢?就在蕴徼本能的蕴徼德性里。在场有哲学的形上体系里,德与性是有分别的。德指的是蕴徼本能的禀赋,性则是此本能的禀赋内容之内在之理或规定。所谓拓扑性的暧昧就是蕴徼德性的暧昧，既是德或能的暧昧，也是性或理之暧昧。生发权能超切与两极二门的拓扑性之不同，就在蕴徼之德能与蕴徼之性理的区别上。

超切门的拓扑性乃是属于本根活动即一即无的纯能境界的。在这个即一即无的境界里的纯能是无外的。纯能乃是一个无限的、虚而不屈及动而愈出的生发权能。宇宙场有与一切事物，最后分析起来，乃是由此纯能的溢出产生出来的。但纯能的溢出并不等于纯能自身，而两者却又密切地关联着，此中就有一种拓扑性的暧昧在。这个无限的纯能自身及其溢出之间的暧昧就是纯能在德能方面的拓扑性的暧昧了。

但生发权能除了这德能上的暧昧之外，还有性理方面的暧昧。基本上就是我们在上面已经提过的内蕴与外徼的暧昧。而概括在这内蕴外徼暧昧里的乃是功能性与结构性、相关性与相对性、涵虚性与显实性的暧昧。把生发权能在德能方面的暧昧套在这些性理上的暧昧来看，我们对拓扑性的暧昧这个观念就可以有一个大致的了解了。

这个观念很重要，因为它把场有宇宙论的基本内容都涵摄在里面了。对场有哲学来说，宇宙只不过是本根活动生发权能开显变化的历程，用《道德经》语言来讲，亦即是"道生一，一生二，二生三，三生万物"的历程。而生发权能正是通过其拓扑性的重重暧昧而自我开显的。这个拓扑性的重重暧昧，从人和万物的观点来看，就是我们在上面所谓的原始混沌。这个观念乃是站在三的层次上来取义的。在生发权能开显变化的历程中，三是界于一与二和万物之间的分水岭。三之前是本体,亦即是即一即无的道向即二即天地之道的演变。三之后是现象世界,是万物从原始混沌的拓扑性的重重暧昧中脱茧而出的舞台。所以原始混沌不是限于三的层次上的混沌,而是涵摄了一与二在内的本体混沌。这个原始或本体混沌既是生养万物的母体,也是万物活动作用的无限背景。由本根活动的内蕴外徹所混成的统一场就是以此原始混沌为其基本内容的。《道德经》(第十四章)曰:"视之不见名曰夷,听之不闻名曰希,博之不得名曰微。此三者不可致诘,故混而为一。"

这"混而为一"的"一"也就是统一场由原始混沌所混成的相。有开显变化就有相;相就是开显变化所展现的情状。必须立刻指出的是,这里"相"乃是一个场有的观念,与西方哲学家所谓的"形式"(form)或"理型"(universal)是大有差别的。在场有的形而上学里,一切相都是本根活动生发权能所开显的相,所以是属于统一场的,不是属于个体事物的。由于开显变化有层次的不同,所以每一层次都有其独特的相。套用《道德经》"道生一,一生二,二生三,三生万物"的宇宙演化模式来讲,道生一有开显于生一之相,一生二有开显于生二之相,二生三有开显于生三之相,三生万物有开显于生万物之相,而万物亦莫不有其各自开显之相。一是内蕴外徹的开始,亦即是《道德经》所谓的无与有的开始。无是内蕴的内容,一个纯能无碍无断的活动作用和境界。那么外徹的内容是什么呢?当然就是那个与无相对的有了。所谓"常无,欲以观其妙;常有,欲以观其徼。此两者同出而异名,同谓之玄"。无与有、内蕴与外徼,不是两个互不相关的物事,而只是本根活动生发权能一体的两面,常道的两面,当然可说是"同出而异名"了。

现在我们可以看究竟与妙对应的"徼"是什么意思了。"徼"的本义为循,乃顺次巡行的意思,故从"彳"。顺次巡行乃是一种不断超越界限、不断迈向边际的行动,故由此引申有边际与界限的意思。又以徼音皎,从白(光景)放(放射)会意,作光景流解,乃白光四射之意。顺次巡行则足迹遍及四方如光景流之充塞整个空间。这个字真是用得太巧妙了。假如我们把这个字的所有含义来作一个通盘考察,我们就不得不承认,这正是纯能的溢出——《道德经》作者心目中所构思的"有"——的最佳写照!天下万物生于有,有生于无。无是无限的、虚而不屈、动而愈出的纯能自身,有是纯能的溢出,当然是有生于无了,而纯能的溢出,生发权能的开显,这就好比太阳初升,阳光从太阳自身向大地四方放射的光景流一样。这个徼的"光景流"也就是有的相,常道或本根活动或生发权能在纯能境界中开显的无边胜相。有生于无,无限的纯能开显为无边的胜相,这就是原始混沌亦妙亦徼的玄奥之处。妙无与徼有只不过是一体之两面,因此可以"同为之玄,玄之又玄,众妙之门"来描述。这个"众妙之门"何所指呢?当然就是生发权能内蕴外徼的拓扑暧昧之所在,亦即是《道德经》第六章所谓的为天地根的"玄牝之门"了。如是《道德经》第二十五章"有物混成,先天地生"而又"可以为天地母"之"道"也就不难了解了。这个"先天地生"的混成不就是为天地之始的本根活动的蕴徼作用吗?

说得准确一点,玄牝之门指的乃是内蕴与外徼之间的拓扑暧昧处,亦即是生发权能发用的关键所在。这个拓扑暧昧我们用"超切"一词来形容之,所以我们称玄牝之门为超切门。在场方程 Q.Q = Q.Q 表式里,超切门的含义是由左右式中的点来代表的,所以我们称这点为超切符。内蕴与外徼之间的拓扑暧昧就在场程序两边超切符的对等(连接左右式的等号)上。用《道德经》的语言来讲,内蕴是无,外徼是有。玄牝之门者,有无之间之拓扑暧昧也。

道存在论的精微义蕴也就概括在场方程的超切胜义里。存有是活动作用的开显,亦即是本根活动自蕴自徼的超切作用的开显变化。场方程所指谓的就是这个开显变化的本事。如上所述,本事者,道或本根活动的本然之事也。本然就是《道德经》所谓的自然。常道只有内在的根源,而没有外在的根源。其本身乃是一个自本自根、自然其然的活动作用。这个内在的根据就是即一即无的常道,一个无碍无断的纯能境界。这个无碍无断的纯能境界乃是通过原始混沌重重的拓扑暧昧而开显的。事实上,它乃是原始混沌里最洁净精致的一部分。我们所谓无相实有的胜义就在这里。

这个即一即无的常道或无相实有是没有分别的,因此是"不可道"、不可以用分解理性的语言来认识的。如前所言,我们只能用隐喻的、诗的语言来描述它。《道德经》以水和玄牝来比喻常道,就是最显著的例子。在老子的存在体验里原始混沌中的超切门或玄牝之门究竟何所似呢?它只是一个"绵绵若存,用之不勤"

的纯粹绵延罢了！

无碍无断的常道只是一个纯粹的绵延，这是何等简洁美妙的描述啊！纯粹绵延就是无相实有的无相之相。这个无相之相乃是一个"先天地生"的混成，一个合内蕴与外徼、妙无与徼有的混成。这是一个纵的混成，如光景流般的混成。"绵绵若存，用之不勤"的不正是"虚而不屈，动而愈出"的生发权能的纯能溢出吗？在纯能的涵虚与溢出之间的拓扑暧昧也就是作为天地根的玄牝之门的所在了。《道德经》对无相实有的描述颇有伯格森的 duree（纯粹持续）的意味。事实上，在某一义来说，伯格森的 duree 与《道德经》的常道的确有类似之处。不过《道德经》可是比伯格森早上两千多年啊！

天地万物根源于纯能的溢出，这就是"常有，欲以观其徼"的重要性。无（常道的内蕴）是天地之始，有（常道之外徼）是万物之母。而天地则是介乎妙无与徼有之间的境界。天与地两极的确立乃是常道之所以为统一场的开始。这里天与地指的乃是形而上学的天地，而不是宗教意味的天地，当然更不是物理的天地。在场有的宇宙论里，形而上学的天乃是一个由纯能与业能的交感所混成的权能境界。"天"就是溢出的纯能，"地"就是业能的凝聚。作为统一场的两极，天地都是从即一即无的纯能中分化出来的，所以说是"一生二"。在中国道的形而上学的大传统里，权能的观念乃是由气的概念来表达的。气就是生发于活动作用中的能。理与气对比，指的乃是活动作用中的决定性，故理气合言，刚好相当于场有哲学的权能观念。在先秦的哲学思想里，理是内在于气的，内在于能的。把理从能中抽离出来然后把它外在化，视之为超越于气的存在，乃是宋明理学的一大特色。从场有哲学的观点来讲，理与气都是属于统一场的，是无法分开的。权能或理气是超越于场中的个体事物，也是内在于场中的个体事物的，这个讲法比起宋明理学来要复杂得多了。

用先秦气论的语言来表达，天地两极的关系不正是阳气与阴气的关系吗？所谓"万物负阴而抱阳，冲气以为和"，讲的正是天地两极和阴阳二气的交感作用。天是溢出的纯能，就是《易》学家所谓的、由乾卦所代表的纯阳或纯刚之气。很多学者都不了解，《道德经》即一即无的常道观念与《易》学中的纯阳观念是相通的。纯阳或纯刚之气正是无碍无断的纯能啊！

天是溢出的纯能，地是业能的凝聚。什么叫作业能呢？这里"业"乃是业积之省。业就是蕴微本事的事业。一切活动作用都是有成果或效果可言的。不管是多微细的活动，它在统一场中必产生某一程度的影响，造成某一形态的差别。这些由某一活动所生发的成果或效果、影响或差别，就是此一活动的"业"。业积者，业之积聚也。这乃是一个纯粹形而上学的概念，不是印度宗教和哲学里所谓的、以道德果报为义的"业"（karma）。场有形而上学所谓的业或业积乃是紧靠活动作用的蕴微本能或生发权能而取义的。生发权能正是一个蕴微地、本然地产生业积的本能。在道的形而上学里，有没有与场有业积的概念相当的名词呢？有的，就是与形而上学的"天"相对的形而上学的"地"，在《易》里以坤卦来代表的"地"。用场有哲学的语言来讲，天与地或乾与坤的关系就是纯能与业能的关系。在《易》学的大传统里,"旋乾转坤"与"天地交感"这句话已经可以视为《易》宇宙论的代名词。"旋乾转坤"就是在天地交感下乾能(纯能)与坤能(业能)的相互运作,也就是我们所谓的两极门的生发作用。可说《道德经》"天地之间,其犹橐籥乎?虚而不屈,动而愈出"一语就是从《易》演绎而来的。天地交感就是阴阳二气的交感,正是《易》所谓的"旋转乾坤与天地交感"之意。

所谓《易》学的大传统,从场有哲学的观点来看,基本上就是以《易传》(主要是《系辞传》)的思想为根源发展出来的哲学传统。而《系辞传》里的思想,就其宇宙论的思想方面来说,在《道德经》里也可见。现在我们可以看得很清楚了,在《系辞传》"易有太极,是生两仪"一语里,太极与两仪(天地或乾坤)的关系也就是《道德经》里一与二的关系,亦即是我们所谓的超切门(玄牝之门)与两极门(天地之间)的关系,讲的都是道的原始混沌所开显的境界。超切的混沌与两极的混沌是不一样的。超切的混沌乃是一个纵的混沌,乃是在内蕴与外徼和无相实有及其溢出之拓扑暧昧中开显之道;而两极的混沌则是一个横的混沌,由天地交感和阴阳二气的和合的拓扑暧昧所开显的道。超切门或玄牝之门的拓扑暧昧是道生一。两极门或天地之间的拓扑暧昧是一生二。而由超切门与两极门的双重拓扑暧昧所混成的原始混沌,也就是二生三、三生万物的三了。这个统合一与二、超切门与两极门的拓扑暧昧而取义的原始混沌就是统一场的场体,道或本根活动和生发权能的开显变化之身。

那么三是如何生万物的呢？万物是如何从这场体的原始混沌中产生出来的呢？《道德经》的答案当然就在"万物负阴而抱阳，冲气以为和"这句话里面。自《道德经》以后，天地交感，阴阳和合，万物化生的思想和语言已经是中国宇宙论的老生常谈了。事实上，发萌于《易》的整个《易传》几乎可以视为《道德经》第四十二章首段（即论道从一至万物的演化这一段）的源头。根据道的演化论，万物的化生乃是一个"冲气以为和"的过程。冲气就是气的激荡，阴阳二气的相互激荡，指的乃是原始混沌中天地交感的情状。和乃是天地交感、二气通情的结果。没有通就不会有和。和是万物得以化生的必要条件，而通情却是和的必要条件。所以没有通情，就不会有万物了。

用场有哲学的语言来说，二气激荡指的乃是纯能与业能的相互作用。天地交感的过程基本上乃是纯能通过业能的分化而为当下个体能的过程，当下个体乃是一个当下的创造性的力量。这个创造性的力量的本源在天，源自纯能的溢出。但纯能本身是不可分的，没有个体性的；溢出的纯能，《道德经》的徼有，仍然是一个没分化的状态。一切分化的因素来自业能所在的地方，来自生发权能的业积，来自过去的、客体化了的活动作用的成果。蕴藏在地的业能里的乃是自无始以来积聚在统一场中的一切不朽的成分，包括了生发权能开显过的无限的分别相与无限的惯性或积习。这些不朽因素我们统称之为"业"。业能就是凝聚在业中的惯性的或生发传统的力量。纯能之分化乃是由于受到业能的扭曲或徼折。我们又回到《道德经》里徼字的胜义了。徼有边界义，转为动词就可作分别或分割解。纯能为业能分割就好比边界把一块相连的土地分割开来一样。而每一片分割开来的土地也可称之为徼。如是溢出的纯能是徼，溢出的纯能为业能扭折分割是徼，分割后生起的当下个体能也是徼。这不正是《道德经》所构想的从无到有的生化过程吗？常有，欲以观其徼。这个徼字实在用得太妙了。

那么天地交感的生化过程，从个体事物的立场来看，究竟是在什么时候开始的呢？二气的通情乃是从纯能与业能开始接触那一刻开始的。这命运的一刻乃是万物从原始混沌中脱颖而出的生发之机。我们称之为"命运的一刻"，因为纯能分化的开始亦即是个体存在与个体性的开始。在天地交感、二气通情的刹那当下个体能分别从天的纯能与地的业能里得到它的原始禀赋，这就是后来道家和易学所谓的"元气"了。虽然《道德经》没有对分化的过程、"三生万物"的过程做过详细的交代，但元气的概念是明显地涵摄在德的概念之中的。"德"者，得也。德是从道来的，乃是从道的分化过程中得到的原始德性，这个原始德性在人以外的万物中是自然地保存着的，但在人的世界里，这个原始的德性却在人的有为或聪明造作的影响下遭受到扭曲。人于是失去了他的禀于道的本性，他的"无名之朴"。因为经过扭曲之后，这个原始的德性也就失去了它在本真状态中的蕴徼本能，亦即是失去了它的本然或自然之性了。这个"失德"的过程，《道德经》是这样交代的："故失道而后德，失德而后仁，失仁而后义，失义而后礼。夫礼者，忠信之薄，而乱之首。前识者，道之华，而愚之始。"(《道德

经》第三十八章)

　　这章里的"仁"并不是仁爱之仁,而是人为之性的同义语。说得明确一点,仁就是在人为的意义世界中开显发用的、已被人的聪明造作扭曲了的德或原始德性。换句话说,人的意义世界并不是由原始混沌中的蕴微本能自然地发展出来的,而是禀于天地的人的纯真本性的扭曲。这就是道家和儒家在人性问题上的基本差异了,不过,这个人性论上的基本差异却是建筑在一个共同的存在论的思想格局上的,即:道家和儒家都是在原始混沌和意义世界的关系上来立论的,来看人性问题的。事实上,我们认为,中国传统哲学的特征,正表现在原始混沌和意义世界的关系上,从中国哲学的立场来说,这个关系不是对等的,它是一个纵的、本末的关系,而不是一个横的、对立的关系,意义世界出于原始混沌,原始混沌却不可化约为意义世界。原始混沌乃是一个可以直观地体验得到的真实,却不是一个可以为概念化的意识心把握的真实。概念化的原始混沌已经不是原始混沌了。

　　在理论的层次来讲,原始混沌与意义世界的关系也就是气论与人性论的关系。而天、地、人的三极理念则代表这个关系的统一,气论与人性论的统一。气论的语言其实就是中国哲人对原始混沌基本体验的记录,而中国哲学中的人性论所探讨的并不只是人性的问题,而是通过人性问题而展开的意义世界。在天、地、人的三极理念中,天、地代表原始混沌的两极,而人则代表以人为中心而开显的意义世界,这个中国传统哲学的思想格局是自成体系的,它有它独特的风格和适合于它的独特语言,不是可以随便套在一些西方哲学的概念系统里来探究的。由于受到西方哲学的影响，很多近代的中国学者都有偏重人性论而轻视气论的倾向。殊不知，这个寡头的人性论是无根的，是不符合中国传统的哲学精神的。事实上，它是传统哲学精神的扭曲。

在西方的主流哲学里，原始混沌是没有地位的，因为它乃是无法为概念思维所把握的真实。而对西方哲人来说，不能为概念思维所把握的真实也就不是可以言说的真实了。这当然是一种偏见。这个偏见一方面高估了概念思维价值，另一方面则低估了非概念性的语言作用。西方哲学的智慧基本是运格的智慧，在相对的互限上用心的智慧。概念的思维，最后分析起来，其实就是分类的思维。所谓概念不过是人用来作经验分类的工具罢了。而相对的互限不正是一切分类的基础吗？

中国哲学的语言不是运格的语言、分类的语言，而是通情的语言，在相关的无碍上运作的语言。假如我们在中国哲学的立场上重新定义概念的话，那么通情性的概念与运格性的概念是有别的。为通情的概念所涵摄的不是一个逻辑的类，而是一个拓扑性的和合，一个通情的和合。而一个通情的思想系统必然是一个功能性的系统，而非结构性的系统。在这里，理性的意义也有所改变。理性的探索与价值不在逻辑架构的完成，而在裁化艺术的贞定。理性的分析不是个结构分类的问题，而是一个功能角色的配合问题。通情的理性所重的不是事物的结构原理，而是它们的通情脉络。所谓"通情达理"，理就是通情脉络啊！脉络本是中国医学的名词。从中医的角度来看，整个宇宙和人的身体都是一个生命体,一个通情的生命系统。人体的奇经八脉,正是五脏六腑的通情脉络。

是的。假如中国传统哲学的精神可以用一两个字来概括的话,那么就没有比通或通情更合适的了。很多学者会拈出和或和谐的观念来代表,殊不知和或和谐的观念正是建筑在通情的基础上的。子曰:"君子和而不同。"何以孔子认为君子之不同仍然可以有和呢?因为君子的结合乃是一个通情的结合。孔子又曰:"礼之用,和为贵。先王之道,斯为美。"和为贵就是通情为贵,不能发挥通情作用的礼,包括文明社会的一切礼仪和典章制度,必然是僵固的、没有生命力的礼或典章制度。这绝对不是孔子所崇尚的、作为他心目中文明理想的先王之道。究竟孔子所崇尚的周文或文明社会的礼仪和典章制度是否真能发挥人与人之间的通情作用,乃是另外一个问题。但若单从理想的层次来看儒家的哲学精神,其终极关怀与道家其实是并无二致的。两家所共同向往的终极境界乃是一个通情的极致的境界。这也同时是儒道两家真、善、美三大德的定义。通情的极致是至善的、至美的,也是至真的。这个至真、至善和至美的境界就是《系辞传》所讲的太和。"太和"者,和谐的极致也。和谐的极致就是通情的极致。用《道德经》的语言来讲,通情的极致当然就是那玄妙的无了。即一即无的道、常道或自然,正是道家真善美的所在。

庄子曰:"道通为一。"(《齐物论》)《庄子》中关于一的论述,几乎可说是俯拾皆是,如"皆原于一"(《齐物论》)、"太初有无,无有无名,一之所起,有一而未形"(《天地》)、"万物为一"(《德充符》)、

"将磅礴万物以为一"(《逍遥游》)、"我守其一"(《在宥》)、"通于一而万事毕"(《天地》)、"故圣人贵一"(《知北游》)等等,这些有关一的论述明显地传承自《道德经》中一的思想。"一之所起,有一而未形"和"皆源于一"中之一,也就是《道德经》"道生一"所指的一,但"一之所起"是"无有无名"的,故一就是无。《庄子》和《道德经》所关注的常道或终极真实乃是一个即一即无的纯能境界。一既指这个常道或终极真实,也同时指这个常道之所以为常道之无上德性。这个无上德性在哪里呢？不在别的,就在这纯能境界之通畅无碍处。换句话说,"道通为一"这句话乃是一个分析命题。通就是一,一就是通；一是以通来取义的。显然的,这个一不是一个结构性的概念,而是一个功能性的概念。一条道路若闭塞不通,也就失去了它作为道路的功能,也就不成其为道路了。故通乃是内在于道的德性,道之所以为道的德性。因为道家的道论基本上从功能性出发,所以离开即一即无的一,也就没有道了。

　　道家和中国哲人的这种功能性的思维方式与西方哲者偏重于结构性的进路是有很大差别的。这个重大的差别很明显地表现在一与多的问题上。对中国哲人来说,一并不是多的否定；刚好相反,它乃是多的完成。因为多之通情就是一,一正在多之通情处。当然,在即一即无的终极境界里,一与多的分别已经泯灭了。这就是场有哲学所谓的无相实有。那么即一即无的无相实有究竟是怎样的境界或真实呢？我们已经说过了：无相实有并不是绝对的无相,而只是没有分别相罢了。对于这个无相之相我们可以作这样的描述：它乃是一个无限绵延、曲而不折的活动作用。这个无相之相的玄妙、美妙之处就在"曲而不折"这四个字的含义里。曲而不折乃是无限绵延的必要条件;有所折也就不能无限绵延了。常道之所以能为天地之始,正在它这个曲而不折的无上德性和力量上。借用《中庸》描述至诚和《系辞传》论易道的话来讲,常道是"曲而有成"(《中庸》)的,是"曲成万物而不遗"(《系辞传》)的。事实上,《中庸》所讲的至诚和《系辞传》所讲的易道都是承接着《道德经》常道的思想脉络发展出来的,都是无相实有的别名。

而一个无限地曲而不折的活动作用也必然是一个内在地无限畅通的纯能作用。因为有断折就有不通。无限地曲而不折的常道所开显的也必然是一个通情极致的境界。如是曲而不折、通情极致也就概括了一的胜义。对中国哲人来说,终极的真实在此,终极的理想也在此。这就是《庄子》"圣人贵一"的意思了。《道德经》曰:"天得一以清,地得一以宁,神得一以灵;谷得一以盈,万物得一以生,侯王得一以为天下贞。"(第三十九章)这句话已经把天、地、人三极与一的关系发挥得淋漓尽致了。从此以后,传统中国哲学的基本思想格局也就确立了。曲而不折、通情极致的无相实有也就成为中国哲学的代表了。

(2002年8月13日西安交通大学"第六届场有与非实体国际研讨会"会议论文,原文的大题目是《通情与运格:道的理性与逻各斯的理性——中西哲学的分野》,此文是原定研究计划的第一章)

第十二章 "流动无碍"为卓越典范之理想

——道家宇宙观及其实用含义中"通"的中心性

道通为一。

——《庄子·齐物论》

通天下一气耳。

——《庄子·知北游》

前 言

请省思以下词句：

（1）气韵生动；

（2）不通则痛。

气韵生动常用于赞赏艺术作品，尤以中国文人画为然，为中国美学之惯用语。不通则痛则被针灸、指压等研习者或业者普遍视为不言而喻的圭臬，于传统中国医学同样是众所周知的。这两词句却用于两个大不相同的范畴或学科、两个毫不相干的独立论述范畴，初看起来，似无共通之处。确然，美学与医学，如有共通之处的话，可以有怎样的关联呢？两者可以有什么共通的地方？

在深受道家影响而形成其一般的哲学观点的中国文化背景下，上述问题的答案，尤其是在本体论、宇宙论的假设上来看，实在是显而易见的。美学与医学均有相同的世界观，支持同样的卓越典范，并追求同一的"道学问"（道的学问）的目的——生命应作为人所追求或应该追求的流动无碍的生生之德，一个圆融无碍的通透境界，从而达到精神上的和谐至善的最高成就。当人达致这完整无间、逍遥自在的升华至境时，道学问者认为人的神灵将会与道合一。道就是永恒及无处不在的权能，既超越万物亦运作于这个品类繁多的宇宙万物之中。

基于此，从道家的观点来看，美学与医学——事实上包括其他一切人类的企图或研究，在其思想及实践上来说并无真正的分歧，两者均由一共有的源头所联系，即无处不在的"权能"之"道"。"道"把它们捆缚在一个活动及论述的同一宇宙——"道的世界"。这里"道"一词并非单指一般通义的"权能"，亦指在人类理解的某特定观点中，作为被显示及诠释的各种范畴分野或依据的"权能"。就这"权能观点"来看，"道"的标准英语译词"the way"实在极为不足。因为这英语译词的静止隐义实在难以足够地表达"道"在中国——道家宇宙观中被肯定的终极实在（ultimate reality），具有创生化育的活能或元气及永恒不息的运动能力的权能实在。这动态的实在观念其所涉及的一系列意义，也就是道传统哲学家或思想家所常以形上词语来概括的"生生之德"。我们看来，这个"生"或"生生"的取向毫无疑问地处于各式"道学问"（dao-learning）的核心。在它的知识性方面或作为由基本洞识、承担及预设所形成的观念系统可以视为中国意义的"哲学"。"生"，作为动词，指生长、升起、跃现、产生、生产、生育；而作为名词，则指生命或存活的或生存的物体。将"生"字重复成为"生生"一复词是想强调这由创化活动和活力的不息运动所开显的生生巨流。这个生生之流的"时间化"也就是形成宇宙秩序所本的创化权能或生生力量的动态连续体。《易经·大传》在传统上被尊为儒家经典之首，其内容明显地具有先秦思想的痕迹。它所提出并根源地话题化的"生"或"生生"这影响深远的观念一直是贯穿及联系所有中国恒久哲学智慧的主要脉络及唯一的主线。以"生"或"生生"为取向或主旨的道传统（dao-tradition）乃是一个"实践宇宙学"或"实践形而上学"的传统。其对宇宙及事物的一切观点及理解均衍生自或建基于人类生命的立场或观点。而主宰着西方的、以臆度或纯理性思辨为导向的"实体形而上学"传统把生生等同"变化"（change）但视变化仅为形态的更迭；而形态的更迭则又被神秘地建基于一个固定不变的"底层"或"托体"（underlying substratum）上。相对于此观点，《易经·大传》明确地提出"生生之谓易"的观念。《易经》便是以此词及其观念命名的。问题是，严格来说，一般所指的"变化"，并非《大传》作者之意，更不是传统西方形而上学所主张的"实体变化"（substantial change）的神秘理论。顺道一提，这主张在逻辑上是不可能的。从道家宇宙观的角度来看，我们一般或惯常所谓"变化"的想法并非不真实；但它们只是衍生下的"真实"，为具有创化功能的全在权能所开显的现象。换言之，既然易与生生之德有共同的指涉，这两个词语实际上是几乎可互换的。

鉴于以上的说法,除非附有相当多的背景资料,将"道"英译为"the way"(方法、途径)明显地不但是不充分和不足够的,抑或也是误导的。若为了概念的简洁而采用这一贯译法,我们便要紧记英译"the way"指的是权能之道,即生生宇宙的"自在的特有性"(abiding ownness)赖以展示于人或为人所理解的权能之道。如此,在我们了解道的实在时,我们已是强调其经验性、诠释性及语言性各层面。"道"/"the way"现在代表的已不仅是一般的权能而是权能的"真相"。它不应被视为是一个永久固定体,而是一个过程,一个有光耀性、开显性或启示性的过程,与人类生命不可分割的过程,一个牵涉经验、思想与语言相互穿透的过程。依照这说法,"道"(the way)正界定了哲学在道传统的意义和目的。诚然,一切实践、锻炼或行为模式,或维特根斯坦所称的"生命形式",明确地或不明确地追求或追随着"道",均可称为"道学问";而哲学性的道学问则是确切地关乎具超越有限的光耀性及自省性的透明度上(所开显)的道。这是一个有意识或自我意识的状态。人只有达致道行最高的层次才可拥有这状态。在这状态下,自我是完全改变了;世界是理想地化为己有;而对道的追求已在才智上、灵性上推之至尽。如此理解的话,道传统的哲学智慧是恒在的"真质事情"(quintessential affair);研究哲学的道学问者或道学问思想家所寻找的不仅是一般的"实在";而且更正确地说是"真质性"实在,亦即作为善的本体基础的真实或实在。道的宇宙观将实在等同权能,但"善"(the good)呢?在道哲学的范畴里,"善"与"实在"是如何关联的呢?

为了带出在现代背景下中国道学问世界观的显著特点,我们尝试在下文中运用当代"过程哲学"(process philosophy)及"场有思想"(Field-Being thought)的用语作为言说剖释的框架。我们相信道的进路(道的处理方式 dao-approach)与此(思想模式)有极其相似的地方。因此,亦为了方便说明,我们立即开门见山地提出我们主要论据的重点。有关道的哲学如何回答上面的问题,我们现在提纲挈领地将之简释如下。

(1)从形而上的意义来说,善是构成实在的一部分,它是内在于实在的本性中而为达致其完满成就的潜能。较准确地说,善是一个"生化"(becoming)过程的优越表现。在这个过程中,"权能活动"(empowered activity)或创化能量所构成的"力-事件"(force-event)因而界定了及成就了它自身。这权能活动在处理其"创化活能"时所表现的素质便决定了它的自身素质,而这生化的内在变化就是"裁化为己有的内在动力"(the inner dynamics of appropriation)。简言之,运作中的权能的生化或自我界定结果与其创生能力是否优越是分不开的。这就是道宇宙观的真质意义。

(2)在道传统中,至高成就是精神追求超越有限的一项工作,是于组成人的生命模式的无数创化活能量子(活能单位)中通过内省而成的高级"存有本慧"(ontic intelligence)。这精神或超越有限的主体希望达臻的乃是一个圆融至善的境界,于其中这生命模式得以在世俗生存状况中创出最大价值。无论生存状况如何,当人的主宰精神能将他自己及世界化为流通无碍的生生活能时,它便创出最大价值。在流通无碍的圆融至善境界里,精神是处于"通"的状况,所有在自我与非自我、自我与世界间的障碍或阻塞若非被除去便是被彻底改造。故此,这生命及精神享有无间的完整及彻底的逍遥,遂必与"道"合而为一。我们称这精神或超越有限的主体为"宇宙性的存有者"(cosmic beings)。

(3) 在这样的理念下,"宇宙性的存有者"就是达善的人。他们就是道家思想中善的真谛和理想。庄子的圣人、至人、真人,道教的众仙都是其典型。毋庸多说,要达臻此至境是一艰巨的承担。这是一个需要终生全心全意地对精神锻炼、修养和转化上作出承担和委身的过程。与道合一,"精神"(the spirit)必须妙用其所赋有的权能,正确地专注于其创生精力,将它培育、导引和升华。这就是"裁化为己有"(appropriation)的重要技巧,"处理权能"(power management)的技巧。要能够导引这影响人或非人生命模式的持久性格的每一能量量子,精神必须经历这"化为己有"的过程。"化为己有"的英语词源意义是将一东西变为自己所有。在精神的生命里,被化为己有的并非他物,而是精神自身;是将精神自己所期望成为的化为己有。换言之,在存在及精神上来说,化为己有意即"将自我裁化为己有"(self-appropriation)。但将自我裁化为己有必涉及将世界及所有他物裁化为己有。这意味着必须创意地改变或消除人类及文明社会主观地筑建起来的所有范围分界。道家视这范围分界为不必要和耗费的区分,是盲目而执迷不悟的"自我"刻意地或无意地所作的干预。而这消除行动正是通的状态所需的。在这全面穿透的状态中,自我和世界与道合而为一;而精神须致力实现此状态以期能在圆融至善的境界中享用其崇高之美和乐。

(4)"化为己有"是"生化"过程的逻辑及理法。但是这化为己有的内在动力究竟具体地涉及些什么?或者用另一个说法,当主宰精神运用其存有本慧来达到至善或超越有限的宇宙理想的至高境界时,它实在确切地处理些什么?所有研究中国思想文化的人皆熟识阴阳合力的互拒、互补及互相融合的观念。答案是与此有关。根据道宇宙观,"万物负阴而抱阳,冲气以为和"。这句《道德经》的经典句子是最早关于阴阳动力的哲学性概念,但并未为人正确地了解。一般被忽略的地方就是,像道宇宙观词汇中其他大部分重要用语一样,阴阳并非西方逻辑分析意义上的观念,而是处于一个"语意网络"(semantic matrix)、一个涵摄权能经验所共有的整体观点,具有可合适地称为"场统觉"(field apperception)的特点。更明确地说,语意网络所包含的是一个多维度及多层次的象征或符号结构体;这结构体是基于对"动态实在"的某种整体性或场统觉的了解或直觉领悟。因此,阴阳这对用语属于道语意学的范畴。阴阳二极性并无一个单一固定意义或意义组合,而是一个由相互协调的符号、隐喻或图像借着基本意义的标示力而互相联系起来的不定综合组。但是关于这界定万物本性的权能实在,道家的了解是什么呢?

(5)道宇宙观的"生"或"生生"取向所隐含的乃是整个宇宙只是一永恒不息的流动或活能的全息运行的观点。像涨退于海洋表面的瞬息即逝的浪花或水波一般，其动态的"力-事件"连续体在这"巨流"中出现、持续及逝去。"力-事件"的生命是此动态连续体的有限延展，也是"巨流"的微观宇宙的镜子，是由"生化"过程的"时段"（duration）或"由现而逝"（coming-to-pass）所组成。其活能量子因"纯阳"["纯粹活能"（pure vitality）]及"太阴"["业物质"（consummate matter）]这两大元宇宙二极力量的相即相入及相互顺应而成就自己，然后在活能运作的效果中转化为业物质。《易经》以语言及象征，即"乾""坤"两元卦，来表示"纯阳"及"太阴"。这两卦的特点可由一组相对的重要属性显示出来。为清楚起见，现将其属性表列如下。

元原始宇宙二极性

创化活能为阴阳合力

宇宙权能：创化(生生)活能	创化活能的阳极 乾：纯粹活能（纯阳）的一体绵延	创化活能之阴极 坤：业物质（太阴）的环宇载体
属性一	不断 乾卦的六阳爻	断 坤卦的六阴爻
属性二	开显	收敛
属性三	刚	柔
属性四	强	弱
属性五	动	静

续表

宇宙权能： 创化(生生) 活能	创化活能的阳极 乾：纯粹活能(纯阳)的一体 绵延	创化活能之阴极 坤：业物质(太阴)的环宇 载体
属性六	男	女
属性七	天/开物成务(创造力的满溢)	地/厚德载物(收摄力的宏深)

上表虽未能尽列其属性，但应能展示传统中道宇宙观对原始宇宙两极性的看法。实际上，这传统看法肇始于《道德经》及《庄子》，成于《易传》。"纯粹活能"（纯阳）及"业物质"（太阴）之分当然是我们所创的词汇。这是我们诠释体系中的一个重要部分，为的是要发掘出隐藏在道的意义网络中阴阳两极的对立与统一性的相互关系，亦即是道在《大传》"一阴一阳之谓道"中所精简地界说的意思。

（6）"纯粹活能"（纯阳）和"业物质"（太阴）之分别乃是开启"生化"过程的"化为已有"内在动力所隐藏义蕴的锁钥。这分别究竟涉及什么呢？首先，我们所谓的"业物质"指的是已过去或已实现的"力-事件"或活动作用所积聚的成果或效果，以活能的消散模式或物化模式，成为宇宙的组成元素。此即《大传》所谓的"天下之故"。如道宇宙观之所示，试想象宇宙为一个充满活能的"绵延场"（plenum-field or field-plenum），一个为所有可能性所在的"宇胎网络"（cosmic matrix），那么业物质便形成这活能场的"扩延连续体"，一个为所有实在可能发生事物的载体及产生地。这是一切习惯、习俗、传统或积习的品行或行为的领域。所谓物理定律或自然定律只是其中一些较持久的例子罢了。《易经》称这生生或创化的宇宙部分为"坤",象征"地"。所有权能活动、作用或"力-事件"均从坤所给予的业物质中获得其持久或稳定模式或特性。坤为其赋形之所。一个抽烟者或一块石头从何获得其抽烟者或石头的特性或身份呢?这特性或身份是它的被赋权活动由宇胎网络的有限过去所形成的创化习惯模式处——它的坤或地——继承得来,并且被化为自身界定的目的。因为这创化活动的结果不断地沉淀或积聚在这宇宙中,坤并不是一固定的实在而是不断地自我变化,并必然关联着每一初生的活动或"力-事件"。今日之地球对我来说并非昨日之地球——或严格地说,瞬间之前的地球已非一样。不用多说,坤既包含某事物的实在潜能,亦给予这事物一些有限存在的条件或"负担"。也许当老子在《道德经》说"万物负阴而抱阳"时,他心中正有此意。

(7) 在众多与"阴"字有关的多维度意义中,与本体有关的最重要观念就是我们在这里阐释的"业"的物质观念。因为所有其他观念均在某种程度上由此衍生出来。在道宇宙中,事物的阴性基本上一般地指事物是以"业物质的结构"(或简称"物质结构")而存在。上表所列述的太阴属性正是以事物这阴性或物质性为依据。因此,既然业物质是由多样的创生效果的累积所组成,作为实在潜能载体的地,其所处的扩延连续体就必是一个可以无限断割的总体。这也许正是坤卦由六断爻(所谓阴爻)所表述的原因。但是可断割的亦是可变改的;可被穿透、修改,或改造。所以业物质被称为柔,意谓当创生力或改造力施诸其上时,它有屈服或顺从的能力。本质上,业物质是会抗拒外力的;但由于其物质结构上隐存的"弱点"(points of weakness),也就形构了其柔性、弹性及可穿透性的内在条件——总括来说,亦即是它的"接受性"(receptivity)。道宇宙论词汇里"虚"字意思就是由这些"弱点"界说而成的。物质结构的"虚"就是其"柔弱"性,即其不抗拒性及接纳性。由此观之,"虚"并非一般被等同的"空"或"无"。当物质结构虚极,即处于全然接纳及不抗拒的状态时,则为"无"。但这不正是"通"的至境——全面无碍穿透——的状态吗?

(8) 能够聚焦于事物"虚"的方面及将精力导引至物质结构的最弱、最富接纳性、最具不抗拒性的相关点——这就是庄子的庖丁最终学会及熟练的谋生技能——是精神与其所关注的事物相处之道。这就是"化为己有"的最高技巧,是所有"力-事件"及生化过程均以此作为私下运作必循的"行为原则"。当一位钢琴大师运用其手指准确的触力按在键盘上而奏出准确合适的音调时,他不单是将键盘化为己有,而是将所有与这音乐表演有关的其他因素或元素化为己有,例如他的手指、音乐训练及经历等。在这音乐表演的过程中,在无数"力-事件"结合一起并同时发展而产生当下效果的期间,钢琴大师在一重大意义上已将每一促成这效果的元素化为他存在的延伸,从而与这些元素合而为一。从物质上来说,键盘还是键盘,钢琴家的手指还是手指,但是在这创化的缘会里,由于两者在功能上的互赖及互补,在精神层面上两者是无间的。更直截了当地说,无间由于无碍。而这不正是从《道德经》开始,用作哲学名词的"无"——往往被诠释为"非存有"——在道传统中所含的意思吗?"无"标志的倒不是一般所想象的或物质结构的"缺乏有"或"不存在有",而是无间无碍的精神状态。而这状态正是构成通的必需条件。所以,"无"与"通"是同义的。于是精神在道的理论中有以下关系:

$$无 \ = \ 无间无碍 \ = \ 通$$

在这个完美圆融的境界中,"虚/无 = 通"的精神状态并非抽象的东西,而是以不同的优越程度,为化为己有的内在动力所特有。这化为己有的现象主宰每一"力-事件"或创化过程,涉及权能活动的自我界说。在每件事件里,所有可见或不见的构成元素(包括上述例子中的手指、键盘、眼睛,包含有钢琴家音乐知识的脑神经等)结合在一起而成为一创化过程。(但运作于其中的)精神并不存在于过程外,而是与连绵不绝的活能共同延展而流动于其中,将整个表演活化起来。依照道家的美学理论,艺术表演中的画家或艺术家所显示的灵气正是这连绵不绝、流动无碍的活能或气所呈现于艺术作品的实质内容,例如水墨画的线条及笔触。艺术理论家或评论家尝试以"气韵生动"来形容这呈现于艺术作品中的流动无碍的气。这词句意谓艺术家的至高造诣就是能展示流动无碍的精神。但这精神究竟从哪里来?它又如何出现?

(9) 它来自至纯之气或纯粹活能及天地交配,是阴阳相遇相融的结合。作为各类阳气之本的"宇宙根源"(proto-cosmic source),纯粹活能在道家的词汇里,往往以"纯阳""真气""混元真气""本元之气"等名词来表达。在《易经》一书中,它是以乾卦为其象征,代表气场"阳"的一面,是一切大地有限的创生力量的宇宙根源。这些力量虽有先天元气的禀赋,但因为进入了物质环境而失去其本身的纯质,现在必须克服由处于业物质中"阴"的力量所带来的局限。如果我们较深入地比较《道德经》和《易经》,就不难发现《易经》中乾坤或天地的两极之别是基本上采用了《道德经》中"无""有"的两极之别。在后者,老子既在不同的语境下以"无"作为描述性的专用名词亦以之作为动词来表达"道"的核心概念——全面通透的创生权能。一方面,"无"是指无间无碍的典范精神状态;另一方面则指创生权能本质的纯阳之气。其典范精神是"先验地"(transcendentally)形成的。这精神状态被称为"无",是因为如前所说,没有分间、区界及阻碍。顺道一提,这里所用的"先验"一词是指超越事物的物质性,即超越业物质的体现,其内是所有属"阴"的组成部分或因素,这是为纯阳所没有的。再稍深入些说,说纯阳是超越物质实有以下的意思:在世上运作的阳能量从纯阳处取得其创生——创化权能。虽然它会被其所落实的物质环境中的阴性因素所影响而产生内在的质变,纯阳自身既不包含业物质亦不受此物质影响。这是纯阳之被称为"纯"的原因。《道德经》称"天下万物生于有,有生于无",它所暗指的正是我们在此讨论的业物质与至纯之气或纯粹活能的本体关系。

在中国及希腊哲学词汇中,"有"是一个具有范围及界限的观念。物或存在者乃是一个较稳定及有限定性的东西;强调限定性或明确性亦是老子在《道德经》中的暗示。更确切地说,"有"在这里不单是用来指一般的限定性,也是一个集体词,指事物总体的明确性或限定性——是一个初始的"场"观念,亦是我们所说的宇胎网络或业物质的场载体。所以,《道德经》的"有"观念所期待的正是《易经》的"坤"观念的出现。道宇宙观的思路是不难明白的。既然宇宙万物由业物质赋予其形体及禀性——正如抽烟者从其物质结构中的抽烟习惯得其特性,它们可说是由其物质遗产或环境所生,亦即由元宇宙二极的"坤"或"有"所生。但是"有"或"坤"又是从何而来的呢?虽然道宇宙观坚持元宇宙二极性为创生万物之组成原则,它同时亦强调"无"高于"有","乾"高于"坤","天"高于"地"——总括来说,至纯之气(纯阳)高于业物质(太阴)的本体优先性。最后分析起来,天下万物作为物质结构只是纯阳创生权能的积累结果而已。因此,正如《道德经》所言,"天下万物生于有,有生于无"。现在的问题是"生"或"创生"的隐义是什么?

(10) 从道宇宙观点看,创生是一种"源流"(emanation)从一个源头中流出之事——而非如传统有神论所认知的创造之事。生的原义是升起或像该字的象形文字所表达的如一植物从地面破土而出。万物并非上帝的创造物而是从"太一"而来的出现体、流出体或繁衍体。"太一"这超世界的终极权能就是《道德经》所谓的"常道"。这是道家思想中神秘的一面。《易经》的"太极"

观念就是由这原始的形上的太一观念衍生出来的,其最终也就产生出道教多神教义中位于三清首位的元始天尊。有趣的是,借着这道教神学者明显地赋予超世界权能的(人格化)"一"观念,我们或许能够澄清我们认为是道家宇宙论中的一些错误观念。精确地说,争议点就在《道德经》以"道生一"为首句的一段极为奥秘的重要文字。这句话似乎是说道是个比这超世界或终极权能的"一"更基本的真实。但是,在观念上这是自相矛盾的。我们的看法是,产生混乱的原因是将"道"用在两个不同的意思上:一是将"道"作为超世界权能的名称,一是将之用作标志天下万物由这超世界权能而生的道。如此理解的话,"道生一"应解读为"道生(于)一"。道并非是高于"一"的权能而是"一"或终极权能(所运作)之道——为天下万物从其永不停息的创生力量而来的终极之源。上面所说的重要文字,虽耳熟能详,仍须将全文引述如下:

> 道生(于)一
> 一生二
> 二生三
> 三生万物
> 万物负阴而抱阳,冲气以为和

《道德经》所说的"一生二",《易经》将之演绎为"太极生两仪"的宇宙模式。这里,"二"是指界定及组成万物动力内容的阴阳二极，应无异议。依前所论述，阴阳二极性可分有三层意义：一为潜于万物之源，二为宏观宇胎网络，三为微观宇宙的开显。在继续讨论前，首先略为解释这三层意义以避免无谓误解。

神秘层面："一"

"一"为超世界权能，万物终极之源，元宇宙二极——"二"——由此而生。在这层面，阴阳仍处于尚未分化的阶段，为元气中的互相依存的两极体。"一"在我们权能经验中是未分的连续不断的权能的一体绵延，通常以"混沌"的意象或隐喻表之。

宏观宇宙层面："二"

"二"是指作为气场或活能网络的整个宇宙，由元宇宙二极所形成；它是一个"阴阳合力"(*yin-yang* synergy)的"分化"(differentiated)系统。以宏观宇宙来理解，阴阳分化指的是业物质的载体(坤/地/太阴)及纯粹活能场(乾/天/纯阳)，亦即宇胎网络中创生权能的全息二极。如前所述，这理解肇始于《道德经》中以有无二极之分作为"一"或"常道"的宏观宇宙的介面。

微观宇宙层面："三"

"三"是表示"化为己有"的内在动力，主宰每一"力-事件"或活能量子，而天下万物由此而生。阴阳合力一词是指《道德经》所言(万物)冲气以为和的总结表现。换句话说，(万物)互相遇上、互相混合、互相调适、互相渗透，从而产生气的和谐状态。这词是指微观宇宙层面的活能场，其内阴阳力量既分且合。这二极既然相辅相成，故需依赖对方以存其内在动力及界定双方之完整性。

（11）于《道德经》的奥秘句子中，我们可找到阴阳理论及内在动力的基本表达。《易经》用上了较详尽的词汇及丰富的象征及意象，让我们有更多线索去了解道宇宙观的哲学精要。诚然，我们就宏观宇宙层面与微观宇宙层面的意义的区分可从六十四卦如何用阴爻（断线）及阳爻（联机）来组成及排列的方式看出来。当《易经》说一阴一阳之谓道，它并非只是解释两极的内在关联，也是道出中国道宇宙观的恒久的"生"或"生生"的取向。所谓"孤阴不生，孤阳不长"，这一同样耳熟能详的句子也许更能明确地把这个意思表达出来。道传统的哲学无疑是一权能的哲学；但那不是抽象地假设的权能而是道德性、社会性、和灵性的"生活权能"（power as lived）。而我们在权能经验中亲密接触的权能——包括我们作为权能的自我——是必然在特有的环境中出现的。属于我们的至纯之气构成我们的先天禀赋并产生我们形体的精神。它是落实于大地的纯粹活能或真元之气，是受制于物质环境的条件和局限的形体化的创化活能。因此，只要我们——或我们的精神——继续受制于大地，我们便不会体会到完整的纯阳之气（《易经》的乾卦）。另一方面，无限辽阔、无比深邃的业物质（太阴）沉淀于大地载体（坤卦），成为我们的物质环境。这业物质也不能完整地为我们所有。在我们的权能经验中，我们所得的物质只是宇宙的习惯形成物。这些习惯形成物进入动力系统。这些动力系统组成我们的个人实时环境，里面不断产生实在的潜能以供我们化为己有及实现。虽然从道宇宙观点来看，万物均由阴阳组合而成，但是阴阳力量的内在动力如何结合——包括主宰精神将其物质遗产化为己有的方式——是变化无穷的。例如,在某些情况下,环境物质的本性可以是这样的:创化活能的先天禀性已失去原本的纯真及自明能力,变成了非理性力量的盲目、邪恶的暴力。但在另一情况下,积习极久的抽烟者的理性精神中的毅力却最终能够产生效能,使他永久放弃陋习。《易经》努力以文字、意象、隐喻及象征创造了卦爻系统的"逻辑"或"理法",将所有万物(包括宇宙生物)在参与"力-事件"及有关它们的存有本慧时,有意识地、无意识地或超意识地运用这"化为己有"或"权能管理"的普遍技巧概念化起来。这卦爻"逻辑"或"理法"——内在动力的具例——当然是从人本位的角度来拟成的,虽然它们不是一些可以从无限的背景抽象化或抽离出来的东西,却是作为"活能绵延场"的一个不可分割的部分,及作为在宇宙秩序中天地之间及相交点上极具动力的参与中心。虽然我们不应在这里继续探讨作为内在动力例子的卦爻"逻辑"和"理法",但必须指出的是,许多由老子、庄子等思想家所首先提出的道宇宙观的特点终于成为一个清晰完整的观念系统。《易经》除了强调中国道哲学智慧"生"或"生生"取向外,更将其基本方法点示出来,即生命是一个"创进"(a procreative advance)的过程,最终乃是一通过权能内在动力以化为己有及调适的事;而人类之善在于着意地追随阴阳合力之道——"继之者善也"——以达至"通"的境界。更具体地说,善之至者是活动及行动的圆融境界,而创化活能可逍遥无碍地流通其间。在一个有修养的生命中,每一刻都是被精神对善的呼唤以至通境作出"感"的反应所塑造。《大传》明确地将这"感通"观念联系到将业物质视为"天下之故"。这"感通"观念自此便成为《易经》的重要主题,道宇宙论词汇中的一个重要元素。要达至元气能完全流通无碍的至通境界,主宰精神须谙于游走于物内,发掘一直处于坤地、等候实现其超越有限的抱负之实在潜能。换言之,化为己有的内在动力本质上是感通的运用,是阴阳之相互适应和配合。这观念是所有道学问内容的基础。

（12）从权能角度来看,感通是元气或活能不同中心、模式或范畴间的基本沟通形式。世俗道教各派的仪式及礼节就是感通的一种。一般来说,仪式及礼节,包括其所使用的咒语及法术,均是化为己有的工具。主宰的精神由作为人间代表使用者——道教法师——尝试与实在各层面的更高权能沟通。从道家的观点来看,天人沟通不单出现于微观宇宙与宏观宇宙各层面之间;对道行高深的人来说,也可在包括三界的全息动力事件中,即高度修炼生命中,进行天人沟通。三界包括属于那个神秘领域的超世界权能。如果我们记着气或活能本质上是波动如浪的,这观点便不像表面上看来那么抽象和难明了。依循这想法来理解,咒语和法术只不过是符号化了的权能——气的韵动模式。当道教法师念咒施法以召唤有关神灵现身协助时,他们其实就是重新启动作为天人感应工具（符咒）的波动权能的韵动模式。庄子的木匠入山林,得木成镰。其感通过程实与法师召灵无异。但有异于钢琴演奏时手指直接接触琴键,木匠与树的感通则是隔空的化为己有的例子。而感通,作为化为己有的基础,产生了一致和谐的状态——一个阴阳混合体间相互应和的状态。"通"与"和"这对观念已成为中国思想的基调；两词几乎可互相调换，不分轻重先后。虽然"和"在当代中国言文中，尤其是在社会政治脉络里极为重要，这观念或词语若不与"通"相提并论则是有欠深度的。没有通的状况以便万物能无碍地齐心合作，世界并无真正的和谐。由于分隔及可能窒碍是坤地业物质的内在属性，精神的创造力便决定了能否成功使气获得通的状态。但是我们应牢记处于气场的精神与充满于气场的物质相遇相融时的蜕变情形。化为己有的内在动力作用是极其复杂的事。其结果决定于乾坤（阳阴二极）互变的作用。众所熟识的太极图的"阴阳二鱼"简洁有力地将此表示出来。"阴阳二鱼"代表的是阴阳组合物的权能元素所形成的气或活能的动力完整体或系统。例如，运用草药药方治病时所产生的系统。严格来说，对这草药治疗的结果发挥决定性作用的因素不单包括病人、医师或专家、药方的草药，也包括了在大环境下能在不同程度上影响这医疗事件的权能元素。而这系统则涉及以上全部具有功能的因素。使这医疗事件成为动力系统的所有活能量子就是阴阳合力的场。这阴阳合力的场由于全部有关的权能元素相互适应（化为己有）及变化而暂时出现。动力系统中的某一权能分子或作用者的独特性取决于它的场位，亦即取决于它与系统内其他权能分子的相对性和关联度。换句话说，任何系统组成部分的改变、修改或变易均会影响这场的特性，因而影响这创生事件或过程的结果或效能。例如，在药方中增加或减少一种草药将会改变治疗的特性。

（13）道哲学家是以这动力系统中"场-拓扑结构"（field-topological)观念来考虑善的意念和至善的。对道家来说,在他们宇宙论词义中的善和至善并不与事物本身那么有关,而是与权能的表现,与智力、"力-事件"或形成动力系统的权能活动更有关系。而动力系统表现最佳时则会出现通的状况,元气流通无碍。中国医学中,要判断诊症及治疗是否正确最重要的是省察元气能否在气脉中流通无碍。早在《黄帝内经》时就有人已认为疼痛是由于气脉受阻塞所引致。循同一思路去想,气脉理论极度影响气功、武功的习用及这两者的通俗文学。"打通任督两脉"这句话已是现今中国文化想象的重要部分。在道家思想影响下,"通"的观念已在中国人的脑海里根深蒂固。几乎在所有道学问形式中,"通"的观念被用来作为善与至善的量度。我们稍前的讨论曾暗示过,一个道家型的画家心中并无所画的实物;他并无兴趣如实地绘下实物的表面形状。画家想绘画的或意图捕捉的是通过该实物作为他的"场-拓扑结构"统觉的角度所看到而出现于画家自我与非自我间的自由流通、富有美感的连续的气或活能。虽然用的是不同的媒体,这亦是中国建筑及风水(环境环保计划及发展的艺术)的至高理想。一座良好的楼房或环境建筑物,其物质结构的布置应该能够将"通"的最佳状况所示的价值推之至尽。中国思想及文化受道家思想的影响究竟有多深是一个重要的哲学课题。本章的初步论述只是作为前言而已。除了它在道传统的内在意义,这课题还有全球性的重要意义。我们认为道宇宙观与西方形而上学的实体进路["实体处理方式"(substance approach)]是两极对立的,因此其哲学及文化含义就极具分量了。

[翁永汉译，原文是唐力权教授应香港道教联合会、圆玄学院主席汤伟奇博士的邀请，在2007年11月22日至24日香港教育学院举行的"第四届国际道教学术会议"上作的主题演讲，题目为"Free Flow as an Ideal of Exemplary Excellence: The Centrality of Tong（Pervasive Penetration）in Daoist Cosmology and Its Practical Implications"]

第十三章　道家思想中的权能经验及思想
——以"道"和"德"为参考的初步观察

已故著名汉学家阿瑟·韦利（Arthur Waley）将"道德经"翻译成"The Way and Its Power"，一个相当引人入胜的题目。把"道"翻译成"the 'Way'"（道路、路径、方式），这是普遍的译法；但把"德"译作"power"（力、力量、能量、能力、权力、权能），则并不常见。这里说"并不常见"，是因为"权能"（这是我们所偏爱的翻译）虽然是这个词在词源学中重要的语义元素——我们甚至认为是最重要的元素，可是在当今的用法中，我们却很少会联想起这个意思。正如希腊词"*arête*"及英语的"virtue"，"德"在语义发展过程中渐渐与伦理道德的意思挂钩。"德"一般的意思是德行、美德或正直。"德性"这个复合词由"德"与"性"（本性、性格）组成，一直为道德特质的代表词；而另一复合词"道德"则已成为英语"morality"的标准翻译。"道"与"德"的一些权能含义,虽然是这两个字泰古原义的中心内容,却在语意发展过程中渐渐隐没。最后,权能的语义差不多被道德的意思完全掩盖了。

究竟权能与道德之间有何联系？而两者之间的联系又为研究道家思想提供了什么方向？道家语言及思想又在何种程度上反映出道家的权能体验？而这里所指的权能体验,又是什么性质？相信我们要费不少的工夫,才能为上述问题找到比较满意的答案。在开始之前,让我们先看看一些初步的观察。首先,我们要指出,道德并非与权能完全分割,而是权能的其中一种重要的表现及开显,即作为构成及维持人类社会"正当化"或"合法化"（legitimization）功能的一种权能模式。道德的权能可以说是文明秩序的骨干。相信大家普遍同意,道家思想多反对文明世界人类对权能的误用或滥用,牺牲了吾人原有的完整本质。事实上,大部分——如非全部——道家与儒家哲学思想的分歧,都是集中在仪礼、德行及其他人类生活的文明手段的角色及功用上。这些文明手段是否有益于人类？道家认为大致是否定的：任何与自然脱节的事物,对于人类自然的持续自性（不能分割,完整的人性）都是无益的,它们乃是儒家拥护者所提倡、推行的文明手段所带来的必然后果。人类要认识真实完整的本性,必须适切地置于自然与文明秩序的统一、文化与自然的连续之中。这无疑是对一直以来中国主要哲学传统天人合一的主题思想的重申。虽然在儒家与道家对复杂的自然与文化问题的争辩中,各有优劣,然而道家的辩论最后却发挥了巨大的影响力,成为构成中国传统的一项最突出的思想-文化在知性及精神上的"内在化"(interiorization)，是符合自然的一大要素。组成人类社会文化的道德善行及其他文明手段或正统价值，在悠久的中国哲学历史中，被认为不仅是人类按意愿习惯任意创造出来的产物，而且是深植于人类生命的先天固有本质之创化或创生倾向及潜能。我们能臻美善，因为我们自然有这种倾向。正如孟子所言，人性本善。而道德，一言以蔽之，则是自然本性的培养或是习惯性的自我发展。

对中国人来说，人类秩序与自然秩序的连续，代表了宇宙是一个不可分割的整体，这不可分割的整体乃是一无所不在的权能的整体。构成现实世界的人类、其他生命体及世界上的存在物，便是这整体各种各样的表达及现象，是其无限、无穷无尽的创生力及效能的衍生及后代。遍在的权能的种种表达，如这匹马、那棵树或其他具体的存在物、东西或对象，在我们日常经验中出现，各有自己独特的身份，功能上与其存在的"概括特性"(profile of being)——它们的"持续自性"(abiding ownness)——互相联系。但这是一个"权能中心"的身份，它所认定的乃是一具有或多或少连续性和持久性的权能或活动作用的蕴集，而非传统西方形而上学所指的"实体"(*ousia*, substance)，即在宇宙中，本体独立、分离及自我封闭的孤立存在，本质上可以分开，从而只有外在地与其他存在个体或物质单元相关的"单子"(monads)。中国宇宙观受道家思想影响甚深，对这种"实体单子"的世界观可说是完全陌生的。中国道家思想家认为组成真实及具体领域的自然界万物，在变化的洪流中是互相缠结、互相关联的。而这变化的洪流乃是一拥有无穷无尽的创化、创生力的遍在权能的"整体自反"(holo-reflexive)运动。这种观念始见于《易经·大传》，后来被尊称及谚语化为"生生之德"。中国人的世界观认为世界并非由独立的实体或单一集合组成的，而是由一个充满气或生命能量的场域所形成的"宇宙母体"(universal matrix)，孕育于其中的乃是众多的功能-动态系统，它们各自构成了一个无穷无尽地整体自反权能的种种分化或演化——中国道家所谓的"道"或"常道"(永恒地持久的"道")。"道"无处不在，因其权能运行于所有事物之内；"道"无穷无尽，因其有无限的创生潜能；"道"具有整体自反的特性，因为作为一个不可分割的动态整体，"道"不断回返到它自己、使自己不断重造再生而为万物生生不息的创化之元或泉源。"道"也是神秘的，因为它的持续自性乃是一纯净无限的生命力；此纯净无限的生命权能既内化于所有事物之中也超越了宇宙间的一切，超越了由其创生力所演化或生成、组成的实存世界的各种事物的总和。这就是神秘的"道"，不可以俗世思维阐释的"道"。《道德经》云"道可道，非常道"正是这个意思。

　　如果上述对中国道家宇宙观的描述是可以接受的，则其与西方形而上学世界观的极大差异不只既深且广，且无疑具有关键性的哲学含义。这里的基本差异在于两种思想："拓扑场"学说与"实体/单子"学说。前者指的是中国道家方法的特点，在此需要先作界定。我们对此的理解是，拓扑学乃是研究在功能上构成及处于一能量或场域的动力系统。在"拓扑场"学说中，我们的理论关注点特别集中于能动系统中的部分与整体之间的关系，例如电子或亚原子粒子在分子中的运动,细胞、组织或器官在身体内的运动,或在风暴或飓风的整体(能量)活动中某一地区的天气变化。与"实体/单子"学说不同,"拓扑场"学说并不把一物的"物格"(the "thinghood" of a thing)——它的持续自性——放在一个神秘的、空泛的、设想为该物的本质性与偶然性之"主体"或"承载体"(substratum/希腊文 *hypokeimenon*)里,作为该物存有之统一的说明;而是放在由道这无所不在的权能所开出的功能的、动态的场域之中,此即是道作为内在于事物的"分化"或"个体化原理"(inner principle of individuation)而运作的所在。在道家词汇中,这个运作于事物之中而为其内在的权能或分化或个体化原则的"道",在本体意义上来说,就是"德"。因为宇宙乃是一个不可分割的整体,一个"拓扑场体",大宇宙的"道"与小宇宙的"德"并非两种不同的"事物"。在我生命中运作的"德"即是在所有事物中运作的"道",是同一个运作于宇宙中的权能或力量。

　　基于上述的考虑,以"way"作为"道"的标准英文翻译就显然不够理想了。我们认为这翻译既有不足,亦有误导性。不足之处是这种译法遗漏了"道"在其语义中的最基本元素,即作为权能的"道"。因为这个原因,也因为英语"way"是指建成的道路或路径,常带静止及固定的含义。这种译法不但不能表达"道"作为权能或力量生化的活动或运动所蕴涵的动力或动态的含义,也误令人想到(普通所谓的)道路而对"道"产生呆钝性与静止性的错觉。更大的误解是,我们一般理解道路或路径是外在于行走在路上的人或物的;我们认为道路是早已建好的、现成的,行者与其所走的道路乃是互相分离的。可是这种想法正是不适用于"道"的。作为无处不在的权能,"道"渗透所有场域,并无与"道"相对峙的"他者"(otherness)。没有东西是在"道"之外的,也没有东西是先于"道"的,没有超越于"道"或先于"道"而存在的结构、原则或理,限制着"道"的活动和运行。"道"并不在一个客观的时空框架中运行,像牛顿的绝对时间与绝对空间;"道"也不面对一个超感觉的、作为一切秩序的永恒贮藏室的形式或理念世界。当然也没有神或超越者在"道"之上,除非我们把无所不在的权能视作神。那么在"道"的宇宙里,秩序的意思与源头又是什么?无所不在的权能之下的活动及运作是否都是混乱、任意及完全没有道理可言的呢?答案当然是完全否定的。"道"是充满着道理的,这可视为"道"的创化活动及运作中的运行原则及形态,后来被归入为一般"道"的概念。把"道"构想为创化原则及形态的"整体动态系统"(holo-dynamic system),这意思正是英语词"way"所要传达或应该传达的意思。至少从《道德经》中可以隐约地分辨出,在道家的宇宙观中,同一个字表述了上述对作为权能的"道"的各种说法。

(1)"道"是无所不在的权能,既超越宇宙内所有生命体及事物,也恒久地运作于它们之中而为其内在的德性。

(2)"道"是生生不息地充沛于整个宇宙的创化洪流,所有权能化、为权能"支配的活动"(empowered activity)或"拓扑场运动"(field-topological movement)莫非遍在的道的创化力量的表达及表现。

(3)"道"是(万物所由和遵循的)大道,一个蕴涵着创化原则或原理的整体动态系统,指引着万物的分化或个体化。

　　这些对于"道"的形而上的宇宙的概念纲要虽然重要,但未能将"道"所包含的基础意思全部表达。这些表达及重新表达对找出"道"最初的语义有重大的意义。上列三项语义说明,以第一项为首要。洪流及途径之说虽然对于"道"的持续自性的内在本质说有整体的意义,但"道"本身的全然超越性已在其无限的生产力中表达。要点是,宇宙作为充满力量的场域,并非一完全确定的总体。"道"的终极自性超越了洪流的所有固定范畴及途径的所有固定建构。

　　现在的问题是,恒常与"道"相配的"德",在这语境中又是怎样的?早前我们曾经提及,"道"有超越性及内在性的特质,而内在性特质又称"德"。因内在力量是无所不在的权能在个体中的运作,"道"与"德"在这基础上本质是相同的,"道"是"德","德"是"道"。事实上,早期旧版本的《道德经》《德经》就在《道经》之前,相信这并非单单是辞书编纂的问题,而是反映了这两个孪生概念的一致性。可以肯定的是,"德"代表的哲学意思与"道"代表的同样丰富深刻。如果我们接受"道"与"德"的超越及内在本质同等的说法,则结论应当如此。但是"道"与"德"出处为何?从其语义的由来中,我们又可以学习到什么?

　　"道"与"德"都是原创字。所有原创字都是在泰古时期,人类有判别意识之前产生的。当时人类对权能的体验首次醒觉,因而同时创造了语言及思想。在泰古时代,所有经验都是权能的体验,而非实物的体验。当人类开始视世界为物质或本质上分割及独立的实物的汇集,他们已进入了泰古之后的时代。

最初组成原始语言的词汇的词在语义上只是古人对权能的初体验的史前记录,即是古人对他们创造的原创字的说法的记录。原创字所记录的是古人对降于身上的巨大影响力及对之的反应,反映他们对于事物及世界的最初感觉特质。古人视在环境感受到的各样东西都是权能的具体化身,非实体物质的集合,而是充满于生产力及能量的场域及网络,在动态上互相缠结交织。自然每种生物与事物之间都有一种内在的力量在运作,互相连接——不论是动物、植物、河流、小溪、山脉、小丘、星星、星球、风的移动、天气的变化……泰古时期之后的神话、巫术、图腾及英雄传说等渐渐具体化、个人化而成为神、妖、鬼等,对古人来说,都是权能的变化。我们的始祖并没有现代的东西或对象等意识,而水、火等我们熟识的元素也是权能,包括干、湿等正反特质,甚至意识或心理状况也是权能的模式。例如,愤怒这种泰古时期的感觉,常见于希腊神话中,就如雷电一般,是一种权能的形式。至于看来抽象的事物如文字、数字及几何结构等,相信读者也能猜测到,也是一种权能。

古人依他们对环境的变动影响感受,将权能经验记录及编录成原创字,其语义及句法之间的联系构成最初的语言的特质。古人并借着文化媒体,如神话、礼仪及工艺品等其他符号形式或表现,领会世界事物的意思,并掌握真实的影响。语言是最耐久的符号表达,也是最持久及持续的意义系统。语言的语义语法结构发展正好反映了权能持续的动态。

古人能够不断更新，调校语言及经验以适应生活，这种能力是基于其本体智慧。本体智慧是指人类生活形式的一种智慧，令其能在变化及自我定义的过程中追求最大的益处。本体智慧的作用好比我们生命中的一种本有而内在的权能在运作，具生活艺术的特质，可以说是最高艺术，令人们可以适切发挥生产力，从活动及表现中达到最佳的价值创造。本体智慧并非无处不在，而是埋藏于我们的权能元素。这些元素构成我们智力特质的意识、无意识或最高意识层面，在与其他元素分开的情况下，是无法辨认的。正如我们生命中运作的不能分割的内在力量，作为智力中心的本体智慧，生产能力是内在性完全自反的，在不可分割的完整状态下达到最佳的运作。基于本体智慧之概念，我们因有"灵魂"之说。准确来说，"灵魂"是人类生命形式中运作的精神力量，受本体智慧引领操控。本体智能埋藏在复杂的力量元素内，令各种活动及功能的内在性完全自反。《庄子》中庖丁解牛的故事就是一个鲜明的例子，故事说庖丁顺"道"而行，宰牛不费吹灰之力，达到最佳境界。这就是不可分割的完整精神状态，完全自反性的道。

虽然精神及本体智慧概念特别指人类生命而言，但在泰古时期的权能经验却没有此规限。对古人来说，所有自然的存在物及事物因为内有无所不在的权能在运作，因此都是存活及神圣的。本体智慧从这个广大的角度来看，也是在所有生命形式及世界存在物中运行，既体现在星球的自转及永恒的运行，也体现在动植物的自我生产循环之中。中国哲学名词"心"在今天常被译作"mind-heart"，其语义背景常传递这种广大角度的观念。中国新儒家哲学常说"道心"或"天地万物之心",就是在表达或重复表达这种早已沉淀在泰古时期的遗产的语义概念传统。我们将会发现,精神及本体智慧的广阔观念早已在"道"字和"德"字的古代象征中隐示。

如果我们同意完全自反性的不同程度变化,文化及文明可以视作精神的物质化及生产物。原创字或其他文化媒介记录及保存的对权能经验的初醒之原始沉积在这历史过程中扮演了最重要的角色。在文明生活及人类文化中的意义进化很大程度上是本体智慧在泰古时期的语义表达中隐含的沉淀权能经验的体现——是所有思想的原中心基础。无论是有意识还是无意识,文明思想是对于泰古时期的权能经验沉淀构造中某些选取元素的回忆及活化。

文明思想的回忆所代表的不只是精神回归至泰古时期的认识根源,当时世界仍在分辨意识醒觉之前,人们初次认识到世界是一个充满多种权能中心的场域,而且是热切渴望回到泰古时期之前,渴望与无限境界的源头重新聚合,回到难以想象、无限扩展的时间延伸。当时精神仍处于一片混沌,人们对自己只有朦胧的醒觉,是所有神话中不可分辨意识(泰古时期之前)的古象征。这是泰古时期之前,主体与物体构成一个不可分割的整体,没有你我区分,而世界则被美感经验成不可分辨、富于强大感应力、连续的力量冲击及感受反应。泰古时期作为辨别性的意识的对象的存在物及东西,是根据其自身与有知觉的主体之间的相近程度及相对的重要性而排列的。在泰古时期之前,所有东西在宇宙同感力、广阔无垠的感受中都是同等的，没有我他之分。这种精神境界不就是道家常说的物我两忘吗？

假如精神的回忆没有回到泰古时期，而到"本体智慧的昏暗区"，我们可以这样形容，它覆盖了泰古时期之前至泰古时期的重大转变。我们用"古代"这词包括了这重要期间积累的权能经验的沉淀内容。虽然在现今的泰古时期之后的时代，权能经验的古内容早已埋藏在层层令思想断截的语义元素下，此时世界由完全自反性的权能世界转入一个物质单元的结合——内在孤立及外在——的实物，古元素仍在精神的无意识层面存活运作，滋养、规限并安静地塑造、指引着现代无根似的意识的种种表达模式。现代的思想"无根"，因它远离了根，即道家说的"道"，完全遍及不可分割的完整权能。道家认为我们的始祖在泰古时期，并没有物质实物。我们最初经验中出现的生物及事物，并非孤立的存在物，而是宇宙间不断运作的无处不在的权能的结果及符号，是"道"完全自反性及生产力的直接表达及呈现。为抵抗泰古时期之后世界断裂及现实化的趋向，老子与庄子提出要"归根"，即回复到与永恒自性的源头——"道"，相和谐的本体智慧，即《道德经》所言的自然，字面意思是"顺我本性"。

持续自性或顺我本性是所有思想、洞见及对话的主要成分，与其哲学上的配对——希腊语（及其他印度—欧洲语言）的存在一样，自然可译作"nature"，但必须取其泰古时期的意义，而非现代的意义。自然并非与生命范畴、思想与精神的层面相对的机械层面的死物或无生命之物。泰古时期的自然概念是与权能相关的,特别是无所不在的权能,中国道家泰古时期的创始者又谓之"道",简称"顺我本性"。《道德经》中看起来令人困惑的句子"道法自然",我们只要细加考察,便会发现不难理解,且是自明之理。因为没有东西在无所不在的权能——"道"之外,"道"不受任何外在需要的限制或操控。自然不是"道"外之物,而是"道"持续自性。"道"之所作皆出于自然,出于自己内在的需要,出于自发性的自由。换言之,"道"即自然,顺我本性,而自然亦即是"道"。

"道"原是原创字。今天我们所说的"道",是历代哲学家所说的"道",是原创字"道"的久远后代,横跨广阔的意义空间,由泰古时期开始,经历数千年的意思进化过程。按照我们的推测,自泰古时期起,所有生物与事物都被视作有生命及神圣的权能承载物,由此可以肯定,原创字"道"一定与我们的古代始祖的权能经验有关。原创字是人类对于权能经验的最初记录。那么原创字"道"又有什么意思?"道"字又记录了什么内容?

首先我们要指出,所有原创字都有两种功能。一方面是权能的名称,另一方面,又是界定身份的最早描述及说明,即是持续自性的最初思想或诠释。自然——顺我本性——的概念,既是对完全遍及的权能的称名,又是表达其身份的最初思想。我们需要知道,古人并非视经验权能的存在为单一事件,而是集体或共有的事情。这是"我们"的持续自性,整个部落、氏族或种族群体的身份,而非分离、孤立、独立的个体,是他们的权能经验的重点。因此,姓(姓氏)与性字,在英语中同是翻译作特性(如事物的特性),两者密切相关。这两个中文字不但读音相同,也有同样的主要意符(称语根),主要语义组成"生",有生产、引发、生出或生长之意,由原意而来。这是可以理解的,姓的古意是一个部落或氏族或社群的名称,其集体身份或特性由永恒的权能产生、维持,因权能的生产力而集体存在。

无论后来如何复杂化,泰古时期之后的思想家可能在权能经验的表达上互相累积,古代的思想在最初对生殖的力量的反应相当一致。其基本识见相当简单而尖锐深刻。在持续自性中的权能由什么构成?古代的答案简单来说是生产力。无所不在的权能是生产权能,自然或顺我本性所依存的是生的特性,永恒生产力的层面,是我们之前曾提及的《易经》生生之德的观念。中国古代的思想家在这问题上并不孤独,自然这个词由泰古时期进入苏格拉底之前的话境中,古希腊哲学中的 physis / phusis,由口述的字根 phy-而来,其有产生、生产、生长的意思。希腊文的"Being"是自然、顺我本性的配对词,而 physis 是希腊文生、生产之力的对等词,无所不在的权能在持续的自性中是生产活力——是古代思想的基础识见。

泰古时期之后的思想家对生殖力的诠释越见抽象,古代思想家感受到构成持续自性的权能的生产活力,十分具体。生产力因有内在的权能运行,构成动力,再令自然生物或事物存活生存,因此可以说是神圣的。这里的存活或生存是什么意思?现代思想似乎不难解答这个问题,但古代思想则有一看似天真却真正深刻的答案。权能如果可以以任何形式或形态运行,则可以令存在物或事物存活生存。生产活力对古人来说有功能性的本质,适切地说,是所有赋有权能的活动的精髓。苏格拉底之前的哲学家因这功能性的精髓概念而有 physis 与 arche 两个名词,两个词语更是可以互相替代。中国道家传统则有气或混元之气——元始生命能量之说。道与气两者有什么关系？气是具体化的道。元始生命能量是无所不在的权能成就生产能效的具体媒介。

如果语言是权能经验的记录,是古人在有辨别意识之初的泰古时期的觉醒的创造,则具生产效能的完全自性的权能——我们可称作其生殖身份,一定在创造语言的语义上重要地表达出来,如镜子般,或多或少反映了权能。中文作为一种源于表意特征的写作系统,相较于其他语言(如表音语言)有一优胜之处。如日月两个词,是太阳与月亮的原创字或图画。泰古时期之后的读者一般理解到图画描绘的太阳与月亮本身,除此别无其他。泰古时期流行的却非这种感受。古代的观点认为图画形象所记录及反映的是权能生殖身份的代表,一种运行的具生产能效的内在权能。图画形象所描绘的,只是太阳与月亮的外貌,是内在权能可见的一种表达,而非权能的本身,内在真实实藏于形象及图画之中。权能不可能从图画上形象表达,而只可从其生产效能方面的作为来表达,是最高成就的表达及表现。运作中的权能较其作为的成效更为广大,两者并不相等。构成持续自性的权能的内在真实非以可见或一般可感受的表达形式向我们展现,而是让我们置身其中,即以其生产力的分配的方式及运动而向我们展现。运作中的权能直接由其对我们的影响及我们对这些影响的感受反应体验。运作的内在权能生产出显见的日与月,我们泰古时代的始祖体验到这种权能的强大影响力,因此将之视为神,祈祷崇拜。中文日、月的象形字必须正确阅读,日的象形字描绘的不但是可见的太阳,也是其生产力表达的太阳神与太阳的权能(隐于图画内)。创造中国汉字的古人在发出日的字音的同时,也是在召唤神圣的权能——神——的名字。

我们一般感受到的显现的太阳只见其真实动态的一面,对于非人类的生命形式及在无限的不同情况下,太阳会有不同的表现。但无论在何种情况,太阳以何种模式在特定视点显现自己,其本身也是由作为其生产效能的内在能力的自然基础的影响力总和决定组成。我们称这种能动的真实的自然基础为其"身体"或更准确地说,是"力量身体"。因为权能必具有生产力,每样具体的自然存在物或事物,不论是太阳、月亮或是药草,都有一个力量身体。这种力量身体或身体的概念对于我们正确认识中国道家的世界观有很大的重要性,特别是阴阳宇宙观。阴阳的区别可在身体的各种极性对照及独立模式中找到。例如,力量身体一方面由其过去活动及行动的累积结果构成,是内在权能在自我界定的生产分配的过程中产生的无上物质(或简称"物质")。这种对作为生产权能的自然基础的物质的无上观感在中国道家宇宙观被界定为阴。具体存在物或事物的能动构成不只是其力量身体重要构造或形式的物质遗产,自然事物无论外表看来如何牢固,也是一种功能性的元素或在一个改变及转化的场域拓扑系统的功能性元素组织,这种转变及转化能滋养培育生产潜能,于不久后实现。这种将来及可能性导向的力量身体面,就是中国道家宇宙观的阳的概念。《道德经》以一句令人难忘的话语形容出生产力的阴阳对照面："万物负阴而抱阳，冲气以为和。"这句话的清楚意思是，严格来说，阴阳两极的对照及独立不在于存在物或事物本身，而在于其自身运作流动的生产力或气，其力量身体。进一步说，阴阳的对照是向未来发展运作的存活能量与无上的能量及制约生产效能的物质遗产的对照。这种对照的背后是一个简单意念：我们可以为将来所作的事不但由我们现有的生命能量决定，也由我们物质上的赋予、我们从过去继承的遗产决定。

虽然本章的目的不是要深入探讨阴阳理论在中国道家宇宙观扮演的重要角色，但必须重申的论点是，这种宇宙观是以力量身体概念作立言。而且这种观点是道家思想整个传统一直以来的基础，由秦代以前的道家思想家开始，一直延续到道教不同的宗派学说及运动。以符咒及诀语召唤天地神灵是以力量身体作身体影响力及与能动环境中运行的权能沟通的媒介；内丹学的信徒视力量身体为一个精神修炼及成就的场域，一个自我界定及提升的过程，其中物质元素被创造性转化为更高层次的生命能量。与内丹学直接相关的是另一种道教科学技术，即传统中国医学，人体被视为一个有生命能量的生态系统，由器官及经线构成的网络组成，管理生产活力的分配、运输及转化。这种种及其他信念以及学道行为模式全部都是建立在力量身体作为具体物及生物的本体基础的前设。

古人在泰古时期辨别意识初始时最先显现的超越性正是基于他们的力量身体。"超越"是因为在泰古时期对权能经验的醒觉的启发是所有物体趋向及物体附属的了解及知识的基本条件。辨别意识的最大区分标志在于主体客体的界定及反对、对于我与非我之分、自我与他人引起不断的争论，以及理想化的去论点自性之说。事物的持续自性由什么组成？这个恒久的哲学问题除了一个特定的生类存在情境，以及在一个特别的分界及远距离模式之外，只是一个抽象题目。在最后的分析中，正是这种具体及情境范畴的自性之说在秘密巧妙地控制文明思想的发展模式。在哲学上来说，人类怎样思考自己与他者的关系，就是最终极的事情。

古人在泰古时期对权能的经验的醒觉而初次提出的自性争论与去论点以作自我与非我之超越界定又如何？下面提出的观察或可作为问题的初步答案。首先，现代思想多趋于平面的主观化、客观化及前设倾向，泰古时代的认知是场域拓扑统觉式及多方向相关的。古代的思维认为所有自然存在物及事物，在辨别意识的空间，表面上或表象是互相分离的，但在背后却被视为紧密相连，如一个马蹄铁般互相关联，神话中的衔尾蛇（uroboros）自咬尾巴——卡尔·荣格（Jung）认为这神话中的蛇是集体无意识之下的自我的最高象征，事实上是无所不在的权能在宇宙中的回还变异。即使如何隐晦，古人也与决定所有前景事物的宇宙母体的围绕背景直觉地紧密接触。按照泰古时期的意识，因为所有生物及事物都是力量身体，宇宙是一个场域拓扑上的真实。非我不只是一个由智者操控的实物或事物，而是其永恒自性内的应付权能。非我是不是我们的一员，属于同一氏族或族群或图腾社群，其自性是否有部分是我们的自性？抑或是一个外来者，属于另一氏族或族群或图腾社群,其自性是他们,非我们的自性? 语言及思想就是在这种情况下初次出现,而古人的权能经验也初次表达。

语言与原创字同时诞生,正如前文所言,原创字是权能的名称,是运行于太阳、月亮、矮树、小鸟、小溪、河流等各种自然的具体存在物或事物的内在权能。但原创字并非只是权能的名称,也是权能的形象与概念,组成一个权能名称的语义内容。正如婴儿最初说的"Mom"(妈)字,伴随的意思并非知性的,不是这个词的什么思想或概念,而是对于所称的权能的集结感受反应的模糊形象。因此,原创字的意思内容不一定是一个概念的表达,而是对所称权能的美感表现或诠释的影像或象征。中国象形文字的日字并非太阳的概念,而是由内在权能生成的表象的太阳形象。现代思想家倾向过度强调知性方面的重要性,而忘记或忽略了影像及符号,或一般的美感标志,它们是泰古时期概念的先驱,与意义载体有同样的力量,而且有内容更加丰富的事实。好像"道"与"德"这两个主要的名词,在中国泰古时代的语义学中扮演了十分重要的角色。

在现存最早的甲骨文中,中文的"道"字是由两个形符连接组成:左边是一个表意语根代表行走,而右边是人首直立,向前直望的图画。这个连接的喻像可谓十分纯真熟悉,而其象征性的分枝也再深刻尖锐不过。这里表示的是人类最典型的功能,一个能够站立、伸直行走、思想及说话(人首所象征)的存在物。我们是否可从此自然地推想"道"字原来可能是人类普遍的名称,尖锐的喻像是人类生殖身份的象征性表达或诠释——一种对我们身上运作的内在权能、持续自性的美学描述。我们不难发现，与词语惯用法连接的主要意思可由生殖的喻像得到，"道"作为道路或路径的实质用法以及口述意的道字，有领导、引领、指引的意思。按照我们的理解，许多哲学学者似认为某名词的惯用法是该词的原本意思，是原创者最初创造的意思。传统哲学思想忽略了"道"字形符上显示的简单纯真的喻像意思，即人类有思想、说话、对话，以及站立前行的能力。好比一个小孩子，以其基本的向上姿态，掌握了站立的技巧，而且可以进行各种身体活动，便渐渐忘却过去艰苦学习站立及直立前行过程。而我们的文明思想在语意的长期进化过程中，也忘却了所有隐含在原创字的基本字面意思的重要性，这些原创字带有泰古时代我们人类生殖力的喻像的语境意义。

　　与今天的"道"字相对照的原创字"道"字，正如我们推测，被创造时的意思是作为古人集体的名称，我们称他们为道的人，他们自我定名及与其他人互相称呼：我们是道的人。最早说的"道"字所伴随的最初思想是什么我们不能确定。但我们有理由相信，形成名称——所说的字——意思内容的最初思想只是道的人对其图腾的概念。图腾不但背负了他们的生理上的存在，也背负了他们的生殖身份，他们族群亲系的持续自性。我们认为这是泰古时期原来的你或生物这个词，这生物见于最早的青铜文献中，是一幅手捧月亮或一块肉的图画，代表遵循自性的本体行为。月亮的解释与其最初出现的原意相距不远。道的人将他们视为月亮，将月亮的身体与他们自己的身体互相等同。这背后有一个很好理解的原因：月亮遵循自己不同阶段的转变自性，人类身体也在其活动及行动中改变各种形式以保持自性。现代人如果认为图腾式的现象是不明智及不可理解的，是因为我们的思想已变得实质化、僵固化及趋向实体化，我们已与泰古时期在权能经验中巧妙流动的运行元素完全脱离联系。对于我们，图腾只是一件东西或对象，但对于古人来说，图腾则是神圣的载体，是内在的生产力的所在，这种力量既在动物也在植物或山脉或月亮之中。

无论我们是否接受上述假设，原创字"道"字的原本语义内容是道的人的图腾物体，或许是月亮，可以肯定的是，当"道"字的写法被创造出来时，道的人的自性观念已经有了新的转变。原先"道"是道的人自我及互相之间的指称，包括那些"我们的一员与我们的部分"，"我们"的意思现已延展至包括所有人类，从他们典型的权能及功能上辨别。随时间流逝，这种被我们形容为"自性普遍化"的现象最后延展至最大的极限。"道"不再只是道的人或整个人类的内在权能，也被视作是宇宙所有存在物及事物内运行的无所不在的权能，既在污垢之中，也在帝王身上。

原始时代的青铜文献中表现的"道"字的古代喻像的意思网状系统包括三种典型的人类权能——站立及直立行走的能力、思想的能力及说话及对话的能力——我们称之为"道的基础"。我们早前表达的《道德经》中道的形而上—宇宙学的方向的概念，只代表其中一个可能的应用面向。要了解文明思想受这种人类的简单而明显纯真的表达的影响程度是相当困难的事。可以说，没有什么主要的哲学概念或类项是在某种程度上隐含、得着或建基于道的基础。而道的基础由语言及思想内部连接构成的泰古时期的意义可被视为所有智慧的发源。虽然三项典型的功能在力量身体的能动上不免互相缠结，按泰古时期的认识，站立及直立行走的能力占了主要的位置。因为辨别醒觉这超越性空间的开启以及觉醒式的"意义世界"的出现都是随着身体站立及保持直立的位置的能力而产生的。最有趣的是，甲骨文中的"人"字和"大"字实际上都有相同的形符，表现出一个人体的直立姿态。唯一的差异在于人字的直立身体在甲骨文中是向侧站立，而大字则是正面的直立身体，向两旁伸出两臂，类似十字。"大"字的形符给人的印象是，创作的人想表达的不只是直立的人形，而是一个无论是对自己抑或是对环境也是立于指挥位置的人形，一个自我指挥的位置可以使其态度动作配合组成世界的其他存在物或事物。如果这是古代喻像中含有的人类最初对"大"的概念，则相应地，人类最初对生产力的观念是：生长（站立）至直立自我指挥的位置。我们相信这是中国生的概念最早的含义。与此相关者，我们或可指出"brahman"这个词，在印度语或吠檀多思想中代表无所不在的权能，字面上表示变大、放大，由字根 brah-而来，有生长、存在、遵守、产生及生产的意思。泰古时期的语意的形式或逻辑似乎同样适用于此：古人语言中的变大表示生长及站立至直立及自我指挥的位置，最先的道德善行或卓越行为——正如泰古时期的中国人会说——最先的德——是人类有能力达成的。而这所以成为道德意义的原因是这位置能赋予人类神圣的宇宙自性权力及团体性，学习站立直立及自我指挥的姿态是最先的"人会仪式"，我们必须通过这种礼仪，才能成为人类种族的正式成员——一种有能力臻于公正卓越及自我完善管理的生物。

许多中国的字或词都隐含或明显有直立的身体作为主要的语意组成成分，包括"道"字、"人"字，以及"德"字。在这许多有直立意思的字中，我们或可以肯定（如果我们的假设可以接受），有些字像"道"字，原为古人的部族名称。因为"道"字与"德"字的读音相近，很有可能两者是同一种族可以互相替换的方言变化："道"的人与"德"的人是同一群人。无论这是否真实，在进一步的分析下，两个字的泰古时期意思是十分相似的，差异之处是"德"字的语意特别强调正直、本体智能及生产力，这些元素在"道"字只隐含而未有明显表现或特别强调。

在甲骨文及青铜文献中，"德"字的象形文字由两个部分组成：一个是直字的古代形式，表示直、竖或直立；另一个是表示行走的语根。因此，"德"字的古意也隐含于"道"字的形符，以直立的姿态行走的权能及能力为重点。稍为晚期的小篆文献中，"德"字加上了原本表示站立或逐渐移动的前进的语根"彳"。古意得到进一步的延伸；更重要的，是加上了表意文字"心"，而"心"的最深层意思因欠缺较适合的名称，或可说是我们提出的本体智慧。在语意进化的漫长过程中，"德"字最后将所有这些元素融入概念，成为："德"是持久正直的活动或行动的善德或超卓，人类虽有能力达成，但要实现正当或真实的人性，仍须靠努力。如小孩学习站立，直立而行，达到的过程是自我转化、逐渐前进的运动，需靠不断地投入及调适心智，即其本体智慧。一位哲学家曾简单总结:"德表示心的正直。"当人有正直的心,便会争取达德。有趣的是,语言上有此巧合:表示道德善行或超卓的"德"字与表示获取或获得的"得"字读音完全相同。而获得或获取的东西(在此再重申一次)是个人的真实人性,即个人的真正的持续自性。

持续自性的权能,正如我们所言,是所有题目的主题,在最后的分析中,这主题指导及引领所有哲学思想、问题与对话——是人类对在自身运作的内在权能的本体智能的典型应用。我们要感谢中国文字的特殊表意特征,许多文字在中国的土地上发芽生长,看似简单、天真的古人智慧仍获保存下来,虽然被隐藏在一层又一层自泰古时期开始、文明思想及语言习惯建构的语义沉淀物之中。我们基本的关注是要建立文明思想主要传统与其泰古时期古人的隐藏语言中发现的遗产之间的连接,从广阔的角度考虑,中国哲学传统或是我们开展研究事业的最佳位置。现阶段要提出的问题是:古代语言及智能的影响力在何种程度及如何在秦朝之前(我们认为这是中国哲学的文化传统的形成阶段)开始形成的各种道学中得到反映?要寻找问题的答案,我们必须先正确认识泰古时期的语义学中的古代逻辑及文法。

第十四章　超切实在与究竟学
——道论在场有哲学中的核心含义

就其终极关怀和形上姿态而言,场有哲学乃是一种以探讨宇宙人生的真实、真相或真理为职志的生命之学,一种在精神境界上将宇宙人生之道推之至尽的究竟学。道论者,以宇宙人生之道为其思维对象的理论体系也。

"宇宙人生之道"这个词语至为关键;作为一种究竟学,场有哲学的终极关怀,和传统中国哲学一样,都概括在这六个字的含义里面了。必须立即指出的是,在这个词语中"宇宙"和"人生"的紧密相连是有特殊用意的。不管属于哪一学派,传统中国哲人都把宇宙和人生视为一个不可分割的整体;事实上,他们甚至可能从未想过把它们分开来看。对中国哲人来说,宇宙和人生是互相涵摄、互为背景的;离开人生而讲宇宙或离开宇宙而讲人生都是虚幻的、不可思议的。人是宇宙的一部分,人生中的一切经历以及人的所有行为、意识和经验都是宇宙中事;但另一方面,吾人可以体验、理解或把握得到的宇宙却是相对于人的体性和观点而开显的;此开显的宇宙乃是构成实存生命以及意义世界的基本内容。如是,人生之事乃宇宙之事,宇宙之事乃人生之事。宇宙与人生混成一片,互相涵摄、互为背景——这个奇妙的组合也就是场有究竟学所谓的"超切实在"(简称"实在"),或传统道学所谓的"道体"了。这里"超切实在"不仅是一个描述语,也是一个专有名词,指向一个至大无外、涵盖一切的具体真实,即混成一体的宇宙人生。"超切"的一般含义是相对相关、相互依存,这里专指宇宙与人生的相即相入与内在关联(互相涵摄、互为背景);而"实在"则郑重宣示此超切整体及包含于其中的一切具体存在的真实性。此宇宙人生混成一片的具体真实正是传统道学中道体一词的胜义。换句话说,道体不是一个绝对客观的、与人生脱节的宇宙论概念,当然更不是一个纯粹的、与宇宙分离的人生论概念。传统的道论乃是一个奠基于宇宙与人生的相即相入所建构的理论体系,传统的道学乃是一个将宇宙人生的超切之道推之至尽的究竟学。在这一点上,场有哲学只是接着讲,与传统的哲学精神并无二致。

"道体"一词中的"体"可视为超切整体的简称。但"道体"中之"道"又何所指呢?在某一意义上,道与体是没有分别的,道就是体,体就是道,都是指向超切实在的同义语。但在另一意义上,道与体是有分别的,道是体所开显之理或终极根据。作为一个哲学范畴或核心概念,道是体的诠释语言,其作用在于阐述和把握体中之理,亦即是宇宙人生所开显于吾人的真理、真实或真相。总括地说,道既是万物的终极根源,也是贯通万物、贯通宇宙人生的超切之理。如是,道体既是以道为根之体,也是贯通于体(宇宙人生)中之理,这就是道的概念在传统和场有道论中所扮演的主要角色了。不过,我们还得继续追问,这个终极的根源和超切之理究竟是什么呢?究竟是什么在扮演着这样的角色呢?

场有哲学的答案是明确的——是创化权能(或简称"权能")。道就是创化权能自身,也是创化权能开显之理。在道体中登场的所有角色都是由权能扮演的;权能自身却是无角色的角色。

场有哲学的大前提是,出现于世间的一切具体物或具体存在都是权能体,都是本体权能体一分殊的化身。说得精确一点,权能乃是万物的创化原动力,具体物赖以活动作用、生长变化的动态本质;宇宙间的包罗万象莫非此本体权能或动态本质的生发表现。这里"生长"乃是持续活动作用或发展的意思；持续的活动作用产生变化、造成差别——由量变引发质变，这就是本体权能体一分殊的普遍原则了。活动作用、生长变化——或我们所谓的"生发表现"——不仅是万物的存在表征，也是物之所以为物的能动本性。性者，功能也。具体物或权能体以功能为性，而生发功能乃功能中的功能。离开具体物的活动作用、生长变化，也就无物可言，无相可言，无世界、无存在可言了。具体物以权能为体，以权能的生发表现为用，亦即是以功能的实现为用。相者，由权能的内蕴外徼、即体即用所开显于吾人意识经验或觉知功能的现象或相状也。"外徼"就是生发功能的发挥。宇宙间的包罗万象都是创化权能运作之迹。人对万物的知识乃是知解理性循迹建构的产物。

与笛卡儿的想法相反，不是我思，所以我存在；而是我活动作用，所以我存在。对场有哲学来说，是存在（活动作用）决定意识（笛卡儿的"我思"），而不是意识决定存在。意识不是一个实体，而只是一种作用，即在人的活动中起用的自反灵明。真正具体地存在的不是意识，而是具有灵明作用的活动本身。但具体物的活动作用不是无根的，不是凭空而起或无中生有的。活动作用之根或内在根据就是运作于其中的权能。一切活动作用，不管有灵无灵、有意识或无意识，都是本体权能造化流行的生发表现。场有哲学否定自笛卡儿以来主宰着西方主流哲学传统的意识主体或意识我的概念。在人的生命过程中作主的不是一个孤立的、自我封闭的意识我，而是一个与他人他物相对相关、相互依存地向外开放的权能我。权能我就是创化权能之在我;内蕴于我体内的权能生于创化权能体一分殊,一个"天造地设"的场有综合。"天造"指的是禀受于"天"的活能,"地设"代表来自"地"的业物质。作为场有的象征语言,"天"与"地"分别代表终极权能——或我们所谓的"纯粹活能"——一体的两面。一个人在世上存在的使命就是把这天地所赋予我的权能体(尽可能)完满地或完美地"化为己有"。用道论的语言来讲,终极权能或纯粹活能就是道或道体,而分殊于我的天地禀赋就是德。如是,权能我乃是一个源出于一体之道的"道德体"。

"道德体"一词中的"道德"指的当然不是一般的伦理道德,而是本体义或胜义的"道德"。权能论乃是场有道论的基石;这套理论的最大特色就在"功能"概念的彻底应用上。讲得明确一点,权能论就是以功能的概念为核心而开展的生发论。故场有道论实际上就是一套"生发功能论"(简称"生发论")。这套理论的基调可以用一句话来代表,即具体存在就其为权能的生发表现而言,乃是一个内蕴外徼、遂性造业的过程。权能的体一分殊乃是万物(作为道德体)的普遍内容,而内蕴外徼、遂性造业则是权能运作的普遍形式。

前面说过,性者,功能也。有怎样的功能就有怎样的性。物之相似乃由于功能的相似,物之不同乃由于功能之差别。一物之物性——它的"性体"——乃是其功能的总和。在这个意义上,功能体或性体都是权能体的同义语。如是,权能我就是功能我。我"能做"什么,我就"可能是"什么;我"做了"什么,我就"是"什么。

"做"即"是","是"即"做";我的活动作用落实了我的性,定义了我在世存在的类别、名位、身份或角色。此为功能概念所定义的"性",我们名之曰"功能种性"(简称"种性")或"性"的种子或潜能义。每一个可以辨识的功能都是权能宇宙中的一颗"功能种子"或"功能因子";种子成熟了,开花结果了,内藏于种子中的潜能或潜在的功能也就得到实现了。这就是传统道学中所谓的"德"。德者,得也,一物的功能获得完满的实现就是此物之"德"。而这正是我们所谓遂性的含义。遂性就是成德,成德就是遂性,这一对同义词表达了功能生发论的核心意蕴。

从文字学的观点来说,中国的象形文字乃造字者循迹建构的产物;而循迹建构的指导原则正奠基在对事物的功能的理解与分析上。这里"迹"指的是具体物或权能体活动作用、生长变化所开显的性相,即功能〔性〕实现过程中所呈现的相状。循迹就是依循权能性相之轨迹而象征地表达具体物的生发功能和遂性造业的过程。汉字表面上是象形,其实是表意,所表之意就是造字者对事物生发之性或功能的体验或把握。由于人对事物和宇宙的原始认识源于对一己形躯的亲切体验,汉文中有一部分的字或词都和人身或形躯的活动作用、生长变化有关。事实上,有些今日已成为中国哲学的基本范畴或核心概念的汉字,如道与德,在其造字之初可能都是人的称谓。

"道"就是能直立走路、能思想、能说话的人;这样的权能体在田野之间昂首向前走,"道"字的丰富意蕴也就象征地涵摄在这造字者所刻画的素朴写照里。

作为奠基在权能论的究竟学,场有哲学的理论体系乃是通过根身的概念而开展的。权能究竟学始于根身性相学,而归结于道身性相学。所谓"根身"就是人赖以在世存在的权能体或功能体,其基本的性相就是那具能直立走路、能思想、能说话的形躯。这不仅是"道"字的泰古原义,也是"德"字的泰古原义,均指能直立地走路、思想和说话的人。古文"德"字仅作直心,好像刻意突显心(能思、能言)的功能,但事实上,泰古人心身不分,直心就是直身;和"道"字没有明显差别。我们称此身心合一的人身为根身乃由于它是意识发展的根本和意义世界开显的坐标。宇宙和人生的互相涵摄、互为背景正是以根身为转轴而混成一体的。

根身性相学在其本体思维里乃是探索人——一个自诩为万物之灵的权能体——是如何通过他的根身而内蕴外徼、遂性造业的学问。和所有其他权能体一样,人不是一个孤立自存、同一不变的实体,而是一个与他人他物在不同层次、不同维度和不同方式上相对相关和相互作用的场有者。"场有"乃是依场而有、依场而存在的意思。但依场而有则必行在场中,即活动作用(行)于物物相交的超切行沟里。如是,"场有"就是"场行","场有者"必然是"场行者"。但何谓"超切行沟"? 相对相关是谓之"超切",相互作用是谓之"行沟"。此两词简括地点出了"物物相交"在场有哲学中的含义;超切行沟是物物相交的本质。场有哲学的另一大前提是,宇宙间的一切具体物或权能体在某一意义上都是相对相关、相互作用的。换句话说,一切物都是物物相交中之物;场有者和场行者都是(具体)物或存在者的同义语。西方哲学所谓的"(一) 物自身"是不存在的。在这个前提下,具体存在所构成的宇宙乃是一个超切行沟的连续体。这不是一个数学的、抽象的连续体,而是一个生生不息的、以创化权能的体一分殊为本体内容的动态连续体。这个动态连续体,作为物物相交的领域和功能种子或因子的胎藏,也就是"场"在场有哲学中的胜义。"场有"一词不仅点出了万物存在的普遍原则(依场而有),也是这个动态连续体或权能统一场的别名。没有离场之有,也没有离有之场:即场即有或即有即场正是场有论所要表达的真谛。

创化权能是怎样通过根身而运作的,这是根身性相学在本体层次上所要解答的主要问题。人的根身是一个有特殊使命的权能体。作为意识发展的本根和意义世界开显的坐标,根身的特殊使命就是成为道身,即是在精神境界上成为道的载体。我们称此特殊使命为根身的"本体功能"。场有道论中的功夫论就是以本体功能的性理及实现为研究焦点的。关于根身与道身的关系和功夫论所牵涉的一些问题我在《周易与怀德海之间:场有哲学序论》(简称《序论》)及其他著作中已有初步的剖析,在此不拟再深入讨论。作为一篇综述性的文字,本章所关注的乃是根身性相学在整个场有究竟学或道论中的定位。让我们重复一次吧,场有究竟学以权能论为基石,道论就是权能论。而权能论乃是以权能体的生发功能或生发性为核心而开展的,故场有究竟学,如前所言,基本上就是一个生发论的理论体系。换言之,根身性相学就是根身生发学。由于作为宇宙和人生的转轴的根身在超切实在中所占有的特殊位置,我们称根身生发论为"特殊生发论",并视之为

"一般生发论"的一个特例。后者乃是本文继续关注的论题。

回到权能的概念,我们现在必须解答一个也许盘旋在读者心中已久的问题,为什么我们选择"权能"这个词呢？首先,这个词的重点在"能",指的是万物赖以生发(活动作用、生长变化)的力量或能量,我们所谓的创化原动力。这个能或创化原动力就是所有具体物所"具"之体或蕴涵的真实内容,本体(真实内容)就是"能体"(以能为体)。那么"权能"一词中的"权"字又何所指呢？一言以蔽之,"权"乃能之理,指的是限制和定义能的整体决定性——或我们所谓的"整全之理",包括生发能量得以遂性造业的所有因子或条件。我们可以说,一生发活动或事件之理乃是其因子或相关条件的总和。很明显的,这里"理"之概念既与古典西方哲学(尤其是柏拉图主义者)所谓的理型或形式有别,也与宋明道学中与气或心对比之理大相径庭。譬如,中西传统哲学中的理都不包含业的概念。但在场有道论中业或业物质正是限制和定义生发能量的一个基本条件。事实上,理(形式之理)从业来乃是场有道论中的一个重要的论点。形式之理只是整全之理抽象的一面。

不过,权的概念在场有道论中还有另外一层含义。万物以能为体,每一具体物都是一相对稳定、相对独立的能量系统,但也同时是一个物物相交、超切行沟的势用中心。能是有质有势可言的。"质"就是能量的性质,指具体物遂性造业或实现其功能所需要的能量,故亦称"质能"。人与其他生物有不同的性,不同的功能；故内蕴于人的质能也与内蕴于其他生物的质能有别,从而构成相异的能量统。那么什么叫作"势"呢？"势"乃是"势能"之省,指的是具体物的质能在一场有处境中所具有的势力或势态。势能乃是由质能的变化产生出来的,其决定因素包括一物在场有中所扮演的角色、所处的时位与赖以存在的环境和背景。这些因素的总和我们称之为物的"拓扑性"。"拓扑"一词乃是希腊文 topos 的音译,是位置、所在地或场所的意思。我们用此词来表达"场有处境"一概念的深邃含义。如前所述,场有乃是一个本于创化权能的动态连续体,一个物物相交、超切行沟的领域和功能因果的胎藏;它既是遂性造业的"因地"(功能种子的胎藏),也是遂性造业的"果地"(业或业物质的胎藏)。而作为依场而有的场有者和场行者,一物的场行和它的拓扑或场有处境是息息相关的,不可分割的。场有和场行本质上乃是一个拓扑综合的过程。

在场有道论的体系中,主体或主体性的概念是通过能量系统和势用中心的构想而立义的。一物的主体不是一个独立不变的实体,而是一个能活动作用、生长变化的权能体,一个主导着其内蕴外徼、遂性造业的生发表现的权力结构或势用中心。"势用"者,势或势能的运用或应用也。说得明确一点,一物的"主体"就是在其权力结构中决定其势用的方向和力度的活能,即运作于当下而为其势能"作主"的创化原动力。权能一词中的"权"字所暗示的就是此为具体物主体性所在的权力结构或为其当下活能所主导或控制的势用中心。

很明显的,我们所谓的"权力结构"并不是一般的、带着浓厚政治或政治学意味的权力概念,而是一个多元、多维度和多层次的本体论概念。权力结构是普遍地运作于道体(宇宙人生)并给予超切实在无限风姿的。作为一个能量系统和势用中心,每一具体物或权能体都被其内在的权力结构所支配。此内在于一物或权能体的权力结构我们称之为此物的"内场有"或"内环境";与此对应的当然就是那跨主体地运作于物物之间的权力结构,一物所处的"外场有"或"外环境"了。这样,场有处境的概念应该很清楚了。这个概念乃是站在主体或主体性的立场或观点而取义的。场有处境指的是主体在内场有或内环境、外场有或外环境之间所处或所占据的位置——这就是拓扑和拓扑综合两词的实际含义。拓扑综合就是内场有和外场有或内环境与外环境的势用综合。在人的世界里,主体对势用或势能的适当运用奠基在他对超切实在在场有处境上的如实观照——他对宇宙人生的"拓扑如实观"。

如前所言,活能乃是运作于当下的创化原动力。这个定义或描述有作适度补充的必要。当下不仅是一个时间的观念,也是一个空间的观念。"当下"是"当下场有处境"之省;时间和空间正是在当下处境的拓扑综合中统一起来的;合一的时空永远是当下的时空。在场有道论或究竟学里,时间和空间在某一意义上都不是终极的真实,因为它们乃是根植于创化权能的,本质上都是道或创化权能的"衍生物"。就其终极义来说,权能是超越时空的,先时空而存在的;终极权能或纯粹活能自身是无时无位的;它只是一个无限绵延。故逻辑地讲,不是先有时空才有权能,而是先有权能才有时空。时间起于权能的"自然"或"自是"(自我定义、自我落实),而空间就本于权能的"自空"或"自屈"(自我解构、自我营虚)。不过,超时空的权能——终极权能——不是我们体验得到的权能,我们体验得到的乃是通过时空而开显的权能;时间和空间正是创化权能自我开显的先验形式——但不是如康德所说的具体物在感觉意识中开显的先验形式。不在时空中开显的权能就是不可被觉知、被把握的权能。如是,时间性与空间性,从认识论的角度来说,亦可视为权能的"本质属性",即根植于万物的动态本质的属性。"属性"者,归属或源出于动态本质的功能(性)也。一切具体物都是通过其生发表现而遂性造业的权能体;生发功能乃是一切具体存在本然而具的天赋本能;万物的时间性与空间性分别代表此天赋本能的两面。时间不是现成的,是自别于天地万物而运行的永恒之行。真正永恒的不是牛顿物理学所假设的所谓"绝对时间",而是创化权能生生不息的造化流行。如前所述,时间生于权能的"落实本能";它的内在形式决定于生发活动或事件在遂性造业过程中承前启后、古往今来的连续性。这"承前启后、古往今来的连续性"构成了本体权能造化流行的时序。但时间性或时序只是权能体动态本质的一面——衍生于落实本能的一面。

而落实的另一面就是营虚。时间与空间是不可分割的;两者也是一个相对相关、相互依存的超切关系。空间源于权能的"营虚本能"。所谓"营虚",浅显地讲,就是开出或制造空间(虚)。和时间一样,空间也不是现成的,绝对独立的,而是由权能体营造出来的,所以说是"营虚"。为什么要制造空间呢?营虚的目的何在?在于成物,为物的生发本能铺路,开出一条可行之道。一物的空间乃是此物活动作用、生长变化的可能性之所在,亦即是我们所谓的拓扑。营虚就是为这个可能性营造它的拓扑,制造其生发表现所需的条件。这是一个功能空间的概念,而不是一个物理学的概念。具体物或权能体的生发表现是多元、多维度和多层次的实在。物理学的空间或物理空间,和心理或意识空间一样,只是功能空间的一个特例。创化权能在体—分殊的过程中为万物开出空间,这就是场有为万物的胎藏的实际含义了。

但成物不仅在种因,也在结果;不仅在开出可能性,也在可能性的实现。营虚本能所铺好的路是要靠落实功能来完成的;而落实的本质就是建构。"建构"就是在遂性造业的生发过程中产生结构,即产生一个定义或落实其生发活动的动态形式。譬如,一个圆球依据惯性定律以恒速沿着一条直线不断向前滚动;这个生发活动也就为其直线形的动态形式所规定和定义了。为使这个圆球的生发活动成为可能(实现其直线滚动的功能),权能宇宙就必须为这种动态形式营造一个可以容许此类运动的空间。但此种动态形式的实现是由圆球滚出来的。总而言之,作为创化权能的两大本能,"营虚"与"建构"乃是相辅相成的。前者成就具体物或场有者的并行不悖、超切行沟的相互包容,而后者则成就具体物或场行者的感通裁化、生生不息的慧命相续。使万物在道体中相互包容和慧命相续,这就是权能时空的动态本质了。作为万物的大场有,宇宙乃是一个时空综合的动态连续体;而时空的统一乃是在当下的拓扑综合中完成的。

拓扑综合乃是活能的本事。"本事"者,本体之事也,指的是活能通过拓扑综合而遂性造业的生发性。顾名思义,活能就是"活着"或"在生"的能量。我们一般把活着与死去、逝去或入灭相对;把生者与死者、逝者或往者相对。这些象征性的语言究竟代表什么呢?这个问题的答案涉及一个至为关键的理论架构,即在场有道论中主体与客体、当下与过去(或今时与往时)、生者与死者的三重分别与活能与业物质的分别是对等的、息息相关的。事实上,上述的三重架构正建筑在活能与业物质的辩证关系上。通过"场有处境"的概念我们已对活能的定义——"运作于当下的创化原动力"——作了初步的补充。但"当下"一词指的不仅是活能的场有处境,也兼指活能运作的势态。创化原动力不是一个永恒不变的实体,而是一个不断流转变化的能量。权能体的遂性造业乃是一个活能向业物质流转的生发过程。我们所谓的"生者"就是尚未"业化"或转化为业物质的活能。业化了的活能就不再是"活"能,不再是"生者",而是失去了创化力的"死者"了。失去了创化力也就意味着失去了主体性,亦即是转化为客体。而成为客体也就是成为过去,成为在生主体或当下活能感通裁化的对象。场有哲学认为,我们的时间观念原是从对逝者的体验产生出来的。而成为逝者、成为客体、成为过去的意义是相同的。丧失了创化力与转变为业物质是同一回事。

那么,什么是业物质呢?首先,业、物质和业物质乃是三个不同的概念。"业物质"一词把这三个不同的概念连在一起是为了处理活能业化的问题。一切活动作用(具体物的生发表现)都是有业可言的。所谓"业"指的乃是一活动作用或行为所产生的效应、效果或成果,包括它对场有或权能宇宙所产生的影响或造成的差别。很明显,场有业论纯粹是在本体的层次上来取义的,并无传统业论所带有的宗教和道德的意味。善业或恶业、美业或丑业都是业,都是权能体的生发活动所造的。但业在哪里?它是以什么方式存在的?这就引出业物质的概念了。业物质就是承载着业的物质。譬如,一个雕刻家在一块大理石上运作,雕刻成一尊美丽的希腊神像;这块大理石承载着雕刻家在创作过程中所造的业——包括雕成的神像作为其艺术活动的主要成果。我们说这块大理石就是这些业所在的"物质"或"物体"(扮演着承载者角色的具体物)。但大理石所承载的只是雕刻家在其艺术活动中所造的一部分的业,不包括他对他自己的身心及他人他物和整个场有或环境所产生的效果、效应或影响。这些不为大理石所承载的业就得由宇宙中的其他物体来承载了。

总而言之,物质乃是业的载体,而不是——如传统亚里士多德学派所主张的——形式的载体。对场有哲学来说,形式不单是一个结构性或原则性的概念,而主要是一个功能性的概念。一物的形式就是此物得以定义其自己的功能,我们所谓的性。遂性就是造业,造业就是遂性;场有(哲学)的业论和性论是分不开的。而功能主义的哲学必然归根于权能哲学。业物质或业的载体,最后分析起来,乃是一个权能的概念。真正的载体是能,所有物质或物体都是能的化身。故业物质,在其究竟义来说,不是承载着业的物质,而是承载着业的能量。那么,活能是能,业能也是能,它们的分别何在?首先,业能本是从活能来的,业能乃是活能业化后的能量。活能造业之后，它天赋的创化力也就消失了，转变为一种承载其所造之业的保守力量，或我们所谓的"业能"（保守着业的能量）；而其造业的主体经验也就隐入于此保守力量或业能之中。如是，活能与业能的分别也就是创化力与保守力的分别。具体物的能量系统乃是由这两种力量或能量的结合和相互作用构成的。

业能或业物质所蕴涵的保守力究竟是一种什么样的力量呢？它基本上是一种守成的力量。业能所要保守着的乃是其所成就的业；守成的最终目的就是业的不朽，或予业一个不朽身。但一个创化事件（遂性造业的单位）所释出的业能是有限的；业能的内在要求，即业的不朽，必须靠持续不断的重复造业来维持。吸一次香烟所释出的业物质或业能一般是不足成瘾的。烟瘾是吸烟者重复造业所累积而成的惯性——一个根深蒂固的、带有诱惑性与强迫性的保守力量。这里诱惑性与强迫性乃是相对于在生的活能主体而讲的。当活能主体与业物质相遇时，它就不可避免地感受到后者富有强制性的诱惑力；客体对主体传达的唯一信息是："来吧，重复我所造的业吧！"

从场有哲学的角度来看，惯性定律是普遍地控制着整个业物质世界的自然规律，力学上的惯性定律不过是此胜义的惯性定律的一个特例。不管是社会风俗或是文化传统莫非业能惯性的产物。尤有进者，科学所揭示的所有常数、系数和自然律，最后分析起来，不过业物质的一种积习，根植于保守力量的强迫性或业能重复造业以求不朽的内在要求。但业物质的世界是属于过去的、死者的、没有主体性与创化力的世界。这个由业的积习所形成的世界只是超切实在的一面，而不是实在本身。假如惯性定律代表全部的真实，那么宇宙万物就没有变化可言的了。

一切变化来自活能，来自权能体内蕴外徼的主体自由，来自其天赋的创化原动力。创化原动力本身乃是一个无限绵延的纯粹活能。所谓"天赋"乃是得自或源于纯粹活能（天）的意思。纯粹活能是纯粹的、无限的，因为它不受业物质的限制。而"不受业物质的限制"正是自由——或主体自由——在场有哲学中的基本含义。由于世间的一切具体物都是一个由活能与业物质或业能蕴结而成的和合体，在世活能的主体自由必然是有限的。事实上，世间存在与超世间存在的分野正在有限自由与无限自由的分别上。

场有宇宙论以万物为创化权能体一分殊的化身。这里"体一"指的是什么呢？现在清楚了，它指的乃是纯粹活能无限绵延的一体性。作为权能的化身，万物莫不生于纯粹活能的溢出。此溢出的（纯粹）活能也就成了化身的主体。溢出的活能本质相同，但命运各异，因为它们所投入的乃是一个不同的业物质世界，从而被置于不同的场有处境之中。这就是宗教的"投生"观念在场有宇宙论中可有的哲学含义了。当溢出的活能自发地流贯或投生于业物质的世界而为一个有对有峙的在世存在时，它的主体生命也就于焉开始了。我们称此活能从超世间存在投生于业物质的世界（世间存在）的注入点为"命运的一刻"。主体生命始于命运的一刻而终于活能的业化与客体化——转化为业物质或业能而成为继起主体(新生的活能)感通裁化的对象。流转于始点与终点之间的乃是一个以活能与业物质的蕴结为其动态内容的创化事件。由于分析角度的不同,创化事件的动态内容可以有不同的称谓或描述。为行文的方便,我们称此事件的动态内容为"蕴徼子"。如此称谓是因为这个词所代表的乃是一个权能体内蕴外徼的能量(活能)单位;创化事件乃是蕴徼子遂性造业的生命过程。当一个蕴徼子完成其在世的使命而成功造业时,一个主体的"有时"或生命的"回合"也就结束了。

"有时"就是为一个主体所拥有或享用的时间,故亦称"享时"。这是一个能量流转的概念,指的乃是创化原动力(能量)由活能转变为业物质的流程。这个业化的流程定义了一个活能主体的在世存在。此词中的"有"字既是拥有的意思也是存在的意思。不过,这里"有"所指涉的不是存在的一般义,而是存在的胜义,即主体性的存在——当下活能的存在。而活能主体的存在亦即是它向业物质转化的流程,故"有"(当下活能)与"时"(业化流程)是没有分别的。有时或享时既是一个主体存在的单位,也是一个业化流程的单位元。在这个意义上,有即时、时即有;实时即有、即有实时正是具体物动态本质的所在。蕴徼子或创化事件的概念就是建筑在这个理论基础上。

如前所述,创化事件乃是一个蕴徼子遂性造业的过程,它的动态内容始于(溢出的)活能向业物质世界的注入而终于活能的业化。这是一个纯粹从主体或当下活能的立场所作的分析。但作为创化权能的分殊,每一个具体物都是一个由活能与业物质的蕴结所决定的能量系统和势用中心，一个包含体用相的化身结构或动态组织。要理解一棵树不仅要把握运作于其中的创化权能（体），还得把握这棵树的生发活动（用）及其相对于吾人的觉知功能所呈现的树相——即由权能的动态本质在当下的场有处境或真实缘会中所开显的现象（相）。蕴徽子一概念的焦点在体，在活能的业化和活业能量的蕴结；但这概念也暗指包含用于相的整个化身结构。如是，权能体的分析也就可化约为蕴徽子的分析；权能论就是蕴徽（子）论。

从权能论的观点来说，宇宙万物乃是一个由无数蕴徽子的超切行沟和承前启后所集结而成的动态连续体——我们所谓的大场有。每一蕴徽子都是大场有中的一个创化主体，一个由溢出的活能所汇聚而成的生发原动力。一个蕴徽子的有时或享时乃是宇宙时空中的一个时段，连续体中的一个乍开乍合的环节。今时与往时（现在与过去）和同时与异时的分判都奠基在时段之间的系列性和活能与业物质的主客对峙上。一个创化的系列乃是由有传承关系的主体构成的。"传者"或"先行者"就是逝去或过去的主体或业化了的活能，而"承者"则是运作于当下而尚未转变为业物质的活能，亦即是正在创造性地继承其先行者（传者）的主体鹄的和主体经验的创化原动力。第一次抽烟的主体是先行者，以后抽烟的主体就是后继者或后来者了。如是通过主体性的传承，先行的活能与后继的活能也就构成了一个权能的创化系列。不管是先行或是后继，同一系列的主体必然是异时的。从当下主体或活能的观点来看，先行代表过去，后继代表未来。这个建筑在活能主体的有时与传承关系的功能时间观与物理科学所假设的客观时间是有明显差别的。场有的创化时间观否定绝对客观的单一时间观念。时间乃是一个由无数的既平行亦相交的创化系列所汇集而成的生生之流,一个奠基在活能主体的承前启后的动态连续体。这个生生之流的流程定义了宇宙时空的时间维度或大场有的宏观时间性。万物各自的有时或享时只是这宇宙"大时"中的一个创化系列的时段。享有不同时段的活能主体不是异时者就是同时者。上面已点出,异时的主体必在同一或相交的系列之中。对一个活能我或在生的主体而言,所有与我在同一系列中异时相对的他或客体不是我的先行者就是我的后继者,不在我的过去就在我的未来。但异时相对不是唯一的主客关系。与活能我相对的他或客体也可能是与我同时相对的偕行者。而偕行者必然是一个相互独立、不相统属的主客关系;他们的时段必然在平行的或当时平行的系列之中。但这里"平行"或"相互独立"是什么意思呢?主体间的同时性与异时性是如何决定的呢?这些问题的答案就在我们所谓的"主客行沟原则"(或简称"行沟原则")中。不管是异时者或是同时者,所有在创化过程中与当下主体或活能我相对峙的客体都是它感通裁化的对象。但相对于同时者与异时者的感通裁化是有分别的。事实上,单就异时者的主客关系而言,主体对先行者与后继者的行沟也有不同的方式。所谓"裁化"乃是选择地化为己有的意思。对于一个经已业化的先行者,活能主体所要裁化或化为己有的乃是蕴涵在其业能中的主体经验。但对于一个尚未出生(溢出活能的入世)的后继者,真正成为其裁化对象的不可能是后继者自身,而只能是后继者的可能性。那么对于与其同时的偕行者,活能主体又如何将它化为己有呢?严格地说,一个在生主体是不可能将其同时者对象化的。同时者或偕行者之间只有感通而无裁化,任何一方都不可能将对方的主体经验化为己有。理由很简单,因为他们都是在生的主体,尚未转化为业物质的活能。能够化为己有的不是偕行者的独立主体性,而是从大场有和内在于偕行主体的互体性传递过来的信息。

行沟原则——主体对客体的感通裁化——定义了蕴缴子的生命之道。作为权能体动态连续的基本形式,感通裁化不仅是活业蕴结的核心,也是宇宙时空的转轴。万物的本体不是一个永恒不变的实体,而是一个有变亦有不变的真实,一个由活能与业能或业物质所蕴合而成的统一场;活能的创化力与业能的保守力分别代表统一场的两极。在万物的本体或动态本质里蕴涵着一个深层、最深层的权力结构,一个由活业两极的行沟与争衡所张立的辩证格局。感通裁化既是两极综合的具体表现,也是这个权力结构的解构模式。我们在前面曾描述主体的享时为一个"生命的回合"。生命乃是一个行沟与争衡的综合过程。回合一词所暗示的正是这个支配着整个权能宇宙的活业辩证性。最后分析起来,生命只是一场由活能与业能或创化力与保守力所上演的赛事罢了。

宋儒有物物一太极之说。这句话也可以放在场有道论中来讲。但我们的理解与宋儒不同。场有道论的"太极"指的不是理,而是由活业蕴结所构成的统一场域。物物一太极的含义是,每一具体物都是一个向外开放却又相对稳定的权能统一场,一个由创化原动力的两极或两仪——活能与业物质或业能——所综合和缘生的"活业太极"。这里"综合"指的是由活业两极的结合和相互作用(蕴结)所产生的综合力量或能量,我们所谓的"活业力"。蕴徽子乃是一个活业力的单位。为什么说是"缘生"呢？因为活能与业物质的相遇相交乃是权能宇宙中最原始的缘分：一切缘生起于命运的一刻。活能业化了,转变为业物质了,原初所结的缘分也就尽了。但缘尽不等于缘灭,而是缘的不朽。尽了的缘分换来缘的不朽身(曾经拥有的缘分)。

　　统一场或太极无疑是一个相当复杂的概念。它既是一个以活业蕴结为本体内容的能量系统和势用中心,也是一个实时即有的生命过程。物物相交事实上是"场场相交",统一场或活业太极间的相交。万物的一切活动作用、生长变化都是场场相交的生发表现：宇宙间的包罗万象莫非活业太极场场相交所开显的相。而场中有场,场外有场；就我们一般体验得到的具体物而言,这个为一切场有者依场而有的拓扑性乃是具体物得以在世存在的普遍原则。场有道论的处境理论和逻辑理论就奠基在这"拓扑原则"(场中有场、场外有场)的前提和认知上。

　　但这个原则有两个例外,分别代表吾人场有经验和世间存在的"下限"与"上限"；在此两限之外我们就踏进超世间的领域了。扼要地讲,上限与下限的分别就是大场有与小场有的分别,前者是至大无外的场有,而后者则是至小无内的场有。大场有是场中有场而场外无场,而小场有则是场外有场而场中无场。这不正是我们所谓的"蕴徽子"吗？是的,现在可以说得更明白了,蕴徽子正是一个统一场或活业太极的概念。正如细胞乃是组成动植物生命的最小单位,细胞之内无细胞,蕴微子乃是最小的活业太极或统一场,蕴微子之内无蕴微子。这个拓扑原则的第一例外也就定义了世间存在的下限。蕴微子是至小无内的统一场,那么,什么是至大无外的统一场呢?它就是我们所谓的大场有,由纯粹活能的无限绵延和体一分殊所衍生的动态连续体——道的造化身。

(陕西师范大学第十三届场有哲学会议论文,2011年7月31日初稿)

比较哲学翻译与研究丛书

第一辑：

《哲学的价值：一种多元文化的对话》[美]万百安 著　吴万伟 译

《家庭美德：儒家与西方关于儿童成长的观念》[美]柯爱莲 著　刘旭 译

《无为：早期中国的概念隐喻与精神理想》[美]森舸澜 著　史国强 译

《道德地理：道德的多元可能性》[美]欧文·弗拉纳根 著　刘海立 译

《自然道德：对多元相对论的辩护》[美]黄百锐 著　吴万伟 译

《为什么要有道德：二程道德哲学的当代启示》黄勇 著　崔雅琴 译

《孟子与早期中国思想》[美]信广来 著　吴宁 译

《善一分殊：儒家论形而上学、道德、礼、制度与性别》[美]南乐山 著　杨小婷 译

《判教与比较：比较哲学探论》吴根友 著

《中西哲学对话：不同而相通》张世英 著

《从慷慨外推到文明对话》沈清松 著

第二辑：

《哲学叙事：中国与西方》陈嘉明 著

《栽化的艺术：场有哲学与比较哲学》[美]唐力权 著　宋继杰 编

《文明与世界秩序：地缘政治与文化差异》[美]弗雷德·达尔迈尔 等编　王博 译

《中西政治文明互鉴：一个伦理的视域》姚新中 著

《哲学：从比较的视域看》杨国荣 著

《惟竟于一：利玛窦的跨文化哲学思想》刘旭 著

《东西方的相遇：对世界理解的一个探讨》[美]F.S.C.诺斯罗普 著　刘旭 译